한국전력공사

4개년 기출 + NCS + 전공 + 최종점검 모의고사 4회

시대에듀

2025 최신판 시대에듀 한국전력공사
4개년 기출 + NCS + 전공 + 최종점검 모의고사 4회 + 무료한전특강

Always **with you**

사람의 인연은 길에서 우연하게 만나거나 함께 살아가는 것만을 의미하지는 않습니다.
책을 펴내는 출판사와 그 책을 읽는 독자의 만남도 소중한 인연입니다.
시대에듀는 항상 독자의 마음을 헤아리기 위해 노력하고 있습니다. 늘 독자와 함께하겠습니다.

머리말 PREFACE

미래 에너지산업을 이끌 글로벌 기업으로 도약하기 위해 노력하는 한국전력공사는 2025년에 신입사원을 채용할 예정이다. 한국전력공사의 채용절차는 「입사지원서 접수 ➜ 서류전형 ➜ 필기전형 ➜ 역량면접 등 ➜ 종합면접 ➜ 신원조사 및 건강검진 ➜ 최종합격자 발표」순서로 진행되며, 외국어 성적에 가산점을 합산한 총점의 고득점자 순으로 채용예정인원의 최대 70배수에게 필기전형 응시 기회를 부여한다. 필기전형은 직무능력검사로 진행된다. 의사소통능력, 수리능력, 문제해결능력을 공통으로 평가하고, 자원관리능력, 정보능력, 기술능력(전공)을 직렬별로 평가한다. 또한, 필기전형 고득점자 순으로 채용예정인원의 2.5배수에게 면접전형 응시 기회가 주어지므로 다양한 유형에 대한 폭넓은 학습과 문제풀이능력을 높이는 등 철저한 준비가 필요하다.

한국전력공사 필기전형 합격을 위해 시대에듀에서는 기업별 NCS 시리즈 누적 판매량 1위의 출간경험을 토대로 다음과 같은 특징을 가진 도서를 출간하였다.

도서의 특징

❶ **한국전력공사 4개년 기출복원문제를 통한 출제 유형 확인!**
- 한국전력공사 4개년(2024~2020년) 기출문제를 복원하여 한국전력공사 필기 유형을 확인할 수 있도록 하였다.

❷ **한국전력공사 필기전형 출제 영역 맞춤형 문제를 통한 실력 상승!**
- 직무능력검사 대표기출유형&기출응용문제를 수록하여 유형별로 대비할 수 있도록 하였다.
- 기술능력(전기 · ICT) 적중예상문제를 수록하여 필기전형에 완벽히 대비할 수 있도록 하였다.

❸ **최종점검 모의고사를 통한 완벽한 실전 대비!**
- 철저한 분석을 통해 실제 유형과 유사한 최종점검 모의고사를 수록하여 자신의 실력을 점검할 수 있도록 하였다.

❹ **다양한 콘텐츠로 최종 합격까지!**
- 한국전력공사 채용 가이드와 면접 예상&기출질문을 수록하여 채용을 준비하는 데 부족함이 없도록 하였다.
- 온라인 모의고사를 무료로 제공하여 필기전형에 대비할 수 있도록 하였다.

끝으로 본 도서를 통해 한국전력공사 채용을 준비하는 모든 수험생 여러분이 합격의 기쁨을 누리기를 진심으로 기원한다.

SDC(Sidae Data Center) 씀

◇ **미션**

전력수급 안정으로 국민경제 발전에 이바지

◇ **비전**

KEPCO - A Smart Energy Creator
사람 중심의 깨끗하고 따뜻한 에너지

◇ **핵심가치**

변화혁신

우리는 먼저 변화와 혁신을 실행한다.

미래성장

우리는 먼저 미래를 준비하고 성장을 추구한다.

상생소통

우리는 먼저 소통을 통한 상생을 추구한다.

고객존중

우리는 먼저 고객을 위한 가치를 실현한다.

기술선도

우리는 먼저 기술을 확보하고 산업 생태계를 주도한다.

◇ 중장기(2025~2029년) 경영목표

| 전방위 경영혁신 추진을 통한 **지속가능한 경영기반 확립** | ▶ | • 차질 없는 자구노력 이행 통한 재무구조 개선
• 합리적인 전력시장 제도 개선 및 요금체계 마련
• 내부역량 강화를 위한 조직 · 인력 효율화
• 디지털 · 모바일 기반 일하는 방식 혁신 |

| 국민편익 극대화를 위한 **본원사업 역량 강화** | ▶ | • 국민 핵심 전력망 적기 구축
• 전력설비 운영 및 인프라 효율화
• 고객 중심의 서비스 플랫폼 · 제도 혁신
• 에너지 안보를 위한 수요관리 강화 |

| 글로벌 에너지 시장 선점을 통한 **미래 전략산업 新성장동력 확보** | ▶ | • 핵심 에너지신기술 개발 확대
• 플랫폼 기반 에너지 신사업 활성화 주도
• 원전 · 청정에너지 중심 글로벌 시장 적극 확장
• 질서 있는 재생에너지 확산 선도 |

| 에너지산업 생태계 주도를 위한 **ESG 기반의 책임경영 고도화** | ▶ | • 상생 생태계 조성으로 동반성장 견인
• 안전 최우선의 경영 패러다임 정착
• 국민에게 신뢰받는 윤리준법경영 확립
• 기후위기 대응을 위한 ESG경영 확산 |

◇ 인재상

통섭형 인재

융합적 사고를 바탕으로 Multi-specialist를 넘어 오케스트라 지휘자 같이 조직 역량의 시너지를 극대화하는 인재

기업가형 인재

회사에 대한 무한한 책임과 주인의식을 가지고 개인의 이익보다는 회사를 먼저 생각하는 인재

Global Pioneer

가치창조형 인재

현재 가치에 안주하지 않고, 글로벌 마인드에 기반한 날카로운 통찰력과 혁신적인 아이디어로 새로운 미래가치를 충족해 내는 인재

도전적 인재

뜨거운 열정과 창의적 사고를 바탕으로 실패와 좌절을 두려워하지 않고 지속적으로 새로운 도전과 모험을 감행하는 역동적 인재

신입 채용 안내 INFORMATION

◇ 지원자격(공통)

❶ 연령 : 제한 없음[단, 공사 정년(만 60세)에 도달한 자는 지원 불가]

❷ 병역 : 병역법 제76조에서 정한 병역의무 불이행 사실이 없는 자

❸ 학력 · 전공
- 사무 : 제한 없음
- 기술 : 해당 분야 전공자 또는 관련 분야 기사 · 산업기사 이상 자격증 보유자

❹ 외국어
- TOEIC 기준 : 700점 이상
- 대상 : 영어, 일어, 중국어

❺ 한국전력공사 인사관리규정 제11조 신규채용자의 결격사유가 없는 자

❻ 지원서 접수마감일 현재 한전 4직급 직원으로 재직 중이지 않은 자

❼ 인턴근무 시작일부터 근무 가능한 자

◇ 필기전형

구분	사무	배전 · 송변전	ICT · 토목 · 건축
직무능력검사	(공통) 의사소통능력, 수리능력, 문제해결능력		
	자원관리능력, 정보능력	자원관리능력, 기술능력(전공문항)	정보능력, 기술능력(전공문항)
인성 · 인재상 · 조직적합도 검사	한전 인재상 및 핵심가치, 태도, 직업윤리, 대인관계능력 등 인성 전반		
역량면접	PT발표 · 실무(전공)면접의 방법으로 직무수행능력 평가 ※ 토론면접 미시행, 면접 관련 세부 내용은 추후 별도 안내		
종합면접	인성, 조직적합도, 청렴수준, 안전역량 등 종합평가		

❶ 직무능력검사 과락제 시행
- 5개 영역 중 1개 이상의 영역에서 과락점수 이하 득점 시 총점과 관계없이 탈락
  ※ 과락점수 : 모집단위별(직군, 권역) 대상 인원의 성적 하위 30%(상대점수)
- 영역별 풀이 제한시간 구분 없음(평가시간 70분 내에 응시자가 자율적으로 시간 안배)

❷ 기술 분야의 기술능력은 전공문항(15문항)으로 대체
- 사무 : NCS 50문항(100점)
- 기술 : NCS 40문항(70점) + 전공 15문항(30점)
  ※ 기술 분야의 기술능력(전공문항)은 기사시험의 필기 및 실기 수준으로 출제

❖ 위 채용 안내는 2024년 하반기 채용공고를 기준으로 작성하였으므로 세부사항은 확정된 채용공고를 확인하기 바랍니다.

총평

한국전력공사의 필기전형은 PSAT형 중심의 피듈형으로 출제되었다. 전반적으로 난이도는 평이했다는 후기가 대부분이었으나, 기술능력(전공문항)의 경우 난이도가 조금 있었다는 수험생들이 많았다. 의사소통능력은 한국전력공사와 에너지 관련 지문이 출제되었으며, 수리능력은 응용 수리의 비중이 높았고, 문제해결능력은 자료 해석의 비중이 높았다. 또한, 수리능력과 자원관리능력에서 시간이 부족했다는 후기가 많았으므로 실수 없는 계산과 꼼꼼한 학습을 통해 시간을 효율적으로 분배하는 연습이 필요해 보인다.

◈ 영역별 출제 비중

- 의사소통능력
- 수리능력
- 문제해결능력
- 자원관리능력
- 정보능력
- 기술능력(전공문항)

구분	출제 특징	출제 키워드
의사소통능력	• 맞춤법 문제가 출제됨 • 내용 일치 문제가 출제됨	• 예산, 비상구, 에너지, 시조새 등
수리능력	• 응용 수리 문제가 출제됨 • 그래프 문제가 출제됨	• 기차, 속력, 인원, 회의실 등
문제해결능력	• 명제 추론 문제가 출제됨 • 자료 해석 문제가 출제됨	• 광석, 임금피크제, 퇴직금 등
자원관리능력	• 최단거리 문제가 출제됨 • 비용 계산 문제가 출제됨	• 에너지 바우처, 공유 오피스 등
정보능력	• 정보 이해 문제가 출제됨 • 엑셀 함수 문제가 출제됨	• 하드웨어, 운영체제, ROUND 함수 등
기술능력	• 전기 : 전계, 도체, 솔레노이드, 삼각파, 리액턴스, 전원설비 등 • ICT : 주파수, 논리회로, 그레이 코드, OR연산 등	

PSAT형

| 수리능력

04 다음은 신용등급에 따른 아파트 보증률에 대한 사항이다. 자료와 상황에 근거할 때, 갑(甲)과 을(乙)의 보증료의 차이는 얼마인가?(단, 두 명 모두 대지비 보증금액은 5억 원, 건축비 보증금액은 3억 원이며, 보증서 발급일로부터 입주자 모집공고 안에 기재된 입주 예정 월의 다음 달 말일까지의 해당 일수는 365일이다)

- (신용등급별 보증료)=(대지비 부분 보증료)+(건축비 부분 보증료)
- 신용평가 등급별 보증료율

구분	대지비 부분	건축비 부분				
		1등급	2등급	3등급	4등급	5등급
AAA, AA	0.138%	0.178%	0.185%	0.192%	0.203%	0.221%
A⁺		0.194%	0.208%	0.215%	0.226%	0.236%
A⁻, BBB⁺		0.216%	0.225%	0.231%	0.242%	0.261%
BBB⁻		0.232%	0.247%	0.255%	0.267%	0.301%
BB⁺ ~ CC		0.254%	0.276%	0.296%	0.314%	0.335%
C, D		0.404%	0.427%	0.461%	0.495%	0.531%

※ (대지비 부분 보증료)=(대지비 부분 보증금액)×(대지비 부분 보증료율)×(보증서 발급일로부터 입주자 모집공고 안에 기재된 입주 예정 월의 다음 달 말일까지의 해당 일수)÷365
※ (건축비 부분 보증료)=(건축비 부분 보증금액)×(건축비 부분 보증료율)×(보증서 발급일로부터 입주자 모집공고 안에 기재된 입주 예정 월의 다음 달 말일까지의 해당 일수)÷365
- 기여고객 할인율 : 보증료, 거래기간 등을 기준으로 기여도에 따라 6개 군으로 분류하며, 건축비 부분 요율에서 할인 가능

구분	1군	2군	3군	4군	5군	6군
차감률	0.058%	0.050%	0.042%	0.033%	0.025%	0.017%

〈상황〉

- 갑 : 신용등급은 A⁺이며, 3등급 아파트 보증금을 내야 한다. 기여고객 할인율에서는 2군으로 선정되었다.
- 을 : 신용등급은 C이며, 1등급 아파트 보증금을 내야 한다. 기여고객 할인율은 3군으로 선정되었다.

① 554,000원
② 566,000원
③ 582,000원
④ 591,000원
⑤ 623,000원

특징
▶ 대부분 의사소통능력, 수리능력, 문제해결능력을 중심으로 출제(일부 기업의 경우 자원관리능력, 조직이해능력을 출제)
▶ 자료에 대한 추론 및 해석 능력을 요구

대행사
▶ 엑스퍼트컨설팅, 커리어넷, 태드솔루션, 한국행동과학연구소(행과연), 휴노 등

모듈형

| 문제해결능력

41 문제해결절차의 문제 도출 단계는 (가)와 (나)의 절차를 거쳐 수행된다. 다음 중 (가)에 대한 설명으로 적절하지 않은 것은?

(가)		(나)
전체 문제를 개별화된 이슈들로 세분화	→	문제에 영향력이 큰 핵심이슈를 선정

① 문제의 내용 및 영향 등을 파악하여 문제의 구조를 도출한다.
② 본래 문제가 발생한 배경이나 문제를 일으키는 메커니즘을 분명히 해야 한다.
③ 현상에 얽매이지 말고 문제의 본질과 실제를 봐야 한다.
④ 눈앞의 결과를 중심으로 문제를 바라봐야 한다.
⑤ 문제 구조 파악을 위해서 Logic Tree 방법이 주로 사용된다.

특징
▶ 이론 및 개념을 활용하여 푸는 유형
▶ 채용 기업 및 직무에 따라 NCS 직업기초능력평가 10개 영역 중 선발하여 출제
▶ 기업의 특성을 고려한 직무 관련 문제를 출제
▶ 주어진 상황에 대한 판단 및 이론 적용을 요구

대행사
▶ 인트로맨, 휴스테이션, ORP연구소 등

피듈형(PSAT형 + 모듈형)

| 자원관리능력

07 다음 자료를 근거로 판단할 때, 연구모임 A∼E 중 세 번째로 많은 지원금을 받는 모임은?

〈지원계획〉

• 지원을 받기 위해서는 한 모임당 5명 이상 9명 미만으로 구성되어야 한다.
• 기본지원금은 모임당 1,500천 원을 기본으로 지원한다. 단, 상품개발을 위한 모임의 경우는 2,000천 원을 지원한다.
• 추가지원금

등급	상	중	하
추가지원금(천 원/명)	120	100	70

※ 추가지원금은 연구 계획 사전평가결과에 따라 달라진다.
• 협업 장려를 위해 협업이 인정되는 모임에는 위의 두 지원금을 합한 금액의 30%를 별도로 지원한다.

〈연구모임 현황 및 평가결과〉

특징
▶ 기초 및 응용 모듈을 구분하여 푸는 유형
▶ 기초인지모듈과 응용업무모듈로 구분하여 출제
▶ PSAT형보다 난도가 낮은 편
▶ 유형이 정형화되어 있고, 유사한 유형의 문제를 세트로 출제

대행사
▶ 사람인, 스카우트, 인크루트, 커리어케어, 트리피, 한국사회능력개발원 등

주요 공기업 적중 문제 TEST CHECK

한국전력공사

문장 삽입 ▶ 유형

06 다음 중 빈칸에 들어갈 문장으로 가장 적절한 것은?

> 사회가 변하면 사람들은 새로운 생활에 맞는 새로운 언어를 필요로 하게 된다. 그 언어가 자연스럽게 육성되기를 기다릴 수도 있지만, 사람들은 대개 외국으로부터 그러한 개념의 언어를 빌려오려고 한다. 돈이나 기술을 빌리는 것에 비하면 언어는 대가 없이 빌려 쓸 수 있으므로 대개는 제한 없이 외래어를 빌린다. 특히 _____ 광복 이후 우리 사회에서 외래어가 넘쳐나는 것은 그간 우리나라의 고도성장과 절대 무관하지 않다.

① 외래어의 증가는 사회의 팽창과 함께 진행된다.
② 새로운 언어는 사회의 변화를 선도하기도 한다.
③ 외래어가 증가하면 범람한다는 비판을 받게 된다.
④ 새로운 언어는 인간의 욕망을 적절히 표현해 준다.
⑤ 새로운 언어는 필연적으로 외국의 개념을 빌릴 수밖에 없다.

퇴직금 ▶ 키워드

09 K공사에 근무하는 A씨는 사정이 생겨 퇴사하게 되었다. A씨의 근무기간 및 기본급 등의 기본정보가 다음과 같다면, A씨가 받게 되는 퇴직금의 세전금액은 얼마인가?(단, A씨의 퇴직일 이전 3개월간 기타수당은 720,000원이며, 퇴직일 이전 3개월간 총일수는 80일이다)

- 입사일자 : 2021년 9월 1일
- 퇴사일자 : 2023년 9월 4일
- 재직일수 : 730일
- 월기본급 : 2,000,000원
- 월기타수당 : 월별 상이
- 퇴직 전 3개월 임금 총액 계산(세전금액)

퇴직 이전 3개월간 총일수	기본급(3개월분)	기타수당(3개월분)
80일	6,000,000원	720,000원

- (1일 평균임금)=[퇴직일 이전 3개월간에 지급 받은 임금총액(기본급)+(기타수당)]/(퇴직일 이전 3개월간 총일수)
- (퇴직금)=(1일 평균임금)×(30일)×[(재직일수)/365]

① 5,020,000원
② 5,030,000원
③ 5,040,000원
④ 5,050,000원
⑤ 5,060,000원

한전KDN

05 농도를 알 수 없는 설탕물 500g에 3%의 설탕물 200g을 온전히 섞었더니 섞은 설탕물의 농도는 7%가 되었다. 이때, 처음 500g의 설탕물에 녹아있던 설탕은 몇 g인가?

① 40g   ② 41g

③ 42g   ④ 43g

⑤ 44g

※ 다음은 외국인 직접투자의 투자건수 비율과 투자금액 비율을 투자규모별로 나타낸 자료이다. 이어지는 질문에 답하시오. [12~13]

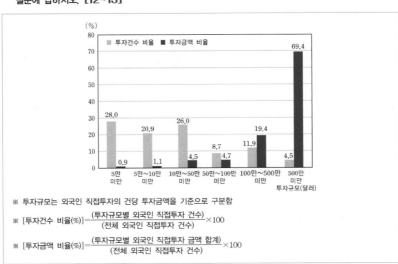

※ 투자규모는 외국인 직접투자의 건당 투자금액을 기준으로 구분함

※ [투자건수 비율(%)]=$\dfrac{(투자규모별 \ 외국인 \ 직접투자 \ 건수)}{(전체 \ 외국인 \ 직접투자 \ 건수)}×100$

※ [투자금액 비율(%)]=$\dfrac{(투자규모별 \ 외국인 \ 직접투자 \ 금액 \ 합계)}{(전체 \ 외국인 \ 직접투자 \ 건수)}×100$

12 다음 중 투자규모가 50만 달러 미만인 투자건수 비율은?

① 55.3%   ② 62.8%

③ 68.6%   ④ 74.9%

⑤ 83.6.3%

주요 공기업 적중 문제 TEST CHECK

한국수력원자력

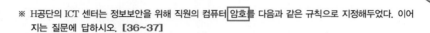

※ H공단의 ICT 센터는 정보보안을 위해 직원의 컴퓨터 암호를 다음과 같은 규칙으로 지정해두었다. 이어지는 질문에 답하시오. [36~37]

〈규칙〉

1. 자음과 모음의 배열은 국어사전의 배열 순서에 따른다.
   • 자음
   – 국어사전 배열 순서에 따라 알파벳 소문자(a, b, c, …)로 치환하여 사용한다.
   – 받침으로 사용되는 자음의 경우 대문자로 구분한다.
   – 겹받침일 경우, 먼저 쓰인 순서대로 알파벳을 나열한다.
   • 모음
   – 국어사전 배열 순서에 따라 숫자(1, 2, 3, …)로 치환하여 사용한다.
2. 비밀번호는 임의의 세 글자로 구성하되 마지막 음절 뒤 한 자리 숫자는 다음의 규칙에 따라 지정한다.
   • 음절에 사용된 각 모음의 합으로 구성한다.
   • 모음의 합이 두 자리 이상일 경우엔 각 자릿수를 다시 합하여 한 자리 수가 나올 때까지 더한다.
   • '−'을 사용하여 단어와 구별한다.

36 김사원 컴퓨터의 비밀번호는 '자전거'이다. 이를 암호로 바르게 치환한 것은?

① m1m3ca5−9   ② m1m5Ca5−2

02 다음은 2022년도 신재생에너지 산업통계에 대한 자료이다. 이를 토대로 작성한 그래프로 옳지 않은 것은?

〈신재생에너지원별 산업 현황〉

(단위 : 억 원)

구분	기업체 수(개)	고용인원(명)	매출액	내수	수출액	해외공장매출	투자액
태양광	127	8,698	75,637	22,975	33,892	18,770	5,324
태양열	21	228	290	290	0	0	1
풍력	37	2,369	14,571	5,123	5,639	3,809	583
연료전지	15	802	2,837	2,143	693	0	47
지열	26	541	1,430	1,430	0	0	251
수열	3	46	29	29	0	0	0
수력	4	83	129	116	13	0	0
바이오	128	1,511	12,390	11,884	506	0	221
폐기물	132	1,899	5,763	5,763	0	0	1,539
합계	493	16,177	113,076	49,753	40,743	22,579	7,966

① 신재생에너지원별 기업체 수(단위 : 개)

한국에너지공단

글의 주제 ▶ 유형

05 다음 글의 주제로 가장 적절한 것은?

> 서양에서는 아리스토텔레스가 중용을 강조했다. 하지만 우리의 중용과는 다르다. 아리스토텔레스가 말하는 중용은 균형을 중시하는 서양인의 수학적 의식에 기초했으며 또한 우주와 천체의 운동을 완벽한 원과 원운동으로 이해한 우주관에 기초한 것이다. 그러므로 그것은 명백한 대칭과 균형의 의미를 갖는다. 팔씨름에 비유해 보면 아리스토텔레스는 두 팔이 똑바로 서 있을 때 중용이라고 본 데 비해 우리는 팔이 한 쪽으로 완전히 기울었다 해도 아직 승부가 나지 않았으면 중용이라고 보는 것이다. 그러므로 비대칭도 균형을 이루면 중용을 이룰 수 있다는 생각은 분명 서양의 중용관과는 다르다.
>
> 이러한 정신은 병을 다스리고 약을 쓰는 방법에도 나타난다. 서양의 의학은 병원체와의 전쟁이고 그 대상을 완전히 제압하는 데 반해, 우리 의학은 각 장기 간의 균형을 중시한다. 만약 어떤 이가 간장이 나쁘다면 서양 의학은 그 간장의 능력을 회생시키는 방향으로만 애를 쓴다. 그런데 우리는 만약 더 이상 간장 기능을 강화할 수 없다고 할 때 간장과 대치되는 심장의 기능을 약하게 만드는 방법을 쓰는 것이다. 한쪽의 기능이 치우치면 병이 심해진다고 보기 때문이다. 우리는 의학 처방에 있어서조차 중용관에 기초해서 서양의 그것과는 다른 가치관과 세계관을 적용하면서 살아온 것이다.

① 아리스토텔레스의 중용의 의미
② 서양 의학과 우리 의학의 차이
③ 서양과 우리 가치관의 공통점
④ 서양 중용관과 우리 중용관의 차이

성과급 ▶ 키워드

39 다음은 어느 기업의 팀별 성과급 지급 기준 및 영업팀의 분기별 평가표이다. 영업팀에게 지급되는 성과급의 1년 총액은?(단, 성과평가등급이 A등급이면 직전 분기 차감액의 50%를 가산하여 지급한다)

〈성과급 지급 기준〉

성과평가 점수	성과평가 등급	분기별 성과급 지급액
9.0 이상	A	100만 원
8.0 ~ 8.9	B	90만 원(10만 원 차감)
7.0 ~ 7.9	C	80만 원(20만 원 차감)
6.9 이하	D	40만 원(60만 원 차감)

〈영업팀 평가표〉

구분	1/4분기	2/4분기	3/4분기	4/4분기
유용성	8	8	10	8
안정성	8	6	8	8
서비스 만족도	6	8	10	8

※ (성과평가 점수)=[(유용성)×0.4]+[(안정성)×0.4]+[(서비스 만족도)×0.2]

① 350만 원
② 360만 원
③ 370만 원
④ 380만 원

도서 200% 활용하기 STRUCTURES

1 기출복원문제로 출제경향 파악

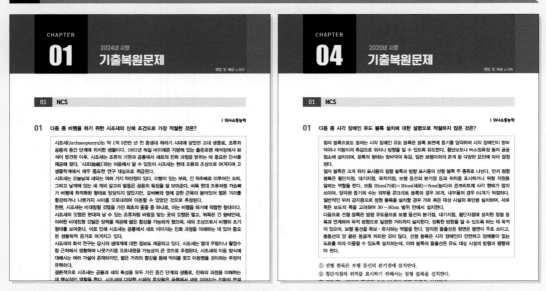

▶ 한국전력공사 4개년(2024~2020년) 기출문제를 복원하여 한국전력공사 필기 유형을 확인할 수 있도록 하였다.

2 출제 영역 맞춤형 문제로 필기전형 완벽 대비

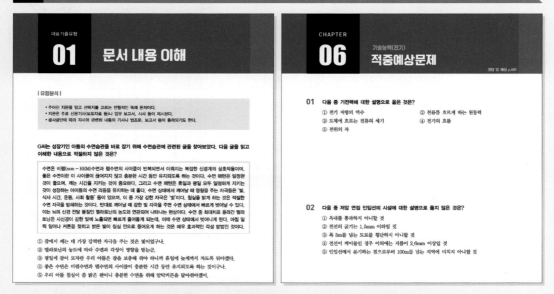

▶ NCS 대표기출유형 및 기출응용문제를 수록하여 유형별로 대비할 수 있도록 하였다.
▶ 기술능력(전기 · ICT) 적중예상문제를 수록하여 필기전형에 완벽히 대비할 수 있도록 하였다.

3 최종점검 모의고사 + OMR을 활용한 실전 연습

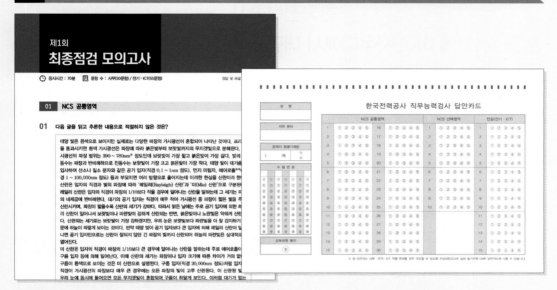

▶ 최종점검 모의고사와 OMR 답안카드를 수록하여 실제로 시험을 보는 것처럼 마무리 연습을 할 수 있도록 하였다.

▶ 모바일 OMR 답안채점/성적분석 서비스를 통해 필기전형에 대비할 수 있도록 하였다.

4 인성검사부터 면접까지 한 권으로 최종 마무리

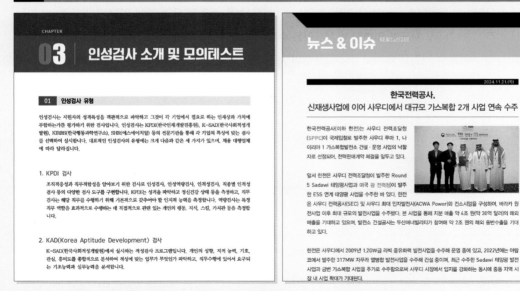

▶ 인성검사 모의테스트를 수록하여 인성검사 유형 및 문항을 확인할 수 있도록 하였다.

▶ 한국전력공사 면접 예상&기출질문을 수록하여 실제 면접에서 나오는 질문을 미리 파악하고 연습할 수 있도록 하였다.

2024.11.21.(목)

한국전력공사,
신재생사업에 이어 사우디에서 대규모 가스복합 2개 사업 연속 수주

한국전력공사(이하 한전)는 사우디 전력조달청(SPPC)이 국제입찰로 발주한 사우디 루마 1, 나이리야 1 가스복합발전소 건설 · 운영 사업의 낙찰자로 선정되어, 전력판매계약 체결을 앞두고 있다.

앞서 한전은 사우디 전력조달청이 발주한 Round 5 Sadawi 태양광사업과 미국 괌 전력청이 발주한 ESS 연계 태양광 사업을 수주한 바 있다. 한전은

사우디 전력공사(SEC) 및 사우디 최대 민자발전사(ACWA Power)와 컨소시엄을 구성하여, 바라카 원전사업 이후 최대 규모의 발전사업을 수주했다. 본 사업을 통해 지분 매출 약 4조 원(약 30억 달러)의 해외 매출을 기대하고 있으며, 발전소 건설공사는 두산에너빌리티가 참여해 약 2조 원의 해외 동반수출을 기대하고 있다.

한전은 사우디에서 2009년 1.2GW급 라빅 중유화력 발전사업을 수주해 운영 중에 있고, 2022년에는 아람코에서 발주한 317MW 자푸라 열병합 발전사업을 수주해 건설 중이며, 최근 수주한 Sadawi 태양광 발전사업과 금번 가스복합 사업을 추가로 수주함으로써 사우디 시장에서 입지를 강화하는 동시에 중동 지역 시장 내 사업 확대가 기대된다.

Keyword

▶ SPPC(Saudi Power Procurement Company) : 2017년에 설립된 사우디 정부 100%의 지분을 소유하고 있는 회사이다.
▶ 괌 전력청(Guam Power Authority) : 괌 지역의 전력공급(발전, 송전, 배전, 판매)을 담당하는 유일한 공공기관이다.

예상 면접 질문

▶ 해외 전력생산 시장, 특히 중동 지역에서 한전이 점유율 개선과 수익성 제고를 위해 시행할 수 있는 기본 전략에 대한 본인의 의견을 말해 보시오.
▶ 우리나라의 화력발전은 석탄, 석유, 원자력, LNG 등에 의존하고 있다. 이들 원료의 안정적인 원료 공급과 환경보호를 모두 이루기 위해 한전이 시행할 수 있는 운영 전략에 대한 본인의 의견을 말해 보시오.

2024.11.19.(화)

한국전력공사,
AMI 보급사업 완료 기념 '스마트미터링 Week' 개최

한국전력공사(이하 한전)가 지능형 전력계량 시스템(AMI) 보급사업의 완료를 기념하고 스마트미터링 신사업 미래 비전을 내외에 공표하고자 '스마트미터링 Week 행사'를 개최한다. 29일 한전에 따르면 2010년 50만 호에 대한 AMI 보급을 시작으로 올해 2,005만 호에 대해 보급사업을 완료했다.

19일부터 21일까지 서울 용산 전쟁기념관 내 로얄파크컨벤션에서 열리는 스마트미터링 Week는 3일간에 거쳐 기술위원회 발족식, 기술포럼, 국제협력 MOU, 국제 컨퍼런스, 스마트미터링 신사업 선포식, 상생협약식 등의 행사가 열릴 예정이다.

이와 함께 한전은 필리핀 Meralco사와 '스마트미터링 기술교류 및 해외수출 협력을 위한 MOU'를 체결하고, 독일 VDE사와는 '스마트미터링 공동연구 협력 MOU'를 체결해 K-AMI의 글로벌 표준화를 위한 기술협력, 수출형 사업모델 개발, 해외시장 진출 파트너십을 구축할 계획이다. 또한, 한전과 전력량계, 통신분야 26개 사 간에 국내외 스마트미터링 프로젝트 공동 참여, 신사업 개발과 해외사업 협업을 위한 협약도 체결할 예정이다.

Keyword

▶ AMI : 스마트미터링 기술을 활용하여 전기 사용량을 실시간으로 모니터링하고, 전력 공급자와 소비자가 양방향으로 정보를 교환할 수 있는 시스템을 말한다.

예상 면접 질문

▶ AMI가 고객에게 주는 이점에 대해 말해 보시오.
▶ 한전의 스마트미터링 신사업으로 기대할 수 있는 효과에 대해 말해 보시오.

2024.11.15.(금)

한국전력공사,
사이버보안 합동훈련 개최로 에너지 분야 정보보안 협력체계 강화

한국전력공사(이하 한전)는 지난 13일부터 14일까지 국정원 지부와 공동 주관으로 공공 에너지 분야 특화 사이버 훈련인 제4회 ELECCON(일렉콘 ELEctric sector Cyber CONtest) 2024를 시행했다.

한전은 주요 국가기반시설인 전력설비를 사이버 공격으로부터 안전하게 보호하기 위해 사이버보안 대응체계를 구축하고 그 실효성을 주기적으로 점검하고 있으며, 개인정보관리 강화를 위한 통합접속기록 관리시스템 운영, 각종 사이버보안 컨퍼런스 참여 등 다양한 노력을 지속적으로 펼치고 있다.

한전 사장은 "이번 훈련으로 참가자들의 사이버 대응 실전 역량이 크게 높아질 것으로 기대하며, 앞으로도 국가정보원 등 유관기관들과 더욱 긴밀하게 소통하고 협력해 에너지 산업의 사이버보안에 앞장서 에너지 보국(報國)의 가치를 계속 실현해 나가겠다."라고 밝혔다.

Keyword

▶ 사이버 훈련 : 실제 에너지시스템과 유사하게 구축된 가상의 환경에서 공격팀과 방어팀을 나누어 실시간 공방 방식으로 진행하는 훈련이다.

예상 면접 질문

▶ 한전에서 시행하는 사이버보안 합동훈련에 대해 아는 대로 말해 보시오.
▶ 한전의 업무환경과 접목할 수 있는 또 다른 에너지 관련 훈련에 대한 본인의 생각을 말해 보시오.

2024.11.07.(목)

한국전력공사,
978MW 규모 계통안정화용 ESS 준공… 아시아 최대

한국전력공사(이하 한전)는 26일 밀양시 154kV 부북변전소에서 아시아 최대 규모 계통안정화용 에너지저장장치(ESS)를 준공했다. 한전이 8,300억 원을 투입해 전력변환장치(PCS) 978MW, 배터리 889Wh 등 설비를 구축한 이번 사업에는 효성중공업 · LS일렉트릭 · HD현대일렉트릭 · 삼성 SDI · LG에너지솔루션 등 총 14개사가 참여했다.

ESS 건설 사업은 공청회와 현장 설명회를 통해 지역주민 의견을 다각적으로 수렴했다. 또한, 한전이 보유한 기존 변전소 유휴부지를 활용해 사업비 절감과 전력설비 건설 관련 민원도 최소화해 사업 기간을 단축했다.

한전 전력계통 부사장은 "한전은 보다 안정적이고 지속 가능한 전력공급을 통해 국가 경제와 국민 생활의 질을 향상하고, ESS 건설 현장에서 축적한 기술과 경험을 바탕으로 에너지 대전환을 이뤄 나가기 위해 끊임없이 노력하겠다."라고 말했다.

Keyword

▶ 계통안정화용 에너지저장장치(ESS) : 전력망 건설 지연에 따른 발전제약을 완화(최대 1GW)시키고, 향후 전력망 건설이 완료된 이후에는 주파수 조정용으로 활용될 예정인 에너지저장장치이다.

예상 면접 질문

▶ 계통안정화용 에너지저장장치(ESS) 준공으로 기대할 수 있는 효과에 대해 말해 보시오.
▶ 한전의 ESS 건설 사업에 대해 아는 대로 말해 보시오.

이 책의 차례 CONTENTS

PART 1

한국전력공사 4개년 기출복원문제

01 NCS

｜의사소통능력

01 다음 중 비행을 하기 위한 시조새의 신체 조건으로 가장 적절한 것은?

시조새(Archaeopteryx)는 약 1억 5천만 년 전 중생대 쥐라기 시대에 살았던 고대 생물로, 조류와 공룡의 중간 단계에 위치한 생물이다. 1861년 독일 바이에른 지방에 있는 졸른호펜 채석장에서 화석이 발견된 이후, 시조새는 조류의 기원과 공룡에서 새로의 진화 과정을 밝히는 데 중요한 단서를 제공해 왔다. '시조(始祖)'라는 이름에서 알 수 있듯이 시조새는 현대 조류의 조상으로 여겨지며 고생물학계에서 매우 중요한 연구 대상으로 취급된다.

시조새는 오늘날의 새와는 여러 가지 차이점이 있다. 이빨이 있는 부리, 긴 척추뼈로 이루어진 꼬리, 그리고 날개에 있는 세 개의 갈고리 발톱은 공룡의 특징을 잘 보여준다. 비록 현대 조류처럼 가슴뼈가 비행에 최적화된 형태로 발달되지는 않았지만, 갈비뼈와 팔에 강한 근육이 붙어있어 짧은 거리를 활강하거나 나뭇가지 사이를 오르내리며 이동할 수 있었던 것으로 추정된다.

한편, 시조새는 비대칭형 깃털을 가진 최초의 동물 중 하나로, 이는 비행을 하기에 적합한 형태이다. 시조새의 깃털은 현대의 날 수 있는 조류처럼 바람을 맞는 곳의 깃털은 짧고, 뒤쪽은 긴 형태인데, 이러한 비대칭형 깃털은 양력을 제공해 짧은 거리의 활강을 가능하게 했으며, 새의 조상으로서 비행의 초기 형태를 보여준다. 이로 인해 시조새는 공룡에서 새로 이어지는 진화 과정을 이해하는 데 있어 중요한 생물학적 증거로 여겨지고 있다.

시조새의 화석 연구는 당시의 생태계에 대한 정보도 제공하고 있다. 시조새는 열대 우림이나 활엽수림 근처에서 생활하며 나뭇가지를 오르내렸을 가능성이 큰 것으로 추정된다. 시조새의 이동 방식에 대해서는 여러 가설이 존재하지만, 짧은 거리의 활강을 통해 먹이를 찾고 이동했을 것이라는 주장이 유력하다.

결론적으로 시조새는 공룡과 새의 특성을 모두 가진 중간 단계의 생물로, 진화의 과정을 이해하는 데 핵심적인 역할을 한다. 시조새의 다양한 신체적 특징들은 공룡에서 새로 이어지는 진화의 연결고리를 보여주며, 조류 비행의 기원을 이해하는 중요한 증거로 평가된다.

① 날개 사이에 근육질의 익막이 있다.
② 날개에는 세 개의 갈고리 발톱이 있다.
③ 날개의 깃털이 비대칭 구조로 형성되어 있다.
④ 척추뼈가 꼬리까지 이어지는 유선형 구조이다.
⑤ 현대 조류처럼 가슴뼈가 비행에 최적화된 구조이다.

02 다음 글의 주제로 가장 적절한 것은?

사람들에게 의학을 대표하는 인물을 물어본다면 대부분 히포크라테스(Hippocrates)를 떠올릴 것이다. 히포크라테스는 당시 신의 징벌이나 초자연적인 힘으로 생각되었던 질병을 관찰을 통해 자연적 현상으로 이해하였고, 당시 마술이나 철학으로 여겨졌던 의학을 분리하였다. 이에 따라 의사라는 직업이 과학적인 기반 위에 만들어지게 되었다. 현재에는 의학의 아버지로 불리며 히포크라테스 선서라고 불리는 의사의 윤리적 기준을 저술한 것으로 알려져 있다. 이처럼 히포크라테스는 서양의학의 상징으로 받아들여지지만, 서양의학에 절대적인 영향을 준 사람은 클라우디오스 갈레노스(Claudius Galenus)이다.

갈레노스는 로마 시대 검투사 담당의에서 황제 마르쿠스 아우렐리우스의 주치의로 활동한 의사로, 해부학, 생리학, 병리학에 걸친 방대한 의학체계를 집대성하여 이후 1,000년 이상 서양의학의 토대를 닦았다. 당시에는 인체의 해부가 금지되어 있었기 때문에 갈레노스는 원숭이, 돼지 등을 사용하여 해부학적 지식을 쌓았으며, 임상 실험을 병행하여 의학적 지식을 확립하였다. 이러한 해부 및 실험을 통해 갈레노스는 여러 장기의 기능을 밝히고, 근육과 뼈를 구분하였으며, 심장의 판막이나 정맥과 동맥의 차이점 등을 밝혀내거나, 혈액이 혈관을 통해 신체 말단까지 퍼져나가며 신진대사를 조절하는 물질을 운반한다고 밝혀냈다. 물론 갈레노스도 히포크라테스가 주장한 4원소에 따른 4체액설(혈액, 담즙, 황담즙, 흑담즙)을 믿거나 피를 뽑아 치료하는 사혈법을 주장하는 등 현대 의학과는 거리가 있지만, 당시에 의학 이론을 해부와 실험을 통해 증명하고 방대한 저술을 남겼다는 놀라운 업적을 가지고 있으며, 이것이 가장 오랫동안 서양의학을 실제로 지배하는 토대가 되었다.

① 갈레노스의 생애와 의학의 발전
② 고대에서 현대까지 해부학의 발전 과정
③ 히포크라테스 선서에 의한 전문직의 도덕적 기준
④ 히포크라테스와 갈레노스가 서양의학에 미친 영향과 중요성
⑤ 히포크라테스와 갈레노스의 4체액설이 현대 의학에 미친 영향

03 다음 중 빈칸에 들어갈 단어로 가장 적절한 것은?

감사원의 조사 결과 J공사는 공공사업을 위해 투입된 세금을 본래의 목적에 사용하지 않고 무단으로 _____했음이 밝혀졌다.

① 전용(轉用) ② 남용(濫用)
③ 적용(適用) ④ 활용(活用)
⑤ 준용(遵用)

04 다음 중 제시된 단어와 가장 비슷한 단어는?

> 비상구

① 진입로
② 출입구
③ 돌파구
④ 여울목
⑤ 탈출구

05 다음 글에 대한 설명으로 적절하지 않은 것은?

> 우리나라에서 1년 중 가장 전력 사용량이 많은 시기는 여름철이다. 특히 2023년 8월의 경우 전력 거래량이 5.1만 GWh에 달해 역대 최고치를 기록하였다. 이처럼 집중된 전력 사용량에 의해 부과되는 전기요금은 큰 부담이 되므로 한국전력공사는 에너지 사용 증가로 인한 국민의 에너지비용 증가 부담 완화를 위해 전기요금에 대하여 하절기 및 동절기에 한시적으로 분할납부제도를 시행하고 있다.
> 전기요금 분할납부제도는 전기 사용량이 많아지는 시기에 높아진 전기요금을 분납하는 제도로, 분납방법은 신청 월에 전기요금 50%를 납부하고 나머지는 고객이 요금수준, 계절별 사용패턴 등을 고려하여 2 ~ 6개월 범위 내에서 선택하여 납부하는 것이다. 다만, 아파트처럼 집합건물 내 개별세대 및 개별상가는 관리사무소의 업무부담 증가를 고려하여 6개월로 고정된다.
> 기존의 전기요금 분할납부제도는 일부 주택용 고객만 신청 가능하였으나 주거용, 주택용 고객을 포함한 소상공인 및 뿌리기업 고객(일반용·산업용·비주거용 주택용)까지 신청 가능대상이 확대되었으며, 한전과 직접적인 계약관계 없이 전기요금을 관리비 등에 포함하여 납부하는 집합건물(아파트 등 포함) 내 개별세대까지 모두 참여가 가능해졌다.
> 한전과 직접 전기 사용계약을 체결한 고객은 한전:ON(한국전력공사 서비스 플랫폼)을 통해 분할납부를 직접 신청 할 수 있으며, 전기요금을 관리비에 포함하여 납부하는 아파트 개별세대와 집합건물 내 개별고객은 관리사무소를 통해 신청할 수 있다. 다만, 신청 시점에 미납요금이 없어야 하고 일부 행정처리기간(납기일 전·후 3영업일) 내에는 신청이 제한될 수 있으며 월별 분납적용을 위해서는 매월 신청해야 한다. 또한, 계약전력이 20kW를 초과(집합상가의 경우, 관리비에 포함하여 납부하는 전기요금이 35만 원을 초과)하는 소상공인 및 뿌리기업은 자격 여부 확인을 위해 관련 기관으로부터 확인서를 발급받아 한전에 제출해야 한다.

① 25일 금요일이 납부일이라면 22 ~ 30일까지는 신청이 제한될 수 있다.

② 분할납부제도를 관리사무소를 통해 신청한 경우 분할납부 기간은 6개월로 고정된다.

③ 아파트에서 살고 있는 사람은 한전:ON을 통해 직접적으로 분할납부를 신청할 수 없다.

④ 한전과 직접 전기 사용계약을 체결한 고객은 한전:ON을 통해 언제든지 분할납부를 신청할 수 있다.

⑤ 한 달 전기요금이 50만 원인 집합상가의 경우 전기요금을 분할납부하려면 관련 기관으로부터 확인서를 발급받아야 한다.

06 다음 글에 대한 추론으로 적절하지 않은 것은?

> 매년 심해지는 폭염 등 기후변화는 우리가 피부로 체감할 만큼 빠르게 진행되고 있으며, 세계 각지에서는 지구 온난화와 관련된 문제를 해결하기 위하여 다양한 방법을 모색하고 있다. 에너지 분야에서도 마찬가지로 온실가스를 많이 배출하는 화석연료의 사용을 자제하고, 환경에 미치는 부담을 최소화하면서 안정적인 에너지 공급원으로서 신재생에너지에 대한 투자와 연구를 지속하고 있다.
>
> 신재생에너지는 신에너지와 재생에너지를 총칭하는 단어이다. 2022년 시행된 신에너지 및 재생에너지 개발·이용·보급 촉진법(신재생에너지법)에 따르면 신에너지는 기존의 화석연료를 변환시켜 이용하거나 수소·산소 등의 화학 반응을 통하여 전기 또는 열을 이용하는 에너지로서 수소에너지, 연료전지, 석탄을 액화·가스화한 에너지 등이 있고, 재생에너지는 햇빛, 물, 지열, 강수, 생물유기체 등을 포함하는 재생 가능한 에너지를 변환시켜 이용하는 에너지로서 태양, 풍력, 수력, 해양, 지열, 바이오, 폐기물에너지 등이 있다.
>
> 전기를 생산하는 발전사업자의 경우 신재생에너지법상 총발전량의 일정 비율을 신재생에너지로 공급해야 하며, 2030년까지 전체 발전량의 30% 이상을 신재생에너지로 전환하는 목표를 세우고 이를 실현하기 위한 신재생에너지 발전플랜트 건축, 신재생에너지 공급인증서(REC; Renewable Energy Certificate) 거래 등 다양한 제도를 실시하고 있다.
>
> 그러나 최근 조사에 따르면 2023년 전 세계의 전체 발전량 대비 재생에너지 발전량 비율이 처음으로 30%를 넘어섰음에도 불구하고, 우리나라의 재생에너지 발전량은 9%에 불과해 세계 평균에 크게 미치지 못한 것으로 파악되었으며, 2030년까지 신재생에너지 발전 비율을 21.6%로 하향조정하였다. 반면 에너지 관련 전문가들은 시간이 지날수록 신재생에너지의 중요성은 더욱 증가할 것으로 예상하고 있다. 화석연료의 고갈, 자원의 전략적 무기화 등을 고려할 때 에너지 공급방식의 다양화가 필요하며, 기후변화협약 등 환경규제에 대응하기 위해 청정에너지 비중 확대의 중요성은 증대되고 있다. 특히 신재생에너지 산업은 정보통신기술(IT), 생명공학기술(BT), 나노기술(NT)과 더불어 차세대 산업으로 시장 규모가 급격히 팽창하고 있는 미래 산업인 만큼 발전 사업에 있어 신재생에너지에 대한 연구와 투자가 반드시 필요하다.

① 재생에너지는 비고갈성에너지로 볼 수 있다.
② 미래에는 신재생에너지에 대한 수요가 높아질 것이다.
③ 우리나라의 신재생에너지 발전은 세계적 흐름에 역행하고 있다.
④ 시간이 지날수록 신재생에너지의 중요성은 화석에너지에 비해 증대될 것이다.
⑤ 신재생에너지는 석탄 등 화석연료를 원료로 전혀 사용하지 않는 청정에너지이다.

07 다음 글에 대한 설명으로 가장 적절한 것은?

> 지구온난화로 인한 기상이변으로 해가 지날수록 더 빨리 무더위가 찾아오고 있으며, 특히 2023년은 30℃를 웃도는 더위가 10일이 넘게 지속되었다.
>
> 해가 갈수록 가속화되는 더위 탓에 전기요금에 대한 부담감도 커지고 있어, 정부는 하루 전기 소비량을 1kW 줄여 월 전기요금 7,800원을 줄일 수 있는 '사용하지 않는 전기 플러그 뽑기', '사용하지 않는 전등 끄기', '에어컨 설정온도 높이기'의 3가지 방법을 소개했다.
>
> 특히 에어컨과 같은 냉방 가전은 효율적 사용만으로도 전기요금을 크게 줄일 수 있다. 먼저 에어컨의 경우 단시간에 실내 온도를 낮추는 것이 효율적이다. 왜냐하면 에어컨은 희망 온도에 도달한 이후에는 전기 소비량이 현저히 감소하기 때문이다. 따라서 바람을 세게 틀어 빠르게 희망 온도에 도달시킨 후 서서히 바람을 줄여야 하며, 실외와의 온도 차가 크면 그만큼 에어컨 가동량이 커지기 때문에 온도 차를 고려하여 24 ~ 26℃에 희망 온도를 맞추는 것이 좋다. 여기서 주의할 점은 전기요금을 줄이자고 에어컨을 켰다 껐다를 반복하면 오히려 전기요금을 높이는 역효과가 발생할 수도 있다는 점이다.
>
> 이 밖에도 에어컨의 제습과 냉방 기능은 사실상 별 차이가 없지만, 장마철과 같이 습도가 높은 때에는 오히려 제습 모드일 때 전력 소비량이 높아 냉방 모드일 때보다 과한 전기요금이 부과될 수 있어 주의하여야 한다. 이와 더불어 에어컨 가동 시 에어컨 대비 전력 소비량이 현저히 적은 선풍기를 함께 사용할 경우 빠른 공기 순환이 가능해 에어컨의 전력 소비량이 줄어 전기요금 역시 감소할 수 있을 것이다.

① 하루 전기 소비량을 1kW 줄이면 연간 약 20만 원 상당의 전기요금을 줄일 수 있다.

② 난방 가전보다 냉방 가전의 효율적 사용이 전기요금 감소에 큰 영향을 준다.

③ 실외 온도가 높을 경우 에어컨 희망 온도도 같이 높이는 것이 전기요금 감소에 유리하다.

④ 습도가 낮을 때는 에어컨의 제습 모드 보다 냉방 모드일 때 더 높은 전기요금이 부과된다.

⑤ 선풍기 단독 사용보다 선풍기와 에어컨을 함께 사용하는 것이 전기요금 감소에 유리하다.

08 다음 글의 주제로 가장 적절한 것은?

> 정부는 그동안 단일요금 체계로 전기 가격이 책정된 탓에 발전원은 경북과 강원 등지에 집중되어 있지만 실제 전력 소비는 수도권에서 집중되어 있어 지역 간 전력 불균형이 발생했다며, 이를 해결할 방안으로 지역별 전기요금을 상이하게 책정하는 '차등 요금제'를 제시하였다.
>
> 실제로 한국전력의 통계에 따르면, 부산의 전력 자체 공급율은 216.7%로 실제 지역에서 사용하는 전기량의 2배 이상을 만들어내지만, 이에 반해 서울과 대전은 각각 8.9%, 2.9%로 10%에도 채 미치지 못하게 생산한다.
>
> 이 때문에 실제로 전기 가격 차등 요금제가 시행된다면 발전원이 설비된 지역 내 주민들의 전기요금은 낮아지지만, 반대로 생산보다는 소비에 집중되어 있는 수도권 지역의 주민들의 전기요금은 높아질 것으로 보인다.

① 지역 불균형 해소와 균등한 발전을 위한 차등 요금제
② 사용량이 높을수록 전기요금도 높아지는 차등 요금제
③ 수도권 지역의 전력 자급률을 높이는 방안인 차등 요금제
④ 전력 자급률이 높을수록 전기요금이 저렴해지는 차등 요금제
⑤ 지역별 전기요금 가격 차등화가 불러일으킨 전기요금 상승세

09 A열차가 어떤 터널을 진입하고 5초 후 B열차가 같은 터널에 진입하였다. 그로부터 5초 후 B열차가 터널을 빠져나왔고 5초 후 A열차가 터널을 빠져나왔다. A열차가 터널을 빠져나오는 데 걸린 시간이 14초일 때, B열차는 A열차보다 몇 배 빠른가?(단, A열차와 B열차 모두 속력의 변화는 없으며, 두 열차의 길이는 서로 같다)

① 2배   ② 2.5배
③ 3배   ④ 3.5배
⑤ 4배

PART 1

10 A팀은 5일부터 5일마다 회의실을 사용하고, B팀은 4일부터 4일마다 회의실을 사용하기로 하였으며, 두 팀이 사용하고자 하는 날이 겹칠 경우에는 A, B팀이 번갈아가며 사용하기로 하였다. 어느날 A팀과 B팀이 사용하고자 하는 날이 겹쳤을 때, 겹친 날을 기준으로 A팀이 9번, B팀이 8번 회의실을 사용했다면, 이때까지 A팀은 회의실을 최대 몇 번 이용하였는가?(단, 회의실 사용일이 첫 번째로 겹친 날에는 A팀이 먼저 사용하였으며, 회의실 사용일은 주말 및 공휴일도 포함한다)

① 61회
② 62회
③ 63회
④ 64회
⑤ 65회

11 J공사는 A ~ E의 면접을 진행하기 위해 다음과 같이 자리를 마련하였으나, A지원자가 면접에 불참하게 되어, B ~ E 지원자는 J공사가 마련한 면접 자리에 무작위로 앉기로 하였다. 이때 지정된 자리에 앉지 않는 지원자가 2명 이하일 경우의 수는?

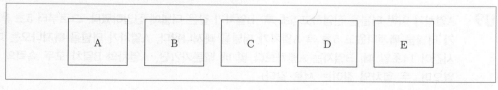

| A | B | C | D | E |

① 21가지
② 23가지
③ 25가지
④ 27가지
⑤ 29가지

※ 다음은 2023년 7 ~ 12월 경상수지에 대한 자료이다. 이어지는 질문에 답하시오. [12~13]

〈2023년 7 ~ 12월 경상수지〉

(단위 : 백만 달러)

구분		2023년 7월	2023년 8월	2023년 9월	2023년 10월	2023년 11월	2023년 12월
경상수지(계)		4,113.9	5,412.7	6,072.7	7,437.8	3,890.7	7,414.6
상품수지		4,427.5	5,201.4	7,486.3	5,433.3	6,878.2	8,037.4
	수출	50,247.2	53,668.9	56,102.5	57,779.9	56,398.4	ㄴ
	수입	45,819.7	ㄱ	48,616.2	52,346.6	49,520.2	50,966.5
서비스수지		−2,572.1	−1,549.5	−3,209.9	−1,279.8	−2,210.9	−2,535.4
본원소득수지		3,356.3	1,879	2,180.4	3,358.5	−116.6	2,459.5
이전소득수지		−1,097.8	−118.2	−384.1	−74.2	−660	−546.9

※ (경상수지)＝(상품수지)＋(서비스수지)＋(본원소득수지)＋(이전소득수지)
※ (상품수지)＝(수출)−(수입)
※ 수지가 양수일 경우 흑자, 음수일 경우 적자이다.

| 수리능력

12 다음 중 자료에 대한 설명으로 옳은 것은?

① 본원소득수지는 항상 흑자를 기록하였다.
② 경상수지는 2023년 11월에 적자를 기록하였다.
③ 상품수지가 가장 높은 달의 경상수지가 가장 높았다.
④ 2023년 8월 이후 서비스수지가 가장 큰 적자를 기록한 달의 상품수지 증가폭이 가장 크다.
⑤ 2023년 8월 이후 전월 대비 경상수지 증가폭이 가장 작은 달의 상품수지 증가폭이 가장 낮다.

| 수리능력

13 다음 중 빈칸 ㄱ, ㄴ에 들어갈 수로 옳은 것은?

	ㄱ	ㄴ
①	48,256.2	59,003.9
②	48,256.2	58,381.1
③	48,467.5	59,003.9
④	48,467.5	58,381.1
⑤	47,685.7	59,003.9

※ 다음은 2019 ~ 2023년 K국의 인구 수에 대한 자료이다. 이어지는 질문에 답하시오. **[14~15]**

〈2019 ~ 2023년 K국의 인구 수〉

(단위 : 천 명)

구분	2019년	2020년	2021년	2022년	2023년
전체 인구수	36,791	36,639	36,498	36,233	35,956
경제활동인구수	25,564	25,134	25,198	25,556	25,580
취업자 수	24,585	24,130	24,280	24,824	24,891

※ (전체 인구수)=(경제활동인구수)+(비경제활동인구수)

※ (고용률)=$\dfrac{(취업자 수)}{(전체 인구수)}$, (실업률)=$\dfrac{(실업자 수)}{(경제활동인구수)}=\dfrac{(경제활동인구수)-(취업자 수)}{(경제활동인구수)}$

┃ 수리능력

14 다음 중 자료에 대한 설명으로 옳은 것은?

① 취업자 수는 꾸준히 증가하였다.

② 실업자 수는 꾸준히 감소하였다.

③ 경제활동인구 수는 꾸준히 증가하였다.

④ 비경제활동인구 수는 꾸준히 감소하였다.

⑤ 2019 ~ 2023년 동안 고용률은 70%를 넘지 못하였다.

┃ 수리능력

15 다음 중 연도별 실업자 수와 실업률로 옳은 것은?

	연도	실업자 수	실업률
①	2019년	979,000명	약 2.7%
②	2020년	1,004,000명	약 4.8%
③	2021년	918,000명	약 8.6%
④	2022년	732,000명	약 2.9%
⑤	2023년	689,000명	약 1.7%

16 다음 모스 굳기 10단계에 해당하는 광물 A ~ C가 〈조건〉을 만족할 때, 이에 대한 설명으로 옳은 것은?

〈모스 굳기 10단계〉

단계	1단계	2단계	3단계	4단계	5단계
광물	활석	석고	방해석	형석	인회석
단계	6단계	7단계	8단계	9단계	10단계
광물	정장석	석영	황옥	강옥	금강석

- 모스 굳기 단계의 단계가 낮을수록 더 무른 광물이고, 단계가 높을수록 단단한 광물이다.
- 단계가 더 낮은 광물로 단계가 더 높은 광물을 긁으면 긁힘 자국이 생기지 않는다.
- 단계가 더 높은 광물로 단계가 더 낮은 광물을 긁으면 긁힘 자국이 생긴다.

조건
- 광물 A로 광물 B를 긁으면 긁힘 자국이 생기지 않는다.
- 광물 A로 광물 C를 긁으면 긁힘 자국이 생긴다.
- 광물 B로 광물 C를 긁으면 긁힘 자국이 생긴다.
- 광물 B는 인회석이다.

① 광물 A는 방해석이다.
② 광물 C는 석영이다.
③ 광물 A가 가장 무르다.
④ 광물 B가 가장 단단하다.
⑤ 광물 B는 모스 굳기 단계가 7단계 이상이다.

17 J공사는 A ～ C주차장 3곳을 운영하고 있다. 다음 J공사 직영 주차장 이용료와 J공사 직원 주차장 이용자 정보를 참고할 때, 세 직원의 주차장 이용료의 총합은?

〈J공사 직영 주차장 이용료〉

(단위 : 원)

구분	시간별 요금 (5분당)	1일 주차권	월정기권 (일반/환승)	5등급 차량 월정기권 (일반/환승)
A주차장	400	28,800	182,000/91,000	273,000/136,500
B주차장	360	25,920	157,000/75,000	235,500/117,000
C주차장	320	23,040	168,000/91,000	252,000/136,500

※ 월정기권 중 환승 주차는 도심으로의 승용차 진입을 억제하고, 대중교통 이용을 장려하기 위해 승용차를 주차장에 주차 후, 대중교통을 이용하는 운전자에게 적용되는 요금제이다.
※ 5등급 차량 월정기권은 배출가스 등급이 5등급인 차량에 적용되는 요금제이다.

〈J공사 직원 주차장 이용자 정보〉

구분	이용가능 주차장	이용 예정 시간	환승 주차 여부	배출가스 등급
금재선 사원	B, C	10시간 20분	×	2등급
차두진 부장	A, C	52시간 50분	○	5등급
황근영 대리	A, B	56시간 30분	○	3등급

※ 각 운전자는 이용가능 주차장의 요금 중 가장 저렴한 방법을 선택한다.

① 162,680원
② 165,440원
③ 168,540원
④ 170,180원
⑤ 174,160원

18 J공사는 지방에 있는 지점 사무실을 공유 오피스로 이전하고자 한다. 다음 사무실 이전 조건을 참고할 때, 〈보기〉 중 이전할 오피스로 가장 적절한 곳은?

〈사무실 이전 조건〉

- 지점 근무 인원 : 71명
- 사무실 예상 이용 기간 : 5년
- 교통 조건 : 역이나 버스 정류장에서 도보 10분 이내
- 시설 조건 : 자사 홍보영상 제작을 위한 스튜디오 필요, 회의실 필요
- 비용 조건 : 다른 조건이 모두 가능한 공유 오피스 중 가장 저렴한 곳(1년 치 비용 선납 가능)

보기

구분	가용 인원수	보유시설	교통 조건	임대비용
A오피스	100명	라운지, 회의실, 스튜디오, 복사실, 탕비실	A역에서 도보 8분	1인당 연간 600만 원
B오피스	60명	회의실, 스튜디오, 복사실	B정류장에서 도보 5분	1인당 월 40만 원
C오피스	100명	라운지, 회의실, 스튜디오	C역에서 도보 7분	월 3,600만 원
D오피스	90명	회의실, 복사실, 탕비실	D정류장에서 도보 4분	월 3,500만 원 (1년 치 선납 시 8% 할인)
E오피스	80명	라운지, 회의실, 스튜디오	E역과 연결된 사무실	월 3,800만 원 (1년 치 선납 시 10% 할인)

① A오피스
② B오피스
③ C오피스
④ D오피스
⑤ E오피스

※ 다음은 에너지바우처 사업에 대한 자료이다. 이어지는 질문에 답하시오. [19~20]

<에너지바우처>

1. 에너지바우처란?
   국민 모두가 시원한 여름, 따뜻한 겨울을 보낼 수 있도록 에너지 취약계층을 위해 에너지바우처(이용권)를 지급하여 전기, 도시가스, 지역난방, 등유, LPG, 연탄을 구입할 수 있도록 지원하는 제도
2. 신청대상 : 소득기준과 세대원 특성기준을 모두 충족하는 세대
   • 소득기준 : 국민기초생활 보장법에 따른 생계급여 / 의료급여 / 주거급여 / 교육급여 수급자
   • 세대원 특성기준 : 주민등록표 등본상 기초생활수급자(본인) 또는 세대원이 다음 중 어느 하나에 해당하는 경우
     − 노인 : 65세 이상
     − 영유아 : 7세 이하의 취학 전 아동
     − 장애인 : 장애인복지법에 따라 등록한 장애인
     − 임산부 : 임신 중이거나 분만 후 6개월 미만인 여성
     − 중증질환자, 희귀질환자, 중증난치질환자 : 국민건강보험법 시행령에 따라 보건복지부장관이 정하여 고시하는 중증질환, 희귀질환, 중증난치질환을 가진 사람
     − 한부모가족 : 한부모가족지원법에 따른 '모' 또는 '부'로서 아동인 자녀를 양육하는 사람
     − 소년소녀가정 : 보건복지부에서 정한 아동분야 지원대상에 해당하는 사람(아동복지법에 의한 가정위탁보호 아동 포함)
   • 지원 제외 대상 : 세대원 모두가 보장시설 수급자인 경우
   • 다음의 경우 동절기 에너지바우처 중복 지원 불가
     − 긴급복지지원법에 따라 동절기 연료비를 지원받은 자(세대)
     − 한국에너지공단의 등유바우처를 발급받은 자(세대)
     − 한국광해광업공단의 연탄쿠폰을 발급받은 자(세대)
     ※ 하절기 에너지바우처를 사용한 수급자가 동절기에 위 사업들을 신청할 경우 동절기 에너지바우처를 중지 처리한 후 신청(중지사유 : 타동절기 에너지이용권 수급)
     ※ 단, 동절기 에너지바우처를 일부 사용한 경우 위 사업들은 신청 불가
3. 바우처 지원금액

구분	1인 세대	2인 세대	3인 세대	4인 이상 세대
하절기	55,700원	73,800원	90,800원	117,000원
동절기	254,500원	348,700원	456,900원	599,300원
총액	310,200원	422,500원	547,700원	716,300원

4. 지원방법
   • 요금차감
     − 하절기 : 전기요금 고지서에서 요금을 자동으로 차감
     − 동절기 : 도시가스 / 지역난방 중 하나를 선택하여 고지서에서 요금을 자동으로 차감
   • 실물카드 : 동절기 도시가스, 등유, LPG, 연탄을 실물카드(국민행복카드)로 직접 결제

19 다음 중 에너지바우처에 대한 설명으로 옳지 않은 것은?

① 36개월의 아이가 있는 의료급여 수급자 A는 에너지바우처를 신청할 수 있다.

② 혼자서 아이를 3명 키우는 교육급여 수급자 B는 1년에 70만 원을 넘게 지원받을 수 있다.

③ 보장시설인 양로시설에 살면서 생계급여를 받는 70세 독거노인 C는 에너지바우처를 신청할 수 있다.

④ 에너지바우처 기준을 충족하는 D는 겨울에 연탄보일러를 사용하므로 실물카드를 받는 방법으로 지원을 받아야 한다.

⑤ 희귀질환을 앓고 있는 어머니와 함께 단둘이 사는 생계급여 수급자 E는 에너지바우처를 통해 여름에 전기비에서 73,800원이 차감될 것이다.

20 다음은 A, B가족의 에너지바우처 정보이다. A, B가족이 올해 에너지바우처를 통해 지원받는 금액의 총합은 얼마인가?

<A, B가족의 에너지바우처 정보>

구분	세대 인원	소득기준	세대원 특성기준	특이사항
A가족	5명	의료급여 수급자	영유아 2명	연탄쿠폰 발급받음
B가족	2명	생계급여 수급자	소년소녀가정	지역난방 이용

① 190,800원
② 539,500원
③ 948,000원
④ 1,021,800원
⑤ 1,138,800원

21 다음 C 프로그램을 실행하였을 때의 결과로 옳은 것은?

```c
#include <stdio.h>
int main() {
    int result=0;
    while (result<2) {
        result=result+1;
        printf("%d\n",result);
        result=result-1;
    }
}
```

① 실행되지 않는다.

② 0
   1

③ 0
  −1

④ 1
  1

⑤ 1이 무한히 출력된다.

22 다음은 A국과 B국의 물가지수 동향에 대한 자료이다. [E2] 셀에 「=ROUND(D2,-1)」를 입력하였을 때, 출력되는 값은?

〈A, B국 물가지수 동향〉

	A	B	C	D	E
1		A국	B국	평균 판매지수	
2	2024년 1월	122.313	112.36	117.3365	
3	2024년 2월	119.741	110.311	115.026	
4	2024년 3월	117.556	115.379	116.4675	
5	2024년 4월	124.739	118.652	121.6955	
6	⋮	⋮	⋮	⋮	
7					

① 100
② 117
③ 117.3
④ 117.34
⑤ 120

※ 다음은 국제표준도서번호(ISBN-13)와 부가기호의 기본 구조에 대한 자료이다. 이어지는 질문에 답하시오. [23~25]

〈국제표준도서번호 기본 구조〉

제1군		제2군		제3군		제4군		제5군
접두부		국별번호		발행자번호		서명식별번호		체크기호
978	–	89	–	671876	–	6	–	8

- 접두부 : 국제상품코드관리협회에서 부여하는 3자리 수이며, 도서의 경우 '978', '979'를 부여한다. 단, '978'은 배정이 완료되어 2013년 3월 6일 이후로 '979'를 부여한다.
- 국별번호 : 국가, 지역별 또는 언어별 군을 나타내는 수이다. 대한민국의 경우 제1군(접두부)의 숫자가 '978'일 때 '89'를 부여하고 '979'일 때 '11'을 부여한다.
- 발행자번호 : 출판사, 개인, 기관 등의 발행처를 나타내는 수이며, 대한민국은 국립중앙도서관 한국서지표준센터에서 배정한다.
- 서명식별번호 : 발행처가 간행한 출판물의 특정 서명이나 판을 나타내는 수이며, 제3군(발행자번호)의 자릿수와 제4군의 자릿수의 합은 항상 7이다.
- 체크기호 : ISBN의 정확성 여부를 자동으로 점검할 수 있는 기호로 다음과 같은 규칙을 따른다.
  1. ISBN번호의 1번째 자리부터 12번째 자리까리 1, 3, 1, 3, … 의 가중치를 부여한다.
  2. 각 자릿수와 가중치를 곱하여 더한다.
  3. 2.의 값에 10을 나눈 나머지를 구한다.
  4. 10에서 3.에서 구한 나머지를 뺀 값이 체크기호 수이다.

예 어떤 도서의 ISBN-13기호가 978-89-671876-6-8일 때

ISBN	9	7	8	8	9	6	7	1	8	7	6	6
가중치	1	3	1	3	1	3	1	3	1	3	1	3

$9 \times 1 + 7 \times 3 + 8 \times 1 + 8 \times 3 + 9 \times 1 + 6 \times 3 + 7 \times 1 + 1 \times 3 + 8 \times 1 + 7 \times 3 + 6 \times 1 + 6 \times 3 = 152$

$152 \div 10 = 15 \cdots 2 \rightarrow 10 - 2 = 8$

따라서 978-89-671876-6-8 도서의 체크기호는 정확하다.

〈부가기호 기본 구조〉

제1행	제2행	제3행
독자대상기호	발행형태기호	내용분류기호
1	3	320

- 독자대상기호

기호	0	1	2	3	4
내용	교양	실용	(예비)	(예비)	청소년(비교육)
기호	5	6	7	8	9
내용	중등·고등 교육	초등교육	아동(비교육)	(예비)	학술·전문

단, 기호가 2개 이상 중복될 경우, 발행처가 선택할 수 있다.

- 발행형태기호

기호	0	1	2	3	4
내용	문고본	사전	신서판	단행본	전집
기호	5	6	7	8	9
내용	전자출판물	도감	만화 및 그림책	혼합 자료	(예비)

1. 발행형태기호로 '9'는 임의사용이 불가능하다.
2. 발행형태기호를 2개 이상 적용할 수 있다면 가장 큰 수를 적용하되, 전자출판물은 항상 '5'를 적용한다.

- 내용분류기호

주제 – 세부분야 – 0으로 이루어져 있으며, 다섯 번째 자리 숫자는 '0' 이외의 숫자는 예외 없이 사용이 불가능하다.

번호	000 ~ 099	100 ~ 199	200 ~ 299	300 ~ 399	400 ~ 499
내용	수필, 간행물 등	철학, 심리학 등	종교	사회과학	자연과학
번호	500 ~ 599	600 ~ 699	700 ~ 799	800 ~ 899	900 ~ 999
내용	기술과학	예술	언어	문학	역사

23 다음 중 자료에 대한 설명으로 옳지 않은 것은?

① 부가기호 '53415'는 존재하지 않는다.
② 아동 대상의 학습용 만화 단행본의 부가기호 앞 두 자리 숫자는 '77'이다.
③ 고등학교 교육용 도서와 중학교 교육용 도서의 부가기호 앞자리 숫자는 다르다.
④ 국제표준도서번호의 앞 다섯 자리 숫자가 '97889'인 도서는 2013년 3월 6일 이전에 번호가 부여됐다.
⑤ 2024년 초 신규 발행처에서 발행한 국내도서의 국제표준도서번호의 앞 다섯 자리 숫자는 '97911'이다.

24 어떤 도서의 국제표준도서번호가 '9791125483360'일 때, 이 도서의 체크기호(O)는?

① 6   ② 7
③ 8   ④ 9
⑤ 0

25 다음 중 도서의 주제와 부가기호의 내용분류기호의 범위가 바르게 연결되지 않은 것은?

① 동아시아사 – 900 ~ 999   ② 행정학 – 800 ~ 899
③ 일본어 – 700 ~ 799   ④ 천문학 – 400 ~ 499
⑤ 불교 – 200 ~ 299

26 다음은 J사 제품의 안전인증번호 부여기준을 나타낸 자료이다. 이를 바탕으로 〈보기〉에서 설명하는 제품이 안전인증을 받게 될 때, 안전인증번호로 옳은 것은?

〈안전인증번호 부여기준〉

A	1	A	0	0	1	–	1	2
(1)	(2)	(3)	(4)				(5)	

(1) 안전관리단계 구분코드

안전관리단계 구분		코드
안전인증 대상 생활용품	일반	A
	제품검사만을 통해 안전성 증명을 하는 경우	L
	동일모델 확인을 통해 공장심사 및 제품검사 없이 안전인증서를 발급하는 경우	M
안전확인 대상 생활용품	일반	B
	동일모델 확인을 통해 안전성 검사 없이 확인증을 발급하는 경우	N
어린이보호포장 대상 생활용품		C

(2) 안전인증기관 구분코드

코드	안전인증기관명
1	한국건설생활환경시험연구원
2	한국화학융합시험연구원
3	한국기계전기전자시험연구원
4	한국의류시험연구원
5	FITI시험연구원
6	한국산업기술시험원
7	KOTITI시험연구원

(3) 제조공장의 지역구분 코드

국내				국외	
지역	코드	지역	코드	지역	코드
서울특별시	A	경기도	H	아시아	R
부산광역시	B	강원도	I	미주	S
대구광역시	C	충청북도	J	유럽	T
인천광역시	D	충청남도	K	중동	U
광주광역시	E	경상북도	L	아프리카	V
대전광역시	F	경상남도	M	–	–
울산광역시	G	전라북도	N	–	–

(4) 동일공장에서 동일제품을 생산하는 순서를 3자리 숫자로 기재

(5) 연도별 끝자리 번호를 2자리 숫자로 기재(폐 2024년 – 24)

박대리님, 안녕하세요. 새해인사를 드린 게 엊그제 같은데 2023년도 이제 얼마 남지 않았네요. 다름이 아니라 이번에 출시되는 제품과 관련해서 진행 사항을 공유하고자 연락드렸습니다. 올해 중국 공장에서 처음 생산한 제품의 안전인증번호를 받기 위해 KOTITI시험연구원에 현재 안전인증을 의뢰해 두었습니다. 아무래도 어린이보호포장이 필요한 제품이라 안전인증 결과가 지연되는 것 같습니다. 안전인증번호를 부여받는 대로 바로 전달드리도록 하겠습니다.

① L7R001-22 ② M7R001-23
③ M7U001-23 ④ C7R001-23
⑤ C7T001-22

27 다음과 같이 전주의 높이가 24m인 지점에 수평하중이 7,000N만큼 작용하고 있다. 전주와 지선 사이의 거리가 10m일 때, 지선에 작용하는 장력의 크기는?

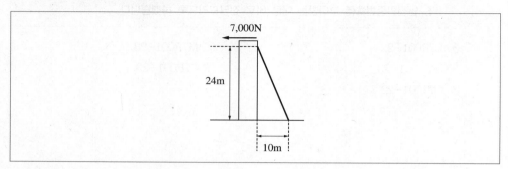

① 7,000N

② 10,400N

③ 16,800N

④ 18,200N

⑤ 22,600N

28 어떤 삼각파의 전압의 최댓값이 A일 때, 전압의 평균값은?

① $\dfrac{A}{2}$

② $\dfrac{A}{\sqrt{3}}$

③ $\dfrac{A}{\sqrt{2}}$

④ A

⑤ $\sqrt{2}\,A$

29 다음 중 송수전단 전압 E_s, E_r과 송수전단 전류 I_s, I_r 및 4단자 정수 A, B, C, D의 관계로 옳은 것은?

① $\begin{bmatrix} E_s \\ I_s \end{bmatrix} = \begin{bmatrix} \dfrac{1}{A} & B \\ C & \dfrac{1}{D} \end{bmatrix} \begin{bmatrix} E_r \\ I_r \end{bmatrix}$

② $\begin{bmatrix} E_s \\ I_s \end{bmatrix} = \begin{bmatrix} A & \dfrac{1}{B} \\ \dfrac{1}{C} & D \end{bmatrix} \begin{bmatrix} E_r \\ I_r \end{bmatrix}$

③ $\begin{bmatrix} E_s \\ I_s \end{bmatrix} = \begin{bmatrix} 1 & \dfrac{A}{B} \\ \dfrac{D}{C} & 1 \end{bmatrix} \begin{bmatrix} E_r \\ I_r \end{bmatrix}$

④ $\begin{bmatrix} E_s \\ I_s \end{bmatrix} = \begin{bmatrix} AD & 1 \\ 1 & BC \end{bmatrix} \begin{bmatrix} E_r \\ I_r \end{bmatrix}$

⑤ $\begin{bmatrix} E_s \\ I_s \end{bmatrix} = \begin{bmatrix} A & B \\ C & D \end{bmatrix} \begin{bmatrix} E_r \\ I_r \end{bmatrix}$

30 특성방정식 $F(s) = 4s^5 + 5s^4 - 3s^3 - 5s^2 + 7s + 15$를 Routh – Hurwitz 판별법을 통해 안정도를 판단하고자 한다. 이때, 3행 3열 성분의 값으로 옳은 것은?

① -7

② -3

③ $-\dfrac{1}{5}$

④ 0

⑤ 2

31 다음 비율차동계전기 접속도에서 A, B에 들어갈 말을 바르게 연결한 것은?

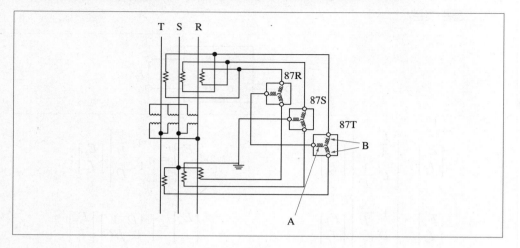

	A	B
①	동작코일	분류코일
②	동작코일	억제코일
③	억제코일	분류코일
④	억제코일	동작코일
⑤	분류코일	억제코일

32 가로 27m, 세로 30m인 사무실에 광속이 4,500lm, 조명률이 0.6인 조명을 200개 설치하였다. 보수율이 0.6일 때, 평균조도는?

① 100lx   ② 200lx

③ 300lx   ④ 400lx

⑤ 500lx

33 다음 중 도체의 전하분포에 대한 설명으로 옳은 것은?

① 전하는 도체 내부에 존재한다.
② 전하는 도체 표면에 존재하지 않는다.
③ 도체 표면의 전위와 도체 내부의 전위는 다르다.
④ 도체 표면의 곡률이 클수록 전하밀도가 높다.
⑤ 도체 표면에서 전계의 방향은 도체 표면의 접선 방향이다.

PART 1

34 어떤 무한직선도체에 전류가 흐를 때, 도선으로부터 10cm 떨어진 지점에서의 자계의 세기는 40cm 떨어진 지점에서의 자계의 세기의 몇 배인가?

① 4배   ② 2배

③ 1배   ④ $\frac{1}{2}$ 배

⑤ $\frac{1}{4}$ 배

35 반지름이 a이고 감은 횟수가 n인 환상 솔레노이드에 전류가 I만큼 흐르고 있다. 이 환상 솔레노이드 외부자계의 세기는?

① 0   ② $\frac{1}{2\pi a}$

③ nI ④ $\frac{1}{2a}$

⑤ $\frac{nI}{2\pi a}$

36 다음 중 동기발전기가 단락되었을 때, 돌발 단락전류를 제한하는 것은?

① 동기임피던스   ② 등가임피던스
③ 누설리액턴스   ④ 등가리액턴스
⑤ 유도리액턴스

37 다음 중 BDC모터와 비교한 BLDC모터의 특징으로 옳지 않은 것은?

① 제어가 복잡하다.　　　　　　　② 소음이 더 크다.

③ 고속회전에 적합하다.　　　　　④ 반영구적이다.

⑤ 모터의 경량화가 가능하다.

38 다음 중 케이블 트레이의 할증률은 몇 %인가?

① 1%　　　　　　　　　　　　　② 2.5%

③ 3%　　　　　　　　　　　　　④ 5%

⑤ 10%

39 다음 중 분산형전원설비에서 점검 장치를 설치해야 하는 설비용량의 합계의 최솟값은?

① 80kVA　　　　　　　　　　　② 150kVA

③ 200kVA　　　　　　　　　　④ 220kVA

⑤ 250kVA

40 다음 중 분산형전원 배전계통에서 고려하지 않아도 되는 것은?

① 노이즈　　　　　　　　　　　② 직류 유입 제한

③ 역률　　　　　　　　　　　　④ 플리커

⑤ 고조파

41 다음 중 전기자동차 설비기준에 대한 내용으로 옳지 않은 것은?

① 침수 위험이 있는 곳에 설치하지 않도록 해야 한다.

② 전기자동차의 충전장치는 쉽게 열 수 없는 구조여야 한다.

③ 충전부는 노출되지 않도록 설치해야 하지만, 취급자만 출입할 수 있는 경우에는 예외로 한다.

④ 전기자동차의 충전장치 및 충전장치를 시설한 장소에는 쉽게 보이는 곳에 위험 표시를 해야 한다.

⑤ 충전장치에는 전기자동차 전용임을 나타내는 표시를 해야 한다.

42 다음 중 변압기의 종류에 따른 최고허용온도를 바르게 짝지은 것은?

① Y종 – 80℃
② A종 – 105℃
③ E종 – 115℃
④ B종 – 120℃
⑤ F종 – 130℃

43 다음 중 건축물·구조물과 분리되지 않은 인하도선시스템에 대한 설명으로 옳지 않은 것은?

① 인하도선의 수는 2가닥 이상으로 한다.
② 벽이 불연성 재료로 구성될 경우에는 벽의 표면 또는 내부에 시설할 수 있다.
③ 피뢰시스템의 등급이 Ⅰ등급일 때, 인하도선 사이의 최대 간격은 10m이다.
④ 수뢰부시스템과 접지시스템의 연결은 복수의 인하도선을 직렬로 구성해야 한다.
⑤ 보호대상 건축물 및 구조물의 투영에 따른 둘레에 되도록 균등한 간격으로 배치한다.

44 다음 중 슈테판 – 볼츠만 법칙상 흑체의 복사에너지(E)와 절대온도(T)와의 관계로 옳은 것은?

① $E \propto \sqrt{T}$
② $E \propto T$
③ $E \propto T^2$
④ $E \propto T^4$
⑤ $E \propto T^{-1}$

45 2전력계법을 통해 평형 3상 회로로 운전하는 유도전동기 회로를 측정하였다. 이 회로의 전동기의 무효전력은?(단, $W_1 = 5\text{kW}$, $W_2 = 6.5\text{kW}$, $V = 380\text{V}$, $I = 20\text{A}$이다)

① 약 1.5kW
② 약 1.8kW
③ 약 2.2kW
④ 약 2.4kW
⑤ 약 2.6kW

46 다음 중 반강자성체에 대한 설명으로 옳은 것은?

① 물체 외부에 자기장을 가하면 자기장의 방향과 반대 방향으로 자화되는 것이다.

② 물체 외부에 자기장을 가하면 자기장의 방향과 같은 방향으로 자화되는 것이다.

③ 물체 외부에 자기장을 가하면 자기장 방향으로 자화되고, 자기장을 제거하면 자화를 잃는 것이다.

④ 서로 반대 방향의 자기모멘트가 존재하지만, 그 크기가 같지 않아 한 방향으로 약하게 자화된 것이다.

⑤ 물체 외부에 자기장을 가하여도 크기가 같고 방향이 서로 반대인 2개의 자기모멘트 때문에 자화 되지 않는 것이다.

47 다음 중 22.9kV CNCV 케이블의 구조에 대한 설명으로 옳지 않은 것은?

① 나전선으로 사용한다.

② 외부, 내부 반전도층은 반도전 압출층이다.

③ 절연층은 가교폴리에틸렌 복합체이다.

④ 도체는 수밀형 연동연선을 사용한다.

⑤ 중성선 수밀층은 부풀음 테이프를 사용한다.

48 단권변압기 3대를 사용한 3상 △ 결선 승압기에 의해 80kVA인 3상 평형 부하의 전압을 3,000V에서 3,300V로 승압하는 데 필요한 변압기의 총용량은?

① 약 3kVA

② 약 6kVA

③ 약 9kVA

④ 약 12kVA

⑤ 약 15kVA

49 다음 중 드모르간의 정리에 대한 식이 아닌 것은?

① $\overline{AB} + C = \overline{A} + \overline{B} + C$

② $\overline{A + B} + C = \overline{A} \cdot \overline{B} + C$

③ $\overline{A + B + C} = \overline{A} \cdot \overline{B} \cdot \overline{C}$

④ $\overline{ABC} = \overline{A} + \overline{B} + \overline{C}$

⑤ $\overline{(A + B)} C = \overline{A} \cdot \overline{B} + C$

50 다음과 같이 진공에서 선전하밀도 $+\lambda$C/m인 무한장 직선 A전하와 선전하밀도가 $-\lambda$C/m인 무한장 직선 B전하가 d만큼 떨어져 평행으로 놓여 있다. A전하로부터 $\frac{1}{3}d$, B전하로부터 $\frac{2}{3}d$ 떨어진 P지점에서의 전계의 세기는?

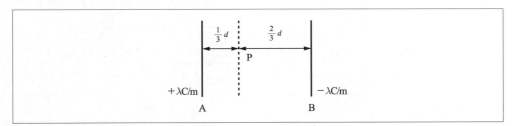

① $\dfrac{3\lambda}{2\pi\epsilon_0 d}$

② $\dfrac{9\lambda}{4\pi\epsilon_0 d}$

③ $\dfrac{9\lambda}{8\pi\epsilon_0 d}$

④ $\dfrac{4\lambda}{9\pi\epsilon_0 d}$

⑤ $\dfrac{9\lambda}{16\pi\epsilon_0 d}$

51 다음 중 무손실 선로 분포정수회로의 감쇠정수(α)와 위상정수(β)의 값은?

	α	β
①	0	$\omega\sqrt{LC}$
②	$\omega\sqrt{LC}$	0
③	$\sqrt{RG}$	$\sqrt{LC}$
④	$\sqrt{LC}$	$\sqrt{RG}$
⑤	$\omega\sqrt{LC}$	$\dfrac{1}{\sqrt{RG}}$

52 다음과 같은 3상 유도전동기의 역률은?(단, $W_1 = 1.5\text{kW}$, $W_2 = 0.8\text{kW}$, $V = 220\text{V}$, $I = 10\text{A}$이다)

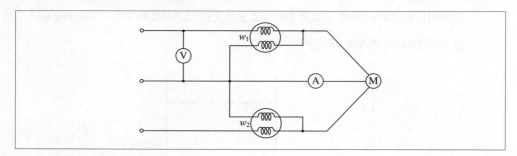

① 약 0.45　　　　　　　　　② 약 0.6

③ 약 0.7　　　　　　　　　④ 약 0.75

⑤ 약 0.85

53 다음과 같은 블록선도의 전달함수(G_s)는?

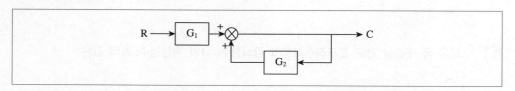

① $\dfrac{G_1}{G_2}$　　　　　　　　　② $\dfrac{G_1}{1 - G_2}$

③ $\dfrac{G_1}{G_1 + G_2}$　　　　　　　④ $\dfrac{G_1 G_2}{1 + G_1}$

⑤ $\dfrac{1}{1 + G_1 G_2}$

54 다음 히스테리시스 곡선에서 X점과 Y점에 해당하는 것을 바르게 짝지은 것은?

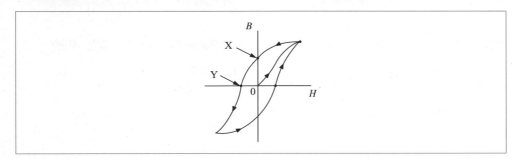

	X	Y
①	자속밀도	잔류저항
②	보자력	잔류저항
③	잔류자기	잔류저항
④	잔류자기	보자력
⑤	잔류저항	보자력

55 유전율이 다른 두 유전체가 완전경계를 이루며 서로 접하였을 때, 경계면에서의 전계와 전속밀도에 대한 설명으로 옳지 않은 것은?

① 전계의 접선 성분은 같다.

② 전계와 전속밀도는 같다.

③ 전속밀도의 수직 성분은 같다.

④ 전계와 전속밀도는 굴절한다.

⑤ 전속선은 전율이 큰 쪽을 지날 때 촘촘하게 모인다.

56 다음 중 네트워크 OSI 7계층에서 응용 계층의 프로토콜에 해당하지 않는 것은?

① HTTP

② FTP

③ UDP

④ DNS

⑤ SMTP

57 시분할 변조 방식에서 변조 신호의 상한 주파수를 f_m 으로 하고 표본화 주파수를 f_s 로 표시할 경우 표본화 정리에 해당되는 주파수는?

① $f_s = f_m$

② $2f_s = f_m$

③ $f_s = 2f_m$

④ $f_s = \dfrac{1}{4}f_m$

⑤ $2f_s = \dfrac{1}{2}f_m$

58 다음 중 FM 수신기에 스켈치 회로를 사용하는 목적은?

① 안테나로부터 불필요한 복사를 방지한다.

② 국부 발진 주파수 변동을 방지한다.

③ FM 전파 수신 시 수신기 내부 잡음을 제거한다.

④ 입력 신호가 없을 때 수신기 내부 잡음을 제거한다.

⑤ 혼신과 누화 현상을 방지한다.

59 다음 중 위성 통신에 사용하는 주파수로 옳은 것은?

① 100MHz ~ 1GHz

② 1GHz ~ 10GHz

③ 30GHz ~ 100GHz

④ 100MHz ~ 1THz

⑤ 100MHz ~ 10THz

정답 및 해설 p.018

01	NCS

┃ 의사소통능력

01 다음 중 RPS 제도에 대한 설명으로 적절하지 않은 것은?

> 신·재생에너지 공급의무화 제도(RPS; Renewable energy Portfolio Standard)는 발전설비 규모가 일정 수준 이상을 보유한 발전사업자(공급의무자)에게 일정 비율만큼 구체적인 수치의 신·재생에너지 공급 의무발전량을 할당하여 효율적으로 신·재생에너지 보급을 확대하기 위해 2012년에 도입된 제도다. 2018년 기준 공급의무자는 한국전력공사(KEPCO)의 자회사 6개사 등 21개사이며, 공급의무자는 신·재생에너지 발전소를 스스로 건설하여 전력을 자체 생산하거나 기타 발전사업자들로부터 신·재생에너지 공급인증서(REC; Renewable Energy Certificate)를 구매하는 방법 등을 통해 할당받은 공급의무량을 충당할 수 있다.
> 이 제도를 통해 신·재생에너지를 이용한 발전량과 발전설비 용량이 지속적으로 증가하였고, 최근에는 목표 대비 의무 이행 비율 역시 90%를 상회하는 등 긍정적인 성과가 있었으나 다음과 같은 문제점들이 지적되고 있다. 첫째, 제도 도입취지와 달리 제도의 구조적 특징으로 신·재생에너지 공급 비용 절감 효과가 불확실한 면이 있다. 둘째, 단기간 내 사업 추진이 용이한 '폐기물 및 바이오매스 혼소 발전' 등의 에너지원에 대한 편중성이 나타나고 있다. 셋째, 발전 공기업 등 공급의무자에게 할당되는 공급의무량이 단계적으로 증가함에 따라 최종 전력소비자인 국민들에게 전가되는 비용 부담 또한 지속적으로 증가할 가능성이 있다.
> 이에 다음과 같은 개선방안을 고려해 볼 수 있다. 첫째, RPS 제도의 구조적 한계를 보완하고 신·재생에너지 공급 비용의 효과적 절감을 도모하기 위해, 제도화된 신·재생에너지 경매 시장을 도입하고 적용 범위를 확대하는 방안을 고려해 볼 필요가 있다. 둘째, 신·재생에너지 공급인증서(REC) 지급 기준을 지속적으로 재정비할 필요가 있다. 셋째, 에너지 다소비 기업 및 탄소 다량 배출 산업분야의 기업 등 민간 에너지 소비 주체들이 직접 신·재생에너지를 통해 생산된 전력을 구매할 수 있거나, 민간 기업들이 직접 REC 구매를 가능하게 하는 등 관련 제도 보완을 마련할 필요가 있다.

① 다양한 종류의 신·재생에너지원 사업이 추진되었다.
② 발전 비용 증가로 전기료가 인상될 가능성이 있다.
③ 민간 기업은 직접 REC를 구매할 수 없다.
④ 신·재생에너지 발전량이 증가하였다.
⑤ 자체 설비만으로 RPS 비율을 채울 수 없을 경우 신·재생에너지 투자 등의 방법으로 대신할 수 있다.

02 다음 문단을 논리적 순서대로 바르게 나열한 것은?

> (가) 최초 전등 점화에 성공하기는 하였지만, 전등 사업은 예상처럼 순조롭게 진행되지는 못하였다. 설비비용, 발전 시설 운전에 소요되는 석탄 등 연료비용, 외국 기술자 초빙에 따른 비용이 너무 높았기 때문에 전기 점등에 반대하는 상소를 올리는 사람들도 등장하였다. 게다가 점등된 전등들이 얼마 지나지 않아 툭하면 고장이 나서 전기가 들어오지 않기 일쑤거나 소음도 심해서 사람들은 당시 전등을 '건달불'이라고 부르기도 했다. 더군다나 경복궁에 설치된 발전 설비를 담당하던 유일한 전기 기사 맥케이(William Mckay)가 갑작스럽게 죽으면서 전기 점등이 몇 개월이나 지연되는 사태도 일어났다.
>
> (나) 기록에 의하면 우리나라에 처음 전기가 도입된 때는 개항기였던 1884년쯤이다. 최초의 전기 소비자는 조선의 황실이었으며, 도입국은 미국이었다. 황실의 전기 도입은 '조미 수호 통상 조약' 체결에 대한 감사의 표시로 미국이 조선의 사절단을 맞아들인 것이 직접적인 계기가 되었다. 1883년 미국에 파견된 '보빙사절단'은 발전소와 전신국을 방문하면서 전기의 위력에 감탄해 마지않았고, 특히 에디슨(Edison, Thomas Alva)의 백열등이 발하는 밝은 빛에 매료되고 말았다. 밀초나 쇠기름의 희미한 촛불에 익숙해 있던 그들에게 백열등의 빛은 개화의 빛으로 보였던가 보다. 그들은 미국 방문 중에 에디슨 전기 회사로 찾아가 전기등에 대한 주문 상담까지 벌였고, 귀국 후에는 고종에게 자신들이 받은 강렬한 인상을 전달하였다. 외국 사신들과 서적을 통해 전기에 관해서는 이미 알고 있던 고종은 이들의 귀국 보고를 받고는 바로 전등 설치를 허가하였다. 그리고 3개월 후 공식적으로 에디슨 사에 전등 설비 도입을 발주하였다.
>
> (다) 이런 우여곡절에도 불구하고 고종의 계속적인 지원으로 전등 사업은 계속되어, 1903년에는 경운궁에 자가 발전소가 설치되어 궁내에 약 900개의 백열등이 밝혀지게 되었다. 그 후 순종 황제의 거처가 된 창덕궁에는 45마력의 석유 발전기와 25kW 직류 발전기가 도입되어, 1908년 9월부터 발전에 들어가기도 했다. 전등은 이렇게 항시적으로 구중궁궐(九重宮闕)을 밝히는 조명 설비로 자리를 잡아 갔다.
>
> (라) 갑신정변에 의해 잠시 중단되었던 이 전등 사업은 다시 속개되어, 마침내 1887년 3월 경복궁 내 건천궁에 처음으로 100촉짜리 전구 두 개가 점등될 수 있었다. 프레이자(Everett Frazar)가 총책임을 맡은 이 일은 당시로서는 경복궁 전체에 750개의 16촉짜리 전등을 설치하고 이에 필요한 발전 설비를 갖추는 대형 사업이었다. 40마력의 전동기 한 대와 이 엔진에 연결할 25kW 직류 발전기가 발전 설비로 도입되었고, 경복궁 내에 있는 향원정의 물이 발전기를 돌리는 데 이용되었다.

① (가) – (나) – (다) – (라)
② (나) – (다) – (가) – (라)
③ (나) – (라) – (가) – (다)
④ (다) – (라) – (가) – (나)
⑤ (다) – (라) – (나) – (가)

03 다음 글의 내용 전개 방식으로 가장 적절한 것은?

> 4차 산업혁명이라는 새로운 산업혁신 담론이 제시되면서 각각 분리되어 있던 기존 산업이 IT기술을 통해 서로 융복합하여 새로운 혁신을 이루어 내고 있다. 이러한 산업의 융복합은 부동산서비스업계에서도 함께 진행되어 부동산(Property)과 기술(Technology)이 결합한 프롭테크(Proptech)라는 혁신을 이루어 내고 있다.
>
> 프롭테크는 단순히 부동산 매물을 스마트폰으로 확인하는 것 이외에도 다양한 기술을 가지고 있다. 대면계약 대신 모바일로 부동산 계약을 진행하거나, 인공지능 기술을 활용하여 부동산 자산 컨설팅을 받을 수 있으며, 블록체인 기술을 통해 부동산 거래정보를 공유할 수도 있다. 또한 빅데이터 기술을 통해 집값을 실시간으로 산출 및 예측해 주거나, 2차원의 건축도면을 3차원의 입체화면으로 변환하여 보여주는 등 부동산에 관련된 다양하고 편리한 기능들을 사용자에게 제공하고 있다. 특히 코로나19 사태 이후로 메타버스 등의 가상현실 기술을 활용하여 오프라인 견본주택 대신에 모바일 등의 환경에서 가상 모델하우스를 선보이는 등 대형 건설사도 프롭테크 기업들과 협업을 하는 사례가 증가하고 있다.
>
> 이처럼 프롭테크 기술을 통해 굳이 발로 뛰어다니며 발품을 팔지 않아도 스마트폰으로 편리하게 다양한 정보를 손쉽게 얻을 수 있고 거래 사실이 확실한 정보로 남기 때문에 정부에서도 J공사와 S공사가 공급하는 모든 공공분양에 프롭테크 기술을 활용한 전자계약을 의무화 하는 등 프롭테크 기술을 적극적으로 활용하고 있다.
>
> 그러나 프롭테크 기술이 성장하면서 기존 산업과의 마찰도 심해지고 있다. 특히 부동산 중개수수료에 대한 기존 공인중개사 업체와 프롭테크 업체 간 갈등이 심하게 진행되고 있다. 그러므로 기존의 업계들과 공존할 수 있도록 정부차원에서 제도적 장치를 마련하는 것이 시급하다.

① 전문가의 말을 인용하여 기술을 소개하고 있다.

② 예상되는 반론을 논파하여 기술의 장점을 강조하고 있다.

③ 비유와 상징을 통해 기술을 설명하고 있다.

④ 다양한 예시를 통해 산업의 융합을 소개하고 있다.

⑤ 기존과 달리 새로운 시각으로 기술을 바라보고 있다.

04 다음 글의 내용으로 적절하지 않은 것은?

전남 나주시가 강소연구개발특구 운영 활성화를 위해 한국전력공사, 특구기업과의 탄탄한 소통 네트워크 구축에 나섰다.

나주시는 혁신산업단지에 소재한 에너지신기술연구원에서 전라남도, 한국전력공사, 강소특구 44개 기업과 전남 나주 강소연구개발특구 기업 커뮤니티 협약을 체결했다고 밝혔다. 이번 협약은 각 주체 간 정보 교류, 보유 역량 활용 등을 위해 특구기업의 자체 커뮤니티 구성에 목적을 뒀다. 협약 주체들은 강소특구 중장기 성장모델과 전략수립 시 공동으로 노력을 기울이고, 적극적인 연구개발 (R&D) 참여를 통해 상호 협력의 밸류체인(Value Chain)을 강화하기로 했다.

커뮤니티 구성에는 총 44개 기업이 참여해 강소특구 주력사업인 지역특성화육성사업에 부합하는 에너지효율화, 특화사업, 지능형 전력그리드 등 3개 분과로 운영된다. 또한 ㈜한국항공조명, ㈜유진테크노, ㈜미래이앤아이가 분과 리더기업으로 각각 지정되어 커뮤니티 활성화를 이끌 예정이다. 나주시와 한국전력공사는 협약을 통해 기업의 판로 확보와 에너지산업 수요·공급·연계 지원 등 특구기업과의 동반성장 플랫폼 구축에 힘쓸 계획이다.

한국전력공사 기술기획처장은 "특구사업의 선택과 집중을 통한 차별화된 지원을 추진하고, 기업 성장단계에 맞춘 효과적인 지원을 통해 오는 2025년까지 스타기업 10개사를 육성하겠다."라는 계획을 밝혔다. 또한 나주시장 권한대행은 "이번 협약을 통해 기업 수요 기반 통합정보 공유로 각 기업의 성장단계별 맞춤형 지원을 통한 기업 경쟁력 확보와 동반성장 인프라 구축에 힘쓰겠다."라고 말했다.

① 협약에 참여한 기업들은 연구개발 활동에 적극적으로 참여해야 한다.

② 나주시의 에너지신기술연구원은 혁신산업단지에 위치해 있다.

③ 협약 주체들은 한국전력공사와 강소특구의 여러 기업들이다.

④ 협약의 커뮤니티 구성은 총 3개 분과로 이루어져 있고, 분과별로 2개의 리더 그룹이 분과를 이끌어갈 예정이다.

⑤ 나주시와 한국전력공사는 협약을 통해 기업의 판로 확보와 에너지산업 연계 지원 등에 힘쓸 계획이다.

05 다음 글을 읽고 추론할 수 있는 내용으로 적절하지 않은 것은?

현재 화성을 탐사 중인 미국의 탐사 로버 '퍼시비어런스'는 방사성 원소인 플루토늄이 붕괴하면서 내는 열을 전기로 바꿔 에너지를 얻는다. 하지만 열을 전기로 바꾸는 변환 효율은 4 ~ 5%에 머물고 있다. 전기를 생산하기 어려운 화성에서는 충분히 쓸만하지만 지구에서는 효율적인 에너지원이 아니다. 그러나 최근 국내 연구팀이 오랫동안 한계로 지적된 열전 발전의 효율을 20% 이상으로 끌어올린 소재를 개발했고, 지금까지 개발된 열전 소재 가운데 세계에서 가장 효율이 높다는 평가를 받고 있다.

서울대 화학생물공학부 교수팀은 메르쿠리 카나치디스 미국 노스웨스턴대 화학부 교수 연구팀과 공동으로 주석과 셀레늄을 이용한 다결정 소재를 이용해 세계 최초로 열전성능지수(zT) 3을 넘기는 데 성공했다고 밝혔다.

전 세계적으로 생산된 에너지의 65% 이상은 사용되지 못하고 열로 사라진다. 온도차를 이용해 전기를 생산하는 열전 기술은 이러한 폐열을 전기에너지로 직접 변환할 수 있다. 하지만 지금까지 개발된 소재들은 유독한 납과 지구상에서 8번째로 희귀한 원소인 텔루늄을 활용하는 등 상용화에 어려움이 있었다. 발전 효율이 낮은 것도 문제였다. 때문에 퍼시비어런스를 비롯한 화성탐사 로버에 탑재된 열전소재도 낮은 효율을 활용할 수밖에 없었다.

카나치디스 교수팀은 이를 대체하기 위한 소재를 찾던 중 2014년 셀레늄화주석 단결정 소재로 zT 2.6을 달성해 국제학술지 '네이처'에 소개했다. 그러나 다이아몬드처럼 만들어지는 단결정 소재는 대량 생산이 어렵고 가공도 힘들어 상용화가 어렵다는 점이 문제로 꼽혔다. 이를 다결정으로 만들면 열이 결정 사이를 오가면서 방출돼 열전효율이 낮아지는 문제가 있었다. 또한 결과가 재현되지 않아 네이처에 셀레늄화 주석 소재의 열전성능에 대해 반박하는 논문이 나오기도 했다.

연구팀은 셀레늄화 주석의 구조를 분석해 원인을 찾았다. 주석을 활용하는 소재인 페로브스카이트 전고체 태양전지를 세계 처음으로 만든 교수팀은 순도 높은 주석이라도 표면이 산화물로 덮인다는 점을 주목했다. 열이 전도성 물질인 산화물을 따라 흐르면서 열전효율이 떨어진 것이다. 연구팀은 주석의 산화물을 제거한 후 셀레늄과 반응시키고 이후로도 추가로 순도를 높이는 공정을 개발해 문제를 해결했다.

연구팀이 개발한 주석셀레늄계(SnSe) 신소재는 기존 소재보다 월등한 성능을 보였다. 신소재는 섭씨 510도에서 zT가 3.1인 것으로 나타났고 소재 중 처음으로 3을 돌파했다. 납 텔루늄 소재 중 지금까지 최고 성능을 보인 소재의 zT가 2.6이었던 것을 감안하면 매우 높은 수치다. 에너지 변환효율 또한 기존 소재들이 기록한 5 ~ 12%보다 높은 20% 이상을 기록했다. 연구팀은 "지도교수였던 카나치디스 교수에게도 샘플을 보내고 열전도도를 측정하는 회사에도 소재를 보내 교차검증을 통해 정확한 수치를 얻었다."라고 말했다.

① 주석셀레늄계 신소재는 열전발전의 효율이 기존보다 4배 이상 높다.
② 현재까지 한국에서 개발한 열전소재가 가장 열전효율이 높다.
③ 주석셀레늄계 신소재는 어떤 환경에서든 열전발전의 효율지수(zT)가 3.1을 넘는다.
④ 열전소재에 전기가 통하는 물질이 있다면 열전효율이 저하될 수 있다.
⑤ 화성 탐사 로버 '퍼시비어런스'는 열을 전기로 바꿔 에너지원으로 삼지만, 그 효율은 5% 정도에 그쳤다.

06 다음 글을 읽고 추론할 수 있는 '넛지효과'의 예시로 적절하지 않은 것은?

> 우리 대다수는 이메일을 일상적으로 사용하면서 첨부 파일을 깜빡 잊는 실수를 종종 범한다. 만약 이메일 서비스 제공 업체가 제목이나 본문에 '파일 첨부'란 단어가 있음에도 사용자가 파일을 첨부하지 않을 경우 '혹시 첨부해야 할 파일은 없습니까?'라고 발송 전 미리 알려주면 어떨까? 예시로 안전벨트 미착용 문제를 해결하기 위해 지금처럼 경찰이 단속하고 과태료를 물리는 것보다 애초에 안전벨트를 착용하지 않으면 주행이 되지 않게 설계하는 것은 어떨까? 이처럼 우리 인간의 선택과 행동을 두고 규제, 단속, 처벌보다는 부드럽게 개입하는 방식은 어떨까?
>
> 넛지(Nudge)는 강압적이지 않은 방법으로 사람들의 행동을 바꾸는 현상을 의미한다. 넛지의 사전적 의미는 '팔꿈치로 슬쩍 찌르다.', '주위를 환기하다.'인데, 시카고대 교수이자 행동경제학자인 리처드 탈러(Richard H. Thaler)와 하버드대 로스쿨 교수인 캐스 선스타인(Cass R. Sunstein)은 2008년 공동집필한 책『Nudge : Improving Decisions about Health, Wealth, and Happiness』를 내놓으면서 넛지를 '사람들의 선택을 유도하는 부드러운 개입'이라고 정의하였다. 이 책은 세계 여러 나라에서 번역되었는데, 특히 한국에서는 2009년 봄『넛지 : 똑똑한 선택을 이끄는 힘』이라는 제목으로 출간된 이후 대통령이 여름휴가 때 읽고 청와대 직원들에게 이 책을 선물하면서 화제가 되었다.
>
> 부드러운 간섭을 통한 넛지효과를 활용해 변화를 이끌어낸 사례는 많다. 그중에서 기업마케팅 전략으로 '넛지마케팅'이 최근 각광받고 있다. 예를 들어, 제품을 효율적으로 재배치만 해도 특정 상품의 판매를 늘릴 수 있다는 연구결과가 속속 나오고 있다. 그렇다면 설탕을 줄인 제품을 잘 보이는 곳에 진열하면 어떨까? 최근 각국에서 비만의 사회적 비용을 줄이기 위한 설탕세(Soda Tax, Sugar Tax, Sugary Drinks Tax) 도입을 두고 찬반 논쟁이 치열한데 징벌적 성격의 세금부과보다 넛지효과를 이용해 설탕 소비 감소를 유도하는 것은 어떨까? 우리나라 미래를 이끌 20 ~ 30대 청년의 초고도비만이 가파르게 증가하는 현실에서 소아비만과 청년비만 대응책으로 진지하게 생각해 볼 문제이다.
>
> 이처럼 공익적 목적으로 넛지효과를 사용하는 현상을 '넛지 캠페인'이라 한다. 특히 개인에게 '넛지'를 가할 수 있는 '선택 설계자(Choice Architecture)'의 범위를 공공영역으로 확대하는 것은 공공선을 달성하기 위해 매우 중요하다.

① 계단을 이용하면 10원씩 기부금이 적립되어 계단 이용을 장려하는 '기부 계단'
② 쓰레기통에 쓰레기를 집어넣도록 유도하기 위해 농구 골대 형태로 만든 '농구대 쓰레기통'
③ 금연율을 높이기 위해 직접적이고 재미있는 'No담배' 문구를 창작한 캠페인
④ 계단을 오르내리면 피아노 소리가 나와 호기심으로 계단 이용을 장려하는 '피아노 계단'
⑤ 아이들의 손씻기를 장려하기 위해 비누 안에 장난감을 집어넣은 '희망 비누'

07 다음 글을 읽고 추론할 수 있는 내용으로 적절하지 않은 것은?

> 해외여행을 떠날 때, 필수품 중의 하나는 여행용 멀티 어댑터라고 볼 수 있다. 나라마다 사용 전압과 콘센트 모양이 다르기 때문에 여행자들은 어댑터를 이용해 다양한 종류의 표준전압에 대처하고 있다. 일본·미국·대만은 110V를 사용하고, 유럽은 220~240V를 사용하는 등 나라마다 이용 전압도 다르고, 주파수·플러그 모양·크기도 제각각으로 형성되어 있다.
>
> 그렇다면 왜 세계 여러 나라는 전압을 통합해 사용하지 않고, 왜 우리나라는 220V를 사용할까? 한국도 처음 전기가 보급될 때는 11자 모양 콘센트의 110V를 표준전압으로 사용했다. 1973년부터 2005년까지 32년에 걸쳐 1조 4,000억 원을 들여 220V로 표준전압을 바꾸는 작업을 진행했다. 어렸을 때, 집에서 일명 '도란스(Trance)'라는 변압기를 사용했던 기억이 있다.
>
> 한국전력공사 승압 작업으로 인해 110V의 가전제품을 220V의 콘센트·전압에 이용했다. 220V 승압 작업을 진행했던 이유는 전력 손실을 줄이고 같은 굵기의 전선으로 많은 전력을 보내기 위함이었다. 전압이 높을수록 저항으로 인한 손실도 줄어들고 발전소에서 가정으로 보급하는 데까지의 전기 전달 효율이 높아진다. 쉽게 말해서 수도관에서 나오는 물이 수압이 높을수록 더욱더 강하게 나오는 것에 비유하면 되지 않을까 싶다.
>
> 한국전력공사에 따르면 110V에서 220V로 전압을 높임으로써 설비의 증설 없이 기존보다 2배 정도의 전기 사용이 가능해지고, 전기 손실도 줄어 세계 최저 수준의 전기 손실률을 기록하게 됐다고 한다. 물론 220V를 이용할 때 가정에서 전기에 노출될 경우 위험성은 더 높을 수 있다.
>
> 110V를 표준전압으로 사용하는 일본·미국은 비교적 넓은 대지와 긴 송전선로로 인해 220V로 전압을 높이려면 전력설비 교체 비용과 기존의 전자제품 이용으로 엄청난 비용과 시간이 소요되므로 승압이 어려운 상황이다. 또한 지진이나 허리케인과 같은 천재지변으로 인한 위험성이 높고 유지관리에 어려운 점, 다수의 민영 전력회사로 운영된다는 점도 승압이 어려운 이유라고 생각한다.
>
> 국가마다 표준전압이 달라서 조심해야 할 사항도 있다. 콘센트 모양만 맞추면 사용할 수 있겠다고 생각하겠지만 110V 가전제품을 우리나라로 가져와서 220V의 콘센트에 연결 후 사용하면 제품이 망가지고 화재나 폭발이 일어날 수도 있다. 반대로 220V 가전제품을 110V에 사용하면 낮은 전압으로 인해 정상적으로 작동되지 않는다. 해외에 나가서 가전제품을 이용하거나 해외 제품을 직접 구매해 가정에서 이용할 때는 꼭 주의하여 사용하기 바란다.

① 한국에 처음 전기가 보급될 때는 110V를 사용했었다.

② 일본과 미국에서는 전력을 공급하는 사기업들이 있을 것이다.

③ 전압이 다른 가전제품을 변압기 없이 사용하면 위험하거나 제품의 고장을 초래할 수 있다.

④ 220V로 전압을 높이면 전기 전달 과정에서 발생하는 손실을 줄여 효율적으로 가정에 전달할 수 있다.

⑤ 1조 4,000억 원가량의 예산을 들여 220V로 전환한 이유는 가정에서의 전기 안전성을 높이기 위함이다.

08 다음 문단을 논리적 순서대로 바르게 나열한 것은?

> (가) 이 플랫폼은 IoT와 클라우드 기반의 빅데이터 시스템을 통해 수소경제 전 주기의 데이터를 수집·활용해 안전관련 디지털 트윈 정보와 인프라 감시, EMS, 수소·전력 예측 서비스 등을 제공하는 '통합 안전관리 시스템'과 수집된 정보를 한전KDN이 운영하는 마이크로그리드 전력관리시스템(MG – EMS)과 에너지 집중 원격감시 제어시스템(SCADA, Supervisory Control And Data Acquisition)으로부터 제공받아 실시간 인프라 감시정보를 관리자에게 제공하는 '에너지 통합감시 시스템'으로 구성된 솔루션이다. 특히, 수소도시의 주요 설비를 최상의 상태로 운영하고자 안전 포털 서비스, AI 예측 서비스, 에너지 SCADA, 디지털트윈, 수소설비 데이터 수집 및 표준화 기능을 제공하는 것이 특징이다. 한전KDN 관계자는 "한전KDN은 에너지 ICT 전문 공기업의 역할을 성실히 수행하며 올해 창립 30주년이 됐다."면서 "안정적 전력산업 운영 경험을 통한 최신 ICT 기술력을 국제원자력산업전 참가로 널리 알리고 사업 다각화를 통한 기회의 장으로 삼을 수 있도록 노력할 것"이라고 밝혔다.
>
> (나) 국내 유일의 에너지 ICT 공기업인 한전KDN은 이번 전시회에 원전 전자파 감시시스템, 수소도시 통합관리 플랫폼 등 2종의 솔루션을 출품·전시했다. 원전 전자파 감시시스템'은 올해 새롭게 개발되고 있는 신규솔루션으로, 국내 전자파 관련 규제 및 지침 법규에 따라 원자력발전소 내 무선통신 기반 서비스 운영설비의 전자파를 감시·분석해 안정성을 확보하고 이상 전자파로부터 원자력의 안전 운용을 지원하는 시스템이다. 특히, 이상 전자파 검증기준에 따라 지정된 배제구역(출입통제구역)에 설치된 민감기기의 경우 무단 출입자에 따른 안정을 확보하기 어렵다는 점을 극복하고자 현장 무선기기의 전자파 차단과 함께 실시간으로 민감기기 주변 전자파를 감시해 이상 전자파 감지 시 사용자 단말기에 경보 알람을 발생시키는 등 안정적인 발전소 관리에 기여할 것으로 기대된다. 한전KDN이 함께 전시하는 수소도시 통합관리 플랫폼은 정부가 추진하는 수소시범도시의 안전관리를 위한 것으로 수소 생산시설, 충전소, 파이프라인, 튜브 트레일러, 연료전지, 수소버스까지 다양한 수소도시의 설비운영과 안전관리를 위해 개발된 솔루션이다.
>
> (다) 한전KDN이 4월 부산 벡스코(BEXCO)에서 열리는 2022 부산 국제원자력산업전에 참가했다. 올해 6회째를 맞는 국내 최대 원자력분야 전문 전시회인 부산 국제원자력산업전은 국내외 주요 원자력발전사업체들이 참가해 원전 건설, 원전 기자재, 원전 해체 등 원자력 산업 관련 전반과 함께 전기·전자통신 분야의 새로운 기술과 제품을 선보이며, 12개국 126개사 356부스 규모로 개최됐다.

① (가) – (나) – (다)   ② (나) – (가) – (다)
③ (나) – (다) – (가)   ④ (다) – (가) – (나)
⑤ (다) – (나) – (가)

09 다음 글의 내용을 바르게 설명한 사람을 〈보기〉에서 모두 고르면?

우리는 가끔 평소보다 큰 보름달인 '슈퍼문(Supermoon)'을 보게 된다. 실제 달의 크기는 일정한데 이러한 현상이 발생하는 까닭은 무엇일까? 이 현상은 달의 공전 궤도가 타원 궤도라는 점과 관련이 있다.

타원은 두 개의 초점이 있고 두 초점으로부터의 거리를 합한 값이 일정한 점들의 집합이다. 두 초점이 가까울수록 원 모양에 가까워진다. 타원에서 두 초점을 지나는 긴지름을 가리켜 장축이라 하는데, 두 초점 사이의 거리를 장축의 길이로 나눈 값을 이심률이라 한다. 두 초점이 가까울수록 이심률은 작아진다.

달은 지구를 한 초점으로 하면서 이심률이 약 0.055인 타원 궤도를 돌고 있다. 이 궤도의 장축상에서 지구로부터 가장 먼 지점을 '원지점', 가장 가까운 지점을 '근지점'이라 한다. 지구에서 보름달은 약 29.5일 주기로 세 천체가 '태양 – 지구 – 달'의 순서로 배열될 때 볼 수 있는데, 이때 보름달이 근지점이나 그 근처에 위치하면 슈퍼문이 관측된다. 슈퍼문은 보름달 중 크기가 가장 작게 보이는 것보다 14% 정도 크게 보인다. 이는 지구에서 본 달의 겉보기 지름이 달라졌기 때문이다. 지구에서 본 천체의 겉보기 지름을 각도로 나타낸 것을 각지름이라 하는데, 관측되는 천체까지의 거리가 가까워지면 각지름이 커진다. 예를 들어, 달과 태양의 경우 평균적인 각지름은 각각 0.5° 정도이다.

지구의 공전 궤도에서도 이와 같은 현상이 나타난다. 지구 역시 태양을 한 초점으로 하는 타원 궤도로 공전하고 있으므로, 궤도상의 지구의 위치에 따라 태양과의 거리가 다르다. 달과 마찬가지로 지구도 공전 궤도의 장축상에서 태양으로부터 가장 먼 지점과 가장 가까운 지점을 갖는데, 이를 각각 원일점과 근일점이라 한다. 지구와 태양 사이의 이러한 거리 차이에 따라 일식 현상이 다르게 나타난다. 세 천체가 '태양 – 달 – 지구'의 순서로 늘어서고, 달이 태양을 가릴 수 있는 특정한 위치에 있을 때, 일식 현상이 일어난다. 이때 달이 근지점이나 그 근처에 위치하면 대부분의 경우 태양 면의 전체 면적이 달에 의해 완전히 가려지는 개기 일식이 관측된다. 하지만 일식이 일어나는 같은 조건에서 달이 원지점이나 그 근처에 위치하면 대부분의 경우 태양 면이 달에 의해 완전히 가려지지 않아 태양 면의 가장자리가 빛나는 고리처럼 보이는 금환 일식이 관측될 수 있다.

이러한 원일점, 근일점, 원지점, 근지점의 위치는 태양, 행성 등 다른 천체들의 인력에 의해 영향을 받아 미세하게 변한다. 현재 지구 공전 궤도의 이심률은 약 0.017인데, 일정한 주기로 이심률이 변한다. 천체의 다른 조건들을 고려하지 않을 때 지구 공전 궤도의 이심률만이 현재보다 더 작아지면 근일점은 현재보다 더 멀어지며 원일점은 현재보다 더 가까워지게 된다. 이는 달의 공전 궤도상에 있는 근지점과 원지점도 마찬가지이다. 천체의 다른 조건들을 고려하지 않을 때 천체의 공전 궤도의 이심률만이 현재보다 커지면 반대의 현상이 일어난다.

보기

재석 : 달 공전 궤도의 이심률은 태양의 인력에 의해서 변화하기도 해.
명수 : 현재를 기준으로 하였을 때 지구 공전 궤도보다 달 공전 궤도가 더 원에 가까워.
하하 : 지구 공전 궤도의 근일점에서 본 태양의 각지름은 원일점에서 본 태양의 각지름보다 더 커.
준하 : 태양, 달, 지구의 배열이 동일하더라도 달이 지구 공전 궤도의 어느 지점에 위치하느냐에 따라서 일식의 종류가 달라질 수 있어.

① 재석, 명수 　　　　　　　　　　② 명수, 하하
③ 하하, 준하 　　　　　　　　　　④ 재석, 하하, 준하
⑤ 명수, 하하, 준하

10 다음 글을 읽고 추론할 수 있는 내용으로 적절하지 않은 것은?

> '메기 효과'란 용어가 있다. 정체된 생태계에 메기 같은 강력한 포식자(경쟁자)가 나타나면 개체들이 생존을 위해 활력을 띄게 되는 현상을 말하며, 주로 경영학에서 비유적으로 사용된다. 이는 과거 유럽 어부들이 북해 연안에서 잡은 청어를 싱싱하게 운반하기 위해 수조에 천적인 메기를 넣었다는 주장에서 비롯된 것으로 알려졌으며, 역사학자 아놀드 토인비가 즐겨 사용한 것으로 알려졌다. 그런데 최근에는 메기 효과 자체가 없거나 과장됐다는 주장도 나온다.
> 메기 효과의 기원에 대해서는 영어권에서도 논란이다. 영문판 위키피디아에서는 메기 효과의 기원에 대해서 알려진 것이 없으며 영어 문헌에서는 거의 다뤄지지 않는다고 적고 있다. 서울특별시 미디어 기업인 뉴스톱은 메기 효과의 역사적 기원에 대해서 추적을 해보았으나 관련 내용을 찾지 못했다. 노르웨이(혹은 영국) 어부가 청어를 싱싱하게 운송하기 위해 수조에 메기를 넣는 방법을 사용했다는 주장만 있을 뿐, 이 방법이 실제 사용됐는지, 효과가 있는지는 확인되지 않았다. 소수의 영어 문헌만이 동일한 주장을 반복하고 있을 뿐이다.
> 이처럼 메기 효과는 영미권에서는 잘 사용하지 않지만 한국과 중국에서 많이 사용하고 있다. 2019년 12월 16일 금융위원회가 토스 뱅크의 인터넷 전문은행 예비인가를 의결했을 때, 관련 전문가들은 토스 뱅크의 등장이 기존 금융시장에 메기 효과를 일으킬 것이라며 기업의 경쟁력을 키우기 위해 적절한 위협요인과 자극이 필요하다고 메기 효과를 강조하였다.
> 이처럼 메기 효과는 영미권이 기원으로 알려졌지만, 실제로는 한국, 중국 등 동아시아 지역에서 많이 사용되며 영미권에서는 제한적으로 사용되고 있다. 이는 개인 간 경쟁을 장려하는 동아시아 특유의 문화가 반영된 것으로 보인다.

① 메기 효과란 강력한 경쟁자가 나타났을 때 기존 경쟁자 간의 경쟁력을 키워주는 것을 말한다.

② 메기 효과는 때로는 위협요인이 성장에 도움이 될 수 있다는 생각을 바탕으로 할 것이다.

③ 메기 효과의 기원은 유럽 어부들이 청어를 더 싱싱하게 운반하기 위해 청어 수조에 메기를 집어넣던 것으로 확실히 밝혀졌다.

④ 메기 효과가 서양보다는 동양에서 많이 사용되고 언급되는 것은 두 문화권이 경쟁을 보는 관점에 차이가 있기 때문일 것이다.

⑤ 메기 효과의 사례로 마라토너가 혼자 뛸 때보다 경쟁자와 함께 뛸 때 기록이 더 좋아지는 경우를 들 수 있을 것이다.

11 다음 '밀그램 실험'에 대한 글을 읽고 〈보기〉와 같이 요약하였다. 빈칸에 들어갈 단어로 가장 적절한 것은?

> 밀그램 실험은 예일 대학교 사회심리학자인 스탠리 밀그램(Stanley Milgram)이 1961년에 한 실험으로, 사람이 권위자의 잔인한 명령에 얼마나 복종하는지를 알아보는 실험이다.
> 인간성에 대해 탐구하기 위해 밀그램은 특수한 실험 장치를 고안했다. 실험자는 피실험자가 옆방에 있는 사람에게 비교적 해가 되지 않는 15V에서 사람에게 치명적인 피해를 줄 수 있는 450V까지 순차적으로 전기충격을 가하도록 명령한다. 이와 동시에 고압 전기충격에 대한 위험성도 피실험자에게 알려 주었다. 물론 이 실험에서 실제로 전기가 통하게 하지 않았으며, 전문 배우가 실제로 전기충격을 받는 것처럼 고통스럽게 비명을 지르거나 그만하라고 소리치게 하였다. 이때 실험자는 피실험자에게 과학적 발전을 위한 실험이라며 중간에 전기충격을 중단해서는 안 된다는 지침을 내렸다.
> 밀그램은 실험 전에는 단 0.1%만이 450V까지 전압을 올릴 것으로 예상했지만, 실제로는 실험에 참가한 40명 중 65%가 전문 배우가 그만하라고 고통스럽게 소리를 지르는데도 실험자의 명령에 따라 가장 높은 450V까지 전압을 올렸다. 이들은 상대가 죽을 수도 있다는 것을 알고 있었고, 비명도 들었으나 모든 책임은 실험자가 지겠다는 말에 복종한 것이다.

보기

> 밀그램의 전기충격 실험은 사람들이 권위자의 명령에 어디까지 복종하는지를 알아보기 위한 실험이다. 실험 결과 밀그램이 예상한 것과 달리 아주 일부의 사람만 _____ 하였다.

① 복종　　　　　　　　　　② 순응
③ 고민　　　　　　　　　　④ 불복종
⑤ 참가

12 다음 문단을 논리적 순서대로 바르게 나열한 것은?

> (가) 당시 테메르 대통령의 거부권 행사가 노르웨이 방문을 앞두고 환경친화적인 모습을 보여주기 위한 행동이라는 비난이 제기됐다. 노르웨이는 아마존 열대우림 보호를 위해 국제사회의 기부를 통해 조성되는 아마존 기금에 가장 많은 재원을 낸 국가다. '아마존 기금'은 지난 2008년 루이스 이나시우 룰라 다 시우바 전 대통령의 요청으로 창설됐으며, 아마존 열대우림 파괴 억제와 복구 활동 지원을 목적으로 한다. 현재까지 조성된 기금은 28억 4천 300만 헤알(약 1조 원)이다. 노르웨이가 97%에 해당하는 27억 7천만 헤알을 기부했고 독일이 6천만 헤알, 브라질이 1천 300만 헤알을 냈다.
>
> (나) 브라질 정부가 지구의 허파로 불리는 아마존 열대우림 내 환경보호구역 축소를 추진하면서 상당한 논란이 예상된다. 15일(현지시간) 브라질 언론에 따르면 환경부는 북부 파라 주(州)의 남서부에 있는 130만 ha 넓이의 자만심 국립공원 가운데 27%를 환경보호구역에서 제외하는 법안을 의회에 제출했다. 이 법안은 환경보호구역으로 지정된 열대우림을 벌목, 채굴, 영농 등의 목적으로 용도 변경하는 것이다. 브라질 의회는 지난 5월 자만심 국립공원의 37%를 용도 변경하는 법안을 통과시켰으나 미셰우 테메르 대통령이 거부권을 행사했다. 환경단체들은 "새 법안이 통과되면 열대우림 파괴를 가속하는 결과를 가져올 것"이라면서 "2030년까지 이 지역에서 배출되는 탄산가스가 배로 늘어날 것으로 추산된다."라고 주장했다.
>
> (다) 노르웨이 정부는 브라질 정부의 아마존 열대우림 보호 정책에 의문을 제기하면서, 이에 대한 명확한 설명이 없으면 올해 기부하기로 한 금액 가운데 절반 정도를 줄이겠다고 밝혔다. 독일 정부도 아마존 열대우림 파괴 면적이 최근 2년간 60%가량 늘었다고 지적하면서 지난해 현황이 발표되면 기부 규모를 결정할 것이라고 말했다. 브라질 아마존 환경연구소(IPAM)에 따르면 2015년 8월 ~ 2016년 7월에 아마존 열대우림 7천 989km^2가 파괴된 것으로 확인됐다. 이는 중남미 최대 도시인 상파울루의 5배에 달하는 면적으로, 1시간에 128개 축구경기장 넓이에 해당하는 열대우림이 사라진 것과 마찬가지라고 IPAM은 말했다. 아마존 열대우림 파괴 면적은 2003년 8월부터 2004년 7월까지 2만 7천 772km^2를 기록한 이후 감소세를 보였다.

① (가) - (나) - (다)
② (나) - (가) - (다)
③ (나) - (다) - (가)
④ (다) - (가) - (나)
⑤ (다) - (나) - (가)

13 다음은 농부 A씨가 경기도 광주시에 있는 농장에서 최근 1년간 사용한 전력량 기록이다. 농장의 계약전력은 500kW이고, 주어진 송전요금 계산 규정과 요금표를 참고할 때, 2022년 5월 A씨가 지불한 송전이용요금은?(단, 기본요금과 사용요금 계산 시 각각 10원 미만은 절사한다)

년월	전력소비량(kWh)	년월	전력소비량(kWh)
2021.04	3,800	2021.11	3,970
2021.05	3,570	2021.12	4,480
2021.06	3,330	2022.01	4,790
2021.07	2,570	2022.02	3,960
2021.08	2,200	2022.03	3,880
2021.09	2,780	2022.04	3,760
2021.10	3,000	2022.05	3,500

송전이용요금의 계산 및 청구(제43조)

① 송전이용요금은 기본요금과 사용요금의 합계액으로 하며, 1이용계약에 대하여 1개월마다 [별표 1 – 송전이용요금표]에 따라 계산하여 청구합니다.

② 고객에 대한 [별표 1 – 송전이용요금표]의 송전이용요금단가 적용지역은 이용계약서의 이용장소를 기준으로 합니다.

③ 기본요금은 다음 각 호의 1과 같이 계산합니다.

　1. 수요고객의 경우는 [별표 1 – 송전이용요금표]의 수요지역별 송전이용요금단가의 기본요금단가(원kW/월)에 검침 당월을 포함한 직전 12개월 및 당월분으로 고지한 송전요금 청구서상의 가장 큰 최대이용전력을 곱하여 계산합니다(단, 월 사용 전력량은 450시간 사용을 기준으로 환산). 단, 최대이용전력이 계약전력의 30% 미만인 경우에는 계약전력의 30% 해당 전력을 곱하여 계산합니다.

　2. 발전고객의 경우는 [별표 1 – 송전이용요금표]의 발전지역별 송전이용요금단가의 기본요금단가(원/kW/월)에 계약전력(kW)을 곱하여 계산합니다.

④ 사용요금은 다음과 같이 계산합니다.

　1. 수요고객의 경우 수요지역별 사용요금단가(원/kWh)에 당월 사용전력량(kWh)을 곱하여 계산합니다.

　2. 발전고객의 경우 발전지역별 사용요금단가(원/kWh)에 당월 거래전력량(kWh)을 곱하여 계산합니다.

　3. 수요고객의 예비공급설비에 대한 사용요금은 상시 공급설비와 동일한 단가를 적용합니다.

[별표 1 – 송전이용요금표]

1. 발전지역별 송전이용요금단가

발전지역		사용요금 [원/kWh]	기본요금 [원/kW/월]
수도권 북부지역	서울특별시 일부(강북구, 광진구, 노원구, 도봉구, 동대문구, 마포구, 서대문구, 성동구, 성북구, 용산구, 은평구, 종로구, 중구, 중랑구), 경기도 일부(의정부시, 구리시, 남양주시, 고양시, 동두천시, 파주시, 포천시, 양평군, 양주시, 가평군, 연천군)	1.25	667.36
수도권 남부지역	서울특별시 일부(강남구, 강동구, 송파구, 강서구, 관악구, 영등포구, 구로구, 금천구, 동작구, 서초구, 양천구), 인천광역시, 경기도 일부(과천시, 수원시, 안양시, 의왕시, 군포시, 성남시, 평택시, 광명시, 안산시, 안성시, 오산시, 용인시, 이천시, 하남시, 광주시, 여주군, 화성시, 부천시, 김포시, 시흥시)	1.20	
비수도권 지역	부산광역시, 대구광역시, 광주광역시, 대전광역시, 울산광역시, 강원도, 충청북도, 충청남도, 전라북도, 전라남도, 경상북도, 경상남도	1.92	
제주지역	제주특별자치도	1.90	

2. 수요지역별 송전이용요금단가

발전지역		사용요금 [원/kWh]	기본요금 [원/kW/월]
수도권지역	서울특별시, 인천광역시, 경기도	2.44	667.61
비수도권 지역	부산광역시, 대구광역시, 광주광역시, 대전광역시, 울산광역시, 강원도, 충청북도, 충청남도, 전라북도, 전라남도, 경상북도, 경상남도	1.42	
제주지역	제주특별자치도	6.95	

① 11,300원 ② 11,470원
③ 12,070원 ④ 13,820원
⑤ 15,640원

14 한국전력공사의 직원 A와 B는 해외사업 보고를 위한 프레젠테이션 준비를 하고 있다. A가 혼자 준비할 때 7일, B가 혼자 준비할 때 10일이 걸린다면, 두 명이 같이 준비할 때 최소 며칠이 걸리는 가?(단, 소수점 첫째 자리에서 올림한다)

① 2일   ② 3일

③ 4일   ④ 5일

⑤ 6일

15 K마켓에서는 4,000원의 물건이 한 달에 1,000개 팔린다. 물가상승으로 인해 가격을 x원 올렸을 때, 판매량은 $0.2x$ 감소하지만 한 달 매출액이 동일하였다면, 인상한 가격은 얼마인가?

① 1,000원   ② 1,100원

③ 1,200원   ④ 1,300원

⑤ 1,400원

16 어떤 물건에 원가의 50% 이익을 붙여 판매했지만 잘 팔리지 않아서 다시 20% 할인해서 판매했더니 물건 1개당 1,000원의 이익을 얻었다. 이 물건의 원가는 얼마인가?

① 5,000원   ② 5,500원

③ 6,000원   ④ 6,500원

⑤ 7,000원

17 다음 자료를 참고할 때, 8월 말 기준 서울에서 업체 하나가 운영하는 전동 킥보드의 평균 대수는?
(단, 평균값은 소수점 첫째 자리에서 반올림한다)

공유 전동 킥보드 플랫폼 업체들은 다음 달 서울에만 3천 대 이상의 새 기기를 공급할 계획인 것으로 조사됐다. 기존 전동 킥보드 고장에 따른 대체 수량은 제외한 수치다.

작년 해외에서 인기를 끈 마이크로모빌리티 서비스 유행이 국내에 상륙하면서 관련 신생 업체들이 빠르게 생겨나고 있다. 연말까지 관련 업체 수십 곳이 문을 열고, 전동 킥보드 3만 ~ 4만 대가 새로 공급될 전망이다. 한국교통연구원은 2020년까지 전동 킥보드 20만 ~ 30만 대가 도로 위를 달릴 것이라고 예상했다.

〈서울에서 운영되는 공유 전동 킥보드 플랫폼 현황〉

서비스명	킥보드 운영 대수 (7월 말 기준)	예정 시기	내용
킥고잉	2,000대	9월	타지역(경기 시흥) 진출
씽씽	1,000대	8월	2,000대 추가
고고씽	300대	9월	5,000대 추가
스윙	300대	8월	300대 추가
지빌리티	200대	-	오디오 콘텐츠 계획
일레클	150대	8월	700대 추가
라이드	150대	-	대학가 확장 계획
플라워로드	100대	-	-
카카오T바이크	100대	-	-
디어	100대	-	-
빔	100대	-	-
윈드	100대	-	-
무빗	100대	-	-

① 415대
② 515대
③ 592대
④ 746대
⑤ 977대

18 다음은 J대학 학생식당의 요일별 평균 이용자 수 및 매출액에 대한 자료이다. 식재료 가격 인상 등 전반적인 물가상승을 식대에 반영하기 위해 이용자들을 대상으로 가격 인상 시의 이용자 수 예측을 실시하였다. 예측작업에 대한 최종 보고회에서 발표된 내용을 토대로 식대 1,000원 인상에 따른 학생식당의 주간 매출액 예측치는 얼마인가?(단, 현재 학생식당은 학생, 교직원, 외부인에 대해 모두 동일한 식대를 적용하고 있다)

〈매출액 조사표〉

구분 요일	이용자 수(명)				매출액(천 원)
	학생	교직원	외부인	합계	
일	138	10	4	152	608
월	1,168	53	20	1,241	4,964
화	1,595	55	15	1,665	6,660
수	1,232	52	19	1,303	5,212
목	1,688	51	21	1,760	7,040
금	905	50	20	975	3,900
토	204	12	5	221	884
합계	6,930	283	104	7,317	29,268

〈식대 인상에 따른 영향 분석 예측 보고서 요약본〉

1. 가격을 동결할 경우 현재의 이용자 수가 유지될 것으로 예상됨
2. 식대 1,000원 인상 시 학생들의 요일별 수요가 10% 감소할 것으로 예측되며, 교직원의 수요 변화는 없을 것으로 예측되었으나 외부인의 수요는 50% 감소할 것으로 예측되었음

① 29,268,000원
② 32,860,000원
③ 33,120,000원
④ 36,325,000원
⑤ 36,585,000원

19 J사는 직원들의 다면평가를 실시하고, 평가항목별 점수의 합으로 상대평가를 실시하여 성과급을 지급한다. 상위 25% 직원에게는 월급여의 200%, 상위 25 ~ 50% 이내의 직원에게는 월급여의 150%, 나머지는 월급여의 100%를 지급한다. 다음 자료를 참고할 때, 수령하는 성과급의 차이가 A와 가장 적은 직원은?

〈경영지원팀 직원들의 평가 결과〉

(단위 : 점, 만 원)

직원	업무전문성	조직친화력	책임감	월급여
A	37	24	21	320
B	25	29	20	330
C	24	18	25	340
D	21	28	17	360
E	40	18	21	380
F	33	21	30	370

〈전체 직원의 평가 결과〉

구분	합산점수 기준
평균	70.4
중간값	75.5
제1사분위 수	50.7
제3사분위 수	79.8
표준편차	10.2

① B   ② C

③ D   ④ E

⑤ F

PART 1

20 다음은 입사지원자 5명의 정보와 J사의 서류전형 평가기준이다. 5명의 지원자 중 서류전형 점수가 가장 높은 사람은 누구인가?

〈입사지원자 정보〉

지원자	전공	최종학력	제2외국어	관련 경력	자격증	특이사항
A	법학	석사	스페인어	2년	변호사	장애인
B	경영학	대졸	일본어	–	–	다문화가족
C	기계공학	대졸	–	3년	변리사	국가유공자
D	–	고졸	아랍어	7년	정보처리기사	–
E	물리학	박사	독일어	–	–	–

〈평가기준〉

1. 최종학력에 따라 대졸 10점, 석사 20점, 박사 30점을 부여한다.
2. 자연과학 및 공학 석사 이상 학위 취득자에게 가산점 10점을 부여한다.
3. 일본어 또는 독일어 가능자에게 20점을 부여한다. 기타 구사 가능한 제2외국어가 있는 지원자에 게는 5점을 부여한다.
4. 관련업무 경력 3년 이상인 자에게 20점을 부여하고, 3년을 초과하는 추가 경력에 대해서는 1년 마다 10점을 추가로 부여한다.
5. 변호사 면허 소지자에게 20점을 부여한다.
6. 장애인, 국가유공자, 보훈보상대상자에 대해 10점을 부여한다.

① A지원자
② B지원자
③ C지원자
④ D지원자
⑤ E지원자

21 흰색, 빨간색, 노란색, 초록색, 검은색의 5가지 물감이 주어졌다. 다음의 물감 조합표를 참고할 때, 주어진 5가지 물감으로 만들어 낼 수 없는 색상은?

〈물감 조합표〉

연분홍색＝흰색(97)＋빨간색(3)	황토색＝노란색(90)＋검정색(2)＋빨간색(8)	진보라색＝보라색(90)＋검정색(10)
분홍색＝흰색(90)＋빨간색(10)	살구색＝흰색(90)＋주황색(10)	고동색＝검정색(20)＋빨간색(80)
진분홍색＝흰색(80)＋빨간색(20)	옥색＝흰색(97)＋초록색(3)	카키색＝초록색(90)＋검정색(10)
진노란색＝흰색(98)＋노란색(2)	연두색＝노란색(95)＋파란색(5)	연하늘색＝흰색(97)＋파란색(3)
주황색＝노란색(80)＋빨간색(20)	초록색＝노란색(70)＋파란색(30)	하늘색＝흰색(90)＋파란색(10)
연회색＝흰색(98)＋검정색(2)	청록색＝노란색(50)＋파란색(50)	진하늘색＝흰색(80)＋파란색(20)
회색＝흰색(95)＋검정색(5)	고동색＝빨간색(80)＋검정색(20)	소라색＝흰색(90)＋파란색(7)＋빨간색(3)
진회색＝흰색(90)＋검정색(10)	연보라색＝흰색(90)＋보라색(10)	－
밝은황토색＝갈색(98)＋노란색(2)	보라색＝빨간색(70)＋파란색(30)	－

※ 괄호 안의 숫자는 비율을 뜻한다.

① 고동색   ② 연보라색
③ 살구색   ④ 카키색
⑤ 옥색

22 J공사는 인사이동에 앞서 직원들의 근무 희망부서를 조사하였다. 각 직원의 기존 근무부서, 이동 희망부서, 배치부서가 다음과 같을 때, 〈조건〉에 따라 본인이 희망한 부서에 배치된 사람은 몇 명인가?

구분	기존부서	희망부서	배치부서
A	회계팀	인사팀	?
B	국내영업팀	해외영업팀	?
C	해외영업팀	?	?
D	홍보팀	?	홍보팀
E	인사팀	?	해외영업팀

조건

- A ~ E 다섯 사람은 각각 회계팀, 국내영업팀, 해외영업팀, 홍보팀, 인사팀 중 한 곳을 희망하였다.
- A ~ E 다섯 사람은 인사이동 후 회계팀, 국내영업팀, 해외영업팀, 홍보팀, 인사팀에 각 1명씩 근무한다.
- 본인이 근무하던 부서를 희망부서로 제출한 사람은 없다.
- B는 다른 직원과 근무부서를 서로 맞바꾸게 되었다.

① 없음   ② 1명
③ 2명   ④ 3명
⑤ 4명

23 J공사는 다음과 같은 기준으로 국내출장여비를 지급한다. 국내출장여비 지급 기준과 김차장의 국내출장 신청서를 참고할 때, 김차장이 받을 수 있는 국내출장여비는?

〈국내출장여비 지급 기준〉

- 직급은 사원 – 대리 – 과장 – 차장 – 부장 순이다.
- 사원을 기준으로 기본 교통비는 2만 원이 지급되며, 직급이 올라갈 때마다 기본 교통비에 10%씩 가산하여 지급한다. … ㉠
- 출장지까지의 거리가 50km 미만인 지역까지는 기본 교통비만 지급하며, 50km 이상인 지역은 50km를 지나는 순간부터 50km 구간마다 5천 원을 추가 지급한다. 예를 들어 출장지까지의 거리가 120km라면 기본 교통비에 1만 원을 추가로 지급받는다. … ㉡
- 출장지가 광주광역시, 전라남도인 경우에는 기본 교통비에 ㉠, ㉡이 적용된 금액을 그대로 지급받으며, 출장지가 서울특별시, 인천광역시, 경기도 남부인 경우 10%, 경기도 북부인 경우 15%, 강원도인 경우 20%, 제주특별자치도인 경우 25%의 가산율을 기본 교통비와 추가 여비의 합산 금액에 적용하여 교통비를 지급받는다. 기타 지역에 대해서는 일괄적으로 5%의 가산율을 기본 교통비와 추가 여비의 합산 금액에 적용한다.
- 지급금액은 백 원 단위에서 올림한다.

〈국내출장 신청서〉

- 성명 : 김건우
- 직급 : 차장
- 출장지 : 산업통상자원부(세종특별자치시 한누리대로 402)
- 출장지까지의 거리(자동계산) : 204km
- 출장목적 : 스마트그리드 추진 민관협의체 회의 참석

---

① 49,000원
② 50,000원
③ 51,000원
④ 52,000원
⑤ 53,000원

※ 다음은 J공사 S팀 직원의 월급 정보이다. 이어지는 질문에 답하시오. [24~25]

〈기본급 외 임금수당〉

구분	금액	비고
식비	10만 원	전 직원 공통지급
교통비	10만 원	전 직원 공통지급
근속수당	10만 원	근속연수 1년부터 지급, 3년마다 10만 원씩 증가
자녀수당	10만 원	자녀 1명당
자격증수당	전기기사 : 50만 원 전기산업기사 : 25만 원 전기기능사 : 15만 원	–

〈직원 정보〉

구분	근속연수	자녀 수	보유 자격증
A부장	7년	2명	–
B과장	2년	1명	전기기사
C과장	6년	3명	–
D대리	4년	1명	전기기능사
E사원	1년	0명	전기산업기사

〈직원별 기본급〉

구분	기본급
A부장	4,260,000원
B과장	3,280,000원
C과장	3,520,000원
D대리	2,910,000원
E사원	2,420,000원

※ (월급)=(기본급)+(기본급 외 임금수당)

24 다음 중 자료에 대한 설명으로 옳지 않은 것은?

① 근속연수가 높을수록 기본급 또한 높다.

② S팀의 자녀수당의 합보다 근속수당의 합이 더 높다.

③ A부장의 월급은 E사원의 기본급의 2배 이상이다.

④ C과장이 전기기능사에 합격하면 S팀 직원 중 가장 많은 기본급 외 임금수당을 받게 된다.

⑤ 자녀의 수가 가장 많은 직원은 근속연수가 가장 높은 직원보다 기본급 외 임금수당을 더 받는다.

25 다음 중 자료를 바탕으로 월급이 높은 직원을 순서대로 바르게 나열한 것은?

① A부장 → B과장 → C과장 → D대리 → E사원

② A부장 → B과장 → C과장 → E사원 → D대리

③ A부장 → C과장 → B과장 → D대리 → E사원

④ C과장 → A부장 → B과장 → D대리 → E사원

⑤ C과장 → A부장 → B과장 → E사원 → D대리

26 다음은 J공사의 비품신청서이다. 각 열의 2행에서 〈Ctrl〉＋채우기 핸들로 7행까지 드래그할 때, 표시되는 값이 바르게 연결된 것은?

◢	A	B	C	D	E
1	순서	신청일	부서	품명	금액
2	1	2022-12-20	영업1팀	A	₩10,000
3					
4					
5					
6					
7					

	순서	신청일	부서	품명	금액
①	1	2022-12-25	영업1팀	F	₩10,000
②	1	2022-12-25	영업2팀	A	₩10,005
③	1	2022-12-20	영업1팀	F	₩10,005
④	6	2022-12-20	영업1팀	A	₩10,005
⑤	6	2022-12-20	영업2팀	F	₩10,000

27 다음은 K헬스장의 회원별 기록표이다. 전체 회원의 개인별 합산 기록과 최대 기록을 입력하기 위해 [B7] 셀과 [B8] 셀에 함수를 입력한 후 채우기 핸들 기능을 사용하려고 할 때, 입력할 함수가 바르게 연결된 것은?

	A	B	C	D	E	F
1		A	B	C	D	E
2	1일 차	20	38	37	58	44
3	2일 차	23	44	40	55	45
4	3일 차	21	45	45	61	47
5	4일 차	24	47	44	62	50
6	5일 차	25	50	52	65	51
7	합산 기록					
8	최대 기록					

	[B7]	[B8]
①	=COUNT(B2:B6)	=MAX(B2:B6)
②	=COUNT(B2:B6)	=LARGE(B2:B6)
③	=SUM(B2:B6)	=MAX(B2:B6)
④	=SUM(B2:B6)	=LARGE(B2:B6)
⑤	=SUM(B2:B6)	=COUNT(B2:B6)

※ 다음은 J도서관의 도서 분류번호에 대한 자료이다. 이어지는 질문에 답하시오. [28~29]

도서 분류는 8자리로 이루어진다.

A	BB	C	D	E	FF
도서 구분	작가 국적	도서 분류	출판연도	시리즈 유무	판매처

도서 구분	작가 국적	도서 분류
N : 국내도서 F : 해외도서	01 : 한국 02 : 영미 03 : 독일 04 : 프랑스 05 : 중국 06 : 일본	A : 경제 B : 인물 C : 예술 D : 자기계발 E : 에세이 F : 소설 G : 교육 H : 육아

출판연도	시리즈 유무	판매처
a : 1980년대 b : 1990년대 c : 2000년대 d : 2010년대 e : 2020년대	1 : 시리즈 있음 0 : 시리즈 없음	01 : 온라인 단독 10 : 오프라인 단독 11 : 온·오프라인

❙ 정보능력

28 한국에서 유명한 프랑스 소설가인 A씨가 그동안 연재했던 소설 '이상한 나라'의 마지막 편인 '이상한 나라 5'가 2022년 출판되어 큰 화제가 되었다. 이 소설이 오프라인 서점인 S서점에서 단독판매를 하기로 결정되었을 때, 해당 도서의 J도서관 분류번호로 옳은 것은?

① F04Fe001
② F04Fe010
③ F04Fe101
④ F04Fe110
⑤ F04Fe111

❙ 정보능력

29 다음 중 갑이 J도서관에서 대여한 도서의 분류번호로 옳은 것은?

> 곧 출산예정인 갑은 육아에 대한 정보를 얻기 위해 온·오프라인 베스트셀러인 국내 유명 육아전문가 을이 쓴 도서를 읽기로 결심했다. 단행본이지만 을은 매년 개정판을 냈는데 이 도서관에는 2018년과 2017년 개정판밖에 없어 갑은 그 중 가장 최신판을 대여하였다.

① N01Hd011
② N01Hd111
③ N01He011
④ N01He101
⑤ N01He111

30 다음 중 풍력발전기에 사용되는 유도형 발전기의 특징으로 옳지 않은 것은?

① 동기 발전기와 유사하게 고정자와 회전자로 구성되어 있다.

② 유도형 발전기는 동기 발전기처럼 단독 발전이 가능하다.

③ 유도형 발전기는 회전자의 구조에 따라서 권선형 유도발전기와 농형 유도발전기 2종류가 있다.

④ 유도형 발전기는 외부로부터 상용전원을 공급받아야 하는 특성 때문에 독립전원으로 사용하기에 는 부적합하다.

⑤ 유도형 발전기는 고정자에 상용전원이 공급된 상태에서 회전자의 회전속도가 동기속도 이상이 되어야 발전이 가능하다.

31 다음 중 KEC 규정에 따른 상별 전선 색상이 옳지 않은 것은?

① 상선(L1) : 갈색

② 상선(L2) : 흑색

③ 상선(L3) : 적색

④ 중성선(N) : 청색

⑤ 보호도체(PE) : 녹색 – 노란색

32 다음 중 '제2차 접근상태'에 대한 설명으로 옳은 것은?

① 가공 전선이 다른 시설물과 접근하는 경우에 그 가공 전선이 다른 시설물의 위쪽 또는 옆쪽에서 수평 거리로 5m 미만인 곳에 시설되는 상태

② 가공 전선이 다른 시설물과 접근하는 경우에 그 가공 전선이 다른 시설물의 위쪽 또는 옆쪽에서 수평 거리로 3m 이상인 곳에 시설되는 상태

③ 가공 전선이 다른 시설물과 접근하는 경우에 그 가공 전선이 다른 시설물의 위쪽 또는 옆쪽에서 수평 거리로 5m 이상인 곳에 시설되는 상태

④ 가공 전선이 다른 시설물과 접근하는 경우에 그 가공 전선이 다른 시설물의 위쪽 또는 옆쪽에서 수평 거리로 3m 미만인 곳에 시설되는 상태

⑤ 가공 전선이 다른 시설물과 접근하는 경우에 그 가공 전선이 다른 시설물의 위쪽 또는 옆쪽에서 수평 거리로 3m 이하인 곳에 시설되는 상태

33 다음 중 나트륨(Na)의 물성으로 옳지 않은 것은?

① 나트륨은 물에 넣으면 격렬하게 반응한다.

② 나트륨의 불꽃 색상은 노란색이다.

③ 나트륨의 원자량은 32이다.

④ 나트륨의 원자번호는 11번이다.

⑤ 나트륨의 밀도는 $0.968g/cm^3$ 이다.

34 다음 중 EMS에 대한 설명으로 옳지 않은 것은?

① 적용 대상에 따라 빌딩 전용, 공장 전용, 주택 전용 등으로 구분된다.

② 전력 등 에너지 흐름에 대한 모니터링이 가능하다.

③ 초기 설치비용이 적다.

④ 신재생에너지나 ESS를 제어할 수 있다.

⑤ 일반적으로 에너지 정보시스템, 에너지 제어시스템, 에너지관리 공통기반시스템 등 3종류의 서브시스템으로 구성된다.

35 점전하에 의한 전위가 함수 $V = \dfrac{10}{x^2 + y^2}$ 일 때 점(2, 1)에서의 전위 경도는?(단, V의 단위는 [V], $(x,\ y)$의 단위는 [m]이다)

① $\dfrac{5}{4}(i + 2k)[\text{V/m}]$

② $\dfrac{4}{5}(2i + j)[\text{V/m}]$

③ $\dfrac{5}{4}(i + 2j)[\text{V/m}]$

④ $-\dfrac{4}{5}(2i + j)[\text{V/m}]$

⑤ $-\dfrac{5}{4}(2i + j)[\text{V/m}]$

36 자유공간 내에서 전장이 $E = (\sin x a_x + \cos x a_y)e^{-y}$로 주어졌을 때, 전하밀도 ρ는?

① e^y ② e^{-y}

③ 0   ④ $\cos x e^{-y}$

⑤ $\sin x e^y$

37 다음 중 반원구의 입체각으로 옳은 것은?

① π ② $\dfrac{1}{2\pi}$

③ 2π ④ 4π

⑤ $\dfrac{1}{4\pi}$

38 전계와 자계의 요소를 서로 대칭되게 나타내었을 때, 전계에서의 전기 2중층을 자계에서는 무엇이라 하는가?

① 판자석   ② 소자석
③ 자기쌍극자   ④ 자기력
⑤ 강자석

39 다음 직류전동기의 속도 제어법 중 보조 전동기가 별도로 필요하며, 정부하 시 광범위한 속도 제어가 가능한 속도 제어법은?

① 일그너 제어방식   ② 워드 레너드 제어방식
③ 직·병렬 제어방식   ④ 2차 저항 제어법
⑤ 계자 제어법

40 다음 중 변전소의 설치 위치 조건으로 옳지 않은 것은?

① 변전소 앞 절연구간에서 전기철도차량의 타행운행을 제한하는 곳
② 수전선로의 길이가 최소화되도록 하며 전력수급이 용이한 곳
③ 기기와 시설 자재의 운반이 용이한 곳
④ 공해, 염해, 및 각종 재해의 영향이 적거나 없는 곳
⑤ 전기철도망건설계획 등 연장급전을 고려한 곳

41 다음 중 소호리엑터 접지 방식을 채택한 전선로의 공칭전압은 얼마인가?

① 765kV   ② 345kV
③ 154kV   ④ 66kV
⑤ 22.9kV

42 다음 중 하현의 유량이 적을 때 사용하는 직접유량 측정방법은?

① 언측법   ② 수위 관측법
③ 염분법   ④ 부표법
⑤ 피토관법

43 가로의 길이가 10m, 세로의 길이가 30m, 높이가 3m인 사무실에 27W 형광등 1개의 광속이 3,800lm인 형광등 기구를 시설하여 300lx의 평균 조도를 얻고자 할 때, 필요한 형광등 기구 수는 약 몇 개인가?(단, 조명율이 0.5, 보수율은 0.8이며 기구 수는 소수점 첫째 자리에서 올림한다)

① 55개   ② 60개

③ 65개   ④ 70개

⑤ 75개

44 다음 중 $f(t) = \sin t + 2\cos t$ 를 라플라스 변환한 식으로 옳은 것은?

① $\dfrac{2s-1}{(s+1)^2}$ ② $\dfrac{2s+1}{(s+1)^2}$

③ $\dfrac{2s}{(s+1)^2}$ ④ $\dfrac{2s}{s^2+1}$

⑤ $\dfrac{2s+1}{s^2+1}$

45 출력 30kW, 6극 50Hz인 권선형 유도 전동기의 전부하 회전자가 950rpm이라고 한다. 같은 부하 토크로 2차 저항 r_2를 3배로 하면 회전속도는 몇 rpm인가?

① 780rpm   ② 805rpm

③ 820rpm   ④ 835rpm

⑤ 850rpm

46 송전선로의 일반회로정수가 $A = 0.7$, $B = j190$, $D = 0.9$라면, C의 값은?

① $-j1.95 \times 10^{-4}$ ② $-j1.95 \times 10^{-3}$

③ $j1.95 \times 10^{-2}$ ④ $j1.95 \times 10^{-3}$

⑤ $j1.95 \times 10^{-4}$

47 전파의 속도가 300,000km/s일 때, 파장이 10cm인 전파의 주파수는?

① 30MHz   ② 300MHz

③ 3GHz   ④ 30GHz

⑤ 300GHz

48 다음 중 무선랜(WLAN)에 대한 설명으로 옳지 않은 것은?

① 쉽게 접근이 가능하여 해킹에 대한 보안 대책이 필요하다.

② IEEE 802.11과 802.11b를 제외하고 직교 주파수 분할 다중화(OFDM) 기술을 적용하고 있다.

③ 사용 주파수 대역은 2.4GHz대이며, 점유 대역폭은 20MHz로 모든 규격이 동일하다.

④ 직교 주파수 분할 다중화(OFDM)에 적용되는 변조 방식으로 BPSK, QPSK, 16QAM, 64QAM을 지원한다.

⑤ IEEE 802.11 규격으로 a, b, g, n이 있으며, 물리계층과 MAC계층에 대해서 규격을 정하고 있다.

49 무선 네트워크는 공기 중 전송매체이므로 충돌 감지가 거의 불가능하다. 이를 해결하기 위해 데이터 전송 전에 캐리어 감지를 하여 사전에 충돌을 회피하는 무선전송 다원접속 방식은?

① CDMA / CD   ② CDMA / CA

③ CSMA / CD   ④ CSMA / CA

⑤ CSMA / FD

01 NCS

※ 다음은 J공사의 당직 규정이다. 이어지는 질문에 답하시오. [1~2]

<당직 규정>

목적(제1조)
이 규정은 당직에 관한 사항을 규정함으로써 회사의 자산을 안전하게 관리하고자 하는 데 목적이 있다.

정의(제2조)
당직은 정상적인 업무를 수행하기 위해 근무시간 이외의 시간에 근무하는 것으로서 일직과 숙직으로 구분한다.

준수사항(제3조)
① 당직자는 담당구역을 수시 순찰하여 회사 자산관리, 보존에 안전을 기하여야 하며 이상이 있을 때에는 적절히 조치하고 조치 결과를 사무처장에게 보고하여야 한다.
② 외부로부터 오는 전화는 상대방의 성명, 연락처, 용건 등을 묻고 별지에 적어 관계자에게 연락하도록 하며 긴급사항은 즉시 사무처장과 담당 부서장에게 연락하여 처리한다.
③ 전보, 우편물은 전부 접수하여 내용을 확인하고, 긴급한 것은 즉시 사무처장과 해당 부서장에게 연락하여 지시를 받아야 한다.
④ 사무처장의 특별지시가 없는 경우를 제외하고는 근무시간 외에 물품의 반출을 허용해서는 아니 된다.
⑤ 긴급한 사태가 발생하였을 때에는 당직 책임자가 즉시 응급처치를 취함과 동시에 담당 부서장에게 지체 없이 보고하여야 한다.
⑥ 근무 종료 시 총무부에 있는 당직 근무일지에 당직 근무 종료를 기록한 후 퇴근한다.
⑦ 근무 전 총무부에서 당직 시 사용할 물품을 빌린 후 대여일지에 작성하고, 근무 종료 시 총무부에 당직 시 사용했던 물품을 반납하고 반납일지에 작성한다(단, 공휴일인 경우 다음 당직자에게 직접 전해준다).
⑧ 당직일지는 소속 부서장이 관리하며, 매월 말에 총무부에 제출하고 확인받도록 한다.
⑨ 처음 당직 근무를 하는 경우, 당직 근무 1일 전까지 회사 웹 사이트에 있는 당직 규정 교육을 들어야 한다.

당직 명령 및 변경(제4조)
① 당직 명령은 주무 부서의 장 또는 사무처장이 근무예정일 5일 전까지 하여야 한다.
② 당직 명령을 받은 자가 출장, 휴가, 기타 부득이한 사유로 당직 근무를 할 수 없을 때에는 지체 없이 당직 변경신청서(별지서식 제1호)에 의거 당직 명령자로부터 당직 근무일지 변경승인을 받아야 한다.

당직비 규정(제5조)

당직자에게는 당직비 지급 규정에 따른 당직비를 지급한다.

견책(제6조)

총무부장은 당직근무자가 정당한 사유 없이 근무를 불참하거나 근무 중 금지행위를 할 때에는 시말서를 청구할 수 있다.

01 다음 중 J공사 당직 규정에 대한 내용으로 적절하지 않은 것은?

① 당직 근무자는 근무 전 당직 근무일지에 당직 근무 시작을 기록해야 한다.

② 당직 명령은 주무 부서의 장 또는 사무처장이 근무예정일 5일 전까지 하여야 한다.

③ 긴급한 사태가 발생하였을 때에는 당직 책임자가 즉시 담당 부서장에게 보고해야 한다.

④ 긴급한 전보, 우편물은 즉시 사무처장과 담당 부서장에게 연락하여 지시를 받아야 한다.

⑤ 총무부장은 당직 근무자가 정당한 사유 없이 근무를 불참하거나 근무 중 금지행위를 할 때에는 시말서를 청구할 수 있다.

02 J공사에서 처음 당직 근무를 하는 신입사원 A씨는 다음과 같이 당직 근무를 했다. ㉠ ~ ㉤ 중 A씨가 잘못한 행동은 무엇인가?

> ㉠ A씨는 이번 주 토요일에 해야 할 당직 근무를 위해 목요일에 회사 웹 사이트에 접속하여 당직 규정 교육을 들었다. ㉡ 당직 근무를 하기 전 총무부에 물품을 빌린 후 대여일지에 작성했다. ㉢ 근무 중 외부로부터 걸려 온 긴급한 전화는 즉시 사무처장과 담당 부서장에게 연락하여 처리하였다. ㉣ 사무처장의 특별지시가 없어 물품의 반출을 허용하지 않았다. ㉤ 근무 종료 시 총무부에 당직 시 사용했던 물품을 반납하고 반납일지에 작성했다.

① ㉠

② ㉡

③ ㉢

④ ㉣

⑤ ㉤

리튬은 원자번호 3번으로 알칼리 금속이다. 리튬은 아르헨티나와 칠레 등 남미와 호주에서 대부분 생산된다. 소금호수로 불리는 염호에서 리튬을 채굴하는 것이다. 리튬을 비롯한 알칼리 금속은 쉽게 전자를 잃어버리고 양이온이 되는 특성이 있으며, 전자를 잃은 리튬은 리튬이온(Li+) 상태로 존재한다.

리튬의 가장 큰 장점은 가볍다는 점이다. 스마트폰이나 노트북 등 이동형 기기가 등장할 수 있었던 이유다. 이동형 기기에 전원을 공급하는 전지가 무겁다면 들고 다니기 쉽지 않다. 경량화를 통해 에너지 효율을 추구하는 전기차도 마찬가지다. 또 양이온 중 수소를 제외하면 이동 속도가 가장 빠르다. 리튬이온의 이동 속도가 빠르면 더 큰 전기에너지를 내는 전지로 만들 수 있기 때문에 리튬이온전지 같은 성능을 내는 2차 전지는 현재로서는 없다고 할 수 있다.

리튬이온전지는 양극과 음극, 그리고 전지 내부를 채우는 전해질로 구성된다. 액체로 구성된 전해질은 리튬이온이 이동하는 경로 역할을 한다. 일반적으로 리튬이온전지의 음극에는 흑연을, 양극에는 금속산화물을 쓴다.

충전은 외부에서 전기에너지를 가해 리튬이온을 음극재인 흑연으로 이동시키는 과정이며, 방전은 음극에 모인 리튬이온이 양극으로 이동하는 과정을 말한다. 양극재로 쓰이는 금속산화물에는 보통 리튬코발트산화물이 쓰인다. 충전 과정을 통해 음극에 삽입되어 있던 리튬이온이 빠져나와 전해질을 통해 양극으로 이동한다. 이때 리튬이온을 잃은 전자가 외부 도선을 통해 양극으로 이동하게 되는데, 이 과정에서 전기에너지가 만들어진다. 리튬이온이 전부 양극으로 이동하면 방전상태가 된다. 다시 외부에서 전기에너지를 가하면 리튬이온이 음극으로 모이면서 충전된다. 이와 같은 충·방전 과정을 반복하며 전기차나 스마트폰, 노트북 등에 전원을 공급하는 역할을 하는 것이다.

리튬이온전지와 같은 2차 전지 기술의 발달로 전기차는 대중화를 바라보고 있다. 하지만 전기차에 집어넣을 수 있는 2차 전지의 양을 무작정 늘리기는 어렵다. 전지의 양이 많아지면 무게가 그만큼 무거워져 에너지 효율이 낮아지기 때문이다. 무거운 일반 내연기관차가 경차보다 단위 연료(가솔린, 디젤)당 주행거리를 의미하는 연비가 떨어지는 것과 같은 이치다.

전기차를 움직이는 리튬이온전지의 용량 단위는 보통 킬로와트시(kWh)를 쓴다. 이때 와트는 전기에너지 양을 나타내는 일반적인 단위로, 1볼트(V)의 전압을 가해 1암페어(A)의 전류를 내는 양을 말한다. 와트시(Wh)는 1시간 동안 소모할 수 있는 에너지의 양을 의미한다. 1시간 동안 1W의 전력량을 소모하면 1Wh가 된다. 전지의 용량은 전기차를 선택하는 핵심 요소인 완전 충전 시 주행거리와 연결된다. 테슬라 모델3 스탠더드 버전의 경우 공개된 자료에 따르면 1kWh당 6.1km를 주행할 수 있다. 이를 기준으로 50kWh의 전지 용량을 곱하게 되면 약 300km를 주행하는 것으로 계산된다. 물론 운전자의 주행 습관이나 기온, 도로 등 주행 환경에 따라 주행거리는 달라진다.

보편적으로 쓰이는 2차 전지인 리튬이온전지의 성능을 개선하려는 연구 노력도 이어지고 있다. 대표적인 것이 양극에 쓰이는 금속산화물을 개선하는 것이다. 현재 리튬이온전지 양극재는 리튬에 니켈, 코발트, 망간, 알루미늄을 섞은 금속산화물이 쓰인다. 리튬이온전지 제조사마다 쓰이는 성분이 조금씩 다른데 각 재료의 함유량에 따라 성능이 달라지기 때문이다. 특히 충·방전을 많이 하면 전지 용량이 감소하는 현상을 개선하고 리튬이온을 양극에 잘 붙들 수 있는 소재 조성과 구조를 개선하는 연구가 이뤄지고 있다.

03 다음 〈보기〉 중 윗글의 내용을 바르게 파악한 사람을 모두 고르면?

보기

> A : 리튬의 장점은 가볍다는 것이며, 양이온 중에서도 이동속도가 가장 빠르다.
> B : 리튬이온은 충전 과정을 통해 전지의 양극에 모이게 된다.
> C : 내연기관차는 무게가 무겁기 때문에 에너지 효율이 그만큼 떨어진다.
> D : 테슬라 모델3 스탠더드 버전의 배터리 용량이 20kWh일 때 달리면 약 20km를 주행하게 된다.
> E : 전지의 충전과 방전이 계속되면 전지 용량이 줄어들게 된다.

① A, B

② B, C

③ C, D

④ C, E

⑤ D, E

04 다음 중 윗글의 주된 서술 방식으로 가장 적절한 것은?

① 대상이 지난 문제점을 파악하고 이를 해결하기 위한 방안을 제시하고 있다.

② 대상과 관련된 논쟁을 비유적인 표현을 통해 묘사하고 있다.

③ 구체적인 예시를 통해 대상의 특징을 설명하고 있다.

④ 시간의 흐름에 따른 대상의 변화를 설명하고 있다.

⑤ 대상을 여러 측면에서 분석하고 현황을 소개하고 있다.

05   다음 글을 읽고 추론한 내용으로 적절하지 않은 것은?

> 1인 가구가 급속히 증가하는 상황에 대응하기 위하여 한국전력공사는 전력 데이터를 활용하여 국민이 체감할 수 있는 사회안전망 서비스를 제공하고 사회적 가치를 구현하고자 '1인 가구 안부 살핌 서비스'를 개발하여 지자체에 제공하고 있다. '1인 가구 안부 살핌 서비스'는 전력 빅데이터와 통신데이터를 분석하여 1인 가구의 안부 이상 여부를 확인한 후 이를 사회복지 공무원 등에게 SMS로 알려주어 고독사를 예방하는 인공지능 서비스이다.
>
> 이 서비스의 핵심인 돌봄 대상자의 안부 이상 여부를 판단하는 인공지능 모델은 딥러닝 기법을 활용하는 오토 인코더(Auto Encoder)를 기반으로 설계하였다. 이 모델은 정상적인 전력 사용 패턴을 학습하여 생성되고 난 후, 평소와 다른 비정상적인 사용패턴이 모델에 입력되면 돌봄 대상의 안부에 이상이 있다고 판단하고 지자체 담당 공무원에게 경보 SMS를 발송하는 알고리즘을 가지고 있다. 경보 SMS에는 전력 사용 패턴 이상 여부 이외에 돌봄 대상자의 전화 수·발신, 문자 발신, 데이터 사용량 등 통신사용량 정보도 추가로 제공되고 있다. 향후 전력 및 통신데이터 이외에 수도나 가스 등 다양한 이종 데이터도 융합하여 서비스 알람 신뢰도를 더욱 향상시킬 수 있을 것으로 기대하고 있다.
>
> '1인 가구 안부 살핌 서비스'는 2019년에 에스케이텔레콤(SKT)과 사회안전망 서비스를 개발하기 위한 협약의 체결로 시작되었다. 이후 양사는 아이디어 공유를 위한 실무회의 등을 거쳐 서비스를 개발하였고, 서비스의 효과를 검증하기 위하여 광주광역시 광산구 우산동과 협약을 체결하여 실증사업을 시행하였다. 실증사업 기간 동안 우산동 복지담당자들은 서비스에 커다란 만족감을 나타내었다.
>
> 우산동 복지담당 공무원이었던 A씨는 관내 돌봄 대상자가 자택에서 어지러움으로 쓰러진 후 지인의 도움으로 병원에 내진한 사실을 서비스 알람을 받아 빠르게 파악할 수 있었다. 이 사례를 예로 들며 "관리 지역은 나이가 많고 혼자 사는 분들이 많아 고독사가 발생할 가능성이 큰데, 매일 건강 상태를 확인할 수도 없어 평소에 이를 예방하기란 쉽지가 않다."면서 "한국전력공사의 1인 가구 안부 살핌 서비스가 큰 도움이 되었고 많은 기대가 된다."라고 밝혔다.

① 한국전력공사는 고독사를 예방하기 위해 데이터 기술을 적용한 서비스를 만들었다.
② 오토 인코더 모델은 비정상적인 패턴을 감지하면 알람이 가도록 설계되었다.
③ 앞으로 '1인 가구 안부 살핌 서비스'에는 전력 데이터가 추가로 수집될 수 있다.
④ 광주광역시 광산구 우산동 지역 사람들이 처음으로 이 서비스를 사용하였다.
⑤ 우산동에서 이 서비스의 주요 대상은 고령의 1인 가구이다.

06 다음은 칸트의 미적 기준에 대한 글이다. 밑줄 친 ㉠에 대해 '미적 무관심성'을 보인 사람은?

> 한 떨기 ㉠휜 장미가 우리 앞에 있다고 하자. 하나의 동일한 대상이지만 그것을 받아들이는 방식은 다양하다. 그것은 이윤을 창출하는 상품으로 보일 수도 있고, 식물학적 연구 대상으로 보일 수도 있다. 또한 어떤 경우에는 나치에 항거하다 죽어 간 저항 조직 '백장미'의 젊은이들을 떠올리게 할 수도 있다. 그런데 이런 경우들과 달리 우리는 종종 그저 그 꽃잎의 모양과 순백의 색깔이 아름답다는 이유만으로 충분히 만족을 느끼기도 한다.
> 가끔씩 우리는 이렇게 평소와는 매우 다른 특별한 순간들을 맛본다. 평소에 중요하게 여겨지던 것들이 이 순간에는 철저히 관심 밖으로 밀려나고, 오직 대상의 내재적인 미적 형식만이 관심의 대상이 된다. 이러한 마음의 작동 방식을 가리키는 개념어가 '미적 무관심성'이다. 칸트가 이 개념의 대표적인 대변자인데, 그에 따르면 미적 무관심성이란 대상의 아름다움을 판정할 때 요구되는 순수하게 심미적인 심리 상태를 뜻한다. 즉 'X는 아름답다.'라고 판단할 때 우리의 관심은 오로지 X의 형식적 측면이 우리의 감수성에 쾌·불쾌를 주는지를 가리는 데 있으므로 '무관심적 관심'이다. 그리고 무언가를 실질적으로 얻거나 알고자 하는 모든 관심으로부터 자유로운 X의 존재 가치는 '목적 없는 합목적성'에 있다. 대상의 개념이나 용도 및 현존으로부터의 완전한 거리 두기를 통해 도달할 수 있는 순수 미적인 차원에 대한 이러한 이론적 정당화는 쇼펜하우어에 이르러서는 예술미의 관조를 인간의 영적 구원의 한 가능성으로 평가하는 사상으로까지 발전하였다. 불교에 심취한 그는 칸트의 '미적 무관심성' 개념에서 더 나아가 '미적 무욕성'을 주창했다. 그에 따르면 이 세계는 '맹목적 의지'가 지배하는 곳으로, 거기에 사는 우리는 욕구와 결핍의 부단한 교차 속에서 고통받지만, 예술미에 도취하는 그 순간만큼은 해방을 맛본다. 즉 '의지의 폭정'에서 벗어나 잠정적인 열반에 도달한다.
> 미적 무관심성은 예술의 고유한 가치를 옹호하는 데 큰 역할을 하는 개념이다. 그러나 우리는 그것이 극단적으로 추구될 경우에 가해질 수 있는 비판을 또한 존중하지 않을 수 없다. 왜냐하면 독립 선언이 곧 고립 선언은 아니기 때문이다. 예술의 고유한 가치는 진리나 선과 같은 가치 영역들과 유기적인 조화를 이룰 때 더욱 고양된다. 요컨대 예술은 다른 목적에 종속되는 한갓된 수단이 되어서도 안 되겠지만, 그것의 지적·실천적 역할이 완전히 도외시되어서도 안 된다.

① 예지 : 성년의 날에 장미를 대학교 앞에 가져가 팔면 많은 돈을 벌 수 있겠어.

② 지원 : 장미의 향기를 맡고 있자니 이 세상에서 영혼이 해방된 느낌이 들어.

③ 도일 : 장미에서 흐르는 윤기와 단단한 줄기에서 아름다움이 느껴져.

④ 지은 : 인위적으로 하얀색 장미를 만들어내는 것은 논란의 여지가 있어.

⑤ 수림 : 빨간 장미와 달리 흰 장미가 흰색을 띠는 이유가 무엇인지 분석해 보고 싶어.

07 다음 글의 내용으로 가장 적절한 것은?

> 지진해일은 지진, 해저 화산폭발 등으로 바다에서 발생하는 파장이 긴 파도이다. 지진에 의해 바다 밑바닥이 솟아오르거나 가라앉으면 바로 위의 바닷물이 갑자기 상승 또는 하강하게 된다. 이 영향으로 지진해일파가 빠른 속도로 퍼져나가 해안가에 엄청난 위험과 피해를 일으킬 수 있다.
>
> 전 세계의 모든 해안 지역이 지진해일의 피해를 받을 수 있지만, 우리에게 피해를 주는 지진해일의 대부분은 태평양과 주변해역에서 발생한다. 이는 태평양의 규모가 거대하고 이 지역에서 대규모 지진이 많이 발생하기 때문이다. 태평양에서 발생한 지진해일은 발생 하루 만에 발생지점에서 지구의 반대편까지 이동할 수 있으며, 수심이 깊을 경우 파고가 낮고 주기가 길기 때문에 선박이나 비행기에서도 관측할 수 없다.
>
> 먼 바다에서 지진해일의 파고는 해수면으로부터 수십 cm 이하이지만 얕은 바다에서는 급격하게 높아진다. 또한 수심이 6,000m 이상인 곳에서 지진해일은 비행기의 속도와 비슷한 시속 800km로 이동할 수 있다. 지진해일은 얕은 바다에서 파고가 급격히 높아짐에 따라 그 속도가 느려지며, 지진해일이 해안가의 수심이 얕은 지역에 도달할 때 그 속도는 시속 45 ~ 60km까지 느려지면서 파도가 강해진다. 이것이 해안을 강타함에 따라 파도의 에너지는 더 짧고 더 얕은 곳으로 모여 무시무시한 파괴력을 가져 우리의 생명을 위협하는 파도로 발달하게 된다. 최악의 경우 파고가 15m 이상으로 높아지고 지진의 진앙 근처에서 발생한 지진해일의 경우 파고가 30m를 넘을 수도 있다. 파고가 3 ~ 6m 높이가 되면 많은 사상자와 피해를 일으키는 아주 파괴적인 지진해일이 될 수 있다.
>
> 지진해일의 파도 높이와 피해 정도는 에너지의 양, 지진해일의 전파 경로, 앞바다와 해안선의 모양 등으로 결정된다. 또한 암초, 항만, 하구나 해저의 모양, 해안의 경사 등 모든 것이 지진해일을 변형시키는 요인이 된다.
>
> ⓒ 기상청

① 지진해일은 파장이 짧으며, 화산폭발 등으로 인해 발생한다.
② 태평양 인근에서 발생한 지진해일은 대부분 한 달에 걸쳐 지구 반대편으로 이동하게 된다.
③ 바다가 얕을수록 지진해일의 파고가 높아진다.
④ 지진해일이 해안가에 도달할수록 파도가 강해지며 속도는 800km에 달한다.
⑤ 해안의 경사는 지진해일에 아무런 영향을 주지 않는다.

08 다음 글을 통해 확인할 수 있는 사실로 가장 적절한 것은?

> 많은 것들이 글로 이루어진 세상에서 읽지 못한다는 것은 생활하는 데에 큰 불편함을 준다. 난독증이 바로 그 예이다. 난독증(Dyslexia)은 그리스어로 불충분, 미성숙을 뜻하는 접두어 Dys에 말과 언어를 뜻하는 Lexis가 합쳐져 만들어진 단어이다.
>
> 난독증은 지능에는 문제가 없으며, 단지 언어활동에만 문제가 있는 질환이다. 특히 영어권에서 많이 나타나는데, 비교적 복잡한 발음체계 때문이다. 인구의 5 ~ 10% 정도가 난독증이 있으며 피카소, 톰 크루즈, 아인슈타인 등이 난독증을 극복하고 자신의 분야에서 성공한 사례이다.
>
> 난독증은 단순히 읽지 못하는 것뿐만이 아니라, 여러 가지 증상으로 나타난다. 단어의 의미를 다른 것으로 바꾸어 해석하거나 글자를 섞어서 보는 경우가 있다. 또한 문자열을 전체로는 처리하지 못하고 하나씩 취급하여 전체 문맥을 이해하지 못하기도 한다.
>
> 지금까지 난독증의 원인은 흔히 두뇌의 역기능이나 신경장애와 연관된 것이라고 여겨졌으며, 유전적인 원인이나 청각의 왜곡 등이 거론되기도 하였다. 우리나라에서는 실제 아동의 2 ~ 8% 정도가 난독증을 경험하는 것으로 알려져 있으며, 지능과 시각, 청각이 모두 정상임에도 경험하는 경우가 있다.
>
> 난독증을 유발하는 원인은 많이 있지만 그중 하나는 바로 '얼렌 증후군'이다. 미국의 교육심리학자 얼렌(Helen L. Irlen)이 먼저 발견했다고 해서 붙여진 이름으로, 광과민 증후군으로도 알려져 있다. 이는 시신경 세포와 관련이 있는 난독증 유발 원인이다.
>
> 얼렌 증후군이 생기는 이유는 유전인 경우가 많으며 시신경 세포가 정상인보다 작거나 미성숙해서 망막으로 들어오는 정보를 뇌에 제대로 전달하지 못한다. 이로 인해 집중력이 떨어지고 능률이 저하되며 독서의 경우에는 속독이 어렵게 된다.
>
> 얼렌 증후군 환자들은 사물이 흐릿해지면서 두세 개로 보이는 시각적 왜곡이 생기기 때문에 책을 보고 있으면 눈이 쉽게 충혈되고 두통이나 어지럼증 등 신체 다른 부분에도 영향을 미친다. 그래서 얼렌 증후군 환자들은 어두운 곳에서 책을 보고 싶어 하는 경우가 많다.
>
> 얼렌 증후군의 치료를 위해서는 원인이 되는 색조합을 찾아서 얼렌필터 렌즈를 착용하는 것이 일반적이다. 특정 빛의 파장을 걸러주면서 이 질환을 교정하는 것이다. 얼렌 증후군은 교정이 된 후에 글씨가 뚜렷하게 보여 읽기가 편해지고 난독증이 어느 정도 치유되기 때문에 증상을 보이면 안과를 찾아 정확한 검사를 받는 것이 중요하다.
>
> ⓒ 사이언스타임즈

① 난독증은 주로 지능에 문제가 있는 사람들에게서 나타난다.

② 단순히 전체 문맥을 이해하지 못하는 것은 난독증에 해당하지 않는다.

③ 시각과 청각이 모두 정상이라면 난독증을 경험하지 않는다.

④ 시신경 세포가 적어서 생기는 난독증의 경우 환경의 요인을 많이 받는다.

⑤ 얼렌 증후군 환자들은 밝은 곳에서 난독증을 호소하는 경우가 더 많다.

※ 다음 자료를 보고 이어지는 질문에 답하시오. [9~10]

〈지역별 폐기물 현황〉

지역	1일 폐기물 배출량	인구수
용산구	305.2톤/일	132,259명
중구	413.7톤/일	394,679명
종로구	339.9톤/일	240,665명
서대문구	240.1톤/일	155,106명
마포구	477.5톤/일	295,767명

〈지역별 폐기물 집하장 위치 및 이동시간〉

다음은 지역별 폐기물 집하장 간 이동에 걸리는 시간을 표시한 자료이다.

지역	용산구	중구	종로구	서대문구	마포구
용산구		50분	200분	150분	100분
중구	50분		60분	70분	100분
종로구	200분	60분		50분	100분
서대문구	150분	70분	50분		80분
마포구	100분	100분	100분	80분	

┃ 수리능력

09 자료에 제시된 지역 중 1인당 1일 폐기물 배출량이 가장 많은 곳에 폐기물 처리장을 만든다고 할 때, 다음 중 어느 구에 설치해야 하는가?(단, 1인당 1일 폐기물 배출량은 소수점 셋째 자리에서 반올림한다)

① 용산구
② 중구
③ 종로구
④ 서대문구
⑤ 마포구

10 9번의 결과를 참고하여 폐기물 처리장이 설치된 구에서 폐기물 수집 차량이 출발하여 1인당 1일 폐기물 배출량이 많은 지역을 순서대로 수거하고 다시 돌아올 때, 걸리는 최소 시간은?

① 3시간 10분 ② 4시간 20분

③ 5시간 40분 ④ 6시간 00분

⑤ 7시간 10분

11 한국전력공사의 가대리, 나사원, 다사원, 라사원, 마대리 중 1명이 어제 출근하지 않았다. 이와 관련하여 5명의 직원이 〈보기〉와 같이 말했다. 이들 중 2명이 거짓말을 한다고 할 때, 다음 중 출근하지 않은 사람은 누구인가?(단, 출근을 하였어도, 결근 사유를 듣지 못할 수도 있다)

> **보기**
>
> 가대리 : 나는 출근했고, 마대리도 출근했다. 누가 출근하지 않았는지는 알지 못한다.
> 나사원 : 다사원은 출근 하였다. 가대리님의 말은 모두 사실이다.
> 다사원 : 라사원은 출근하지 않았다.
> 라사원 : 나사원의 말은 모두 사실이다.
> 마대리 : 출근하지 않은 사람은 라사원이다. 라사원이 개인 사정으로 인해 출석하지 못한다고 가대 리님에게 전했다.

① 가대리 ② 나사원

③ 다사원 ④ 라사원

⑤ 마대리

※ 유통업체인 J사는 유통대상의 정보에 따라 12자리로 구성된 분류코드를 부여하여 관리하고 있다. 다음 자료를 보고 이어지는 질문에 답하시오. [12~13]

〈분류코드 생성 방법〉

- 분류코드는 한 상품당 하나가 부과된다.
- 분류코드는 '발송코드 – 배송코드 – 보관코드 – 운송코드 – 서비스코드'가 순서대로 연속된 12자리 숫자로 구성되어 있다.
- 발송지역

발송지역	발송코드	발송지역	발송코드	발송지역	발송코드
수도권	a1	강원	a2	경상	b1
전라	b2	충청	c4	제주	t1
기타	k9	–	–	–	–

※ 수도권은 서울, 경기, 인천 지역이다.

- 배송지역

배송지역	배송코드	배송지역	배송코드	배송지역	배송코드
서울	011	인천	012	강원	021
경기	103	충남	022	충북	203
경남	240	경북	304	전남	350
전북	038	제주	040	광주	042
대구	051	부산	053	울산	062
대전	071	세종	708	기타	009

- 보관구분

보관구분	보관코드	보관구분	보관코드	보관구분	보관코드
냉동	FZ	냉장	RF	파손주의	FG
고가품	HP	일반	GN	–	–

- 운송수단

운송수단	운송코드	운송수단	운송코드	운송수단	운송코드
5톤 트럭	105	15톤 트럭	115	30톤 트럭	130
항공운송	247	열차수송	383	기타	473

- 서비스종류

배송서비스	서비스코드	배송서비스	서비스코드	배송서비스	서비스코드
당일 배송	01	지정일 배송	02	일반 배송	10

12 다음 분류코드로 확인할 수 있는 정보로 옳지 않은 것은?

c4304HP11501

① 해당 제품은 충청지역에서 발송되어 경북지역으로 배송되는 제품이다.
② 냉장보관이 필요한 제품이다.
③ 15톤 트럭에 의해 배송될 제품이다.
④ 당일 배송 서비스가 적용된 제품이다.
⑤ 해당 제품은 고가품이다.

13 다음 〈조건〉에 따라 제품 A에 부여될 분류코드로 옳은 것은?

> **조건**
> • A는 Q업체가 7월 5일에 경기도에서 울산지역에 위치한 구매자에게 발송한 제품이다.
> • 수산품인 만큼, 냉동 보관이 필요하며, 발송자는 택배 도착일을 7월 7일로 지정하였다.
> • A는 5톤 트럭을 이용해 배송된다.

① k9062RF10510   ② a1062FZ10502
③ a1062FZ11502   ④ a1103FZ10501
⑤ a1102FZ10502

14 다음은 농수산물 식품수거검사에 대한 자료이다. 〈보기〉 중 옳지 않은 것을 모두 고르면?

〈농수산물 식품수거검사〉

- 검사
  - 월별 정기 및 수시 수거검사
- 대상
  - 다년간 부적합 비율 및 유통점유율이 높은 품목대상
  - 신규 생산품목 및 문제식품의 신속 수거·검사 실시
  - 언론이나 소비자단체 등 사회문제화된 식품
  - 재래시장, 연쇄점, 소형슈퍼마켓 주변의 유통식품
  - 학교주변 어린이 기호식품류
  - 김밥, 도시락, 햄버거 등 유통식품
  - 유통 중인 농·수·축산물(엽경채류, 콩나물, 어류, 패류, 돼지고기, 닭고기 등)
- 식품종류별 주요 검사항목
  - 농산물 : 잔류농약
  - 수산물 : 총수은, 납, 항생물질, 장염비브리오 등 식중독균 오염 여부
  - 축산물 : 항생물질, 합성항균제, 성장호르몬제, 대장균O-157:H7, 리스테리아균, 살모넬라균, 클로스트리디움균
  - 식품제조·가공품 : 과산화물가, 대장균, 대장균군, 보존료, 타르색소 등
- 부적합에 따른 조치
  - 제조업체 해당 시·군에 통보(시정명령, 영업정지, 품목정지, 폐기처분 등 행정조치)
  - 식품의약안전청 홈페이지 식품긴급회수창에 위해정보 공개
  - 부적합 유통식품 수거검사 및 폐기

보기

ㄱ. 유통 중에 있는 식품은 식품수거검사 대상에 해당되지 않는다.
ㄴ. 항생물질 함유 여부를 검사하는 항목은 축산물뿐이다.
ㄷ. 식품수거검사는 월별 정기검사와 수시검사 모두 진행된다.
ㄹ. 식품수거검사 결과 적발한 위해정보는 제조업체 해당 시·군 홈페이지에서 확인할 수 있다.

① ㄱ, ㄷ   ② ㄴ, ㄹ
③ ㄱ, ㄴ, ㄹ   ④ ㄱ, ㄷ, ㄹ
⑤ ㄴ, ㄷ, ㄹ

15 서울에서 근무 중인 A대리는 현재 P지부와 N지부에 근무 중인 협력업체 직원과 화상 회의를 하고자 한다. N지부 현지시간은 서울보다 11시간 느리며, P지부 현지시간은 N지부보다 6시간 빠르다. 회의에 대한 시간 정보가 〈조건〉과 같을 때, 다음 중 세 번째 화상 회의에 정시 참석하기 위해 K주임이 접속해야 하는 현지시간으로 옳은 것은?

> **조건**
> • A대리는 P지부에 근무 중인 K주임과 N지부에 근무 중인 S대리와 총 5회의 화상 회의를 진행하고자 한다.
> • 첫 회의는 서울 시간을 기준으로 오전 11시에 열린다.
> • 매회 회의는 직전 회의보다 2시간 늦게 시작된다.

① 8:00　　　　　　　　　　　② 9:00
③ 10:00　　　　　　　　　　 ④ 11:00
⑤ 12:00

16 S대리는 J도시의 해안지역에 설치할 발전기를 검토 중이다. 설치 환경 및 요건에 대한 정보가 다음과 같을 때, 설치될 발전기로 옳은 것은?

〈발전기 설치 환경 및 요건 정보〉

• 발전기는 동일한 종류를 2기 설치한다.
• 발전기를 설치할 대지는 $1,500m^2$이다.
• 에너지 발전단가가 1,000kWh당 97,500원을 초과하지 않도록 한다.
• 후보 발전기 중 탄소배출량이 가장 많은 발전기는 제외한다.
• 운송수단 및 운송비를 고려하여, 개당 중량은 3톤을 초과하지 않도록 한다.

〈후보 발전기 정보〉

발전기 종류	발전방식	발전단가	탄소배출량	필요면적	중량
A	수력	92원/kWh	45g/kWh	$690m^2$	3,600kg
B	화력	75원/kWh	91g/kWh	$580m^2$	1,250kg
C	화력	105원/kWh	88g/kWh	$450m^2$	1,600kg
D	풍력	95원/kWh	14g/kWh	$800m^2$	2,800kg
E	풍력	80원/kWh	22g/kWh	$720m^2$	2,140kg

① A　　　　　　　　　　　② B
③ C　　　　　　　　　　　④ D
⑤ E

17 다음 〈보기〉는 업무수행 과정 중 발생한 문제 상황이다. 문제 유형과 상황을 바르게 연결한 것은?

> **보기**
>
> ㄱ. A회사의 에어컨 판매부서는 현재 어느 정도 매출이 나오고 있는 상황이지만, 경쟁이 치열해지고 있기 때문에 생산성 제고를 위한 활동을 하려 한다.
>
> ㄴ. B고객으로부터 작년에 구입한 A회사의 에어컨이 고장으로 작동하지 않는다며 항의전화가 왔다.
>
> ㄷ. 에어컨에 주력하던 A회사는 올해부터 새로운 사업으로 공기청정기 분야에 진출하기 위한 계획을 해야 한다.

	ㄱ	ㄴ	ㄷ
①	발생형 문제	탐색형 문제	설정형 문제
②	설정형 문제	탐색형 문제	발생형 문제
③	설정형 문제	발생형 문제	탐색형 문제
④	탐색형 문제	발생형 문제	설정형 문제
⑤	탐색형 문제	설정형 문제	발생형 문제

18 다음 주 당직 근무에 대한 일정표를 작성하고 있다. 작성하고 봤더니 잘못된 점이 보여 수정을 하려고 한다. 한 사람만 옮겨 일정표를 완성하려고 할 때, 일정을 변경해야 하는 사람은?

〈당직 근무 규칙〉

• 낮에 2명, 야간에 2명은 항상 당직을 서야 하고, 더 많은 사람이 당직을 설 수도 있다.
• 낮과 야간을 합하여 하루에 최대 6명까지 당직을 설 수 있다.
• 같은 날에 낮과 야간 당직 근무는 함께 설 수 없다.
• 낮과 야간 당직을 합하여 주에 세 번 이상 다섯 번 미만으로 당직을 서야 한다.
• 월요일부터 일요일까지 모두 당직을 선다.

〈당직 근무 일정〉

직원	낮	야간	직원	낮	야간
가	월요일	수요일, 목요일	바	금요일, 일요일	화요일, 수요일
나	월요일, 화요일	수요일, 금요일	사	토요일	수요일, 목요일
다	화요일, 수요일	금요일, 일요일	아	목요일	화요일, 금요일
라	토요일	월요일, 수요일	자	목요일, 금요일	화요일, 토요일
마	월요일, 수요일	화요일, 토요일	차	토요일	목요일, 일요일

① 나   ② 라
③ 마   ④ 바
⑤ 사

19 J팀은 정기행사를 진행하기 위해 공연장을 대여하려 한다. J팀의 상황을 고려하여 공연장을 대여한다고 할 때, 총비용은 얼마인가?

〈공연장 대여비용〉

구분	공연 준비비	공연장 대여비	소품 대여비	보조진행요원 고용비
단가	50만 원	20만 원(1시간)	5만 원(1세트)	5만 원(1인, 1시간)
할인	총비용 150만 원 이상 : 10%	2시간 이상 : 3% 5시간 이상 : 10% 12시간 이상 : 20%	3세트 : 4% 6세트 : 10% 10세트 : 25%	2시간 이상 : 5% 4시간 이상 : 12% 8시간 이상 : 25%

※ 할인은 품목마다 개별적으로 적용된다.

〈K팀 상황〉

A : 저희 총예산은 수입보다 많으면 안 됩니다. 티켓은 4만 원이고, 50명 정도 관람할 것으로 예상됩니다.

B : 공연은 2시간이고, 리허설 시간으로 2시간이 필요하며, 공연 준비 및 정리를 하려면 공연 앞뒤로 1시간씩은 필요합니다.

C : 소품은 공연 때 2세트 필요한데, 예비로 1세트 더 준비하도록 하죠.

D : 진행은 저희끼리 다 못하니까 주차장을 관리할 인원 1명을 고용해서 공연 시간 동안과 공연 앞뒤 1시간씩 공연장 주변을 정리하도록 합시다. 총예산이 모자라면 예비 소품 1세트 취소, 보조진행요원 미고용, 리허설 시간 1시간 축소 순서로 줄이도록 하죠.

① 1,800,000원
② 1,850,000원
③ 1,900,000원
④ 2,050,000원
⑤ 2,100,000원

PART 1

20 한국전력공사의 나주 본사에서 근무하는 K대리는 대구 본부와 광주 본부에서 열리는 회의에 참석하기 위해 출장을 다녀올 예정이다. 출장 기간 동안의 경비에 대한 정보는 다음과 같다. K대리가 기차와 택시를 이용해 이동을 한다고 할 때, 본사에서 출발하여 모든 회의에 참석한 후 다시 본사로 돌아오기까지 소요되는 총경비로 옳은 것은?

> K대리는 8월 10일에 나주 본사에서 출발하여 대구에 도착하고, S호텔에서 잠을 잔 후, 11일에 대구 본부에서 열리는 회의에 참석할 계획이다. 회의 후에는 광주로 이동하여 광주의 T호텔에서 잠을 잔 후, 12일에 광주 본부에서 열리는 회의에 참석하고 본사로 돌아올 계획이다.
> ※ 이동에는 기차와 택시만 이용하였다.

〈소요경비 정보〉

• 숙박비

호텔	요금(1박)
S호텔	75,500원
T호텔	59,400원

• 철도 요금

출발지	도착지	편도 요금
나주역	대구역	42,000원
나주역	광주역	39,500원
대구역	광주역	37,100원
대구역	나주역	45,000원
광주역	대구역	36,500원
광주역	나주역	43,000원

• 택시비

출발 정류장	도착 정류장	편도 요금
한국전력공사 본사 앞	나주역	7,900원
대구역	S호텔	4,300원
광주역	T호텔	6,500원
S호텔	한국전력공사 대구 본부 앞	4,900원
T호텔	한국전력공사 광주 본부 앞	5,700원
한국전력공사 대구 본부 앞	대구역	4,300원
한국전력공사 광주 본부 앞	광주역	5,400원

※ 도착 정류장과 출발 정류장이 바뀌어도 비용은 같다.

① 169,000원
② 226,000원
③ 274,500원
④ 303,900원
⑤ 342,600원

21 다음은 J오디션의 1, 2차 결과를 나타낸 표이다. [E2:E7]에 아래 그림과 같이 최종점수를 구하고자 할 때, 필요한 함수는?

◢	A	B	C	D	E
1	이름	1차	2차	평균점수	최종 점수
2	유재석	96.45	45.67	71.06	71.1
3	전현무	89.67	34.77	62.22	62.2
4	강호동	88.76	45.63	67.195	67.2
5	신동엽	93.67	43.56	68.615	68.6
6	김성주	92.56	38.45	65.505	65.5
7	송해	95.78	43.65	69.715	69.7

① ROUND   ② INT

③ TRUNC   ④ COUNTIF

⑤ ABS

22 학교에서 자연어처리(NLP)에 대해 배우고 있는 희영은 간단한 실습과제를 수행하는 중이다. 다음 상황에서 희영은 자연어처리 과정 중 어떤 단계를 수행한 것인가?

> 희영은 프로그램이 잘 돌아가는지 확인하기 위해 시험 삼아 '나는 밥을 먹는다.'를 입력해 보았다. 그 결과 '나/NP 는/JXS 밥/NNG 을/JKO 먹/VV 는다/EFN ./SF'가 출력되었다.

① 형태소 분석   ② 구문 분석

③ 의미 분석   ④ 특성 추출

⑤ 단어 분석

23 다음은 파이썬으로 구현된 프로그램이다. 실행 결과로 옳은 것은?

```
kks=['두', '바', '퀴', '로', '가', '는', '자', '동', '차']

kks.insert(1, '다')
del kks[3]
print(kks[4], kks[6])
```

① 가 자   ② 로 는

③ 로 자   ④ 는 동

⑤ 퀴 가

24 전압을 저압, 고압, 특고압으로 구분할 때, 다음 중 교류 고압의 범위로 옳은 것은?

① 600V 이상 7kV 이하   ② 750V 초과 7kV 이하

③ 1kV 초과 7kV 이하   ④ 1.5kV 초과 7kV 이하

⑤ 7kV 이상

25 주파수 90Hz 회로에 접속되어 슬립 3%, 회전수 1,164rpm으로 회전하고 있는 유도 전동기의 극수는?

① 5극   ② 6극

③ 7극   ④ 9극

⑤ 12극

26 다음 밑줄 친 ⓐ, ⓑ에 들어갈 내용으로 옳은 것은?

> 과전류차단기로 시설하는 퓨즈 중 고압 전로에 사용하는 포장 퓨즈는 정격전류의   ⓐ   배에 견디고, 2배의 전류로   ⓑ   분 안에 용단되는 것이어야 한다.

	ⓐ	ⓑ		ⓐ	ⓑ
①	1.1	100	②	1.2	100
③	1.25	120	④	1.3	120
⑤	1.3	200			

27 다음 중 3상 차단기의 정격차단용량(P_s)을 나타낸 식으로 옳은 것은?(단, 정격전압은 V, 정격차단 전류는 I_s이다)

① $P_s = \sqrt{3} \times V \times I_s$

② $P_s = \sqrt{3} \times V \times I_s^2$

③ $P_s = \sqrt{2} \times V \times I_s$

④ $P_s = \sqrt{2} \times V^2 \times I_s$

⑤ $P_s = \sqrt{3} \times V^2 \times I_s$

28 다음 중 연가(Transposition)를 사용하는 목적으로 옳은 것은?

① 임피던스를 불평형으로 만들기 위해

② 선로정수의 평형을 위해

③ 통신선의 유도장해를 증가시키기 위해

④ 소호리액터 접지 시 직렬공진을 하기 위해

⑤ 코로나 현상을 방지하기 위해

29 다음 중 피뢰기(Lightning Arrester)의 구비조건으로 옳지 않은 것은?

① 방전내량이 커야 한다.

② 속류 차단 능력이 커야 한다.

③ 내구성 및 경제성이 있어야 한다.

④ 제한전압이 높아야 한다.

⑤ 상용주파 방전개시전압이 높아야 한다.

30 다음 중 차단기에 대한 명칭이 바르게 연결되지 않은 것은?

① ACB – 공기차단기   ② OCB – 유입차단기

③ VCB – 진공차단기   ④ MCB – 자기차단기

⑤ GCB – 가스차단기

31 다음 중 CT(Current Transformer)에 대한 설명으로 옳은 것은?

① 일반적으로 2차측 정격전류는 110V이다.

② 계기용 변압기이다.

③ 고전압의 교류회로에서 전압을 취급하기 쉬운 크기로 변환한다.

④ 과전류를 방지하기 위해 사용한다.

⑤ PT는 개방하지만 CT는 단락한다.

32 다음 중 인덕턴스에 대한 설명으로 옳은 것은?

① 인덕턴스가 증가할수록 굵기는 감소하고, 간격도 감소한다.

② 인덕턴스가 증가할수록 굵기는 감소하고, 간격은 증가한다.

③ 인덕턴스가 증가할수록 굵기는 증가하고, 간격도 증가한다.

④ 인덕턴스가 증가할수록 굵기는 증가하고, 간격은 감소한다.

⑤ 인덕턴스가 증가할수록 굵기는 변하지 않고, 간격은 증가한다.

33 다음 중 표피효과와 침투 깊이에 대한 설명으로 옳지 않은 것은?

① 표피 효과는 도전율에 비례한다.

② 침투 깊이가 깊으면 표피 효과가 작아진다.

③ 표피 효과가 클수록 전력이 손실된다.

④ 투자율이 증가하면 침투 깊이도 증가한다.

⑤ 전선에 직류가 흐를 때보다 교류가 흐를 때 전력손실이 많아진다.

34 다음 중 직류를 교류로 바꿔주는 장치는?

① 점등관(Glow Switch)

② 컨버터(Converter)

③ 인버터(Inverter)

④ 정류기(Rectifier)

⑤ 안정기(Ballast Stabilizer)

| 의사소통능력

01 다음 중 시각 장애인 유도 블록 설치에 대한 설명으로 적절하지 않은 것은?

> 점자 블록으로도 불리는 시각 장애인 유도 블록은 블록 표면에 돌기를 양각하여 시각 장애인이 발바닥이나 지팡이의 촉감으로 위치나 방향을 알 수 있도록 유도한다. 횡단보도나 버스정류장 등의 공공장소에 설치되며, 블록의 형태는 발바닥의 촉감, 일반 보행자와의 관계 등 다양한 요인에 따라 결정된다.
> 점자 블록은 크게 위치 표시용의 점형 블록과 방향 표시용의 선형 블록 두 종류로 나뉜다. 먼저 점형 블록은 횡단지점, 대기지점, 목적지점, 보행 동선의 분기점 등의 위치를 표시하거나 위험 지점을 알리는 역할을 한다. 보통 30cm(가로)×30cm(세로)×6cm(높이)의 콘크리트제 사각 형태가 많이 쓰이며, 양각된 돌기의 수는 외부용 콘크리트 블록의 경우 36개, 내부용의 경우 64개가 적절하다. 일반적인 위치 감지용으로 점형 블록을 설치할 경우 가로 폭은 대상 시설의 폭만큼 설치하며, 세로 폭은 보도의 폭을 고려하여 30~90cm 범위 안에서 설치한다.
> 다음으로 선형 블록은 방향 유도용으로 보행 동선의 분기점, 대기지점, 횡단지점에 설치된 점형 블록과 연계하여 목적 방향으로 일정한 거리까지 설치한다. 정확한 방향을 알 수 있도록 하는 데 목적이 있으며, 보행 동선을 확보·유지하는 역할을 한다. 양각된 돌출선은 윗면은 평면이 주로 쓰이고, 돌출선의 양 끝은 둥글게 처리한 것이 많다. 선형 블록은 시각 장애인이 안전하고 장애물이 없는 도로를 따라 이동할 수 있도록 설치하는데, 이때 블록의 돌출선은 유도 대상 시설의 방향과 평행해야 한다.

① 선형 블록은 보행 동선의 분기점에 설치한다.

② 횡단지점의 위치를 표시하기 위해서는 점형 블록을 설치한다.

③ 외부에는 양각된 돌기의 수가 36개인 점형 블록을 설치한다.

④ 선형 블록은 돌출선의 방향이 유도 대상 시설과 평행하도록 설치한다.

⑤ 점형 블록을 횡단보도 앞에 설치하는 경우 세로 방향으로 4개 이상 설치하지 않는다.

02 자사의 마스코트가 '소'인 J은행이 캐릭터를 활용한 상품 프로모션을 진행하고자 할 때, 다음 중 가장 적절한 의견을 제시하고 있는 사원은?

> 홍보팀장 : 우리 회사에 대해 고객들이 친밀감을 가질 수 있도록 인지도가 높으면서도 자사와 연관 될 수 있는 캐릭터를 활용하여 홍보 방안을 세웠으면 좋겠어요.

① A사원 : 남녀노소 누구나 좋아하는 연예인을 캐릭터화하여 상품의 홍보 모델로 사용하는 것은 어떨까요?

② B사원 : 요즘 인기 있는 펭귄 캐릭터와 협업하여 우리 회사의 인지도를 높이는 방법은 어떨까요?

③ C사원 : 우리 은행의 마스코트인 소를 캐릭터로 활용하여 인형이나 디자인 소품으로 상품화하는 것은 어떨까요?

④ D사원 : 우리 은행의 마스코트인 소의 울음소리를 녹음하여 상담 전화 연결 시 활용하는 것은 어떨까요?

⑤ E사원 : 저금통을 상징하는 돼지 캐릭터와 우리 은행의 특징을 드러내는 소 캐릭터를 함께 사용 하여 '~소'를 활용한 홍보문구를 작성해 보는 건 어떨까요?

03 다음은 의류 생산공장의 생산 코드 부여 방식이다. 자료를 참고할 때, 〈보기〉에 해당하지 않는 생산 코드는 무엇인가?

〈의류 생산 코드〉

• 생산 코드 부여 방식
  [종류] – [색상] – [제조일] – [공장지역] – [수량] 순으로 16자리이다.
• 종류

티셔츠	스커트	청바지	원피스
OT	OH	OJ	OP

• 색상

검정색	붉은색	푸른색	노란색	흰색	회색
BK	RD	BL	YL	WH	GR

• 제조일

해당연도	월	일
마지막 두 자리 숫자 예 2019 → 19	01 ~ 12	01 ~ 31

• 공장지역

서울	수원	전주	창원
475	869	935	753

• 수량

100벌 이상 150벌 미만	150장 이상 200벌 미만	200장 이상 250벌 미만	250장 이상	50벌 추가 생산
aaa	aab	aba	baa	ccc

〈예시〉

– 2020년 5월 16일에 수원 공장에서 검정 청바지 170벌을 생산하였다.
– 청바지 생산 코드 : OJBK – 200516 – 869aab

보기

ㄱ. 2019년 12월 4일에 붉은색 스커트를 창원 공장에서 120벌 생산하였다.
ㄴ. 회색 티셔츠를 추가로 50벌을 서울 공장에서 2020년 1월 24일에 생산하였다.
ㄷ. 흰색 청바지를 전주 공장에서 265벌을 납품일(2020년 7월 23일) 전날에 생산하였다.
ㄹ. 티셔츠와 스커트를 노란색으로 178벌씩 수원 공장에서 2020년 4월 30일에 생산했다.
ㅁ. 생산날짜가 2019년 7월 5일인 푸른색 원피스는 창원 공장에서 227벌 생산되었다.

① OPGR – 200124 – 475ccc
② OJWH – 200722 – 935baa
③ OHRD – 191204 – 753aaa
④ OHYL – 200430 – 869aab
⑤ OPBL – 190705 – 753aba

04 다음 중국의 인스턴트 커피 시장에 대한 분석 내용을 바탕으로 제품을 출시할 때 고려해야 할 점으로 적절하지 않은 것은?

> 중국의 인스턴트 커피 시장 규모는 574억 위안으로 전년보다 1.8% 성장한 것으로 보이며, 2024년까지 매년 평균 1.7%의 성장세를 이어갈 것으로 예측된다.
>
> • 4P 분석
>
> | 4P 분석 | 분석 내용 |
> | --- | --- |
> | 판매가격
(Price) | 중국 스타벅스의 아메리카노 한 잔 가격은 22위안으로 중국의 최저임금을 상회한다. 이에 비해 S사의 캡슐 커피는 24개에 약 190위안으로 한 잔당 8위안에 불과하다. 스틱형 커피의 경우 그 격차는 훨씬 커진다. |
> | 유통경로
(Place) | 로스팅 커피는 카페에서 구매가 이루어지나, 인스턴트 커피는 슈퍼, 편의점, 대형마트 등 다양한 장소에서 구매가 가능하다. 최근에는 중국 내 온라인 플랫폼 마켓의 발전으로 스마트폰이나 컴퓨터로 간편하게 구입이 가능하다. |
> | 판매촉진
(Promotion) | 최근 인스턴트 커피 브랜드는 SNS를 이용하여 고객과 소통하고, 할인 쿠폰 및 행사 관련 정보를 제공하는 등 시장을 적극적으로 공략하고 있다. |
> | 제품
(Product) | 공간과 시간에 구애받지 않고 언제든 편하게 마실 수 있다는 '편의성'을 통해 소비자들에게 꾸준한 관심을 받고 있다. 스타벅스, 코카콜라 등의 기업들은 자사의 장점을 살린 RTD 인스턴트 커피 및 캡슐 커피 등을 출시해 인스턴트 커피 시장에 진입하고 있다. |
>
> • 중국 인스턴트 커피 제품 현황 및 특징
> 1) 스틱형 커피 : 가장 초기의 인스턴트 커피 형태로, 출시 역사가 길고 브랜드가 다양하다. 초기에는 단맛이 나는 믹스 형태의 제품이 대부분이었지만, 최근 콜드브루, 블랙커피 등 다양한 유형의 스틱 커피가 출시되고 있다.
> 2) RTD(Ready To Drink) 커피 : 주로 편의점과 온라인 쇼핑몰에 보급되어 있는 제품으로, 병이나 종이 용기 등의 형태로 유통된다. 제조과정이 없어 마시기 간편하고 콜드브루, 라떼 등 다양한 맛을 즐길 수 있다. 기존의 인스턴트 커피 제조업체뿐만 아니라 커피숍 브랜드도 RTD 커피 시장에 진출하고 있다.
> 3) 소포장 형식 : 휴대하기 용이하고 제품의 품질이 좋아 소비자들에게 좋은 반응을 얻고 있다. 제품 유형에 따라 캡슐 커피와 작은 용기에 담겨 있는 인스턴트 커피로 나눌 수 있다.
> 4) 드립백 커피 : 커피 가루가 담긴 티백을 커피잔에 걸쳐 뜨거운 물을 부어서 우려내 마시는 커피이다. 핸드드립 커피를 보다 간편하게 즐기고 싶은 소비자의 수요에 맞춰 출시한 제품으로, 신선하고 고급스러운 풍미를 맛볼 수 있다는 장점이 있다. 그러나 다른 인스턴트 커피 종류에 비해 커피의 맛이 비교적 제한적이다.

① 스틱형 커피는 다른 인스턴트 커피에 비해 종류가 다양하지 못하므로 차별화된 프리미엄 상품을 스틱형으로 출시한다.

② 스마트폰으로 간편하게 구입할 수 있도록 캡슐 커피를 출시하고, 중국 내 이용자가 가장 많은 SNS를 통해 이벤트를 진행한다.

③ 현지 소비자들의 입맛에 맞으면서도 다양한 맛을 선택할 수 있도록 여러 종류의 드립백 커피 상품을 출시한다.

④ 현지 로스팅 커피 브랜드와 협력하여 RTD 커피를 출시하고, 온라인 쇼핑몰을 통해 쉽게 구매할 수 있다는 점을 홍보 전략으로 세운다.

⑤ 휴대가 편리한 소포장 형식의 인스턴트 커피를 출시하고, 언제 어디서든 쉽게 마실 수 있다는 점을 홍보 전략으로 세운다.

※ 다음은 바이오에너지에 대한 자료이다. 이어지는 질문에 답하시오. [5~6]

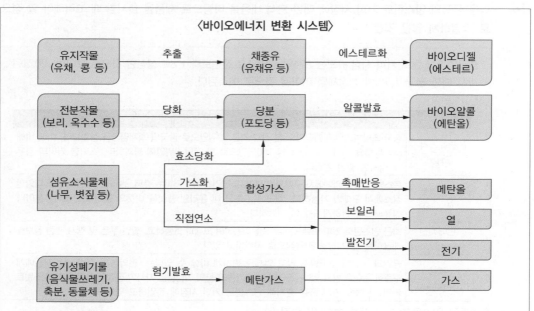

⟨바이오에너지 변환 시스템⟩

• 바이오에너지란?

생물체로부터 발생하는 에너지를 이용하는 것으로, 나무를 사용해 땔감으로 사용하기도 하고 식물에서 기름을 추출해 액체 연료로 만드는 방법 등 동·식물의 에너지를 이용하여 자연환경을 깨끗하게 유지할 수 있다. 쓰레기 매립지에서 발생하는 매립지 가스(LFG; Landfill Gas)를 원료로 발전 설비를 가동하고 전력을 생산하는 과정을 통하여 매립지 주변의 대기 중 메탄가스 방출을 줄이고, 폐기물을 자원으로 재활용하여 환경오염을 줄일 수 있다.

⟨바이오에너지 원리 및 구조⟩

• 매립가스를 포집

보일러에서 메탄(CH_4)을 연소하여 과열 증기를 생산한다.

• 메탄(CH_4)을 보일러로 공급하여 보일러에서 연소

쓰레기 매립지에서 발생하는 매립지 가스(Landfill Gas) 중 가연성 기체인 메탄(CH_4)을 포집하여 발전의 열원으로 사용한다.

• 과열 증기로 터빈과 발전기 가동 및 전력생산

보일러에서 공급되는 과열 증기로 터빈 발전기를 가동시켜 전력을 생산하고 송전계통을 통해 이를 한국전력공사로 공급한다.

• 잔열의 재사용

터빈과 발전기 가동 시 증기의 일부가 급수의 가열에 재사용되고 나머지 폐열은 복수기를 통해 순환수 계통으로 방출되어 한국전력공사로 공급한다.

05 다음 중 바이오에너지에 대한 설명으로 옳지 않은 것은?

① 바이오에너지 사용은 환경오염을 줄일 수 있다.

② '열에너지 → 운동에너지 → 전기에너지'의 단계로 바뀌어 한국전력공사로 전기를 공급한다.

③ 섬유소식물체인 나무, 볏짚 등에서 3가지 이상의 연료를 얻을 수 있다.

④ 보리를 이용하여 얻을 수 있는 연료는 에탄올과 메탄올이다.

⑤ 발전기를 가동할 때 일부 증기는 급수 가열에 재사용된다.

06 바이오에너지를 만들기 위해서는 다양한 공정이 필요하다. 공정마다 소요되는 비용을 점수로 매겼을 때, 최종 공정이 끝난 후 공정가격으로 옳지 않은 것은?(단, 공정별 점수표에 제시된 공정만 시행한다)

⟨공정별 점수표⟩

공정	추출	에스테르화	당화	알콜발효	효소당화	가스화	보일러	혐기발효
점수	4점	5점	9점	3점	7점	8점	2점	6점

※ 공정 단계별 비용은 다음과 같다.
- 1점 이상 4점 미만 : 1점당 3만 원
- 4점 이상 8점 미만 : 1점당 4만 원
- 8점 이상 11점 미만 : 1점당 5만 원

	에너지원	연료	공정가격
①	옥수수	에탄올	54만 원
②	유채	에스테르	36만 원
③	나무	열	44만 원
④	음식물쓰레기	가스	24만 원
⑤	볏짚	바이오알콜	37만 원

07 다음 프로그램의 실행 결과로 옳은 것은?

```
a = 0
for i in range(1, 11, 2):
    a += i
print (a)
```

① 1   ② 2
③ 11   ④ 25
⑤ 30

08 다음 시트에서 상품이 '하모니카'인 악기의 평균매출액을 구하려고 할 때, [E11] 셀에 입력할 수식으로 옳은 것은?

	A	B	C	D	E
1	모델명	상품	판매금액	판매수량	매출액
2	D7S	통기타	₩189,000	7	₩1,323,000
3	LC25	우쿨렐레	₩105,000	11	₩1,155,000
4	N1120	하모니카	₩60,000	16	₩960,000
5	MS083	기타	₩210,000	3	₩630,000
6	H904	하모니카	₩63,000	25	₩1,575,000
7	C954	통기타	₩135,000	15	₩2,025,000
8	P655	기타	₩193,000	8	₩1,544,000
9	N1198	하모니카	₩57,000	10	₩570,000
10		하모니카의 평균 판매수량			17
11		하모니카 평균매출액			₩1,035,000

① =COUNTIF(B2:B9,"하모니카")

② =AVERAGE(E2:E9)

③ =AVERAGEIFS(B2:B9,E2:E9,"하모니카")

④ =AVERAGEA(B2:B9,"하모니카",E2:E9)

⑤ =AVERAGEIF(B2:B9,"하모니카",E2:E9)

09 다음 중 배전방식에 대한 설명으로 옳지 않은 것은?

① 환상식은 전류 통로에 대한 융통성이 있다.
② 수지식은 전압 변동이 크고 정전 범위가 좁다.
③ 뱅킹식은 전압 강하 및 전력 손실을 경감한다.
④ 망상식은 건설비가 비싸다.
⑤ 망상식은 무정전 공급이 가능하다.

10 다음 중 가공전선로의 지지물에 시설하는 지선에 대한 설명으로 옳은 것은?

① 연선을 사용할 경우 소선 3가닥 이상의 연선일 것
② 안전율은 1.2 이상일 것
③ 허용 인장 하중의 최저는 5.26kN으로 할 것
④ 철근콘크리트주는 지선을 사용할 것
⑤ 아연도금철봉은 지중 부분 및 지표상 20cm까지 사용할 것

11 다음 중 침투 깊이에 대한 설명으로 옳은 것은?

① 침투 깊이는 주파수에 비례한다.
② 침투 깊이는 투자율에 비례한다.
③ 침투 깊이는 도전율에 반비례한다.
④ 침투 깊이가 작을수록 표피 효과도 작아진다.
⑤ 침투 깊이가 작으면 전류가 도선 표피에 적게 흐른다.

12 다음 중 동기전동기의 특징으로 옳지 않은 것은?

① 속도가 일정하다.

② 역률과 효율이 좋다.

③ 직류전원 설비가 필요하다.

④ 난조가 발생하지 않는다.

⑤ 기동 시 토크를 얻기 어렵다.

13 다음 중 제1종 접지공사가 가능한 것은?

① 교통신호등 제어장치의 금속제 외함

② 저압 옥내배선에 사용하는 셀룰러 덕트

③ 고 · 저압 혼촉방지판

④ 전극식 온천용 승온기

⑤ 주상 변압기 2차측 전로

14 다음 중 단일한 도체로 된 막대기의 양 끝에 전위차가 가해질 때, 이 도체의 양 끝에서 열의 흡수나 방출이 일어나는 현상은?

① 볼타 효과(Volta Effect)

② 제벡 효과(Seebeck Effect)

③ 톰슨 효과(Thomson Effect)

④ 표피 효과(Skin Effect)

⑤ 펠티에 효과(Peltier Effect)

15 다음 중 방향성을 갖고 있는 계전기는?

① 선택 지락 계전기   ② 거리 계전기

③ 차동 계전기   ④ 부족 전압 계전기

⑤ 지락 계전기

16 다음 중 변조의 목적으로 옳지 않은 것은?

① 전송채널에서 잡음과 간섭을 줄이기 위해서
② 다중분할을 하기 위해서
③ 전송 효율을 향상시키기 위해서
④ 더욱 긴 파장의 신호를 만들기 위해서
⑤ 복사를 용이하게 하기 위해서

17 다음 중 디지털 신호를 전송하기 위해 디지털 방식의 전송로를 이용하는 장비로 옳은 것은?

① 리피터(Repeater)   ② DSU
③ 통신 제어 장치   ④ 변복조기
⑤ 라우터(Router)

18 다음 중 블루투스(Bluetooth)에 대한 설명으로 옳지 않은 것은?

① 근거리 무선 통신 기술이다.
② ISM 주파수 대역을 사용한다.
③ 주파수 호핑 방식을 사용한다.
④ 기기 간 마스터와 슬레이브 구성으로 연결된다.
⑤ 해킹으로부터 보안이 매우 뛰어나다.

19 다음 중 스피어 피싱(Spear Phishing)에 대한 설명으로 옳은 것은?

① 공격 대상에 대한 정보를 수집하고, 이를 분석하여 정보를 불법적으로 알아낸다.
② 인터넷 등에서 무료 소프트웨어를 다운로드받을 때 설치되어 이용자의 정보를 빼간다.
③ 컴퓨터 사용자의 키보드 움직임을 탐지해 정보를 빼간다.
④ 임의로 구성된 웹 사이트를 통하여 이용자의 정보를 빼간다.
⑤ 네트워크의 중간에서 남의 패킷 정보를 도청한다.

20 다음 중 패치(Patch)의 정의로 옳은 것은?

① 복사 방지나 등록 기술 등이 적용된 상용 소프트웨어를 복제 또는 파괴하는 행위이다.

② 프로그램의 일부를 빠르게 고치는 일이다.

③ 비정상적인 방법으로 데이터를 조작하는 행위이다.

④ 일반적으로 어떤 목적을 위해 설계된 기계나 장치이다.

⑤ 하드웨어나 소프트웨어의 성능을 기존 제품보다 뛰어난 새것으로 변경하는 일이다.

21 어떤 릴레이션 R이 2NF를 만족하면서 키에 속하지 않는 모든 애트리뷰트가 기본 키에 대하여 이행적 함수 종속이 아닌 경우 어떤 정규형에 해당하는가?

① 제1정규형   ② 제2정규형

③ 제3정규형   ④ 제1, 2, 3정규형

⑤ 제2, 3정규형

22 다음 중 관계 데이터베이스에 있어서 관계 대수의 연산자가 아닌 것은?

① 디비전(Division)   ② 프로젝트(Project)

③ 조인(Join)   ④ 포크(Fork)

⑤ 셀렉트(Select)

23 다음 중 기본 키를 구성하는 모든 속성은 널(Null) 값을 가질 수 없다는 규칙은 무엇인가?

① 개체 무결성   ② 참조 무결성

③ 키 무결성   ④ 널 무결성

⑤ 연관 무결성

PART 2

직무능력검사

CHAPTER 01

의사소통능력

3 상황을 가정하라!

업무 수행에 있어 상황에 따른 언어 표현은 중요하다. 같은 말이라도 상황에 따라 다르게 해석될 수 있기 때문이다. 그런 의미에서 자신의 의견을 효과적으로 전달할 수 있는 능력을 평가하는 것이다. 업무를 수행하면서 발생할 수 있는 여러 상황을 가정하고 그에 따른 올바른 언어표현을 정리하는 것이 필요하다.

4 말하는 이의 입장에서 생각하라!

잘 듣는 것 또한 하나의 능력이다. 상대방의 이야기에 귀 기울이고 공감하는 태도는 업무를 수행하는 관계 속에서 필요한 요소이다. 그런 의미에서 다양한 상황에서 듣는 능력을 평가하는 것이다. 말하는 이가 요구하는 듣는 이의 태도를 파악하고, 이에 따른 판단을 할 수 있도록 언제나 말하는 사람의 입장이 되는 연습이 필요하다.

01 문서 내용 이해

| 유형분석 |

- 주어진 지문을 읽고 선택지를 고르는 전형적인 독해 문제이다.
- 지문은 주로 신문기사(보도자료 등)나 업무 보고서, 시사 등이 제시된다.
- 공사공단에 따라 자사와 관련된 내용의 기사나 법조문, 보고서 등이 출제되기도 한다.

G씨는 성장기인 아들의 수면습관을 바로 잡기 위해 수면습관에 관련된 글을 찾아보았다. 다음 글을 읽고 이해한 내용으로 적절하지 않은 것은?

수면은 비렘(non - REM)수면과 렘수면의 사이클이 반복되면서 이뤄지는 복잡한 신경계의 상호작용이며, 좋은 수면이란 이 사이클이 끊어지지 않고 충분한 시간 동안 유지되도록 하는 것이다. 수면 패턴은 일정한 것이 좋으며, 깨는 시간을 지키는 것이 중요하다. 그리고 수면 패턴은 휴일과 평일 모두 일정하게 지키는 것이 성장하는 아이들의 수면 리듬을 유지하는 데 좋다. 수면 상태에서 깨어날 때 영향을 주는 자극들은 '빛, 식사 시간, 운동, 사회 활동' 등이 있으며, 이 중 가장 강한 자극은 '빛'이다. 침실을 밝게 하는 것은 적절한 수면 자극을 방해하는 것이다. 반대로 깨어날 때 강한 빛 자극을 주면 수면 상태에서 빠르게 벗어날 수 있다. 이는 뇌의 신경 전달 물질인 멜라토닌의 농도와 연관되어 나타나는 현상이다. 수면 중 최대치로 올라간 멜라토닌은 시신경이 강한 빛에 노출되면 빠르게 줄어들게 되는데, 이때 수면 상태에서 벗어나게 된다. 아침 일찍 일어나 커튼을 젖히고 밝은 빛이 침실 안으로 들어오게 하는 것은 매우 효과적인 각성 방법인 것이다.

① 잠에서 깨는 데 가장 강력한 자극을 주는 것은 빛이었구나.
② 멜라토닌의 농도에 따라 수면과 각성이 영향을 받는군.
③ 평일에 잠이 모자란 우리 아들은 잠을 보충해 줘야 하니까 휴일에 늦게까지 자도록 둬야겠다.
④ 좋은 수면은 비렘수면과 렘수면의 사이클이 충분한 시간 동안 유지되도록 하는 것이구나.
⑤ 우리 아들 침실이 좀 밝은 편이니 충분한 수면을 위해 암막커튼을 달아줘야겠어.

정답 ③

수면 패턴은 휴일과 평일 모두 일정하게 지키는 것이 성장하는 아이들의 수면 리듬을 유지하는 데 좋다. 따라서 휴일에 늦잠을 자는 것은 적절하지 않다.

풀이 전략!

주어진 선택지에서 키워드를 체크한 후, 지문의 내용과 비교해 가면서 내용의 일치 유무를 빠르게 판단한다.

01 다음 글의 내용으로 가장 적절한 것은?

신재생에너지의 일환인 연료전지는 전해질의 종류에 따라 구분된다. 먼저 알칼리형 연료전지가 있다. 대표적인 강염기인 수산화칼륨을 전해질로 이용하는데, 85% 이상의 진한 농도는 고온용에, 35 ~ 50%의 묽은 농도는 저온용에 사용한다. 촉매로는 은, 금속 화합물, 귀금속 등 다양한 고가의 물질을 쓰지만, 가장 많이 사용하는 것은 니켈이다. 전지가 연료나 촉매에서 발생하는 이산화탄소를 잘 버티지 못한다는 단점이 있는데, 이 때문에 1960년대부터 우주선에 주로 사용해 왔다.

인산형 연료전지는 진한 인산을 전해질로, 백금을 촉매로 사용한다. 인산은 안정도가 높아 연료전지를 장기간 사용할 수 있게 하는데, 원래 효율은 40% 정도나 열병합발전 시 최대 85%까지 상승하고, 출력 조정이 가능하다. 천연가스 외에도 다양한 에너지를 대체 연료로 사용하는 것도 가능하며 현재 분산형 발전 컨테이너 패키지나 교통수단 부품으로 세계에 많이 보급되어 있다.

용융 탄산염형 연료전지는 수소와 일산화탄소를 연료로 쓰고, 리튬·나트륨·칼륨으로 이뤄진 전해질을 사용하며 고온에서 작동한다. 일반적으로 연료전지는 백금이나 귀금속 등의 촉매제가 필요한데, 고온에서는 이런 고가의 촉매제가 필요치 않고, 열병합에도 용이한 덕분에 발전 사업용으로 활용할 수 있다.

다음은 용융 탄산염형과 공통점이 많은 고체 산화물형 연료전지이다. 일단 수소와 함께 일산화탄소를 연료로 이용한다는 점이 같고, 전해질은 용융 탄산염형과 다르게 고체 세라믹을 주로 이용하는데, 대체로 산소에 의한 이온 전도가 일어나는 800 ~ 1,000℃에서 작동한다. 이렇게 고온에서 작동하다 보니, 발전 사업용으로 활용할 수 있다는 공통점도 있다. 원래부터 기존의 발전 시설보다 장점이 있는 연료전지인데, 연료전지의 특징이자 한계인, 전해질 투입과 전지 부식 문제를 보완해서 한 단계 더 나아간 형태라고 볼 수 있다. 이러한 장점들 때문에 소형기기부터 대용량 시설까지 다방면으로 개발하고 있다.

마지막으로 고분자 전해질형 연료전지이다. 주로 탄소를 운반체로 사용한 백금을 촉매로 사용하지만, 연료인 수소에 일산화탄소가 조금이라도 들어갈 경우 백금과 루테늄의 합금을 사용한다. 고체 산화물형과 더불어 가정용으로 주로 개발되고 있고, 자동차, 소형 분산 발전 등 휴대성과 이동성이 필요한 장치에 유용하다.

① 알칼리형 연료전지는 이산화탄소를 잘 버텨내기 때문에 우주선에 주로 사용해 왔다.

② 안정도가 높은 인산형 연료전지는 진한 인산을 촉매로, 백금을 전해질로 사용한다.

③ 발전용으로 적절한 연료전지는 용융 탄산염형 연료전지와 고체 산화물형 연료전지이다.

④ 고체 산화물형 연료전지는 전해질을 투입하지 않아 전지 부식 문제를 보완한 형태이다.

⑤ 고분자 전해질형 연료전지는 수소에 일산화탄소가 조금이라도 들어갈 경우 백금을 촉매로 사용한다.

02 다음은 스마트시티에 대한 기사이다. 스마트시티 전략의 사례로 적절하지 않은 것은?

> 건설·정보통신기술 등을 융·복합하여 건설한 도시 기반시설을 바탕으로 다양한 도시서비스를 제공하는 지속가능한 도시를 스마트시티라고 한다.
>
> 최근 스마트시티에 대한 관심은 사물인터넷이나 만물인터넷 등 기술의 경이적인 발달이 제4차 산업혁명을 촉발하고 있는 것과 같은 선상에서, 정보통신기술의 발달이 도시의 혁신을 이끌고 도시 문제를 현명하게 해결할 수 있을 것이라는 기대로 볼 수 있다. 이처럼 정보통신기술을 적극적으로 활용하고자 하는 스마트시티 전략은 중국, 인도를 비롯하여 동남아시아, 남미, 중동 국가 등 전 세계 많은 국가와 도시들이 도시발전을 위한 전략적 수단으로 표방하고 추진 중이다.
>
> 국내에서도 대전 도안, 화성 동탄 등 많은 지자체에서 스마트시티 사업을 추진하고 있다. 스마트시티 관리의 일환으로 공공행정, 기상 및 환경감시 서비스, 도시 시설물 관리, 교통정보 및 대중교통 관리 등이 제공되고 스마트홈의 일환으로 단지 관리, 통신 인프라, 홈 네트워크 시스템이 제공되며, 시민체감형 서비스의 일환으로 스마트 라이프 기반을 구현한다.

① 교통이 혼잡한 도로의 확장 및 주차장 확대로 교통난 해결 효과
② 거리별 쓰레기통에 센서 장치를 활용하여 쓰레기 배출량 감소 효과
③ 방범 CCTV 및 범죄 관련 스마트 앱 사용으로 범죄 발생률 감소 효과
④ 거리마다 전자민원시스템을 설치하여 도시 문제의 문제해결력 상승 효과
⑤ 상하수도 및 지질정보 통합 시스템을 이용하여 시설 노후로 인한 누수 예방 효과

03 다음 글의 내용으로 적절하지 않은 것은?

> 수소와 산소는 H_2와 O_2의 분자 상태로 존재한다. 수소와 산소가 화합해서 물 분자가 되려면 이 두 분자가 충돌해야 하는데, 충돌하는 횟수가 많으면 많을수록 물 분자가 생기는 확률은 높아진다. 또한 반응하기 위해서는 분자가 원자로 분해되어야 한다. 좀 더 정확히 말한다면, 각각의 분자가 산소 원자끼리 그리고 수소 원자끼리의 결합력이 약해져야 한다. 높은 온도는 분자 간의 충돌 횟수를 증가시킬 뿐 아니라 분자를 강하게 진동시켜 분자의 결합력을 약하게 한다. 그리하여 수소와 산소는 이전까지 결합하고 있던 자신과 동일한 원자와 떨어져, 산소 원자 하나에 수소 원자 두 개가 결합한 물(H_2O)이라는 새로운 화합물이 되는 것이다.

① 수소 분자와 산소 분자가 충돌해야 물 분자가 생긴다.
② 수소 분자와 산소 분자가 원자로 분해되어야 반응을 할 수 있다.
③ 높은 온도는 분자를 강하게 진동시켜 결합력을 약하게 한다.
④ 산소 분자와 수소 분자가 각각 물(H_2O)이라는 새로운 화합물이 된다.
⑤ 산소 분자와 수소 분자의 충돌 횟수가 많아지면 물 분자가 될 확률이 높다.

04 다음 글을 통해 알 수 있는 내용으로 가장 적절한 것은?

> 조건화된 환경의 영향을 중시하는 스키너와 같은 행동주의와는 달리, 로렌츠는 동물 행동의 가장 중요한 특성들은 타고나는 것이라고 보았다. 인간을 진화의 과정을 거친 동물의 하나로 보는 로렌츠는, 공격성은 동물의 가장 기본적인 본능의 하나이기에 인간에게도 자신의 종족을 향해 공격적인 행동을 하는 생득적인 충동이 있는 것으로 보았다. 그는 진화의 과정에서 가장 단합된 형태로 공격성을 띤 종족이 생존에 유리했으며, 이것이 인간이 호전성에 대한 열광을 갖게 된 이유라고 설명한다.
> 로렌츠의 관찰에 따르면 치명적인 발톱이나 이빨을 가진 동물들이 같은 종의 구성원을 죽이는 경우는 드물다. 이는 중무장한 동물의 경우 그들의 자체 생존을 위해서는 자기 종에 대한 공격을 제어할 억제 메커니즘이 필요했고, 그것이 진화의 과정에 반영되었기 때문이라고 설명한다. 그에 비해서 인간을 비롯한 신체적으로 미약한 힘을 지닌 동물들은, 자신의 힘만으로 자기 종을 죽인다는 것이 매우 어려운 일이었기 때문에, 이들의 경우 억제 메커니즘에 대한 진화론적인 요구가 없었다는 것이다. 그런데 기술이 발달함에 따라 인간은 살상 능력을 지니게 되었고, 억제 메커니즘을 지니지 못한 인간에게 내재된 공격성은 자기 종을 살육할 수 있는 상황에 이르게 된 것이다.
> 그렇다면 인간에 내재된 공격성을 제거하면 되지 않을까? 이 점에 대해서 로렌츠는 회의적이다. 우선 인간의 공격적인 본능은 긍정적인 측면과 부정적인 측면을 모두 포함해서 오늘날 인류를 있게 한 중요한 요소 중의 하나이기에 이를 제거한다는 것이 인류에게 어떤 영향을 끼칠지 알 수 없으며, 또 공격성을 최대한 억제시킨다고 해도 공격성의 본능은 여전히 배출구를 찾으려고 하기 때문이다.

① 인간은 본능적인 공격성을 갖고 있지만, 학습을 통해 공격성을 억제한다.
② 인간은 동물에 비해 지능이 뛰어나기 때문에 같은 종의 구성원을 공격하지 않는다.
③ 인간은 환경의 요구에 따라 같은 종의 구성원을 공격할 수 있도록 진화하였다.
④ 인간의 공격적인 본능을 억제해야 하는 이유는 부정적인 측면이 더 크기 때문이다.
⑤ 늑대 등은 진화 과정에 반영된 공격 억제 메커니즘을 통해 자기 종에 대한 공격을 억제할 수 있다.

02 글의 주제 · 제목

| 유형분석 |

- 주어진 지문을 파악하여 전달하고자 하는 핵심 주제를 고르는 문제이다.
- 정보를 종합하고 중요한 내용을 구별하는 능력이 필요하다.
- 설명문부터 주장, 반박문까지 다양한 성격의 지문이 제시되므로 글의 성격별 특징을 알아두는 것이 좋다.

다음 글의 주제로 가장 적절한 것은?

> 표준화된 언어는 의사소통을 효과적으로 하기 위하여 의도적으로 선택해야 할 공용어로서의 가치가 있다. 반면에 방언은 지역이나 계층의 언어와 문화를 보존하고 드러냄으로써 국가 전체의 언어와 문화를 다양하게 발전시키는 토대로서의 가치가 있다. 이러한 의미에서 표준화된 언어와 방언은 상호 보완적인 관계에 있다. 표준화된 언어가 있기에 정확한 의사소통이 가능하며, 방언이 있기에 개인의 언어생활에서나 언어 예술 활동에서 자유롭고 창의적인 표현이 가능하다. 결국 우리는 표준화된 언어와 방언 둘 다의 가치를 인정해야 하며, 발화(發話) 상황(狀況)을 잘 고려해서 표준화된 언어와 방언을 잘 가려서 사용할 줄 아는 능력을 길러야 한다.

① 창의적인 예술 활동에서는 방언의 기능이 중요하다.
② 표준화된 언어와 방언에는 각각 독자적인 가치와 역할이 있다.
③ 정확한 의사소통을 위해서는 표준화된 언어가 꼭 필요하다.
④ 표준화된 언어와 방언을 구분할 줄 아는 능력을 길러야 한다.
⑤ 표준화된 언어는 방언보다 효용가치가 있다.

정답 ②

마지막 문장의 '표준화된 언어와 방언 둘 다의 가치를 인정'하고, '잘 가려서 사용할 줄 아는 능력을 길러야 한다.'는 내용을 바탕으로 ②와 같은 주제를 이끌어낼 수 있다.

풀이 전략!

'결국', '즉', '그런데', '그러나', '그러므로' 등의 접속어 뒤에 주제가 드러나는 경우가 많다는 것에 주의하면서 지문을 읽는다.

01 다음 글의 제목으로 가장 적절한 것은?

구글어스가 세계 환경의 보안관 역할을 톡톡히 하고 있어 화제다. 구글어스는 가상 지구본 형태로 제공되는 세계 최초의 위성영상지도 서비스로서, 간단한 프로그램만 내려받으면 지구 전역의 위성 사진 및 지도, 지형 등의 정보를 확인할 수 있다. 구글은 그동안 축적된 인공위성 빅데이터 등을 바탕으로 환경 및 동물 보호 활동을 지원하고 있다.

지구에서는 그동안 약 230만 km^2 이상의 삼림이 사라졌다. 병충해 및 태풍, 산불 등으로 사라진 것이다. 특히 개발도상국들의 산림 벌채와 농경지 확보가 주된 이유다. 이처럼 사라지는 숲에 비해 자연의 자생력으로 복구되는 삼림은 아주 적은 편이다.

그런데 최근에 개발된 초고해상도의 구글어스 이미지를 이용해 육지표면을 정밀 분석한 결과, 식물이 살 수 없을 것으로 여겨졌던 건조지대에서도 많은 숲이 분포한다는 사실이 밝혀졌다. 국제연합식량농업기구(FAO) 등 13개국 20개 기관과 구글이 참여한 대규모 국제공동연구진은 구글어스로 얻은 위성 데이터를 세부 단위로 쪼개 그동안 잘 알려지지 않은 전 세계의 건조지역을 집중적으로 분석했다.

그 결과 강수량이 부족해 식물의 정상적인 성장이 불가능할 것으로 알려졌던 건조지대에서 약 467만 km^2의 숲을 새로이 찾아냈다. 이는 한반도 면적의 약 21배에 달한다. 연구진은 이번 발견으로 세계 삼림 면적의 추정치가 9% 정도 증가할 것이라고 주장했다.

건조지대는 지구 육지표면의 40% 이상을 차지하지만, 명확한 기준과 자료 등이 없어 그동안 삼림 분포에 대해서는 잘 알려지지 않았다. 그러나 이번 연구결과로 인해 전 세계 숲의 이산화탄소 처리량 등에 대해 보다 정확한 계산이 가능해짐으로써 과학자들의 지구온난화 및 환경보호 연구에 많은 도움이 될 것으로 기대되고 있다.

① 전 세계 환경 보안관, 구글어스
② 환경오염으로 심각해지는 식량난
③ 인간의 이기심으로 사라지는 삼림
④ 사막화 현상으로 건조해지는 지구
⑤ 구글어스로 보는 환경훼손의 심각성

02 다음 글의 주제로 가장 적절한 것은?

> 우리는 주변에서 신호등 음성 안내기, 휠체어 리프트, 점자 블록 등의 장애인 편의 시설을 많이 볼 수 있다. 우리는 이런 편의 시설을 장애인들이 지니고 있는 국민으로서의 기본 권리를 인정한 것이라는 시각에서 바라보고 있다. 물론, 장애인의 일상생활 보장이라는 측면에서 이 시각은 당연한 것이다. 하지만 또 다른 시각이 필요하다. 그것은 바로 편의 시설이 장애인만을 위한 것이 아니라 일상생활에서 활동에 불편을 겪는 모두를 위한 것이라는 시각이다. 편리하고 안전한 시설은 장애인뿐만 아니라 우리 모두에게 유용하기 때문이다. 예를 들어, 건물의 출입구에 설치되어 있는 경사로는 장애인들의 휠체어만 다닐 수 있도록 설치해 놓은 것이 아니라, 몸이 불편해서 계단을 오르내릴 수 없는 노인이나 유모차를 끌고 다니는 사람들도 편하게 다닐 수 있도록 만들어 놓은 시설이다. 결국 이 경사로는 우리 모두에게 유용한 시설인 것이다.
> 그런 의미에서 근래에 대두되고 있는 '보편적 디자인', 즉 '유니버설 디자인(Universal Design)'이라는 개념은 우리에게 좋은 시사점을 제공해 준다. 보편적 디자인은 가능한 모든 사람이 이용할 수 있도록 제품, 건물, 공간을 디자인한다는 의미를 가지고 있다. 이러한 시각으로 바라본다면 장애인 편의 시설은 우리 모두에게 편리하고 안전한 시설로 인식될 것이다.

① 우리 주변에서는 장애인 편의 시설을 많이 볼 수 있다.
② 보편적 디자인은 근래에 대두되고 있는 중요한 개념이다.
③ 어떤 집단의 사람들이라도 이용할 수 있는 제품을 만들어야 한다.
④ 보편적 디자인이라는 관점에서 장애인 편의 시설을 바라볼 필요가 있다.
⑤ 장애인들의 기본 권리를 보장하기 위해 장애인 편의 시설을 확충해야 한다.

03 다음 글의 제목으로 가장 적절한 것은?

> 구비문학에서는 기록문학과 같은 의미의 단일한 작품 또는 원본이라는 개념이 성립하기 어렵다. 윤선도의 '어부사시사'와 채만식의『태평천하』는 엄밀하게 검증된 텍스트를 놓고 이것이 바로 그 작품이라 할 수 있지만, '오누이 장사 힘내기' 전설이라든가 '진주 낭군' 같은 민요는 서로 조금씩 다른 구연물이 다 그 나름의 개별적 작품이면서 동일 작품의 변이형으로 인정되기도 하는 것이다. 이야기꾼은 그의 개인적 취향이나 형편에 따라 설화의 어떤 내용을 좀 더 실감 나게 손질하여 구연할 수 있으며, 때로는 그 일부를 생략 혹은 변경할 수 있다. 모내기할 때 부르는 '모노래'는 전승적 가사를 많이 이용하지만, 선창자의 재간과 그때그때의 분위기에 따라 새로운 노래 토막을 끼워 넣거나 일부를 즉흥적으로 개작 또는 창작하는 일도 흔하다.

① 구비문학의 현장성　　　　　　　② 구비문학의 유동성
③ 구비문학의 전승성　　　　　　　④ 구비문학의 구연성
⑤ 구비문학의 사실성

04 다음 글의 주제로 가장 적절한 것은?

> 높은 유류세는 자동차를 사용함으로써 발생하는 다음과 같은 문제들을 줄이는 교정적 역할을 수행한다. 첫째, 유류세는 사람들의 대중교통수단 이용을 유도하고, 자가용 사용을 억제함으로써 교통 혼잡을 줄여준다. 둘째, 교통사고 발생 시 대형 차량이나 승합차가 중소형 차량에 비해 보다 치명적인 피해를 줄 가능성이 높다. 이와 관련해서 유류세는 유류를 많이 소비하는 대형 차량을 운행하는 사람에게 보다 높은 비용을 치르게 함으로써 교통사고 위험에 대한 간접적인 비용을 징수하는 효과를 가진다. 셋째, 유류세는 유류 소비를 억제함으로써 대기오염을 줄이는 데 기여한다.

① 유류세의 용도　　　　　　　　　② 높은 유류세의 정당성
③ 유류세의 지속적 인상　　　　　　④ 에너지 소비 절약
⑤ 유류세의 감소 원인

| 유형분석 |

- 각 문단의 내용을 파악하고 논리적 순서에 맞게 배열하는 복합적인 문제이다.
- 전체적인 글의 흐름을 이해하는 것이 중요하며, 각 문장의 지시어나 접속어에 주의한다.

다음 문단을 논리적 순서대로 바르게 나열한 것은?

(가) 오류가 발견된 교과서들은 편향적 내용을 검증 없이 인용하거나 부실한 통계를 일반화하는 등의 문제점을 보였다. 대표적으로 교과서 대부분이 대도시의 온도 상승 평균값만을 보고 한반도의 기온 상승이 세계 평균보다 2배 높다고 과장한 것으로 나타났다.

(나) 환경 관련 교과서 대부분이 표면적으로 드러나는 사실을 검증하지 않고 그대로 싣는 문제점을 보였다. 고등학생들이 보는 교과서인 만큼 객관적 사실에 기반을 둬 균형 있는 내용을 실어야 한다.

(다) 고등학교 환경 관련 교과서 대부분이 특정 주장을 검증 없이 게재하는 등 많은 오류가 존재한다는 보수 환경·시민단체의 지적이 제기됐다. 환경정보평가원이 고등학교 환경 관련 교과서 23종을 분석한 결과 총 1,175개의 오류가 발견됐다.

(라) 또한 우리나라 전력 생산의 상당 부분을 차지하는 원자력 발전의 경우 단점만을 자세히 기술하고 경제성과 효율성이 낮은 신재생 에너지는 장점만 언급한 교과서도 있었다.

① (가) – (라) – (나) – (다)

② (나) – (가) – (라) – (다)

③ (나) – (다) – (가) – (라)

④ (다) – (가) – (라) – (나)

⑤ (다) – (라) – (나) – (가)

정답 ④

제시문은 교과서에서 많은 오류가 발견된 사실을 제시하고 오류의 유형과 예시를 차례로 언급하며 문제 해결에 대한 요구를 제시하고 있는 글이다. 따라서 (다) 교과서에서 많은 오류가 발견 → (가) 교과서에서 나타나는 오류의 유형과 예시 → (라) 편향된 내용을 담은 교과서의 또 다른 예시 → (나) 교과서의 문제 지적과 해결 촉구로 나열해야 한다.

풀이 전략!

상대적으로 시간이 부족하다고 느낄 때는 선택지를 참고하여 문장의 순서를 생각해 본다.

※ 다음 문단을 논리적 순서대로 바르게 나열한 것을 고르시오. [1~2]

01

(가) 이 방식을 활용하면 공정의 흐름에 따라 제품이 생산되므로 자재의 운반 거리를 최소화할 수 있어 전체 공정 관리가 쉽다.

(나) 그러나 기계 고장과 같은 문제가 발생하면 전체 공정이 지연될 수 있고, 규격화된 제품 생산에 최적화된 설비 및 배치 방식을 사용하기 때문에 제품의 규격이나 디자인이 변경되면 설비 배치 방식을 재조정해야 한다는 문제가 있다.

(다) 제품을 효율적으로 생산하기 위해서는 생산 설비의 효율적인 배치가 중요하다. 설비의 효율적인 배치란 자재의 불필요한 운반을 최소화하고, 공간을 최대한 활용하면서 적은 노력으로 빠른 시일 내에 목적하는 제품을 생산할 수 있도록 설비를 배치하는 것이다.

(라) 그중에서도 제품별 배치(Product Layout) 방식은 생산하려는 제품의 종류는 적지만 생산량이 많은 경우에 주로 사용된다. 제품별로 완성품이 될 때까지의 공정 순서에 따라 설비를 배열해 부품 및 자재의 흐름을 단순화하는 것이 핵심이다.

① (가) - (다) - (나) - (라)　　　　② (나) - (가) - (라) - (다)
③ (다) - (나) - (라) - (가)　　　　④ (다) - (라) - (가) - (나)
⑤ (다) - (라) - (나) - (가)

02

(가) 친환경 농업은 최소한의 농약과 화학비료만을 사용하거나 전혀 사용하지 않은 농산물을 일컫는다. 친환경 농산물이 각광받는 이유는 우리가 먹고 마시는 것들이 우리네 건강과 직결되기 때문이다.

(나) 사실상 병충해를 막고 수확량을 늘리는 데 있어, 농약은 전 세계에 걸쳐 관행적으로 사용됐다. 깨끗이 씻어도 쌀에 남아있는 잔류농약을 완전히 제거하기는 어렵다. 잔류농약은 아토피와 각종 알레르기를 유발한다. 출산율을 저하하고 유전자 변이의 원인이 되기도 한다. 특히 제초제 성분이 체내에 들어올 경우, 면역체계에 치명적인 손상을 일으킨다.

(다) 미국 환경보호청은 제초제 성분의 60%를 발암물질로 규정했다. 결국 더 많은 농산물을 재배하기 위한 농약과 제초제 사용이 오히려 인체에 치명적인 피해를 줄지 모를 '잠재적 위험요인'으로 자리매김한 셈이다.

① (가) - (나) - (다)　　　　② (가) - (다) - (나)
③ (나) - (다) - (가)　　　　④ (다) - (가) - (나)
⑤ (다) - (나) - (가)

※ 다음 제시된 문단을 읽고, 이어질 문단을 논리적 순서대로 바르게 나열한 것을 고르시오. [3~4]

03

> 담배는 임진왜란 때 일본으로부터 호박, 고구마 등과 함께 들어온 것으로 알려져 있다. 당시에는 담배를 약초로 많이 생각했었는데, 이러한 생각을 이수광이 펴낸 〈지봉유설〉에서도 볼 수 있다. 그러나 선조들이 알고 있던 것과는 달리, 담배는 약초가 아니다.

> (가) 흡연자와 비흡연자 사이의 후두암, 폐암 등의 질병별 발생위험도에 대해서 J공사는 유의미한 연구 결과를 내놓기도 했는데, 연구 결과에 따르면 흡연자는 비흡연자에 비해서 후두암 발생률이 6.5배, 폐암 발생률이 4.6배 등 각종 암에 걸릴 확률이 높은 것으로 나타났다.
>
> (나) J공사는 이에 대해 담배회사가 절차적 문제로 방어막을 치고 있는 것에 지나지 않는다며 비판을 제기하고 있다. 소송이 이제 시작된 만큼 담배회사와 J공사 간의 '담배 소송'의 결과를 보려면 오랜 시간을 기다려야 할 것이다.
>
> (다) 이와 같은 담배의 유해성 때문에 J공사는 현재 담배회사와 소송을 진행하고 있는데, 당해 소송에서는 담배의 유해성에 대한 인과관계 입증 이전에 다른 문제가 부상하였다. J공사가 소송당사자가 될 수 있는지가 문제가 된 것이다.
>
> (라) 우선 담배의 유해성은 담뱃갑이 스스로를 경고하는 경고 문구에 나타나 있다. 담뱃갑에는 '흡연은 폐암 등 각종 질병의 원인'이라는 문구를 시작으로, '담배 연기에는 발암성 물질인 나프틸아민, 벤젠, 비닐 크롤라이드, 비소, 카드뮴이 들어 있다.'라고 적시하고 있다.

① (가) - (다) - (라) - (나)   ② (가) - (라) - (다) - (나)

③ (라) - (가) - (다) - (나)   ④ (라) - (나) - (가) - (다)

⑤ (라) - (다) - (가) - (나)

04

서양연극의 전통적이고 대표적인 형식인 비극은 인생을 진지하고 엄숙하게 바라보는 견해에서 생겼다. 근본 원리는 아리스토텔레스의 견해에 의존하지만, 개념과 형식은 시대 배경에 따라 다양하다. 특히 16세기 말 영국의 대표적인 극작가 중 한 명인 셰익스피어의 등장은 비극의 역사에 새로운 장을 열었다. 셰익스피어는 1600년 이후, 이전과는 다른 분위기의 비극을 발표하기 시작하는데, 이 중 대표적인 작품 4개를 '셰익스피어의 4대 비극'이라고 한다. 셰익스피어는 4대 비극을 통해 영국의 사회적·문화적 가치관과 인간의 보편적 정서를 유감없이 보여주는데, 특히 당시 영국 사회 질서의 개념과 관련되어 있다. 보통 사회 질서가 깨어지고 그 붕괴의 양상이 매우 급하고 강렬할수록 사회의 변혁 또한 크게 일어날 가능성이 큰데, 이와 같은 질서의 파괴로 일어나는 격변을 배경으로 하여 쓴 대표적인 작품이 바로 『맥베스』이다.

(가) 이로 인해 『맥베스』는 인물 내면의 갈등이 섬세하게 묘사된 작품이라는 평가는 물론, 다른 작품들에 비해 비교적 짧지만, 사건이 속도감 있고 집약적으로 전개된다는 평가도 받는다.

(나) 셰익스피어는 사건 및 정치적 욕망의 경위가 아닌 인간의 양심과 영혼의 붕괴에 집중해서 작품의 전개를 다룬다.

(다) 『맥베스』는 셰익스피어의 고전적 특성과 현대성이 가장 잘 드러나 있는 작품으로, 죄책감에 빠진 주인공 맥베스가 왕위 찬탈 과정에서 공포와 절망 속에 갇혀 파멸해가는 과정을 그린 작품이다.

(라) 이는 질서의 파괴 속에서 인간이 자신의 내면에 자리하고 있는 선과 악에 대한 근본적인 자세에 의문을 지니면서 그로 인한 번민, 새로운 깨달음, 비극적인 파멸 등에 이르는 과정을 깊이 있게 보여주고자 함이다.

① (가) - (나) - (다) - (라) ② (가) - (다) - (라) - (나)

③ (나) - (다) - (라) - (가) ④ (다) - (나) - (가) - (라)

⑤ (다) - (나) - (라) - (가)

04 내용 추론

대표기출유형

| 유형분석 |

- 주어진 지문을 바탕으로 도출할 수 있는 내용을 찾는 문제이다.
- 선택지의 내용을 정확하게 확인하고 지문의 정보와 비교하여 추론하는 능력이 필요하다.

다음 글을 통해 추론할 수 없는 것은?

제약 연구원이란 제약 회사에서 약을 만드는 과정에 참여하는 사람을 말한다. 제약 연구원은 이러한 모든 단계에 참여하지만, 특히 신약 개발 단계와 임상 시험 단계에서 가장 중점적인 역할을 한다. 일반적으로 약을 만드는 과정은 새로운 약품을 개발하는 신약 개발 단계, 임상 시험을 통해 개발된 신약의 약효를 확인하는 임상 시험 단계, 식약처에 신약이 판매될 수 있도록 허가를 요청하는 약품 허가 요청 단계, 마지막으로 의료진과 환자를 대상으로 신약에 대해 홍보하는 영업 및 마케팅의 단계로 나눈다.

제약 연구원이 되기 위해서는 일반적으로 약학을 전공해야 한다고 생각하기 쉽지만, 약학 전공자 이외에도 생명 공학, 화학 공학, 유전 공학 전공자들이 제약 연구원으로 활발하게 참여하고 있다. 만일 신약 개발의 전문가가 되고 싶다면 해당 분야에서 오랫동안 연구한 경험이 필요하기 때문에 대학원에서 석사나 박사 학위를 취득하는 것이 유리하다.

제약 연구원이 되기 위해서는 전문적인 지식도 중요하지만, 사람의 생명과 관련된 일인 만큼, 무엇보다도 꼼꼼함과 신중함, 책임 의식이 필요하다. 또한 제약 회사라는 공동체 안에서 일을 하는 것이므로 원만한 일의 진행을 위해서 의사소통 능력도 필수적으로 요구된다. 오늘날 제약 분야가 빠르게 성장하고 있다는 점을 고려할 때, 일에 대한 도전 의식, 호기심과 탐구심 등도 제약 연구원에게 필요한 능력으로 꼽을 수 있다.

① 제약 연구원은 약품 허가 요청 단계에 참여한다.
② 오늘날 제약 연구원에게 요구되는 능력이 많아졌다.
③ 생명이나 유전 공학 전공자도 제약 연구원으로 일할 수 있다.
④ 신약 개발 전문가가 되려면 반드시 석사나 박사를 취득해야 한다.

정답 ④

제시문에 따르면 신약 개발의 전문가가 되기 위해서는 해당 분야에서 오랫동안 연구한 경험이 필요하므로 석사나 박사 학위를 취득하는 것이 유리하다고 하였다. 그러나 석사나 박사 학위가 신약 개발 전문가가 되는 데 도움을 준다는 것일 뿐이므로 반드시 필요한 필수 조건인지는 알 수 없다. 따라서 ④는 제시문을 통해 추론할 수 없다.

풀이 전략!

주어진 지문이 어떠한 내용을 다루고 있는지 파악한 후 선택지의 키워드를 확실하게 체크하고, 지문의 정보에서 도출할 수 있는 내용을 찾는다.

01 다음 중 (가)와 (나)의 예시로 적절하지 않은 것은?

> 사회적 관계에 있어서 상호주의란 '행위자 갑이 을에게 베푼 바와 같이 을도 갑에게 똑같이 행하라.'라는 행위 준칙을 의미한다. 상호주의의 원형은 '눈에는 눈, 이에는 이'로 표현되는 탈리오의 법칙에서 발견된다. 그것은 일견 피해자의 손실에 상응하는 가해자의 처벌을 정당화한다는 점에서 가혹하고 엄격한 성격을 드러낸다. 만약 상대방의 밥그릇을 빼앗았다면 자신의 밥그릇도 미련 없이 내주어야 하는 것이다. 그러나 탈리오 법칙은 온건하고도 합리적인 속성을 동시에 함축하고 있다. 왜냐하면 누가 자신의 밥그릇을 발로 찼을 경우 보복의 대상은 밥그릇으로 제한되어야지 밥상 전체를 뒤엎는 것으로 확대될 수 없기 때문이다. 이러한 일대일 방식의 상호주의를 (가) 대칭적 상호주의라 부른다. 하지만 엄밀한 의미의 대칭적 상호주의는 우리의 실제 일상생활에서 별로 흔하지 않다. 오히려 '되로 주고 말로 받거나, 말로 주고 되로 받는' 교환 관계가 더 일반적이다. 이를 대칭적 상호주의와 대비하여 (나) 비대칭적 상호주의라 일컫는다.
> 그렇다면 교환되는 내용이 양과 질의 측면에서 정확한 대등성을 결여하고 있음에도 불구하고, 교환에 참여하는 당사자들 사이에 비대칭적 상호주의가 성행하는 이유는 무엇인가? 그것은 셈에 밝은 이른바 '경제적 인간(Homo Economicus)'들에게 있어서 선호나 기호 및 자원이 다양하기 때문이다. 말하자면 교환에 임하는 행위자들이 각인각색인 까닭에 비대칭적 상호주의가 현실적으로 통용될 수밖에 없으며, 어떤 의미에서는 그것만이 그들에게 상호 이익을 보장할 수 있는 것이다.

① (가) : A국과 B국 군대는 접경지역에서 포로를 5명씩 맞교환했다.
② (가) : 오늘 우리 아이를 옆집에서 맡아주는 대신 다음에 옆집 아이를 하루 맡아주기로 했다.
③ (가) : 동생이 내 발을 밟아서 볼을 꼬집어 주었다.
④ (나) : 필기노트를 빌려준 친구에게 고맙다고 밥을 샀다.
⑤ (나) : 옆집 사람이 우리 집 대문을 막고 차를 세웠기 때문에 타이어에 펑크를 냈다.

02 다음 글을 읽고 추론한 내용으로 적절한 것을 〈보기〉에서 모두 고르면?

민주주의 사회에서 정치적 의사 결정은 투표에 의해서 이루어진다. 이 경우 구성원들은 자신의 경제력에 관계없이 똑같은 정도의 결정권을 가지고 참여한다. 즉, 의사 결정 과정에서의 민주적 절차와 형평성을 중시하는 것이다. 그러나 시장적 의사 결정에서는 자신의 경제력에 비례하여 차별적인 결정권을 가지고 참여하며, 철저하게 수요 – 공급의 원칙에 따라 의사 결정이 이루어진다. 경제적인 효율성이 중시되는 것이다.

정치적 의사 결정은 다수결과 강제성을 전제로 하지만, 시장적 의사 결정은 완전 합의와 자발성을 근간으로 한다. 투표를 통한 결정이든 선거에 의해 선출된 사람들의 합의에 의한 결정이든 민주주의 제도하에서 의사 결정은 다수결로 이루어지며, 이 과정에서 반대를 한 소수도 결정이 이루어진 뒤에는 그 결정에 따라야 한다. 그러나 시장적 의사 결정에서는 시장 기구가 제대로 작동하는 한, 거래를 원하는 사람만이 자발적으로 의사 결정에 참여하며 항상 모든 당사자의 완전 합의에 의해서만 거래가 이루어진다.

물론 민주주의와 시장경제가 전적으로 상치되는 것은 아니다. 이 둘은 공통적으로 개인의 자유, 책임, 경쟁, 참여, 법치 등의 가치를 존중하는 자유주의 사상에 바탕을 두고 있기 때문에 병행하여 발전하는 속성도 지니고 있다. 민주주의는 정치권력의 남용을 차단하고 자유로운 분위기를 조성함으로써 시장경제의 성장과 발전에 기여한다. 또한 시장경제는 각자의 능력과 노력에 따라 정당한 보상을 받게 함으로써 민주주의의 발전에 필요한 물적 기반을 제공하며 정치적 안정에도 기여한다.

보기

ㄱ. 정치적 의사 결정에서는 구성원의 경제력과 결정권이 반비례한다.
ㄴ. 시장적 의사 결정에서는 당사자 간에 완전한 합의가 이루어지지 않는다면 거래도 이루어질 수 없다.
ㄷ. 정치적 의사 결정 과정에서는 소수의 의견이 무시될 수 있다는 문제점이 있다.

① ㄱ   ② ㄴ
③ ㄷ   ④ ㄱ, ㄴ
⑤ ㄴ, ㄷ

바이러스는 생명체와 달리 세포가 아니기 때문에 스스로 생장이 불가능하다. 그래서 바이러스는 살아있는 숙주 세포에 기생하고, 그 안에서 증식함으로써 살아간다. 바이러스의 감염 가능 여부는 숙주 세포 수용체의 특성에 따라 결정되며, 우리 몸은 바이러스가 감염되는 다양한 과정을 통해 지속감염이 일어나기도 하고 급성감염이 일어나기도 한다. 급성감염은 일반적으로 짧은 기간 안에 일어나는데, 바이러스는 감염된 숙주 세포를 증식 과정에서 죽이고 바이러스가 또 다른 숙주 세포에서 증식하며 질병을 일으킨다. 시간이 흐르면서 체내의 방어 체계에 의해 바이러스를 제거해 나가면 체내에는 더 이상 바이러스가 남아 있지 않게 된다. 반면 지속감염은 급성감염에 비해 상대적으로 오랜 기간 동안 바이러스가 체내에 잔류한다. 지속감염에서는 바이러스가 장기간 숙주 세포를 파괴하지 않으면서도 체내의 방어 체계를 회피하며 생존한다. 지속감염은 바이러스의 발현 양상에 따라 잠복감염과 만성감염, 지연감염으로 나뉜다. 잠복감염은 초기 감염으로 인한 증상이 나타난 후 한동안 증상이 사라졌다가 특정 조건에서 바이러스가 재활성화되어 증상을 다시 동반한다. 이때 같은 바이러스에 의한 것임에도 첫 번째와 두 번째 질병이 다르게 발현되기도 한다. 잠복감염은 질병이 재발하기까지 바이러스가 감염성을 띠지 않고 잠복하게 되는데, 이러한 상태의 바이러스를 프로바이러스라고 부른다. 반면 만성감염은 감염성 바이러스가 숙주로부터 계속 배출되어 항상 검출되고 다른 사람에게 옮길 수 있는 감염 상태이다. 하지만 사람에 따라서 질병이 발현되거나 되지 않기도 하며 때로는 뒤늦게 발현될 수도 있다는 특성이 있다. 마지막으로 지연감염은 초기 감염 후 특별한 증상이 나타나지 않다가 장기간에 걸쳐 감염성 바이러스의 수가 점진적으로 증가하여 반드시 특정 질병을 유발하는 특성이 있다.

보기

C형 간염 바이러스(HCV)에 감염된 환자의 약 80%는 해당 바이러스를 보유하고도 증세가 나타나지 않아 감염 여부를 인지하지 못하다가 나중에 나타난 증세를 통해 알게 되기도 한다. 감염 환자의 약 20%는 간에 염증이 나타나고 이에 따른 합병증이 나타나기도 한다.

① C형 간염 바이러스에 감염된 사람은 간에 염증이 나타나지 않는다면 바이러스가 검출되지 않을 것이다.
② C형 간염 바이러스에 감염된 사람은 증세가 사라지더라도 특정 조건에서 다시 바이러스가 재활성화될 수 있다.
③ C형 간염 바이러스에 감염된 사람은 일정 연령이 되면 반드시 간 염증과 그에 따른 합병증이 나타날 것이다.
④ C형 간염 바이러스에 감염되었으나 간에 염증이 나타나지 않은 사람이라면 C형 간염 프로바이러스를 보유하고 있을 것이다.
⑤ C형 간염 바이러스에 감염된 사람은 합병증이 나타나지 않더라도 다른 사람에게 바이러스를 옮길 수 있을 것이다.

05 빈칸 삽입

| 유형분석 |

- 주어진 지문을 바탕으로 빈칸에 들어갈 내용을 찾는 문제이다.
- 선택지의 내용을 정확하게 확인하고 빈칸 앞뒤 문맥을 파악하는 능력이 필요하다.

다음 글의 빈칸에 들어갈 내용으로 가장 적절한 것은?

힐링(Healing)은 사회적 압박과 스트레스 등으로 손상된 몸과 마음을 치유하는 방법을 포괄적으로 일컫는 말이다. 우리보다 먼저 힐링이 정착된 서구에서는 질병 치유의 대체 요법 또는 영적·심리적 치료 요법 등을 지칭하고 있다. 국내에서도 최근 힐링과 관련된 갖가지 상품이 유행하고 있다. 간단한 인터넷 검색을 통해 수천 가지의 상품을 확인할 수 있을 정도이다. 종교적 명상, 자연 요법, 운동 요법 등 다양한 형태의 힐링 상품이 존재한다. 심지어 고가의 힐링 여행이나 힐링 주택 등의 상품도 나오고 있다. 그러나 _____ 우선 명상이나 기도 등을 통해 내면에 눈뜨고, 필라테스나 요가를 통해 육체적 건강을 회복하여 자신감을 얻는 것부터 출발할 수 있다.

① 힐링이 먼저 정착된 서구의 힐링 상품들을 참고해야 할 것이다.
② 많은 돈을 들이지 않고서도 쉽게 할 수 있는 일부터 찾는 것이 좋을 것이다.
③ 이러한 상품들의 값이 터무니없이 비싸다고 느껴지지는 않을 것이다.
④ 자신을 진정으로 사랑하는 법을 알아야 할 것이다.

정답 ②

빈칸의 전후 문장을 통해 내용을 파악해야 한다. 우선 '그러나'라는 접속어를 통해 빈칸에는 앞의 내용에 상반되는 내용이 오는 것임을 알 수 있다. 따라서 수천 가지의 힐링 상품이나 고가의 상품들을 참고하는 것과는 상반된 내용을 찾으면 된다. 또한, 빈칸 뒤의 내용이 주위에서 쉽게 할 수 있는 힐링 방법을 통해 자신감을 얻는 것부터 출발해야 한다는 내용이므로, 빈칸에는 많은 돈을 들이지 않고도 쉽게 할 수 있는 일부터 찾아야 한다는 내용이 담긴 문장이 오는 것이 적절하다.

풀이 전략!

빈칸 앞뒤의 문맥을 파악한 후 선택지에서 가장 어울리는 내용을 찾는다. 빈칸 앞에 접속어가 있다면 이를 활용한다.

01 다음 글의 빈칸에 들어갈 문장을 〈보기〉에서 찾아 순서대로 나열한 것은?

요즘에는 낯선 곳을 찾아갈 때 지도를 해석하며 어렵게 길을 찾지 않아도 된다. 이는 기술력의 발달에 따라 제공되는 공간 정보를 바탕으로 최적의 경로를 탐색할 수 있게 되었기 때문이다. _____ 이처럼 공간 정보가 시간에 따른 변화를 반영할 수 있게 된 것은 정보를 수집하고 분석하는 정보 통신 기술의 발전과 밀접한 관련이 있다.

공간 정보의 활용은 '위치정보시스템(GPS)'과 '지리정보시스템(GIS)' 등의 기술적 발전과 휴대전화나 태블릿 PC 등 정보 통신 기기의 보급을 기반으로 한다. 위치정보시스템은 공간에 대한 정보를 수집하고, 지리정보시스템은 정보를 저장, 분류, 분석한다. 이렇게 분석된 정보는 사용자의 요구에 따라 휴대전화나 태블릿 PC 등을 통해 최적화되어 전달된다.

길 찾기를 예로 들어 이 과정을 살펴보자. 휴대전화 애플리케이션을 이용해 사용자가 가려는 목적지를 입력하고 이동 수단으로 버스를 선택하였다면, 우선 사용자의 현재 위치가 위치정보시스템에 의해 실시간으로 수집된다. 그리고 목적지와 이동 수단 등 사용자의 요구와 실시간으로 수집된 정보에 따라 지리정보시스템은 탑승할 버스 정류장의 위치, 다양한 버스 노선, 최단 시간 등을 분석하여 제공한다. _____

_____ 예를 들어, 여행지와 관련한 공간 정보는 여행자의 요구와 선호에 따라 선별적으로 분석되어 활용된다. 나아가 유동 인구를 고려한 상권 분석과 교통의 흐름을 고려한 도시 계획 수립에도 공간 정보 활용이 가능하게 되었다. 획기적으로 발전되고 있는 첨단 기술이 적용된 공간 정보가 국가 차원의 자연재해 예측 시스템에도 활발히 활용된다면 한층 정밀한 재해 예방 및 대비가 가능해질 것이다. 이로 인해 우리의 삶도 더 편리하고 안전해질 것으로 기대된다.

보기

㉠ 어떤 곳의 위치 좌표나 지리적 형상에 대한 정보뿐만 아니라 시간에 따른 공간의 변화를 포함한 공간 정보를 이용할 수 있게 되면서 가능해진 것이다.

㉡ 더 나아가 교통 정체와 같은 돌발 상황과 목적지에 이르는 경로의 주변 정보까지 분석하여 제공한다.

㉢ 공간 정보의 활용 범위는 계속 확대되고 있다.

① ㉠, ㉡, ㉢   ② ㉠, ㉢, ㉡

③ ㉡, ㉠, ㉢   ④ ㉡, ㉢, ㉠

⑤ ㉢, ㉠, ㉡

02

조선 시대의 금속활자는 제작 방법이나 비용의 문제로 민간에서 제작하기도 어려웠지만, 그 제작 및 소유를 금지하였다. 때문에 금속활자는 왕실의 위엄과 권위를 상징하는 것이었고 조선의 왕들은 금속활자 제작에 각별한 관심을 가졌다. 태종이 1403년 최초의 금속활자인 계미자(癸未字)를 주조한 것을 시작으로 조선은 왕의 주도하에 수십 차례에 걸쳐 활자를 제작하였고, 특히 정조는 금속활자 제작에 많은 공을 들였다. 세손 시절 영조에게 건의하여 임진자(壬辰字) 15만 자를 제작하였고, 즉위 후에도 정유자(丁酉字), 한구자(韓構字), 생생자(生生字) 등을 만들었으며, 이들 활자를 합하면 100만 자가 넘는다. 정조가 많은 활자를 만들고 관리하는 데 신경을 쓴 것 역시 권위와 관련이 있다. 정조가 만든 수많은 활자 중에서도 정리자(整理字)는 이러한 측면을 가장 잘 보여주는 활자라 할 수 있다. 정리(整理)라는 말은 조선 시대에 국왕이 바깥으로 행차할 때 호조에서 국왕이 머물 행궁을 정돈하고 수리해서 새롭게 만드는 일을 의미한다. 1795년 정조는 어머니인 혜경궁 홍씨의 회갑을 기념하기 위해 대대적인 화성 행차를 계획하였다. 행사를 마친 후 행사와 관련된 여러 사항을 기록한 의궤를 『원행을묘정리의궤(園幸乙卯整理儀軌)』라 이름하였고, 이를 인쇄하기 위해 제작한 활자가 바로 정리자이다. 왕실의 행사를 기록한 의궤를 금속활자로 간행했다는 것은 그만큼 이 책을 널리 보급하겠다는 뜻이며, 왕실의 위엄을 널리 알리겠다는 것으로 받아들여진다. 이후 정리자는 『화성성역의궤(華城城役儀軌)』, 『진작의궤(進爵儀軌)』, 『진찬의궤(進饌儀軌)』의 간행에 사용되어 왕실의 위엄과 권위를 널리 알리는 효과를 발휘하였다. 정리자가 주조된 이후에도 고종 이전에는 과거 합격자를 기록한 『사마방목(司馬榜目)』을 대부분 임진자로 간행하였는데, 화성 행차가 있었던 을묘년 식년시의 방목만은 유독 정리자로 간행하였다. 이 역시 화성 행차의 의미를 부각하고자 했던 것으로 생각된다. 정조가 세상을 떠난 후 출간된 그의 문집 『홍재전서(弘齋全書)』를 정리자로 간행한 것은 아마도 이 활자가 _____

① 정조를 가장 잘 나타내기 때문이 아닐까?
② 정조가 가장 중시하고 분신처럼 여겼던 활자이기 때문이 아닐까?
③ 문집 제작에 적절한 서체였기 때문이 아닐까?
④ 문집 제작에 널리 쓰였기 때문이 아닐까?
⑤ 희귀하였기 때문이 아닐까?

03

사회가 변하면 사람들은 새로운 생활에 맞는 새로운 언어를 필요로 하게 된다. 그 언어가 자연스럽게 육성되기를 기다릴 수도 있지만, 사람들은 대개 외국으로부터 그러한 개념의 언어를 빌려오려고 한다. 돈이나 기술을 빌리는 것에 비하면 언어는 대가 없이 빌려 쓸 수 있으므로 대개는 제한 없이 외래어를 빌린다. 특히 _____ 광복 이후 우리 사회에서 외래어가 넘쳐나는 것은 그간 우리나라의 고도성장과 절대 무관하지 않다.

① 외래어의 증가는 사회의 팽창과 함께 진행된다.
② 새로운 언어는 사회의 변화를 선도하기도 한다.
③ 외래어가 증가하면 범람한다는 비판을 받게 된다.
④ 새로운 언어는 인간의 욕망을 적절히 표현해 준다.
⑤ 새로운 언어는 필연적으로 외국의 개념을 빌릴 수밖에 없다.

PART 2

04

과학은 한 형태의 자연에 대한 지식이라는 사실 그 자체만으로도 한없이 귀중하고, 과학적 기술이 인류에게 가져온 지금까지의 혜택은 이성적인 사람에게는 아무리 부정하려 해도 부정될 수 없다. 앞으로도 보다 많고 보다 정확한 과학 지식과 고도로 개발된 과학적 기술이 필요하다. 그러나 문제의 핵심은 생태학적이고 예술적인 자연관, 즉 존재 일반에 대한 넓고 새로운 시각, 포괄적인 맥락에서 과학적 지식과 기술의 의미에 눈을 뜨고 그러한 지식과 기술을 활용함에 있다. 그렇지 않고 오늘날과 같은 추세로 그러한 지식과 기술을 당장의 욕망을 위해서 인간 중심적으로 개발하고 이용한다면 그 효과가 당장에는 인간에게 만족스럽다 해도 머지않아 자연의 파괴뿐만 아니라 인간적 삶의 파괴, 그리고 궁극적으로는 인간 자신의 멸망을 초래하고 말 것이다. 한마디로 지금 우리에게 필요한 것은 과학적 비전과 과학적 기술의 의미를 보다 포괄적인 의미에서 이해하는 작업이다. 이러한 작업을 _____라 불러도 적절할 것 같다.

① 예술의 다양화   ② 예술의 기술화
③ 과학의 예술화   ④ 과학의 현실화
⑤ 예술의 과학화

06 맞춤법 · 어휘

| 유형분석 |

- 맞춤법에 맞는 단어를 찾거나 주어진 지문의 내용에 어울리는 단어를 찾는 문제가 주로 출제된다.
- 단어 사이의 관계에 대한 문제가 출제되므로 뜻이 비슷하거나 반대되는 단어를 함께 학습하는 것이 좋다.
- 자주 출제되는 단어나 헷갈리는 단어에 대한 학습을 꾸준히 하는 것이 좋다.

다음 중 밑줄 친 부분의 표기가 옳은 것은?

① 나의 <u>바램대로</u> 내일은 흰 눈이 왔으면 좋겠다.
② 엿가락을 고무줄처럼 <u>늘였다</u>.
③ 학생 신분에 <u>알맞는</u> 옷차림을 해야 한다.
④ 계곡물에 손을 <u>담구니</u> 시원하다.
⑤ <u>지리한</u> 장마가 끝나고 불볕더위가 시작되었다.

정답 ②

'본디보다 더 길어지게 하다.'라는 의미로 쓰였으므로 '늘이다'로 쓰는 것이 옳다.

오답분석

① 바램 → 바람
③ 알맞는 → 알맞은
④ 담구니 → 담그니
⑤ 지리한 → 지루한

풀이 전략!

문제에서 물어보는 단어를 정확히 확인해야 하고, 어휘문제의 경우 주어진 지문의 전체적인 흐름에 어울리는 단어를 생각해본다.

01 다음 중 밑줄 친 부분의 맞춤법이 옳지 않은 것은?

① 바리스타<u>로서</u> 자부심을 가지고 커피를 내렸다.

② 어제는 <u>왠지</u> 피곤한 하루였다.

③ 용감한 시민의 제보로 진실이 <u>드러났다</u>.

④ 점심을 먹은 뒤 바로 <u>설겆이</u>를 했다.

⑤ 그 나무는 <u>밑둥</u>만 남아 있었다.

02 다음 중 밑줄 친 단어의 성격이 다른 것은?

① 어른들에게 반말하는 버릇을 <u>고쳐라</u>.

② 장마철이 오기 전에 지붕을 <u>고쳐라</u>.

③ 엉뚱한 원고를 <u>고치다</u>.

④ 늦잠 자는 습관을 <u>고치기가</u> 쉽지 않다.

⑤ 성종은 옷을 바로 잡으시고 자리를 <u>고쳐</u> 앉으시었다.

03 다음 중 빈칸에 들어갈 단어로 옳지 않은 것은?

> • 학생은 선생님의 지시가 잘못되었다고 생각했지만, 그에게 _____하기로 했다.
> • 그는 부하를 자신에게 _____시키기 위해 폭력을 휘두르기도 했다.
> • 우리 조상은 자연의 섭리에 _____하며 그와 조화를 이루는 삶을 영위했다.
> • 그는 현실의 모순을 외면하고 체제에 _____하며 살았다.
> • 신도들은 사이비 교주에게 _____하여 그의 말이라면 무엇이든 믿고 따랐다.

① 순응   ② 순종

③ 복종   ④ 맹종

⑤ 체청

수리능력

합격 Cheat Key

수리능력은 사칙 연산·통계·확률의 의미를 정확하게 이해하고 이를 업무에 적용하는 능력으로, 기초 연산과 기초 통계, 도표 분석 및 작성의 문제 유형으로 출제된다. 수리능력 역시 채택하지 않는 공사·공단이 거의 없을 만큼 필기시험에서 중요도가 높은 영역이다.

특히, 난이도가 높은 공사·공단의 시험에서는 도표 분석, 즉 자료 해석 유형의 문제가 많이 출제되고 있고, 응용 수리 역시 꾸준히 출제하는 공사·공단이 많기 때문에 기초 연산과 기초 통계에 대한 공식의 암기와 자료 해석 능력을 기를 수 있는 꾸준한 연습이 필요하다.

1 응용 수리의 공식은 반드시 암기하라!

응용 수리는 공사·공단마다 출제되는 문제는 다르지만, 사용되는 공식은 비슷한 경우가 많으므로 자주 출제되는 공식을 반드시 암기하여야 한다. 문제에서 묻는 것을 정확하게 파악하여 그에 맞는 공식을 적절하게 적용하는 꾸준한 노력과 공식을 암기하는 연습이 필요하다.

2 **자료의 해석은 자료에서 즉시 확인할 수 있는 지문부터 확인하라!**

수리능력 중 도표 분석, 즉 자료 해석 능력은 많은 시간을 필요로 하는 문제가 출제되므로, 증가·감소 추이와 같이 눈으로 확인이 가능한 지문을 먼저 확인한 후 복잡한 계산이 필요한 지문을 확인하는 방법으로 문제를 풀이한다면 시간을 조금이라도 아낄 수 있다. 또한, 여러 가지 보기가 주어진 문제 역시 지문을 잘 확인하고 문제를 풀이한다면 불필요한 계산을 생략할 수 있으므로 항상 지문부터 확인하는 습관을 들여야 한다.

3 **도표 작성에서 지문에 작성된 도표의 제목을 반드시 확인하라!**

도표 작성은 하나의 자료 혹은 보고서와 같은 수치가 표현된 자료를 도표로 작성하는 형식으로 출제되는데, 대체로 표보다는 그래프를 작성하는 형태로 많이 출제된다. 지문을 살펴보면 각 지문에서 주어진 도표에도 소제목이 있는 경우가 대부분이다. 이때, 자료의 수치와 도표의 제목이 일치하지 않는 경우 함정이 존재하는 문제일 가능성이 높으므로 도표의 제목을 반드시 확인하는 것이 중요하다.

| 유형분석 |

- 문제에서 제공하는 정보를 파악한 뒤, 사칙연산을 활용하여 계산하는 전형적인 수리문제이다.
- 문제를 풀기 위한 정보가 산재되어 있는 경우가 많으므로 주어진 조건 등을 꼼꼼히 확인해야 한다.

대학 서적을 도서관에서 빌리면 10일간 무료이고, 그 이상은 하루에 100원의 연체료가 부과되며 한 달 단위로 연체료는 두 배로 늘어난다. 1학기 동안 대학 서적을 도서관에서 빌려 사용하는 데 얼마의 비용이 드는가?(단, 1학기의 기간은 15주이고, 한 달은 30일로 정한다)

① 18,000원
② 20,000원
③ 23,000원
④ 25,000원
⑤ 28,000원

정답 ④

- 1학기의 기간 : 15×7=105일
- 연체료가 부과되는 기간 : 105-10=95일
- 연체료가 부과되는 시점에서부터 한 달 동안의 연체료 : 30×100=3,000원
- 첫 번째 달부터 두 번째 달까지의 연체료 : 30×100×2=6,000원
- 두 번째 달부터 세 번째 달까지의 연체료 : 30×100×2×2=12,000원
- 95일(3개월 5일) 연체료 : 3,000+6,000+12,000+5×(100×2×2×2)=25,000원

따라서 1학기 동안 대학 서적을 도서관에서 빌려 사용한다면 25,000원의 비용이 든다.

풀이 전략!

문제에서 묻는 바를 정확하게 확인한 후, 필요한 조건 또는 정보를 구분하여 신속하게 풀어 나간다. 단, 계산에 착오가 생기지 않도록 유의한다.

01 정주는 집에서 4km 떨어진 영화관까지 150m/min의 속도로 자전거를 타고 가다가 중간에 내려서 50m/min의 속도로 걸어갔다. 집에서 영화관까지 도착하는 데 30분이 걸렸을 때, 정주가 걸어서 간 시간은 몇 분인가?

① 5분   ② 7분

③ 10분   ④ 15분

⑤ 17분

02 A, B그릇에는 각각 농도 6%, 8%의 소금물 300g이 들어 있다. A그릇에서 소금물 100g을 퍼서 B그릇에 옮겨 담고, 다시 B그릇에서 소금물 80g을 퍼서 A그릇에 옮겨 담았다. 이때, A그릇에 들어 있는 소금물의 농도는 얼마인가?(단, 소수점 둘째 자리에서 반올림한다)

① 5%   ② 5.6%

③ 6%   ④ 6.4%

⑤ 7%

03 가로 길이가 x cm이고 세로 길이가 y cm인 직사각형의 둘레의 길이는 20cm이고 넓이는 24cm^{2}이다. 이 직사각형의 가로 길이와 세로 길이를 3cm씩 늘릴 때, 늘어난 직사각형의 넓이는?

① 59cm^2 ② 60cm^2

③ 61cm^2 ④ 62cm^2

⑤ 63cm^2

04 수학시험에서 동일이는 101점, 나경이는 105점, 윤진이는 108점을 받았다. 천희의 점수까지 합한 네 명의 수학시험 점수 평균이 105점일 때, 천희의 수학시험 점수는?

① 105점
② 106점
③ 107점
④ 108점
⑤ 109점

05 J공사는 상반기 공채에서 9명의 신입사원을 채용하였고, 신입사원 교육을 위해 A ~ C 세 개의 조로 나누기로 하였다. 신입사원들을 한 조에 3명씩 배정한다고 할 때, 3개의 조로 나누는 경우의 수는?

① 1,240가지
② 1,460가지
③ 1,680가지
④ 1,800가지
⑤ 1,930가지

06 조각 케이크 1조각을 정가로 팔면 3,000원의 이익을 얻는다. 조각 케이크를 정가보다 20%를 할인하여 5개 팔았을 때의 순이익과 조각 케이크 1개당 정가에서 2,000원씩 할인하여 4개를 팔았을 때의 매출액이 같다면 조각 케이크의 정가는 얼마인가?

① 4,000원　　　　　　　　　　　② 4,100원

③ 4,300원　　　　　　　　　　　④ 4,400원

⑤ 4,600원

07 J고등학교 운동장은 다음과 같이 양 끝이 반원 모양이다. 한 학생이 운동장 가장자리를 따라 한 바퀴를 달린다고 할 때, 학생이 달린 거리는 몇 m인가?(단, 원주율 $\pi \fallingdotseq 3$으로 계산한다)

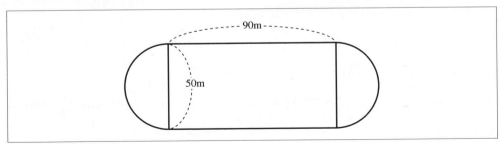

① 300m　　　　　　　　　　　② 310m

③ 320m　　　　　　　　　　　④ 330m

⑤ 340m

| 유형분석 |

- 문제에 주어진 도표를 분석하여 각 선택지의 정답 유무를 판단하는 문제이다.
- 주로 그래프와 표로 제시되며, 경영·경제·산업 등과 관련된 최신 이슈를 많이 다룬다.
- 자료 간의 증감률·비율·추세 등을 자주 묻는다.

다음은 J국의 부양인구비를 나타낸 자료이다. 2023년 15세 미만 인구 대비 65세 이상 인구의 비율은 얼마인가?(단, 비율은 소수점 둘째 자리에서 반올림한다)

〈부양인구비〉

구분	2019년	2020년	2021년	2022년	2023년
부양비	37.3	36.9	36.8	36.8	36.9
유소년부양비	22.2	21.4	20.7	20.1	19.5
노년부양비	15.2	15.6	16.1	16.7	17.3

※ (유소년부양비) $= \dfrac{(15\text{세 미만 인구})}{(15 \sim 64\text{세 인구})} \times 100$

※ (노년부양비) $= \dfrac{(65\text{세 이상 인구})}{(15 \sim 64\text{세 인구})} \times 100$

① 72.4%　　　　　　　　　　　　② 77.6%

③ 81.5%　　　　　　　　　　　　④ 88.7%

정답 ④

2023년 15세 미만 인구를 x명, 65세 이상 인구를 y명, $15 \sim 64$세 인구를 a명이라 하면,

15세 미만 인구 대비 65세 이상 인구 비율은 $\dfrac{y}{x} \times 100$이므로

(2023년 유소년부양비) $= \dfrac{x}{a} \times 100 = 19.5 \rightarrow a = \dfrac{x}{19.5} \times 100 \cdots \bigcirc$

(2023년 노년부양비) $= \dfrac{y}{a} \times 100 = 17.3 \rightarrow a = \dfrac{y}{17.3} \times 100 \cdots \bigcirc$

$\bigcirc$, $\bigcirc$을 연립하면 $\dfrac{x}{19.5} = \dfrac{y}{17.3} \rightarrow \dfrac{y}{x} = \dfrac{17.3}{19.5}$ 이므로, 15세 미만 인구 대비 65세 이상 인구의 비율은 $\dfrac{17.3}{19.5} \times 100 \fallingdotseq 88.7\%$이다.

풀이 전략!

선택지를 먼저 읽고 필요한 정보를 도표에서 확인하도록 하며, 계산이 필요한 경우에는 실제 수치를 사용하여 복잡한 계산을 하는 대신, 대소 관계의 비교나 선택지의 옳고 그름만을 판단할 수 있을 정도로 간소화하여 계산해 풀이시간을 단축할 수 있도록 한다.

01 다음은 4개 국가의 연도별 관광 수입 및 지출을 나타낸 자료이다. 2023년 관광 수입이 가장 많은 국가와 가장 적은 국가의 2024년 관광 지출 대비 관광 수입 비율의 차이는 얼마인가?(단, 소수점 둘째 자리에서 반올림한다)

〈국가별 관광 수입 및 지출〉

(단위 : 백만 달러)

구분	관광 수입			관광 지출		
	2022년	2023년	2024년	2022년	2023년	2024년
한국	15,214	17,300	13,400	25,300	27,200	30,600
중국	44,969	44,400	32,600	249,800	250,100	257,700
홍콩	36,150	32,800	33,300	23,100	24,100	25,400
인도	21,013	22,400	27,400	14,800	16,400	18,400

① 25.0%　　　　　　　　　　② 27.5%

③ 28.3%　　　　　　　　　　④ 30.4%

⑤ 31.1%

02 A는 이번 달에 350kWh의 전기를 사용하였고 B는 A가 내야 할 요금의 2배만큼 사용하였다. B가 이번 달에 사용한 전기량은 몇 kWh인가?

〈전기 사용량 구간별 요금〉

구간	요금
200kWh 이하	100원/kWh
400kWh 이하	200원/kWh
400kWh 초과	400원/kWh

① 350kWh　　　　　　　　　② 400kWh

③ 450kWh　　　　　　　　　④ 500kWh

⑤ 550kWh

| 유형분석 |

- 제시된 자료를 분석하여 선택지의 정답 유무를 판단하는 문제이다.
- 자료의 수치 등을 통해 변화량이나 증감률, 비중 등을 비교하여 판단하는 문제가 자주 출제된다.
- 지원하고자 하는 기업이나 산업과 관련된 자료 등이 문제의 자료로 많이 다뤄진다.

다음은 A ~ E 5개국의 경제 및 사회 지표 자료이다. 이에 대한 설명으로 옳지 않은 것은?

<주요 5개국의 경제 및 사회 지표>

구분	1인당 GDP(달러)	경제성장률(%)	수출(백만 달러)	수입(백만 달러)	총인구(백만 명)
A	27,214	2.6	526,757	436,499	50.6
B	32,477	0.5	624,787	648,315	126.6
C	55,837	2.4	1,504,580	2,315,300	321.8
D	25,832	3.2	277,423	304,315	46.1
E	56,328	2.3	188,445	208,414	24.0

※ (총 GDP)=(1인당 GDP)×(총인구)

① 경제성장률이 가장 큰 나라가 총 GDP는 가장 작다.
② 총 GDP가 가장 큰 나라의 GDP는 가장 작은 나라의 GDP보다 10배 이상 더 크다.
③ 5개국 중 수출과 수입에 있어서 규모에 따라 나열한 순위는 서로 일치한다.
④ A국이 E국보다 총 GDP가 더 크다.
⑤ 1인당 GDP에 따른 순위와 총 GDP에 따른 순위는 서로 일치한다.

정답 ⑤

1인당 GDP 순위는 E>C>B>A>D이다. 그런데 1인당 GDP가 가장 큰 E국은 1인당 GDP가 2위인 C국보다 1% 정도밖에 높지 않은 반면, 인구는 C국의 $\frac{1}{10}$ 이하이므로 총 GDP 역시 C국보다 작다. 따라서 1인당 GDP 순위와 총 GDP 순위는 일치하지 않는다.

풀이 전략!

평소 변화량이나 증감률, 비중 등을 구하는 공식을 알아두고 있어야 하며, 지원하는·기업이나 산업에 대한 자료 등을 확인하여 비교하는 연습 등을 한다.

01　다음은 지역별 연평균 문화예술 및 스포츠 관람횟수에 대한 자료이다. 이에 대한 설명으로 옳지 않은 것은?

〈지역별 연평균 문화예술 및 스포츠 관람횟수〉

(단위 : 회)

구분	음악·연주회	연극·마당극·뮤지컬	무용	영화	박물관	미술관	스포츠
전국	2.5	2.4	2.7	6.6	2.6	2.5	3.5
서울특별시	2.9	2.5	2.7	7.2	2.8	2.9	3.9
부산광역시	2.0	2.0	2.0	6.6	2.7	2.0	3.2
대구광역시	2.7	2.2	3.4	6.3	2.5	1.9	2.9
인천광역시	2.2	2.4	2.8	6.3	2.5	2.5	3.6
광주광역시	2.4	2.1	2.7	6.8	2.6	2.3	3.5
대전광역시	2.9	2.1	3.2	6.9	3.1	2.2	3.1
울산광역시	2.2	2.0	2.3	6.2	2.4	2.3	2.9
세종특별자치시	2.7	2.2	3.0	6.8	2.9	2.4	3.2
경기도	2.3	2.5	2.4	6.6	2.4	2.5	3.5
강원도	2.7	2.0	4.9	6.9	2.7	2.5	3.5
충청북도	2.3	2.2	2.3	6.5	2.4	1.9	2.8
충청남도	2.1	2.3	2.2	6.1	2.7	2.0	2.8
전라북도	2.1	2.6	2.6	6.2	2.5	2.1	2.9
전라남도	2.2	2.0	3.5	5.7	2.5	2.5	3.2
경상북도	2.4	2.1	2.9	6.1	2.7	2.1	2.9
경상남도	2.3	2.1	3.4	6.9	2.6	2.4	3.8
제주특별자치도	2.5	2.0	2.1	6.2	2.9	2.7	3.2

① 모든 지역에서 연평균 무용 관람횟수보다 연평균 영화 관람횟수가 더 많다.

② 경상남도에서 영화 다음으로 연평균 관람횟수가 많은 항목은 스포츠이다.

③ 연평균 무용 관람횟수가 가장 많은 지역은 연평균 스포츠 관람횟수도 가장 많다.

④ 대구광역시의 연평균 박물관 관람횟수는 제주특별자치도의 연평균 박물관 관람횟수의 80% 이상 이다.

⑤ 대전광역시는 연극·마당극·뮤지컬을 제외한 모든 항목에서 충청북도보다 연평균 관람횟수가 많다.

02 다음은 J연구소에서 제습기 A ~ E의 습도별 연간소비전력량을 측정한 자료이다. 이에 대한 설명으로 옳은 것을 〈보기〉에서 모두 고르면?

〈제습기 A ~ E의 습도별 연간소비전력량〉

(단위 : kWh)

습도 제습기	40%	50%	60%	70%	80%
A	550	620	680	790	840
B	560	640	740	810	890
C	580	650	730	800	880
D	600	700	810	880	950
E	660	730	800	920	970

보기

ㄱ. 습도가 70%일 때 연간소비전력량이 가장 적은 제습기는 A이다.

ㄴ. 각 습도에서 연간소비전력량이 많은 제습기부터 순서대로 나열하면, 습도 60%일 때와 습도 70%일 때의 순서는 동일하다.

ㄷ. 습도가 40%일 때 제습기 E의 연간소비전력량은 습도가 50%일 때 제습기 B의 연간소비전력량보다 많다.

ㄹ. 제습기 각각에서 연간소비전력량은 습도가 80%일 때가 40%일 때의 1.5배 이상이다.

① ㄱ, ㄴ
② ㄱ, ㄷ
③ ㄴ, ㄹ
④ ㄱ, ㄷ, ㄹ
⑤ ㄴ, ㄷ, ㄹ

03 다음은 시도별 인구변동 현황에 대한 자료이다. 이에 대한 설명으로 옳은 것을 〈보기〉에서 모두 고르면?

〈시도별 인구변동 현황〉

(단위 : 천 명)

구분	2017년	2018년	2019년	2020년	2021년	2022년	2023년
전국	49,582	49,782	49,990	50,269	50,540	50,773	51,515
서울	10,173	10,167	10,181	10,193	10,201	10,208	10,312
부산	3,666	3,638	3,612	3,587	3,565	3,543	3,568
대구	2,525	2,511	2,496	2,493	2,491	2,489	2,512
인천	2,579	2,600	2,624	2,665	2,693	2,710	2,758
광주	1,401	1,402	1,408	1,413	1,423	1,433	1,455
대전	1,443	1,455	1,466	1,476	1,481	1,484	1,504
울산	1,081	1,088	1,092	1,100	1,112	1,114	1,126
경기	10,463	10,697	10,906	11,106	11,292	11,460	11,787

보기

㉠ 서울 인구수와 경기 인구수의 차이는 2017년에 비해 2023년에 더 커졌다.
㉡ 2017년과 비교했을 때, 2023년에 인구가 감소한 지역은 부산뿐이다.
㉢ 전년 대비 증가한 인구수를 비교했을 때, 광주는 2023년에 가장 많이 증가했다.
㉣ 대구는 2019년부터 전년 대비 인구가 꾸준히 감소했다.

① ㉠, ㉡
② ㉠, ㉢
③ ㉡, ㉢
④ ㉡, ㉣
⑤ ㉠, ㉡, ㉢

CHAPTER 03

문제해결능력

합격 Cheat Key

문제해결능력은 업무를 수행하면서 여러 가지 문제 상황이 발생하였을 때, 창의적이고 논리적인 사고를 통하여 이를 올바르게 인식하고 적절히 해결하는 능력으로, 하위 능력에는 사고력과 문제처리능력이 있다.

문제해결능력은 NCS 기반 채용을 진행하는 대다수의 공사·공단에서 채택하고 있으며, 다양한 자료와 함께 출제되는 경우가 많아 어렵게 느껴질 수 있다. 특히, 난이도가 높은 문제로 자주 출제되기 때문에 다른 영역보다 더 많은 노력이 필요할 수는 있지만 그렇기에 차별화를 할 수 있는 득점 영역이므로 포기하지 말고 꾸준하게 노력해야 한다.

1 질문의 의도를 정확하게 파악하라!

문제해결능력은 문제에서 무엇을 묻고 있는지 정확하게 파악하여 먼저 풀이 방향을 설정하는 것이 가장 효율적인 방법이다. 특히, 조건이 주어지고 답을 찾는 창의적·분석적인 문제가 주로 출제되고 있기 때문에 처음에 정확한 풀이 방향이 설정되지 않는다면 문제를 제대로 풀지 못하게 되므로 첫 번째로 출제 의도 파악에 집중해야 한다.

2 중요한 정보는 반드시 표시하라!

출제 의도를 정확히 파악하기 위해서는 문제의 중요한 정보를 반드시 표시하거나 메모하여 하나의 조건, 단서도 잊고 넘어가는 일이 없도록 해야 한다. 실제 시험에서는 시간의 압박과 긴장감으로 정보를 잘못 적용하거나 잊어버리는 실수가 많이 발생하므로 사전에 충분한 연습이 필요하다.

3 반복 풀이를 통해 취약 유형을 파악하라!

문제해결능력은 특히 시간관리가 중요한 영역이다. 따라서 정해진 시간 안에 고득점을 할 수 있는 효율적인 문제 풀이 방법을 찾아야 한다. 이때, 반복적인 문제 풀이를 통해 자신이 취약한 유형을 파악하는 것이 중요하다. 정확하게 풀 수 있는 문제부터 빠르게 풀고 취약한 유형은 나중에 푸는 효율적인 문제 풀이를 통해 최대한 고득점을 맞는 것이 중요하다.

| 유형분석 |

- 주어진 조건을 토대로 논리적으로 추론하여 참 또는 거짓을 구분하는 문제이다.
- 자료를 제시하고 새로운 결과나 자료에 주어지지 않은 내용을 추론해 가는 형식의 문제가 출제된다.

어느 도시에 있는 병원의 공휴일 진료 현황은 다음과 같다. 공휴일에 진료하는 병원의 수는?

- B병원이 진료를 하지 않으면, A병원은 진료를 한다.
- B병원이 진료를 하면, D병원은 진료를 하지 않는다.
- A병원이 진료를 하면, C병원은 진료를 하지 않는다.
- C병원이 진료를 하지 않으면, E병원이 진료를 한다.
- E병원은 공휴일에 진료를 하지 않는다.

① 1곳
② 2곳
③ 3곳
④ 4곳
⑤ 5곳

정답 ②

제시된 진료 현황을 각각의 명제로 보고 이들을 수식으로 설명하면 다음과 같다(단, 명제가 참일 경우 그 대우도 참이다).
- B병원이 진료를 하지 않으면 A병원이 진료한다($\sim$B → A / $\sim$A → B).
- B병원이 진료를 하면 D병원은 진료를 하지 않는다(B → $\sim$D / D → $\sim$B).
- A병원이 진료를 하면 C병원은 진료를 하지 않는다(A → $\sim$C / C → $\sim$A).
- C병원이 진료를 하지 않으면 E병원이 진료한다($\sim$C → E / $\sim$E → C).

이를 하나로 연결하면, D병원이 진료를 하면 B병원이 진료를 하지 않고, B병원이 진료를 하지 않으면 A병원은 진료를 한다. A병원이 진료를 하면 C병원은 진료를 하지 않고, C병원이 진료를 하지 않으면 E병원은 진료를 한다(D → $\sim$B → A → $\sim$C → E). 명제가 참일 경우 그 대우도 참이므로 $\sim$E → C → $\sim$A → B → $\sim$D가 된다. E병원은 공휴일에 진료를 하지 않으므로 위의 명제를 참고하면 C와 B병원만이 진료를 하는 경우가 된다. 따라서 공휴일에 진료를 하는 병원은 2곳이다.

풀이 전략!

명제와 관련한 기본적인 논법에 대해서는 미리 학습해 두며, 이를 바탕으로 각 문장에 있는 핵심단어 또는 문구를 기호화하여 정리한 후, 선택지와 비교하여 참 또는 거짓을 판단한다.

01 다음 〈조건〉을 근거로 할 때, 반드시 참인 것은?

> 조건
> • 물을 녹색으로 만드는 조류는 냄새 물질을 배출한다.
> • 독소 물질을 배출하는 조류는 냄새 물질을 배출하지 않는다.
> • 물을 황색으로 만드는 조류는 물을 녹색으로 만들지 않는다.

① 독소 물질을 배출하는 조류는 물을 녹색으로 만들지 않는다.
② 물을 녹색으로 만들지 않는 조류는 냄새 물질을 배출하지 않는다.
③ 독소 물질을 배출하지 않는 조류는 물을 녹색으로 만든다.
④ 냄새 물질을 배출하지 않는 조류는 물을 황색으로 만들지 않는다.
⑤ 냄새 물질을 배출하는 조류는 독소 물질을 배출한다.

02 J공사의 A사원은 동계 연수에 참가하고자 한다. A사원의 연수 프로그램 참여 조건이 다음과 같을 때, 〈보기〉 중 옳은 것을 모두 고르면?

> 〈연수 프로그램 참여 조건〉
> • 전략기획연수는 반드시 참여해야 한다.
> • 노후관리연수에 참여하면 직장문화연수도 참여한다.
> • 자기관리연수가 참여하면 평생직장연수에는 참여하지 않는다.
> • 직장문화연수에 참여하면 전략기획연수는 참여하지 않는다.
> • 자기관리연수와 노후관리연수 중 한 가지 프로그램에는 꼭 참여한다.

> 보기
> ㄱ. A사원은 노후관리연수에 참여한다.
> ㄴ. A사원은 자기관리연수에 참여한다.
> ㄷ. A사원은 직장문화연수에 참여하지 않는다.
> ㄹ. A사원은 평생직장연수에 참여한다.

① ㄱ, ㄴ   ② ㄱ, ㄷ
③ ㄴ, ㄷ   ④ ㄴ, ㄹ
⑤ ㄷ, ㄹ

03 A건설은 J공사의 건설사업과 관련한 입찰부정 의혹사건으로 감사원의 집중 감사를 받았다. 감사원에서는 이 사건에 연루된 윤부장, 이과장, 김대리, 박대리 및 입찰담당자 강주임을 조사하여 최종적으로 〈조건〉과 같은 결론을 내렸다. 다음 중 입찰부정에 실제로 가담한 사람을 모두 고르면?

> 조건
> • 입찰부정에 가담한 사람은 정확히 두 명이다.
> • 이과장과 김대리는 함께 가담했거나 가담하지 않았다.
> • 윤부장이 가담하지 않았다면, 이과장과 입찰담당자 강주임도 가담하지 않았다.
> • 박대리가 가담하지 않았다면, 김대리도 가담하지 않았다.
> • 박대리가 가담하였다면, 입찰담당자 강주임도 분명히 가담하였다.

① 윤부장, 이과장 ② 이과장, 김대리
③ 김대리, 박대리 ④ 윤부장, 강주임
⑤ 이과장, 박대리

04 J공사의 A대리는 다음과 같이 보고서 작성을 위한 방향을 구상 중이다. 〈조건〉의 명제가 모두 참일 때, 공장을 짓는다는 결론을 얻기 위해 빈칸에 필요한 명제는?

> 조건
> • 재고가 있다.
> • 설비투자를 늘리지 않는다면, 재고가 있지 않다.
> • 건설투자를 늘릴 때에만, 설비 투자를 늘린다.
> • _____

① 설비투자를 늘린다.
② 건설투자를 늘리지 않는다.
③ 재고가 있거나 설비투자를 늘리지 않는다.
④ 건설투자를 늘린다면, 공장을 짓는다.
⑤ 설비투자를 늘리지 않을 때만, 공장을 짓는다.

05 J공사의 평가지원팀 A팀장, B대리, C대리, D주임, E주임, F주임, G사원, H사원 8명은 기차를 이용해 대전으로 출장을 가려고 한다. 다음 〈조건〉에 따라 직원들의 좌석이 배정될 때, 〈보기〉 중 팀원들이 앉을 좌석에 대한 설명으로 옳지 않은 것을 모두 고르면?

〈기차 좌석표〉

앞

창가	1가	1나	복도	1다	1라	창가
	2가	2나		2다	2라	

뒤

조건

- 팀장은 반드시 두 번째 줄에 앉는다.
- D주임은 '2다' 석에 앉는다.
- 주임끼리는 이웃하여 앉지 않는다.
- 사원은 '나' 열 혹은 '다' 열에만 앉을 수 있다.
- 팀장은 대리와 이웃하여 앉는다.
- F주임은 업무상 지시를 위해 H사원과 이웃하여 앉아야 한다.
- B대리는 창가 쪽 자리에 앉는다.
※ '이웃하여 앉는다는 것'은 두 사람 사이에 복도를 두지 않고 양옆으로 붙어 앉는 것을 의미한다.

보기

ㄱ. E주임은 '1가' 석에 앉는다.
ㄴ. C대리는 '라' 열에 앉는다.
ㄷ. G사원은 E주임과 이웃하여 앉는다.
ㄹ. A팀장의 앞좌석에는 G사원 혹은 H사원이 앉는다.

① ㄱ
② ㄱ, ㄹ
③ ㄴ, ㄷ
④ ㄱ, ㄴ, ㄹ
⑤ ㄴ, ㄷ, ㄹ

| 유형분석 |

- 주어진 상황과 규칙을 종합적으로 활용하여 풀어가는 문제이다.
- 일정, 비용, 순서 등 다양한 내용을 다루고 있어 유형을 한 가지로 단일화하기 어렵다.

A팀과 B팀은 보안등급 상에 해당하는 문서를 나누어 보관하고 있다. 이에 따라 두 팀은 보안을 위해 아래와 같은 규칙에 따라 각 팀의 비밀번호를 지정하였다. 다음 중 A팀과 B팀에 들어갈 수 있는 암호배열은?

〈규칙〉

- 1 ~ 9까지의 숫자로 (한 자릿수)×(두 자릿수)=(세 자릿수)=(두 자릿수)×(한 자릿수) 형식의 비밀번호로 구성한다.
- 가운데에 들어갈 세 자릿수의 숫자는 156이며 숫자는 중복 사용할 수 없다. 즉, 각 팀의 비밀번호에 1, 5, 6이란 숫자가 들어가지 않는다.

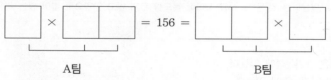

---

① 23

② 27

③ 29

④ 37

⑤ 39

정답 ⑤

규칙에 따라 사용할 수 있는 숫자는 1, 5, 6을 제외한 나머지 2, 3, 4, 7, 8, 9의 총 6개이다. (한 자릿수)×(두 자릿수)=156이 되는 수를 알기 위해서는 156의 소인수를 구해보면 된다. 156의 소인수는 3, 2^2, 13으로 여기서 156이 되는 수의 곱 중에 조건을 만족하는 것은 2×78과 4×39이다. 따라서 선택지 중에 A팀 또는 B팀에 들어갈 수 있는 암호배열은 39이다.

풀이 전략!

문제에 제시된 조건이나 규칙을 정확히 파악한 후, 선택지나 상황에 적용하여 문제를 풀어 나간다.

01 J회사는 신제품의 품번을 다음 규칙에 따라 정한다고 한다. 제품에 설정된 임의의 영단어가 'INTELLECTUAL'이라면 이 제품의 품번으로 옳은 것은?

〈규칙〉

- 1단계 : 알파벳 A ~ Z를 숫자 1, 2, 3, …으로 변환하여 계산한다.
- 2단계 : 제품에 설정된 임의의 영단어를 숫자로 변환한 값의 합을 구한다.
- 3단계 : 임의의 영단어 속 자음의 합에서 모음의 합을 뺀 값의 절댓값을 구한다.
- 4단계 : 2단계와 3단계의 값을 더한 다음 4로 나누어 2단계의 값에 더한다.
- 5단계 : 4단계의 값이 정수가 아닐 경우에는 소수점 첫째 자리에서 버림한다.

① 120   ② 140
③ 160   ④ 180
⑤ 200

02 다음은 달걀에 표시되는 난각코드에 대한 자료이다. 생산자 고유번호가 'M3FDS'인 농장에서 2023년 8월 23일 이후 생산된 달걀로 볼 수 없는 것은?

〈난각코드〉

- 1단계(2023.04.25.부터) : 생산자 고유번호(5자리) 기재
  ※ 생산자 고유번호는 가축사육업 허가·등록증에 기재된 고유번호
- 2단계(2023.08.23.부터) : 생산자 고유번호(5자리)+사육환경번호(1자리)
  ※ 사육환경번호

1	2	3	4
방사사육 (1.1m²/마리)	축사 내 평사 (0.1m²/마리)	개선된 케이지 (0.075m²/마리)	기존 케이지 (0.05m²/마리)

- 3단계(2024.02.23.부터) : 산란일자(4자리)+생산자 고유번호(5자리)+사육환경번호(1자리)
  ※ 산란일은 '△△○○(월일)'의 방법으로 표시(예 10월 2일 – 1002)
  ※ 달걀 껍데기 표시를 1줄로 표시하기 어려운 경우 2줄로 표시 가능

① M3FDS   ② M3FDS1
③ 0324M3FDS1   ④ 0405M3FDS2
⑤ 0405M3FDS2

03 A사원은 전세버스 대여를 전문으로 하는 여행업체인 J사에 근무하고 있다. 지난 10년 동안 상당한 규모로 성장해 온 J사는 현재 보유하고 있는 버스의 현황을 실시간으로 파악할 수 있도록 식별 코드를 부여하였다. 식별 코드 부여 방식과 자사보유 전세버스 현황이 다음과 같을 때, 옳지 않은 것은?

〈식별 코드 부여 방식〉

[버스등급] – [승차인원] – [제조국가] – [모델번호] – [제조연월]

버스등급	코드	제조국가	코드
대형버스	BX	한국	KOR
중형버스	MF	독일	DEU
소형버스	RT	미국	USA

예 BX – 45 – DEU – 15 – 2310
2023년 10월 독일에서 생산된 45인승 대형버스 15번 모델

〈자사보유 전세버스 현황〉

BX – 28 – DEU – 24 – 1308	MF – 35 – DEU – 15 – 0910	RT – 23 – KOR – 07 – 0628
MF – 35 – KOR – 15 – 1206	BX – 45 – USA – 11 – 0712	BX – 45 – DEU – 06 – 1105
MF – 35 – DEU – 20 – 1110	BX – 41 – DEU – 05 – 1408	RT – 16 – USA – 09 – 0712
RT – 25 – KOR – 18 – 0803	RT – 25 – DEU – 12 – 0904	MF – 35 – KOR – 17 – 0901
BX – 28 – USA – 22 – 1404	BX – 45 – USA – 19 – 1108	BX – 28 – USA – 15 – 1012
RT – 16 – DEU – 23 – 1501	MF – 35 – KOR – 16 – 0804	BX – 45 – DEU – 19 – 1312
MF – 35 – DEU – 20 – 1005	BX – 45 – USA – 14 – 1007	–

① 보유하고 있는 소형버스의 절반 이상은 독일에서 생산되었다.
② 대형버스 중 28인승은 3대이며, 한국에서 생산된 차량은 없다.
③ 보유 중인 대형버스는 전체의 40% 이상을 차지한다.
④ 중형버스는 3대 이상이며, 모두 2013년 이전에 생산되었다.
⑤ 미국에서 생산된 버스 중 중형버스는 없다.

04 다음은 도서코드(ISBN)에 대한 자료이다. 주문한 도서에 대한 설명으로 옳은 것은?

〈[예시] 도서코드(ISBN)〉

국제표준도서번호					부가기호		
접두부	국가번호	발행자번호	서명식별번호	체크기호	독자대상	발행형태	내용분류
123	12	1234567		1	1	1	123

※ 국제표준도서번호는 5개의 군으로 나누어지고 군마다 '‒'로 구분한다.

〈도서코드(ISBN) 세부사항〉

접두부	국가번호	발행자번호	서명식별번호	체크기호
978 또는 979	한국 89 미국 05 중국 72 일본 40 프랑스 22	발행자번호 ‒ 서명식별번호 7자리 숫자 예 8491 ‒ 208 : 발행자번호가 8491번인 출판사에서 208번째 발행한 책		0 ~ 9

독자대상	발행형태	내용분류
0 교양 1 실용 2 여성 3 (예비) 4 청소년 5 중고등 학습참고서 6 초등 학습참고서 7 아동 8 (예비) 9 전문	0 문고본 1 사전 2 신서판 3 단행본 4 전집 5 (예비) 6 도감 7 그림책, 만화 8 혼합자료, 점자자료, 전자책, 마이크로자료 9 (예비)	030 백과사전 100 철학 170 심리학 200 종교 360 법학 470 생명과학 680 연극 710 한국어 770 스페인어 740 영미문학 720 유럽사

〈주문도서〉

978 ‒ 05 ‒ 441 ‒ 1011 ‒ 314710

① 한국에서 출판한 도서이다.
② 441번째 발행된 도서이다.
③ 발행자번호는 총 7자리이다.
④ 한 권으로만 출판되지는 않았다.
⑤ 한국어로 되어 있다.

| 유형분석 |

- 주어진 자료를 해석하고 활용하여 풀어가는 문제이다.
- 꼼꼼하고 분석적인 접근이 필요한 다양한 자료들이 출제된다.

J사 인사팀 직원인 A씨는 사내 설문조사를 통해 요즘 사람들이 연봉보다는 일과 삶의 균형을 더 중요시하고 직무의 전문성을 높이고 싶어 한다는 결과를 도출했다. 다음 중 설문조사 결과와 J사 임직원의 근무여건에 대한 자료를 참고하여 인사제도를 합리적으로 변경한 것은?

<임직원 근무여건>

구분	주당 근무 일수(평균)	주당 근무시간(평균)	직무교육 여부	퇴사율
정규직	6일	52시간 이상	○	17%
비정규직 1	5일	40시간 이상	○	12%
비정규직 2	5일	20시간 이상	×	25%

① 정규직의 연봉을 7% 인상한다.
② 정규직을 비정규직으로 전환한다.
③ 비정규직 1의 직무교육을 비정규직 2와 같이 조정한다.
④ 정규직의 주당 근무시간을 비정규직 1과 같이 조정하고 비정규직 2의 직무교육을 시행한다.
⑤ 비정규직 2의 근무 일수를 정규직과 같이 조정한다.

정답   ④

정규직의 주당 근무시간을 비정규직 1과 같이 줄여 근무여건을 개선하고, 퇴사율이 가장 높은 비정규직 2의 직무교육을 시행하여 퇴사율을 줄이는 것이 가장 적절하다.

오답분석

① 설문조사 결과에서 연봉보다는 일과 삶의 균형을 더 중요시한다고 하였으므로 연봉이 상승하는 것은 퇴사율에 영향을 미치지 않음을 알 수 있다.
② 정규직을 비정규직으로 전환하는 것은 고용의 안정성을 낮추어 퇴사율을 더욱 높일 수 있다.
③ 직무교육을 하지 않는 비정규직 2보다 직무교육을 하는 정규직과 비정규직 1의 퇴사율이 더 낮기 때문에 이는 적절하지 않다.
⑤ 비정규직 2의 주당 근무 일수를 정규직과 같이 조정하면, 주 6일 20시간을 근무하게 되어 비효율적인 업무를 수행한다.

풀이 전략!

문제 해결을 위해 필요한 정보가 무엇인지 먼저 파악한 후, 제시된 자료를 분석적으로 읽고 해석한다.

01 다음은 J공사의 불법하도급 신고 보상 기준에 대한 자료이다. S사원은 이를 토대로 불법하도급 신고 보상액의 사례를 제시하고자 한다. S사원이 계산한 불법하도급 공사 계약금액에 대한 보상 지급금액으로 옳은 것은?

〈불법하도급 신고 보상 기준〉

• 송 · 변전공사 이외 모든 공사(배전공사, 통신공사 등)

불법하도급 공사 계약금액	보상 지급금액 기준
5천만 원 이하	5%
5천만 원 초과 3억 원 이하	250만 원+5천만 원 초과금액의 3%
3억 원 초과 10억 원 이하	1,000만 원+3억 원 초과금액의 0.5%
10억 원 초과 20억 원 이하	1,350만 원+10억 원 초과금액의 0.4%
20억 원 초과	1,750만 원+20억 원 초과금액의 0.2%

• 송 · 변전공사(관련 토건공사 포함)

불법하도급 공사 계약금액	보상 지급금액 기준
5천만 원 이하	5%
5천만 원 초과 3억 원 이하	250만 원+5천만 원 초과금액의 3%(한도 1,000만 원)
3억 원 초과 10억 원 이하	1,000만 원+3억 원 초과금액의 0.5%(한도 1,350만 원)
10억 원 초과 100억 원 이하	1,350만 원+10억 원 초과금액의 0.4%(한도 1,750만 원)

	불법하도급 공사 계약금액	보상 지급금액
①	배전공사 6천만 원	280만 원
②	송전공사 12억 원	1,750만 원
③	변전공사 5억 원	1,250만 원
④	통신공사 23억 원	2,220만 원
⑤	송전공사 64억 원	3,510만 원

※ 다음은 화물차 A ~ E에 대한 자료이다. 이어지는 질문에 답하시오. [2~3]

<화물차별 시설 및 기타사항>

구분	시설	최저온도	적재량(하루)	대여비용(월)
화물차 A	냉장시설	0℃	2.5톤	155만 원
화물차 B	냉장·냉동시설	−15℃	2.5톤	180만 원
화물차 C	냉장·냉동시설	−15℃	3.5톤	250만 원
화물차 D	냉장시설	0℃	3.5톤	220만 원
화물차 E	냉장·냉동시설	−18℃	5톤	360만 원

※ 비용은 매월 3,000km를 기준으로 계산
※ 1,000km/월 추가 시마다 한 달 비용의 냉장시설 1.3배, 냉장·냉동시설 1.2배하여 계산
※ (환산점수)=(대여비용)÷(적재량)
※ 총 대여비용은 추가거리가 있을 시 그 추가요금을 포함한 최종비용임

02 J유통은 5,000km/월 기준으로 환산점수가 가장 낮은 화물차를 대여하려고 한다. 가장 낮은 점수를 받은 화물차와 그 총 대여비용으로 옳은 것은?(단, 총 대여비용은 만 원 미만은 버린다)

① 화물차 A, 223만 원　　　　　　　② 화물차 A, 261만 원
③ 화물차 B, 304만 원　　　　　　　④ 화물차 C, 360만 원
⑤ 화물차 C, 422만 원

03 J유통은 다음 <조건>에 따라 농산물을 운반하기 위해 냉장·냉동시설 모두 보유한 화물차와 계약을 진행하려고 한다. 기존에 대여하던 화물차는 C이며, 화물차 C의 총 대여비용 이상이면 변경하지 않는다고 할 때, J유통이 계약할 화물차는?(단, 총 대여비용에서 만 원 미만은 버림한다)

> **조건**
> • 농산물 운반량은 하루 평균 10톤이다.
> • 하루 한 번 운반 시 이동거리는 매월 2,000km이다.

① 화물차 A　　　　　　　　　　　② 화물차 B
③ 화물차 C　　　　　　　　　　　④ 화물차 D
⑤ 화물차 E

04 S사원은 J회사 영업부에 근무 중이다. 최근 잦은 영업활동으로 인해 자가용의 필요성을 느낀 S사원은 경제적 효율성을 따져 효율성이 가장 높은 중고차를 매입하려고 한다. 경제적 효율성이 높고, 외부 손상이 없는 중고차를 매입하려고 할 때, S사원이 매입할 자동차는?(단, 효율성은 소수점 셋째 자리에서 반올림한다)

〈A ~ E자동차의 연료 및 연비〉

(단위 : km/L)

구분	연료	연비
A자동차	휘발유	11
B자동차	휘발유	12
C자동차	경유	14
D자동차	경유	13
E자동차	LPG	7

〈연료별 가격〉

(단위 : 원/L)

연료	휘발유	경유	LPG
리터당 가격	2,000	1,500	900

〈A ~ E자동차의 기존 주행거리 및 상태〉

(단위 : km)

구분	주행거리	상태
A자동차	51,000	손상 없음
B자동차	44,000	외부 손상
C자동차	29,000	손상 없음
D자동차	31,000	손상 없음
E자동차	33,000	내부 손상

※ (경제적 효율성) $= \left[\dfrac{(\text{리터당 가격})}{(\text{연비}) \times 500} + \dfrac{10,000}{(\text{주행거리})} \right] \times 100$

① A자동차 ② B자동차
③ C자동차 ④ D자동차
⑤ E자동차

04   SWOT 분석

| 유형분석 |

- 상황에 대한 환경 분석 결과를 통해 주요 과제를 도출하는 문제이다.
- 주로 3C 분석 또는 SWOT 분석을 활용한 문제들이 출제되고 있으므로 해당 분석도구에 대한 사전 학습이 요구된다.

다음은 미용실에 대한 SWOT 분석 결과이다. 이에 대한 대응 방안으로 가장 적절한 것은?

S(강점)	W(약점)
• 뛰어난 실력으로 미용대회에서 여러 번 우승한 경험이 있다. • 인건비가 들지 않아 비교적 저렴한 가격에 서비스를 제공한다.	• 한 명이 운영하는 가게라 동시에 많은 손님을 받을 수 없다. • 홍보가 미흡하다.

O(기회)	T(위협)
• 바로 옆에 유명한 프랜차이즈 레스토랑이 생겼다. • 미용실을 위한 소셜 네트워크 예약 서비스가 등장했다.	• SNS를 활용하여 주변 미용실들이 열띤 가격경쟁을 펼치고 있다. • 대규모 프랜차이즈 미용실들이 잇따라 등장하고 있다.

① ST전략 : 여러 번 대회에서 우승한 경험을 가지고 가맹점을 낸다.
② WT전략 : 여러 명의 직원을 고용해 오히려 가격을 올리는 고급화 전략을 펼친다.
③ SO전략 : 소셜 네트워크 예약 서비스를 이용해 방문한 사람들에게만 저렴한 가격에 서비스를 제공한다.
④ WO전략 : 유명한 프랜차이즈 레스토랑과 연계하여 홍보물을 비치한다.

정답 ④

WO전략은 약점을 극복함으로써 기회를 활용할 수 있도록 내부 약점을 보완해 좀 더 효과적으로 시장 기회를 추구한다. 따라서 바로 옆에 유명한 프랜차이즈 레스토랑이 생겼다는 사실을 이용하여 홍보가 미흡한 점을 보완할 수 있도록 레스토랑과 제휴하여 레스토랑 내에 홍보물을 비치하는 방법은 WO전략으로 적절하다.

풀이 전략!

문제에 제시된 분석도구를 확인한 후, 분석 결과를 종합적으로 판단하여 각 선택지의 전략 과제와 일치 여부를 판단한다.

01 다음은 중국에 진출한 프랜차이즈 커피전문점에 대해 SWOT 분석을 한 것이다. 〈보기〉의 (가) ~ (라)에 들어갈 전략을 바르게 나열한 것은?

〈중국 진출 프랜차이즈 커피전문점에 대한 SWOT 분석 결과〉

S(강점)	W(약점)
• 풍부한 원두커피의 맛 • 독특한 인테리어 • 브랜드 파워 • 높은 고객 충성도	• 낮은 중국 내 인지도 • 높은 시설비 • 비싼 임대료
O(기회)	T(위협)
• 중국 경제 급성장 • 서구문화에 대한 관심 • 외국인 집중 • 경쟁업체 진출 미비	• 중국의 차 문화 • 유명 상표 위조 • 커피 구매 인구의 감소

보기

(가)	(나)
• 브랜드가 가진 미국 고유문화 고수 • 독특하고 차별화된 인테리어 유지 • 공격적 점포 확장	• 외국인 많은 곳에 점포 개설 • 본사 직영으로 인테리어
(다)	(라)
• 고품질 커피로 상위 소수고객에 집중	• 녹차 향 커피 • 개발 상표 도용 감시

	(가)	(나)	(다)	(라)
①	SO전략	ST전략	WO전략	WT전략
②	WT전략	ST전략	WO전략	SO전략
③	SO전략	WO전략	ST전략	WT전략
④	ST전략	WO전략	SO전략	WT전략
⑤	WT전략	WO전략	ST전략	SO전략

02 다음은 J공사의 국내 원자력 산업에 대한 SWOT 분석 결과이다. 이를 바탕으로 경영전략을 세웠을 때, 〈보기〉에서 적절하지 않은 것을 모두 고르면?

〈국내 원자력 산업에 대한 SWOT 분석 결과〉

구분	분석 결과
강점(Strength)	– 우수한 원전 운영 기술력 – 축적된 풍부한 수주 실적
약점(Weakness)	– 낮은 원전해체 기술 수준 – 안전에 대한 우려
기회(Opportunity)	– 해외 원전수출 시장의 지속적 확대 – 폭염으로 인한 원전 효율성 및 필요성 부각
위협(Threat)	– 현 정부의 강한 탈원전 정책 기조

보기

ㄱ. 뛰어난 원전 기술력을 바탕으로 동유럽 원전수출 시장에서 우위를 점하는 것은 SO전략으로 적절하다.

ㄴ. 안전성을 제고하여 원전 운영 기술력을 향상시키는 것은 WO전략으로 적절하다.

ㄷ. 우수한 기술력과 수주 실적을 바탕으로 국내 원전 사업을 확장하는 것은 ST전략으로 적절하다.

ㄹ. 안전에 대한 우려가 있는 만큼, 안전점검을 강화하고 당분간 정부의 탈원전 정책 기조에 협조하는 것은 WT전략으로 적절하다.

① ㄱ, ㄴ   ② ㄱ, ㄷ

③ ㄴ, ㄷ   ④ ㄴ, ㄹ

⑤ ㄷ, ㄹ

03 다음은 J공사의 경제자유구역사업에 대한 SWOT 분석 결과이다. 이를 바탕으로 경영전략을 세웠을 때, 〈보기〉에서 적절하지 않은 것을 모두 고르면?

〈경제자유구역사업에 대한 SWOT 분석 결과〉

구분	분석 결과
강점(Strength)	– 성공적인 경제자유구역 조성 및 육성 경험 – 다양한 분야의 경제자유구역 입주희망 국내기업 확보
약점(Weakness)	– 과다하게 높은 외자금액 비율 – 외국계 기업과 국내기업 간의 구조 및 운영상 이질감
기회(Opportunity)	– 국제경제 호황으로 인하여 타국 사업지구 입주를 희망하는 해외시장부문의 지속적 증가 – 국내진출 해외기업 증가로 인한 동형화 및 협업 사례 급증
위협(Threat)	– 국내거주 외국인 근로자에 대한 사회적 포용심 부족 – 대대적 교통망 정비로 인한 기성 대도시의 흡수효과 확대

보기

ㄱ. 성공적인 경제자유구역 조성 노하우를 활용하여 타국 사업지구로의 진출을 희망하는 해외기업을 유인 및 유치하는 전략은 SO전략에 해당한다.
ㄴ. 다수의 풍부한 경제자유구역 성공 사례를 바탕으로 외국인 근로자를 국내주민과 문화적으로 동화시킴으로써 원활한 지역발전의 토대를 조성하는 전략은 ST전략에 해당한다.
ㄷ. 기존에 국내에 입주한 해외기업의 동형화 사례를 활용하여 국내기업과 외국계 기업의 운영상 이질감을 해소하여 생산성을 증대시키는 전략은 WO전략에 해당한다.
ㄹ. 경제자유구역 인근 대도시와의 연계를 활성화하여 경제자유구역 내 국내·외 기업 간의 이질감을 해소하는 전략은 WT전략에 해당한다.

① ㄱ, ㄴ   ② ㄱ, ㄷ
③ ㄴ, ㄷ   ④ ㄴ, ㄹ
⑤ ㄷ, ㄹ

CHAPTER 03 문제해결능력 • **153**

CHAPTER 04

자원관리능력

합격 Cheat Key

자원관리능력은 현재 NCS 기반 채용을 진행하는 많은 공사·공단에서 핵심영역으로 자리 잡아, 일부를 제외한 대부분의 시험에서 출제되고 있다.

세부 유형은 비용 계산, 해외파견 지원금 계산, 주문 제작 단가 계산, 일정 조율, 일정 선정, 행사 대여 장소 선정, 최단거리 구하기, 시차 계산, 소요시간 구하기, 해외파견 근무 기준에 부합하는 또는 부합하지 않는 직원 고르기 등으로 나눌 수 있다.

1 시차를 먼저 계산하라!

시간 자원 관리의 대표유형 중 시차를 계산하여 일정에 맞는 항공권을 구입하거나 회의시간을 구하는 문제에서는 각각의 나라 시간을 한국 시간으로 전부 바꾸어 계산하는 것이 편리하다. 조건에 맞는 나라들의 시간을 전부 한국 시간으로 바꾸고 한국 시간과의 시차만 더하거나 빼면 시간을 단축하여 풀 수 있다.

2 선택지를 잘 활용하라!

계산을 해서 값을 요구하는 문제 유형에서는 선택지를 먼저 본 후 자리 수가 몇 단위로 끝나는지 확인해야 한다. 예를 들어 412,300원, 426,700원, 434,100원인 선택지가 있다고 할 때, 제시된 조건에서 100원 단위로 나올 수 있는 항목을 찾아 그 항목만 계산하는 방법이 있다. 또한, 일일이 계산하는 문제가 많다. 예를 들어 640,000원, 720,000원, 810,000원 등의 수를 이용해 푸는 문제가 있다고 할 때, 만 원 단위를 절사하고 계산하여 64, 72, 81처럼 요약하는 방법이 있다.

3   최적의 값을 구하는 문제인지 파악하라!

물적 자원 관리의 대표유형에서는 제한된 자원 내에서 최대의 만족 또는 이익을 얻을 수 있는 방법을 강구하는 문제가 출제된다. 이때, 구하고자 하는 값을 x, y로 정하고 연립방정식을 이용해 x, y 값을 구한다. 최소 비용으로 목표생산량을 달성하기 위한 업무 및 인력 할당, 정해진 시간 내에 최대 이윤을 낼 수 있는 업체 선정, 정해진 인력으로 효율적 업무 배치 등을 구하는 문제에서 사용되는 방법이다.

4   각 평가항목을 비교하라!

인적 자원 관리의 대표유형에서는 각 평가항목을 비교하여 기준에 적합한 인물을 고르거나, 저렴한 업체를 선정하거나, 총점이 높은 업체를 선정하는 문제가 출제된다. 이런 유형은 평가항목에서 가격이나 점수 차이에 영향을 많이 미치는 항목을 찾아 1 ~ 2개의 선택지를 삭제하고, 남은 3 ~ 4개의 선택지만 계산하여 시간을 단축할 수 있다.

| 유형분석 |

- 시간 자원과 관련된 다양한 정보를 활용하여 풀어가는 문제이다.
- 대체로 교통편 정보나 국가별 시차 정보가 제공되며, 이를 근거로 '현지 도착시간 또는 약속된 시간 내에 도착하기 위한 방안'을 고르는 문제가 출제된다.

한국은 뉴욕보다 16시간 빠르고, 런던은 한국보다 8시간 느리다. 다음 비행기가 현지에 도착할 때의 시각 (㉠, ㉡)으로 옳은 것은?

구분	출발 일자	출발 시각	비행 시간	도착 시각
뉴욕행 비행기	6월 6일	22:20	13시간 40분	㉠
런던행 비행기	6월 13일	18:15	12시간 15분	㉡

	㉠	㉡
①	6월 6일 09시	6월 13일 09시 30분
②	6월 6일 20시	6월 13일 22시 30분
③	6월 7일 09시	6월 14일 09시 30분
④	6월 7일 13시	6월 14일 15시 30분
⑤	6월 7일 20시	6월 14일 20시 30분

정답 ②

㉠ 뉴욕행 비행기는 한국에서 6월 6일 22시 20분에 출발하고, 13시간 40분 동안 비행하기 때문에 6월 7일 12시에 도착한다. 한국 시간은 뉴욕보다 16시간 빠르므로 현지에 도착하는 시각은 6월 6일 20시가 된다.

㉡ 런던행 비행기는 한국에서 6월 13일 18시 15분에 출발하고, 12시간 15분 동안 비행하기 때문에 현지에 6월 14일 6시 30분에 도착한다. 한국 시간은 런던보다 8시간이 빠르므로 현지에 도착하는 시각은 6월 13일 22시 30분이 된다.

풀이 전략!

문제에서 묻는 것을 정확히 파악한다. 특히 제한사항에 대해서는 빠짐없이 확인해 두어야 한다. 이후 제시된 정보(시차 등)에서 필요한 것을 선별하여 문제를 풀어간다.

01 모스크바 지사에서 일하고 있는 K대리는 밴쿠버 지사와의 업무협조를 위해 4월 22일 오전 10시 15분에 밴쿠버 지사로 업무협조 메일을 보냈다. 〈조건〉에 따라 밴쿠버 지사에서 가장 빨리 메일을 읽었을 때, 모스크바의 시각은?

조건
• 밴쿠버는 모스크바보다 10시간이 늦다.
• 밴쿠버 지사의 업무시간은 오전 10시부터 오후 6시까지다.
• 밴쿠버 지사에서는 4월 22일 오전 10시부터 15분간 전력 점검이 있었다.

① 4월 22일 오전 10시 15분   ② 4월 23일 오전 10시 15분
③ 4월 22일 오후 8시 15분   ④ 4월 23일 오후 8시 15분
⑤ 4월 23일 오후 10시 15분

02 한국전력공사의 기술전략처는 다음 주 오전에 올해 4분기 상생협력사업관련 회의를 진행하고자 한다. 회의 참석대상자의 다음 주 일정과 〈조건〉을 참고할 때, 회의가 진행될 요일은?(단, 다음 주 월요일은 9월 24일이다)

〈회의 참석대상자의 다음 주 일정〉

참석대상자	다음 주 일정
기술전략처장	• 9월 27일 : 자녀 결혼식에 따른 휴가
사업계획부장	• 매주 수요일 : 계획현안회의(오전) • 9월 18 ~ 24일 : 병가
현장관리과장	• 9월 26 ~ 27일 : 서부권역 건설현장 방문(종일) • 9월 28일 : 무주양수발전소 협력 회의(오후)
환경조사과장	• 9월 28일 : 한강2본부 근무(오후) • 매주 월요일 : 추진사업 조사결과 보고(오전)
원자력정책팀장	• 9월 25일 : 한강수력본부 출장(오후)

조건
• 주말에는 회의를 하지 않는다.
• 회의 참석대상자는 기술전략처장, 사업계획부장, 현장관리과장, 환경조사과장, 원자력정책팀장이다.
• 회의에는 참석대상자 전원이 참석하여야 한다.
• 회의는 참석대상자의 일정을 고려하여 가능한 날짜 중 가장 빠른 날짜에 진행한다.

① 월요일   ② 화요일
③ 수요일   ④ 목요일
⑤ 금요일

03 다음은 J기업의 4월 일정이다. J기업 직원들은 본사에서 주관하는 윤리교육 8시간을 이번 달 안에 모두 이수해야 한다. 이 윤리교육은 일주일에 2회씩 같은 요일 오전에 1시간 동안 진행되고, 각 지사의 일정에 맞춰 요일을 지정할 수 있다. J기업 직원들이 윤리교육을 수강할 수 있는 요일은?

〈4월 일정표〉

월	화	수	목	금	토	일
	1	2	3	4	5	6
7	8	9	10	11	12	13
14 최과장 연차	15	16	17	18	19	20
21	22	23	24	25 오후 김대리 반차	26	27
28	29 오전 성대리 외근	30				

〈J기업 행사일정〉

• 4월 3일 오전 : 본사 회장 방문
• 4월 7~8일 오전 : 1박 2일 전사 워크숍
• 4월 30일 오전 : 임원진 간담회 개최

① 월, 수
② 화, 목
③ 수, 목
④ 수, 금
⑤ 목, 금

04 프랑스 해외지부에 있는 K부장은 국내 본사로 인사발령을 받아서 2일 9시 30분에 파리에서 인천으로 가는 비행기를 예약했다. 파리에서 인천까지 비행시간은 총 13시간이 걸리며, 한국은 프랑스보다 7시간이 더 빠르다. K부장이 인천에 도착했을 때 현지 시각은 몇 시인가?

① 3일 2시 30분
② 3일 3시 30분
③ 3일 4시 30분
④ 3일 5시 30분
⑤ 3일 6시 30분

05 다음은 J공사 직원들의 이번 주 초과근무 계획표이다. 하루에 4명까지 초과근무를 할 수 있고, 직원들은 각자 일주일에 10시간까지만 초과근무를 할 수 있다고 한다. 한 사람만 초과근무 일정을 수정할 수 있을 때, 규칙에 어긋난 요일과 그 날에 속한 사람 중 일정을 변경해야 할 직원은?(단, 주말은 1시간당 1.5시간으로 계산한다)

〈초과근무 계획표〉

성명	초과근무 일정	성명	초과근무 일정
김혜정	월요일 3시간, 금요일 3시간	김재건	수요일 1시간
이설희	토요일 6시간	신혜선	수요일 4시간, 목요일 3시간
임유진	토요일 3시간, 일요일 1시간	한예리	일요일 6시간
박주환	목요일 2시간	정지원	월요일 6시간, 목요일 4시간
이지호	화요일 4시간	최명진	화요일 5시간
김유미	금요일 6시간, 토요일 2시간	김우석	목요일 1시간
이승기	화요일 1시간	차지수	금요일 6시간
정해리	월요일 5시간	이상엽	목요일 6시간, 일요일 3시간

    요일   직원
① 월요일   김혜정
② 화요일   정지원
③ 화요일   신혜선
④ 목요일   이상엽
⑤ 목요일   정지원

| 유형분석 |

- 예산 자원과 관련된 다양한 정보를 활용하여 풀어가는 문제이다.
- 대체로 한정된 예산 내에서 수행할 수 있는 업무 및 예산 가격을 묻는 문제가 출제된다.

A사원은 이번 출장을 위해 KTX 표를 미리 40% 할인된 가격에 구매하였으나, 출장 일정이 바뀌는 바람에 하루 전날 표를 취소하였다. 다음 환불 규정에 따라 16,800원을 돌려받았을 때, 할인되지 않은 KTX표의 가격은 얼마인가?

〈KTX 환불 규정〉

출발 2일 전	출발 1일 전 ~ 열차 출발 전	열차 출발 후
100%	70%	50%

① 40,000원 ② 48,000원
③ 56,000원 ④ 67,200원
⑤ 70,000원

정답 ①

할인되지 않은 KTX 표의 가격을 x원이라 하면, 표를 40% 할인된 가격으로 구매하였으므로 구매 가격은 $(1-0.4)x=0.6x$원이다. 환불 규정에 따르면 하루 전에 표를 취소하는 경우 70%의 금액을 돌려받을 수 있으므로 이를 식으로 정리하면 다음과 같다.

$0.6x \times 0.7 = 16,800$

→ $0.42x = 16,800$

∴ $x = 40,000$

따라서 할인되지 않은 KTX 표의 가격은 40,000원이다.

풀이 전략!

제한사항인 예산을 고려하여 문제에서 묻는 것을 정확히 파악한 후, 제시된 정보에서 필요한 것을 선별하여 문제를 풀어간다.

01 다음은 J기업의 여비규정이다. 대구로 출장을 다녀 온 B과장의 지출내역을 토대로 여비를 정산했을 때, B과장은 총 얼마를 받는가?

여비의 종류(제1조)

여비는 운임·숙박비·식비·일비 등으로 구분한다.

1. 운임 : 여행 목적지로 이동하기 위해 교통수단을 이용함에 있어 소요되는 비용을 충당하기 위한 여비
2. 숙박비 : 여행 중 숙박에 소요되는 비용을 충당하기 위한 여비
3. 식비 : 여행 중 식사에 소요되는 비용을 충당하기 위한 여비
4. 일비 : 여행 중 출장지에서 소요되는 교통비 등 각종 비용을 충당하기 위한 여비

운임의 지급(제2조)

1. 운임은 철도운임·선박운임·항공운임으로 구분한다.
2. 국내운임은 [별표 1]에 따라 지급한다.

일비·숙박비·식비의 지급(제3조)

1. 국내 여행자의 일비·숙박비·식비는 국내 여비 지급표에 따라 지급한다.
2. 일비는 여행일수에 따라 지급한다.
3. 숙박비는 숙박하는 밤의 수에 따라 지급한다. 다만, 출장 기간이 2일 이상인 경우의 지급액은 출장기간 전체의 총액 한도 내 실비로 계산한다.
4. 식비는 여행일수에 따라 지급한다.

〈국내 여비 지급표〉

철도운임	선박운임	항공운임	일비(1인당)	숙박비(1박당)	식비(1일당)
실비 (일반실)	실비 (2등급)	실비	20,000원	실비 (상한액 40,000원)	20,000원

〈B과장의 지출내역〉

(단위 : 원)

항목	1일 차	2일 차	3일 차	4일 차
KTX운임(일반실)	43,000	–	–	43,000
대구 시내 버스요금	5,000	4,000	–	2,000
대구 시내 택시요금	–	–	10,000	6,000
식비	15,000	45,000	35,000	15,000
숙박비	45,000	30,000	35,000	–

① 286,000원 ② 304,000원
③ 328,000원 ④ 356,000원
⑤ 366,000원

02 J공사는 연말 시상식을 개최하여 한 해 동안 모범이 되거나 훌륭한 성과를 낸 직원을 독려하고자 한다. 시상 종류 및 인원, 상품에 대한 정보가 다음과 같을 때, 상품 구입비는 총 얼마인가?

〈시상 내역〉

시상 종류	수상 인원	상품
사내선행상	5명	1인당 금 도금 상패 1개, 식기 세트 1개
사회기여상	1명	1인당 은 도금 상패 1개, 신형 노트북 1대
연구공로상	2명	1인당 금 도금 상패 1개, 태블릿 PC 1대, 안마의자 1대
성과공로상	4명	1인당 은 도금 상패 1개, 태블릿 PC 1대, 만년필 2개
청렴모범상	2명	1인당 동 상패 1개, 안마의자 1대

〈상패 제작비〉

- 금 도금 상패 : 1개당 55,000원(5개 이상 주문 시 개당 가격 10% 할인)
- 은 도금 상패 : 1개당 42,000원(주문 수량 4개당 1개 무료 제공)
- 동 상패 : 1개당 35,000원

〈물품 구입비(1개당)〉

물품	구입비
식기 세트	450,000원
신형 노트북	1,500,000원
태블릿 PC	600,000원
안마의자	1,700,000원
만년필	100,000원

① 14,085,000원
② 15,050,000원
③ 15,534,500원
④ 16,805,000원
⑤ 17,200,000원

03 수인이는 베트남 여행을 위해 H국제공항에서 환전하기로 하였다. 다음은 J환전소의 당일 환율 및 수수료를 나타낸 자료이다. 수인이가 한국 돈으로 베트남 현금 1,670만 동을 환전한다고 할 때, 수수료까지 포함하여 필요한 돈은 얼마인가?(단, 모든 계산과정에서 구한 값은 일의 자리에서 버림한다)

〈J환전소 환율 및 수수료〉

• 베트남 환율 : 483원/만 동
• 수수료 : 0.5%
• 우대사항 : 50만 원 이상 환전 시 70만 원까지 수수료 0.4%로 인하 적용
　　　　　　100만 원 이상 환전 시 총금액 수수료 0.4%로 인하 적용

① 808,840원　　　　　　　　　　② 808,940원
③ 809,840원　　　　　　　　　　④ 809,940원
⑤ 810,040원

04 우유도매업자인 A씨는 소매업체에 납품하기 위해 가로 3m×세로 2m×높이 2m인 냉동 창고에 우유를 가득 채우려고 한다. 다음 〈조건〉을 참고할 때, 냉동 창고를 가득 채우기 위해 드는 비용은 얼마인가?(단, 백만 원 단위로 계산한다)

조건
• 우유의 1개당 단가는 700원이다.
• 우유 한 궤짝에는 우유가 총 40개가 들어간다.
• 우유 한 궤짝의 크기는 가로 40cm×세로 40cm×높이 50cm이다.
• 냉동 창고에 우유를 낱개로 채울 수 없다.
• 냉동 창고에 우유 궤짝을 옆으로 세우거나 기울일 수 없다.

① 약 300만 원　　　　　　　　　② 약 400만 원
③ 약 500만 원　　　　　　　　　④ 약 600만 원
⑤ 약 700만 원

| 유형분석 |

- 물적 자원과 관련된 다양한 정보를 활용하여 풀어 가는 문제이다.
- 주로 공정도·제품·시설 등에 대한 가격·특징·시간 정보가 제시되며, 이를 종합적으로 고려하는 문제가 출제된다.

J공사 인재개발원에 근무하고 있는 A대리는 〈조건〉에 따라 신입사원 교육을 위한 스크린을 구매하려고 한다. 다음 중 가장 적절한 제품은 무엇인가?

조건

- 조명도는 5,000lx 이상이어야 한다.
- 예산은 150만 원이다.
- 제품에 이상이 생겼을 때 A/S가 신속해야 한다.
- 위 조건을 모두 충족할 시, 가격이 저렴한 제품을 가장 우선으로 선정한다.

※ lux(럭스) : 조명이 밝은 정도를 말하는 조명도에 대한 실용단위로 기호는 lx이다.

	제품	가격(만 원)	조명도(lx)	특이사항
①	A	180	8,000	2년 무상 A/S 가능
②	B	120	6,000	해외직구(해외 A/S)
③	C	100	3,500	미사용 전시 제품
④	D	150	5,000	미사용 전시 제품
⑤	E	130	7,000	2년 무상 A/S 가능

정답 ⑤

가격, 조명도, A/S 등의 요건이 주어진 조건에 모두 부합한다.

오답분석

① 예산이 150만 원이라고 했으므로 예산을 초과하였다.
② 신속한 A/S가 조건이므로 해외 A/S만 가능하여 적절하지 않다.
③ 조명도가 5,000lx 미만이므로 적절하지 않다.
④ 가격과 조명도도 적절하고 특이사항도 문제없지만 가격이 저렴한 제품을 우선으로 한다고 하였으므로 E가 적절하다.

풀이 전략!

문제에서 묻고자 하는 바를 정확히 파악하는 것이 중요하다. 문제에서 제시한 물적 자원의 정보를 문제의 의도에 맞게 선별하면서 풀어 간다.

01 J회사 마케팅 팀장은 팀원 50명에게 연말 선물을 하기 위해 물품을 구매하려고 한다. 다음은 업체별 품목 가격과 팀원들의 품목 선호도를 나타낸 자료이다. 〈조건〉을 토대로 팀장이 구매하는 물품과 업체로 옳은 것은?

〈업체별 품목 금액〉

구분		한 벌당 가격(원)
A업체	티셔츠	6,000
	카라 티셔츠	8,000
B업체	티셔츠	7,000
	후드 집업	10,000
	맨투맨	9,000

〈구성원 품목 선호도〉

순위	품목
1	카라 티셔츠
2	티셔츠
3	후드 집업
4	맨투맨

조건
• 구성원의 선호도를 우선으로 품목을 선택한다.
• 구매 금액이 총 30만 원 이상이면 총금액에서 5% 할인을 해준다.
• 차순위 품목이 1순위 품목보다 총금액이 20% 이상 저렴하면 차순위를 선택한다.

① 티셔츠, A업체
② 카라 티셔츠, A업체
③ 티셔츠, B업체
④ 후드 집업, B업체
⑤ 맨투맨, B업체

02 한국전력공사는 발전기 정비 업체를 새로 선정하려고 한다. 입찰 업체 5곳에 대한 정보를 바탕으로 품질개선점수 산출방식에 따라 품질개선점수가 가장 큰 업체 1곳을 선정한다고 할 때, 다음 중 선정될 업체는?

〈업체별 계약금 및 품질개선효과〉

구분	1년 계약금 (만 원)	정비 1회당 품질개선효과	
		에너지효율 개선	수리 및 하자보수
A업체	1,680	22	29
B업체	1,920	26	25
C업체	1,780	21	24
D업체	1,825	28	28
E업체	2,005	31	22

〈품질개선점수 산출방식〉

- (품질개선점수)=(정비 1회당 품질개선효과)×(1년 정비횟수)
- (1회당 품질개선효과)=(에너지효율 개선)+(수리 및 하자보수)
- (1년 정비횟수)=$\dfrac{(1년\ 정비비)}{5}$
- (1년 정비비)=3,800만 원−(1년 계약금)

① A업체
② B업체
③ C업체
④ D업체
⑤ E업체

03 J공사는 직원용 컴퓨터를 교체하려고 한다. 다음 중 〈조건〉을 만족하는 컴퓨터로 옳은 것은?

<**컴퓨터별 가격 현황**>

구분	A컴퓨터	B컴퓨터	C컴퓨터	D컴퓨터	E컴퓨터
모니터	20만 원	23만 원	20만 원	19만 원	18만 원
본체	70만 원	64만 원	60만 원	54만 원	52만 원
세트	80만 원	75만 원	70만 원	66만 원	65만 원
성능평가	중	상	중	중	하
할인혜택	–	세트로 15대 이상 구매 시 총금액에서 100만 원 할인	모니터 10대 초과 구매 시 초과 대수 15% 할인	–	–

조건

• 예산은 1,000만 원이다.
• 교체할 직원용 컴퓨터는 모니터와 본체 각각 15대이다.
• 성능평가에서 '중' 이상을 받은 컴퓨터로 교체한다.
• 컴퓨터 구매는 세트 또는 모니터와 본체 따로 구매할 수 있다.

① A컴퓨터   ② B컴퓨터
③ C컴퓨터   ④ D컴퓨터
⑤ E컴퓨터

| 유형분석 |

- 인적 자원과 관련된 다양한 정보를 활용하여 풀어 가는 문제이다.
- 주로 근무명단, 휴무일, 업무할당 등의 주제로 다양한 정보를 활용하여 종합적으로 풀어 가는 문제가 출제된다.

다음 자료를 토대로 J공사가 하루 동안 고용할 수 있는 최대 인원은?

<J공사의 예산과 고용비>

총예산	본예산	500,000원
	예비비	100,000원
고용비	1인당 수당	50,000원
	산재보험료	(수당)×0.504%
	고용보험료	(수당)×1.3%

① 10명   ② 11명

③ 12명   ④ 13명

⑤ 14명

정답 ②

(하루 1인당 고용비)=(1인당 수당)+(산재보험료)+(고용보험료)

$=50,000+(50,000×0.504\%)+(50,000×1.3\%)$

$=50,000+252+650=50,902$원

(하루에 고용할 수 있는 인원 수)=[(본예산)+(예비비)]÷(하루 1인당 고용비)

$=600,000÷50,902≒11.8$

따라서 하루 동안 고용할 수 있는 최대 인원은 11명이다.

풀이 전략!

문제에서 신입사원 채용이나 인력배치 등의 주제가 출제될 경우에는 주어진 규정 혹은 규칙을 꼼꼼히 확인하여야 한다. 이를 근거로 각 선택지가 어긋나지 않는지 검토하며 문제를 풀어 간다.

01 J공사는 동절기에 인력을 감축하여 운영한다. 다음 〈조건〉을 참고할 때, 동절기 업무시간 단축 대상자는?

<표 제목>〈동절기 업무시간 단축 대상자 현황〉

성명	업무성과 평가	통근거리	자녀 유무
최나래	C	3km	없음
박희영	B	5km	있음
이지규	B	52km	없음
박슬기	A	55km	있음
황보연	D	30km	있음
김성배	B	75km	없음
이상윤	C	60km	있음
이준서	B	70km	있음
김태란	A	68km	있음
한지혜	C	50km	없음

조건

- J공사의 동절기 업무시간 단축 대상자는 총 2명이다.
- 업무성과 평가에서 상위 40% 이내에 드는 경우 동절기 업무시간 단축 대상 후보자가 된다.
  ※ 단, A>B>C>D 순서로 매기고, 동 순위자 발생 시 동 순위자를 모두 대상 후보자가 된다.
- 통근거리가 50km 이상인 경우에만 동절기 업무시간 단축 대상자가 될 수 있다.
- 동 순위자 발생 시 자녀가 있는 경우에는 동절기 업무시간 단축 대상 우선순위를 준다.
- 위의 조건에서 대상자가 정해지지 않은 경우에는 통근거리가 가장 먼 직원부터 대상자로 선정한다.

① 김성배, 이준서
② 박슬기, 김태란
③ 박희영, 이지규
④ 황보연, 이상윤
⑤ 이준서, 김태란

02 J공사에서는 A ~ N직원 중 면접위원을 선발하고자 한다. 면접위원의 구성 조건이 다음과 같을 때, 적절하지 않은 것은?

〈면접위원 구성 조건〉

- 면접관은 총 6명으로 구성한다.
- 이사 이상의 직급으로 50% 이상 구성해야 한다.
- 인사팀을 제외한 모든 부서는 두 명 이상 선출할 수 없고, 인사팀은 반드시 두 명 이상을 포함한다.
- 모든 면접위원의 입사 후 경력은 3년 이상으로 한다.

직원	직급	부서	입사 후 경력
A	대리	인사팀	2년
B	과장	경영지원팀	5년
C	이사	인사팀	8년
D	과장	인사팀	3년
E	사원	홍보팀	6개월
F	과장	홍보팀	2년
G	이사	고객지원팀	13년
H	사원	경영지원	5개월
I	이사	고객지원팀	2년
J	과장	영업팀	4년
K	대리	홍보팀	4년
L	사원	홍보팀	2년
M	과장	개발팀	3년
N	이사	개발팀	8년

① L사원은 면접위원으로 선출될 수 없다.
② N이사는 반드시 면접위원으로 선출된다.
③ B과장이 면접위원으로 선출됐다면 K대리도 선출된다.
④ 과장은 두 명 이상 선출되었다.
⑤ 모든 부서에서 면접위원이 선출될 수는 없다.

03 다음은 4분기 성과급 지급 기준이다. 부서원 A ~ E에 대한 성과평가가 다음과 같을 때, 성과급을 가장 많이 받을 직원 2명은?

• 성과급은 성과평가등급에 따라 다음 기준으로 지급한다.

등급	A	B	C	D
성과급	200만 원	170만 원	120만 원	100만 원

• 성과평가등급은 성과점수에 따라 다음과 같이 산정된다.

성과점수	90점 이상 100점 이하	80점 이상 90점 미만	70점 이상 80점 미만	70점 미만
등급	A	B	C	D

• 성과점수는 개인실적점수, 동료평가점수, 책임점수, 가점 및 벌점을 합산하여 산정한다.
  – 개인실적점수, 동료평가점수, 책임점수는 각각 100점 만점으로 산정된다.
  – 세부 점수별 가중치는 개인실적점수 40%, 동료평가점수 30%, 책임점수 30%이다.
  – 가점 및 벌점은 개인실적점수, 동료평가점수, 책임점수에 가중치를 적용하여 합산한 값에 합산한다.
• 가점 및 벌점 부여기준
  – 분기 내 수상내역 1회, 신규획득 자격증 1개당 가점 2점 부여
  – 분기 내 징계내역 1회당 다음에 따른 벌점 부여

징계	경고	감봉	정직
벌점	1점	3점	5점

〈부서원 성과평가〉

직원	개인실적점수	동료평가점수	책임점수	비고
A	85	70	80	수상 2회(4분기), 경고 2회(3분기)
B	80	80	70	경고 1회(4분기)
C	75	85	80	자격증 1개(4분기)
D	70	70	90	정직 1회(4분기)
E	80	65	75	경고 1회(3분기)

① A, C

② A, D

③ A, E

④ B, C

⑤ B, D

CHAPTER 05

정보능력

합격 Cheat Key

정보능력은 업무를 수행함에 있어 기본적인 컴퓨터를 활용하여 필요한 정보를 수집, 분석, 활용하는 능력을 의미한다. 또한 업무와 관련된 정보를 수집하고, 이를 분석하여 의미 있는 정보를 얻는 능력이다. 국가직무능력표준에 따르면 정보능력의 세부 유형은 컴퓨터 활용·정보 처리로 나눌 수 있다.

1 평소에 컴퓨터 활용 스킬을 틈틈이 익혀라!

윈도우(OS)에서 어떠한 설정을 할 수 있는지, 응용프로그램(엑셀 등)에서 어떠한 기능을 활용할 수 있는지를 평소에 직접 사용해 본다면 문제를 보다 수월하게 해결할 수 있다. 여건이 된다면 컴퓨터 활용 능력에 관련된 자격증 공부를 하는 것도 이론과 실무를 익히는 데 도움이 될 것이다.

2 문제의 규칙을 찾는 연습을 하라!

일반적으로 코드체계나 시스템 논리체계를 제공하고 이를 분석하여 문제를 해결하는 유형이 출제된다. 이러한 문제는 문제해결능력과 같은 맥락으로 규칙을 파악하여 접근하는 방식으로 연습이 필요하다.

3 현재 보고 있는 그 문제에 집중하라!

정보능력의 모든 것을 공부하려고 한다면 양이 너무나 방대하다. 그렇기 때문에 수험서에서 본인이 현재 보고 있는 문제들을 집중적으로 공부하고 기억하려고 해야 한다. 그러나 엑셀의 함수 수식, 연산자 등 암기를 필요로 하는 부분들은 필수적으로 암기를 해서 출제가 되었을 때 오답률을 낮출 수 있도록 한다.

4 사진 · 그림을 기억하라!

컴퓨터 활용 능력을 파악하는 영역이다 보니 컴퓨터 속 옵션, 기능, 설정 등의 사진 · 그림이 문제에 같이 나오는 경우들이 있다. 그런 부분들은 직접 컴퓨터를 통해서 하나하나 확인을 하면서 공부한다면 더 기억에 잘 남게 된다. 조금 귀찮더라도 한 번씩 클릭하면서 확인을 해보도록 한다.

01 정보 이해

| 유형분석 |

- 정보능력 전반에 대한 이해를 확인하는 문제이다.
- 정보능력 이론이나 새로운 정보 기술에 대한 문제가 자주 출제된다.

다음 중 정보처리 절차에 대한 설명으로 옳지 않은 것은?

① 정보의 기획은 정보의 입수대상, 주제, 목적 등을 고려하여 전략적으로 이루어져야 한다.
② 정보처리는 기획 – 수집 – 활용 – 관리의 순서로 이루어진다.
③ 다양한 정보원으로부터 목적에 적합한 정보를 수집해야 한다.
④ 정보 관리 시에 고려하여야 할 3요소는 목적성, 용이성, 유용성이다.
⑤ 정보 활용 시에는 합목적성 외에도 합법성이 고려되어야 한다.

정답 ②

정보처리는 기획 – 수집 – 관리 – 활용 순서로 이루어진다.

풀이 전략!

자주 출제되는 정보능력 이론을 확인하고, 확실하게 암기해야 한다. 특히 새로운 정보 기술이나 컴퓨터 전반에 대해 관심을 가지는 것이 좋다.

01　다음 중 4차 산업혁명의 적용사례로 적절하지 않은 것은?

① 농사 기술에 ICT를 접목한 농장에서는 농작물 재배 시설의 온도·습도·햇볕량·토양 등을 분석하고, 그 결과에 따라 기계 등을 작동하여 적절한 상태로 변화시킨다.

② 주로 경화성 소재를 사용하고, 3차원 모델링 파일을 출력 소스로 활용하여 프린터로 입체 모형의 물체를 뽑아낸다.

③ 인터넷 서버에 데이터를 저장하고 여러 IT 기기를 사용해 언제 어디서든 이용할 수 있는 컴퓨팅 환경에서는 자신의 컴퓨터가 아닌 인터넷으로 연결된 다른 컴퓨터로 정보를 처리할 수 있다.

④ 인터넷에서 정보를 교환하는 시스템으로, 하이퍼텍스트 구조를 활용해서 인터넷상의 정보들을 연결해 준다.

⑤ 사물에 센서를 부착해 실시간으로 데이터를 인터넷으로 주고받는 환경에서는 세상 모든 유형·무형 객체들이 연결되어 새로운 서비스를 제공한다.

02　다음 중 운영체제(OS)의 역할에 대한 설명으로 옳지 않은 것은?

① 컴퓨터와 사용자 사이에서 시스템을 효율적으로 운영할 수 있도록 인터페이스 역할을 담당한다.

② 사용자가 시스템에 있는 응용 프로그램을 편리하게 사용할 수 있다.

③ 하드웨어의 성능을 최적화할 수 있도록 한다.

④ 운영체제의 기능에는 제어기능, 기억기능, 연산기능 등이 있다.

⑤ 프로그램의 오류나 부적절한 사용을 방지하기 위해 실행을 제어한다.

03　다음 중 SSD와 HDD의 비교에 대한 설명으로 옳지 않은 것은?

① SSD는 HDD에 비해 전력 소모량이 적고 발열이 적다.

② 장기간 데이터를 보존하려면 SSD보다 HDD가 더 유리하다.

③ SSD는 내구성이 높아 충격이나 진동에 덜 민감하지만, HDD는 이에 민감하여 외부 충격에 의해 데이터가 손실될 수 있다.

④ SSD는 기계적인 방식을 사용하여 데이터를 읽고 쓰는 반면, HDD는 전기적인 방식으로 데이터를 저장한다.

⑤ 일반적으로 SSD는 보다 신속한 데이터 접근 속도를 제공하지만, HDD는 더 큰 저장 용량을 제공한다.

※ 정보운영처에 근무하는 김대리는 랜섬웨어에 대한 대비책을 직원들에게 전파하려고 한다. 다음 메일을 보고 이어지는 질문에 답하시오. **[4~5]**

발신 : 김○○대리(정보운영처, ***@kepco.or.kr) 2024.11.30 14:25:32

수신 : 전 임직원
참조 :
제목 : [긴급 공지] 랜섬웨어 유포 관련 주의사항

내용 :
안녕하십니까? 정보운영팀 김○○ 대리입니다.
최근 해외에서 기승을 부리던 랜섬웨어가 국내로까지 확장되고 있다는 보도가 나왔습니다. 이와 관련하여 직원 여러분들께 관련 보도자료와 몇 가지 주의사항을 당부 드리고자 합니다.

〈보도자료〉

랜섬웨어(Ransomware)란 몸값을 의미하는 랜섬(Ransom)과 소프트웨어(Software)의 합성어로 금전 갈취를 목표로 하는 신종 악성코드(Malware)의 일종이다. 랜섬웨어에 감염된 컴퓨터는 시스템에 대한 접근이 제한되고 이를 해결하기 위해서는 랜섬웨어 제작자에게 대가로 금품을 제공해야 한다. 이러한 랜섬웨어가 확산되기 시작하면서 컴퓨터 보안업계에 비상이 걸렸다. 그간 미국, 일본, 영국 등 해외에서 기승을 부리던 랜섬웨어가 이제는 한국어 버전으로 출현해 국내도 더 이상 안전지대가 아니라는 게 전문가들의 지적이다. 특히 문서, 사진, 동영상 등 데이터를 암호화하는 '크립토 랜섬웨어(Crypto Ransomware)'는 한번 감염되면 복구가 쉽지 않아 보안이 허술한 중소기업 등의 경영 활동에 걸림돌이 될 수 있다는 우려도 제기된다.

〈주의사항〉

이외 랜섬웨어 대응에 대해 궁금한 점이 있으시면 언제든지 정보운영처로 연락주시기 바랍니다. 감사합니다.

정보운영처 김○○ 드림.

---

04 다음 중 김대리가 보낸 메일의 빈칸에 들어갈 주의사항으로 적절하지 않은 것은?

① 모바일 OS나 인터넷 브라우저 등을 최신 버전으로 유지하십시오.

② 출처가 명확하지 않은 앱이나 프로그램은 설치하지 마십시오.

③ 비트코인 등 전자 화폐를 구입하라는 메시지는 즉시 삭제하고, 유사 사이트에 접속하지 마십시오.

④ 파일이 랜섬웨어에 감염되면 복구 프로그램을 활용해서 최대한 빨리 복구하십시오.

⑤ 중요한 자료는 정기적으로 백업하십시오.

05 김대리는 메일을 발송하려던 중 랜섬웨어와 같은 컴퓨터 악성코드에 대해 잘 모르는 직원들을 위해 설명을 더 추가하기로 하였다. 다음 중 김대리가 메일에 추가할 내용으로 적절하지 않은 것은?

① 악성코드는 악의적인 용도로 사용될 수 있는 유해 프로그램을 말합니다.

② 악성코드는 외부 침입을 탐지하고 분석하는 프로그램을 말합니다.

③ 악성코드는 때로 실행하지 않은 파일을 저절로 삭제하거나 변형된 모습으로 나타나게 합니다.

④ 악성코드에는 대표적으로 스파이웨어, 트로이 목마 같은 것이 있습니다.

⑤ 악성코드는 마치 다른 프로그램의 한 유형인 것처럼 가장하여 활동할 수도 있습니다.

06 다음 중 빈칸에 들어갈 용어로 가장 적절한 것은?

> 이것은 기업이 경쟁에서 우위를 확보하려고 구축 · 이용하는 것이다. 기존의 정보시스템이 기업 내 업무의 합리화 · 효율화에 역점을 두었던 것에 반해, 기업이 경쟁에서 승리해 살아남기 위한 필수적인 시스템이라는 뜻에서 _____(이)라고 한다. 그 요건으로는 경쟁 우위의 확보, 신규 사업의 창출이나 상권의 확대, 업계 구조의 변혁 등을 들 수 있다. 실례로는 금융 기관의 대규모 온라인시스템, 체인점 등의 판매시점관리(POS)를 들 수 있다.

① 비지니스 프로세스 관리(BPM; Business Process Management)

② 전사적 자원관리(ERP; Enterprise Resource Planning)

③ 경영정보 시스템(MIS; Management Information System)

④ 전략정보 시스템(SIS; Strategic Information System)

⑤ 의사결정 지원 시스템(DSS; Decision Support System)

07 다음 중 바이오스(BIOS; Basic Input Output System)에 대한 설명으로 옳은 것은?

① 한번 기록한 데이터를 빠른 속도로 읽을 수 있지만, 다시 기록할 수 없는 메모리이다.

② 기억된 정보를 읽어내기도 하고, 다른 정보를 기억시킬 수도 있는 메모리이다.

③ 운영 체제와 응용 프로그램 중간에 위치하는 소프트웨어이다.

④ 컴퓨터에서 전원을 켜면 맨 처음 컴퓨터의 제어를 맡아 가장 기본적인 기능을 처리해 주는 프로그램이다.

⑤ 주변 장치와 컴퓨터 처리 장치 간에 데이터를 전송할 때 처리 지연을 단축하기 위해 보조 기억 장치를 완충 기억 장치로 사용하는 것이다.

| 유형분석 |

- 컴퓨터 활용과 관련된 상황에서 문제를 해결하기 위한 행동이 무엇인지 묻는 문제이다.
- 주로 업무수행 중에 많이 활용되는 대표적인 엑셀 함수(COUNTIF, ROUND, MAX, SUM, COUNT, AVERAGE …)가 출제된다.
- 종종 엑셀시트를 제시하여 각 셀에 들어갈 함수식이 무엇인지 고르는 문제가 출제되기도 한다.

다음 중 엑셀에 제시된 함수식의 결괏값으로 옳지 않은 것은?

◢	A	B	C	D	E	F
1						
2		120	200	20	60	
3		10	60	40	80	
4		50	60	70	100	
5						
6		함수식			결괏값	
7		=MAX(B2:E4)			A	
8		=MODE(B2:E4)			B	
9		=LARGE(B2:E4,3)			C	
10		=COUNTIF(B2:E4,E4)			D	
11		=ROUND(B2,−1)			E	
12						

① A=200
② B=60
③ C=100
④ D=1
⑤ E=100

정답 ⑤

ROUND 함수는 지정한 자릿수를 반올림하는 함수이다. 함수식에서 '−1'은 일의 자리를 뜻하며, '−2'는 십의 자리를 뜻한다. 여기서 '−' 기호를 빼면 소수점 자리로 인식한다. 따라서 일의 자리를 반올림하기 때문에 결괏값은 120이다.

풀이 전략!

제시된 상황에서 사용할 엑셀 함수가 무엇인지 파악한 후, 선택지에서 적절한 함수식을 골라 식을 만들어야 한다. 평소 대표적으로 문제에 자주 출제되는 몇몇 엑셀 함수를 익혀두면 풀이시간을 단축할 수 있다.

01   다음 중 함수식에 대한 결괏값으로 옳지 않은 것은?

	함수식	결괏값
①	=TRIM("1/4분기 수익")	1/4분기 수익
②	=SEARCH("세","세금 명세서",3)	5
③	=PROPER("republic of korea")	REPUBLIC OF KOREA
④	=LOWER("Republic of Korea")	republic of korea
⑤	=MOD(18,−4)	−2

02   다음은 J공사의 신입공채 지원자들에 대한 평가점수를 정리한 자료이다. [B9] 셀에 다음과 같은 함수식을 입력하였을 때, [B9] 셀에 표시되는 결괏값으로 옳지 않은 것은?

▲	A	B	C	D	E
1	이름	협동점수	태도점수	발표점수	필기점수
2	부경필	75	80	92	83
3	김효남	86	93	74	95
4	박현정	64	78	94	80
5	백자영	79	86	72	97
6	이병현	95	82	79	86
7	노경미	91	86	80	79
8					
9	점수				

	함수식	결괏값
①	=AVERAGE(LARGE(B2:E2,3),SMALL(B5:E5,2))	79.5
②	=SUM(MAX(B3:E3),MIN(B7:E7))	174
③	=AVERAGE(MAX(B7:E7),COUNTA(B6:E6))	50
④	=SUM(MAXA(B4:E4),COUNT(B3:E3))	98
⑤	=AVERAGE(SMALL(B3:E3,3),LARGE(B7:E7,3))	86.5

03 J공사의 A사원은 고객의 지출성향을 파악하기 위하여 다음과 같은 내역을 조사하여 파일을 작성하였다. 외식비로 지출된 금액의 총액을 구하고자 할 때, [G5] 셀에 들어갈 함수식으로 옳은 것은?

◢	A	B	C	D	E	F	G
1							
2		날짜	항목	지출금액			
3		01월 02일	외식비	35,000			
4		01월 05일	교육비	150,000			
5		01월 10일	월세	500,000		외식비 합계	
6		01월 14일	외식비	40,000			
7		01월 19일	기부	1,000,000			
8		01월 21일	교통비	8,000			
9		01월 25일	외식비	20,000			
10		01월 30일	외식비	15,000			
11		01월 31일	교통비	2,000			
12		02월 05일	외식비	22,000			
13		02월 07일	교통비	6,000			
14		02월 09일	교육비	120,000			
15		02월 10일	월세	500,000			
16		02월 13일	외식비	38,000			
17		02월 15일	외식비	32,000			
18		02월 16일	교통비	4,000			
19		02월 20일	외식비	42,000			
20		02월 21일	교통비	6,000			
21		02월 23일	외식비	18,000			
22		02월 24일	교통비	8,000			
23							
24							

① =SUMIF(C4:C23, "외식비", D4:D23)

② =SUMIF(C3:C22, "외식비", D3:D22)

③ =SUMIF(C3:C22, "C3", D3:D22)

④ =SUMIF("외식비", C3:C22, D3:D22)

⑤ =SUMIF(C3:C22, D3:D22, "외식비")

04 다음 중 아래의 워크시트를 참조하여 작성한 함수식 「=INDEX(B2:D9,2,3)」의 결괏값은?

	A	B	C	D
1	코드	정가	판매수량	판매가격
2	L-001	25,400	503	12,776,000
3	D-001	23,200	1,000	23,200,000
4	D-002	19,500	805	15,698,000
5	C-001	28,000	3,500	98,000,000
6	C-002	20,000	6,000	96,000,000
7	L-002	24,000	750	18,000,000
8	L-003	26,500	935	24,778,000
9	D-003	22,000	850	18,700,000

① 805
② 1,000
③ 19,500
④ 12,776,000
⑤ 23,200,000

05 다음 시트에서 [E2:E7] 영역처럼 표시하려고 할 때, [E2] 셀에 입력할 함수식으로 옳은 것은?

	A	B	C	D	E
1	순번	이름	주민등록번호	생년월일	백넘버
2	1	박민석 11	831121-1092823	831121	11
3	2	최성영 20	890213-1928432	890213	20
4	3	이형범 21	911219-1223457	911219	21
5	4	임정호 26	870211-1098432	870211	26
6	5	박준영 28	850923-1212121	850923	28
7	6	김민욱 44	880429-1984323	880429	44

① =MID(B2,5,2)
② =LEFT(B2,2)
③ =RIGHT(B2,5,2)
④ =MID(B2,5)
⑤ =LEFT(B2,5,2)

| 유형분석 |

- 프로그램의 실행 결과를 코딩을 통해 파악하여 이를 풀이하는 문제이다.
- 출력되는 값이나 배열 순서를 묻는 문제가 자주 출제된다.

다음 프로그램의 실행 결과로 옳은 것은?

```
#include <stdio.h>

int main(){
        int i = 4;
        int k = 2;
        switch(i) {
                case 0:
                case 1:
                case 2:
                case 3: k = 0;
                case 4: k += 5;
                case 5: k -= 20;
                default: k++;
        }
        printf("%d", k);
}
```

① 12   ② -12
③ 10   ④ -10
⑤ 8

정답 ②

i가 4기 때문에 case 4부터 시작한다. K는 2이고, k+=5를 하면 7이 된다. Case 5에서 k-=20을 하면 -13이 되고, default에서 1이 증가하여 결과값은 -12가 된다.

풀이 전략!

문제에서 실행 프로그램 내용이 주어지면 핵심 키워드를 확인한다. 코딩 프로그램을 통해 요구되는 내용을 알아맞혀 정답 유무를 판단한다.

※ 다음 프로그램의 실행 결과로 옳은 것을 고르시오. [1~2]

01

```
public class test {
public static void main(String[] args) {
int i = 0;
int c = 0;

while (i<10) {
i++;
c*=i;
}
System.out.println(sum);
}
}
```

① 0   ② 1
③ 3   ④ 4
⑤ 8

02

```
#include <stdio.h>
void main( ) {
  char arr[] = "hello world";
  printf("%d\n",strlen(arr));
}
```

① 12   ② 13
③ 14   ④ 15
⑤ 16

기술능력(전기)

합격 Cheat Key

한국전력공사 직무능력검사에서 기술능력은 직렬별 전공 문항으로 평가한다. 전공 문항은 관련 분야의 기사(필기 및 실기) 수준으로 출제되기 때문에 전공에 대한 기본 지식이 필요하다.

Key 2024년 하반기 기출 키워드

>> 환상 솔레노이드

- 내부 : $H = \dfrac{NI}{2\pi r}$ [AT/m] (N : 권수)
- 외부 : $H = 0$

>> 삼각파

- 실효값 : $\dfrac{I_m}{\sqrt{3}}$
- 평균값 : $\dfrac{I_m}{2}$
- 파고율 : $\sqrt{3} ≒ 1.732$
- 파형률 : $\dfrac{2}{\sqrt{3}} ≒ 1.15$

▶▶ BLDC모터의 특징

- 반영구적이며 정기적인 유지보수가 필요 없다.
- 고속회전에 적합하다.
- 제어가 복잡하다.
- 모터의 소형화 및 경량화가 가능하다.
- 브러시가 없어 별도의 구동회로가 필요하다.
- 마모가 없고 소음이 적다.

▶▶ 분산형전원설비의 전기 공급방식

- 분산형전원설비의 전기 공급방식은 전력계통과 연계되는 전기 공급방식과 동일하여야 한다.
- 분산형전원설비 사업자의 한 사업장의 설비 용량 합계가 250kVA 이상일 경우에는 송·배
  전계통과 연계지점의 연결 상태를 감시 또는 유효전력, 무효전력 및 전압을 측정할 수 있는
  장치를 시설하여야 한다.

01 다음 중 기전력에 대한 설명으로 옳은 것은?

① 전기 저항의 역수   ② 전류를 흐르게 하는 원동력

③ 도체에 흐르는 전류의 세기   ④ 전기의 흐름

⑤ 전위의 차

02 다음 중 배전반 및 분전반을 설치하기에 가장 적절한 장소는 어디인가?

① 출입구 신발장 내부   ② 노출된 장소

③ 고온 다습한 장소   ④ 화장실 내부

⑤ 벽장 안

03 다음 중 동기전동기를 송전선의 전압 조정 및 역률 개선에 사용하는 것은?

① 댐퍼   ② 동기이탈

③ 제동권선   ④ 동기조상기

⑤ 유도전동기

04 전로의 사용전압이 500V 이하인 옥내전로에서 분기회로의 절연저항값은 몇 MΩ 이상이어야 하는가?

① 0.1MΩ   ② 0.5MΩ

③ 1MΩ   ④ 1.5MΩ

⑤ 2.0MΩ

05 다음 중 발전소·변전소·개폐소, 이에 준하는 곳, 전기사용장소 상호 간의 전선 및 이를 지지하거나 수용하는 시설물을 무엇인가?

① 급전소   ② 송전선로

③ 전선로   ④ 개폐소

⑤ 전차선

06 어떤 콘덴서에 1,000V의 전압을 가하였더니 $5 \times 10^{-3}C$의 전하가 축적되었다. 이 콘덴서의 용량은?

① 2.5μF   ② 5μF

③ 25μF   ④ 50μF

⑤ 75μF

07 다음 중 전류와 자속에 대한 설명으로 옳은 것은?

① 전류와 자속은 항상 폐회로를 형성한다.

② 전류와 자속은 항상 폐회로를 형성하지 않는다.

③ 전류는 폐회로이나 자속은 아니다.

④ 자속은 폐회로이나 전류는 아니다.

⑤ 회로의 연결 방법에 따라 가변적이다.

08 다음 중 전기력선의 성질에 대한 설명으로 옳지 않은 것은?

① 전기력선 방향은 전기장 방향과 같으며, 전기력선의 밀도는 전기장의 크기와 같다.

② 전기력선은 도체 내부에 존재한다.

③ 전기력선은 등전위면에 수직으로 출입한다.

④ 전기력선은 양전하에서 음전하로 이동한다.

⑤ 전기력선의 밀도는 전계의 세기와 같다.

09 다음 중 전력계통의 안정도(Stability)에 대한 설명으로 옳지 않은 것은?

① PSS 대신에 속응 여자 시스템을 채택한다.

② 디지털 AVR을 설치한다.

③ 여자장치를 정지형 여자기로 설치한다.

④ FACTS 기기를 설치한다.

⑤ 최적 조류 계산에 의해 발전 및 송전한다.

10 다음 중 고장 시의 불평형 차전류가 평형전류의 어떤 비율 이상으로 되었을 때 동작하는 계전기는?

① 과전압 계전기   ② 과전류 계전기

③ 전압 차동 계전기   ④ 비율 차동 계전기

⑤ 선택 차동 계전기

11 다음 중 주파수 100Hz의 주기(T)는?

① 0.01sec   ② 0.6sec

③ 1.7sec   ④ 6sec

⑤ 10sec

12 $e = 141\sin(120\pi t - \dfrac{\pi}{3})$인 파형의 주파수는 몇 Hz인가?

① 10Hz   ② 15Hz

③ 30Hz   ④ 60Hz

⑤ 75Hz

13 교류 회로에서 전압과 전류의 위상차를 θ[rad]라 할 때, $\cos\theta$는 무엇을 의미하는가?

① 전압변동률   ② 왜곡률

③ 효율   ④ 역률

⑤ 저항

14 다음 중 직류 발전기에서 유기기전력 E를 바르게 나타낸 것은?(단, 자속은 $\varnothing$, 회전속도는 N이다)

① $E \propto \varnothing N$ ② $E \propto \varnothing N^2$

③ $E \propto \dfrac{\varnothing}{N}$ ④ $E \propto \dfrac{N}{\varnothing}$

⑤ $E \propto \dfrac{1}{N}$

15 다음 중 검출값 편차의 크기에 비례하여 조작부를 제어하는 동작으로, 정상 오차를 수반하고 사이클링은 없으나 잔류 편차(Offset)가 발생하는 제어는?

① 적분 제어   ② 미분 제어

③ 비례 제어   ④ 비례 적분 제어

⑤ 비례 적분 미분 제어

CHAPTER 07

기술능력(ICT)

합격 Cheat Key

한국전력공사 직무능력검사에서 기술능력은 직렬별 전공 문항으로 평가한다. 전공 문항은 관련 분야의 기사(필기 및 실기) 수준으로 출제되기 때문에 전공에 대한 기본 지식이 필요하다.

Key 2024년 하반기 기출 키워드

>> 주기와 주파수

- 주기(Period) : 하나의 사이클을 완성하는 데 필요한 시간(T)
- 주파수(Frequency) : 1초 동안 생성되는 신호 주기의 수(f)
- $f = \dfrac{1}{T}$

>> 비트 에러율

- 수신된 비트의 수에 대해 전달되는 과정에서 오류가 발생한 비트의 수
- 비트 에러율$=\dfrac{\text{에러 비트수}}{\text{총전송한 비트수}}$

>> 10진수에서 그레이 코드 변환 방법
- 10진수에서 그레이 코드로 변환할 경우, 10진수 → 바이너리 코드 → 그레이 코드로 변환할 수 있다.
- 변환 방법 : MSB 값은 그대로 사용하고, 그 다음부터는 인접한 bit끼리 XOR연산을 한다. 이때, XOR연산에서 값이 같으면 0으로 변환하고, 값이 다르면 1로 변환한다.

>> 시프트 레지스터(Shift Register)
- 디지털 회로에서 선형 방식으로 설치된 프로세서 레지스터의 집합
- Serial − In, Serial − Out Shift Register(SISO) : 직렬−입력. 직렬 출력
- Serial − In, Parallel − Out Shift Register(SIPO) : 직렬−입력. 병렬 출력
- Parallel − In, Serial − Out Shift Register(PISO) : 병렬−입력. 직렬 출력
- Parallel − In, Parallel − Out Shift Register(PIPO) : 병렬−입력. 병렬 출력

01 다음 중 4진폭 편이 변조 방식에서 한 번에 변조할 수 있는 데이터의 수는?

① 1비트   ② 2비트

③ 3비트   ④ 4비트

⑤ 5비트

02 다음 중 단파 수신기에서 리미터를 사용하는 주된 이유는?

① 주파수 특성을 좋게 하기 위하여

② 페이딩을 방지하기 위하여

③ 이득을 높이기 위하여

④ 출력을 크게 하기 위하여

⑤ 진폭에 변화를 주기 위하여

03 샘플된 신호로부터 원래의 아날로그 신호를 에러 없이 복원하기 위해서는 샘플링 주파수와 샘플되는 신호의 주파수의 관계는 어떠해야 하는가?

① 최고 주파수와 동일해야 한다.

② 최고 주파수의 두 배 이상이어야 한다.

③ 최저 주파수와 동일해야 한다.

④ 최저 주파수의 두 배 이상이어야 한다.

⑤ 최고 주파수의 세 배 이상이어야 한다.

04 IPv4 주소 구조 중 실험용 주소로, 공용으로는 사용되지 않는 클래스는?

① A클래스 ② B클래스

③ C클래스 ④ D클래스

⑤ E클래스

05 다음 중 지상 마이크로파 통신에서 주로 사용되는 통신 주파수 대역은?

① 2 ~ 20KHz ② 2 ~ 40GHz

③ 10 ~ 20MHz ④ 30 ~ 300GHz

⑤ 10 ~ 100MHz

06 다음 중 펄스 부호 변조(PCM) 방식의 특징에 대한 설명으로 옳지 않은 것은?

① 전송로에 의한 레벨 변동이 없다.

② 저질의 전송로에도 사용이 가능하다.

③ 단국 장치에 고급 여파기를 사용할 필요가 없다.

④ 점유 주파수 대역이 좁다.

⑤ 녹음할 수 있는 소리의 범위가 저음에서 고음까지 폭넓다.

07 다음 중 DRAM과 SRAM에 대한 설명으로 옳은 것은?

① SRAM은 재충전(Refresh)이 필요 없는 메모리이다.

② DRAM은 SRAM에 비해 속도가 빠르다.

③ SRAM의 소비 전력이 DRAM보다 낮다.

④ DRAM은 가격이 비싸고, 플립플롭(Flip-Flop)으로 구성되어 있다.

⑤ DRAM은 구성 회로가 복잡하여 집적도가 낮다.

08 8비트 컴퓨터에서 부호화 절대치 방식으로 수치 자료를 표현했을 때 기억된 값은?

1	0	0	0	1	0	1	1

① -11　　　　　　　　　　　② -12

③ 11　　　　　　　　　　　　④ 12

⑤ 13

09 다음 중 컴퓨터의 제어장치에 해당하지 않는 것은?

① 프로그램 카운터(PC)

② 가산기(Adder)

③ 명령 레지스터(IR)

④ 부호기(Encoder)

⑤ 명령 해독기(Command Decoder)

10 다음 중 정현 대칭 푸리에 급수식에 나타나는 성분은?

① 직류 성분만

② cos성분만

③ sin성분만

④ 직류 성분과 sin성분만 존재

⑤ 직류 성분과 cos성분만 존재

11 다음 중 프로세스(Process)와 스레드(Thread)에 대한 설명으로 옳지 않은 것은?

① 한 프로세스 내의 모든 스레드들은 정적 영역(Static Area)을 공유한다.

② 멀티프로세서는 탑재 프로세서마다 스레드를 실행시킬 수 있기 때문에 프로세스의 처리율을 향상시킬 수 있다.

③ 프로세스 내 스레드 간 통신은 커널 개입을 필요로 하지 않기 때문에 프로세스 간 통신보다 더 효율적으로 이루어진다.

④ 한 프로세스의 어떤 스레드가 스택 영역(Stack Area)에 있는 데이터 내용을 변경하면 해당 프로세스의 다른 스레드가 변경된 내용을 확인할 수 있다.

⑤ 스레드는 기억장치를 통해 효율적으로 통신하며, 자신만의 스택과 레지스터로 독립된 제어 흐름을 유지한다.

12 다음 〈보기〉 중 순차 파일과 인덱스 순차 파일에 대한 설명으로 옳은 것은 모두 몇 개인가?

> **보기**
>
> ㄱ. 순차 파일에서의 데이터 레코드 증가는 적용된 순차 기준으로 마지막 위치에서 이루어진다.
> ㄴ. 순차 파일에서는 접근 조건으로 제시된 순차 대상 필드 값 범위에 해당하는 대량의 데이터 레코드들을 접근할 때 효과적이다.
> ㄷ. 순차 파일에서의 데이터 레코드 증가는 오버플로우 블록을 생성시키지 않는다.
> ㄹ. 인덱스 순차 파일의 인덱스에는 인덱스 대상 필드 값과 그 값을 가지는 데이터 레코드를 접근할 수 있게 하는 위치 값이 기록된다.
> ㅁ. 인덱스 순차 파일에서는 인덱스 갱신없이 데이터 레코드를 추가하거나 삭제하는 것이 가능하다.
> ㅂ. 인덱스 순차 파일에서는 접근 조건에 해당하는 인덱스 대상 필드 값을 가지는 소량의 데이터 레코드를 순차 파일보다 효과적으로 접근할 수 있다.
> ㅅ. 인덱스를 다중레벨로 구성할 경우, 최하위 레벨은 순차 파일 형식으로 구성한다.

① 2개   ② 3개
③ 4개   ④ 5개
⑤ 6개

13 다음 중 HIPO(Hierarchy Input Process Output)에 대한 설명으로 옳지 않은 것은?

① 상향식 소프트웨어 개발을 위한 문서화 도구이다.

② 구조도, 개요 도표 집합, 상세 도표 집합으로 구성된다.

③ 기능과 자료의 의존 관계를 동시에 표현할 수 있다.

④ 보고 이해하기 쉽다.

⑤ 시스템 실행 과정인 입력, 처리, 출력의 기능을 나타낸다.

14 정류 회로에서 무부하일 때의 출력 전압이 14V이고 부하를 연결하였을 때 부하 양단에 걸리는 전압이 12V이면 이 정류 회로의 전압 변동률은?

① 15.4% ② 16.0%

③ 16.7% ④ 17.6%

⑤ 18.4%

15 다음 중 위성 통신의 장점이 아닌 것은?

① 다원 접속이 가능하다.

② 고품질의 광대역 통신이 가능하다.

③ 유연한 회선 설정이 가능하다.

④ 초고속 전송이 가능해진다.

⑤ Point-to-Point 또는 멀티포인트로 다양한 네트워크를 구성할 수 있다.

PART 3

최종점검 모의고사

제1회
최종점검 모의고사

※ 한국전력공사 최종점검 모의고사는 2024년 필기후기 및 채용공고를 기준으로 구성한 것으로 실제 시험과 다를 수 있습니다.

지원하시는 분야에 따라 다음 영역의 문제를 풀어 주시기 바랍니다.

사무	전기	ICT
|01| NCS 공통영역(의사소통능력, 수리능력, 문제해결능력)		
|02| NCS 선택영역(자원관리능력)	|02| NCS 선택영역(자원관리능력)	|03| NCS 선택영역(정보능력)
|03| NCS 선택영역(정보능력)	|04| 전기 전공(기술능력)	|05| ICT 전공(기술능력)

■ 취약영역 분석

| 01 | NCS 공통영역

번호	O/×	영역	번호	O/×	영역	번호	O/×	영역
01			11			21		
02			12			22		
03			13			23		
04			14			24		
05		의사소통능력	15		수리능력	25		문제해결능력
06			16			26		
07			17			27		
08			18			28		
09			19			29		
10			20			30		

| 02 | NCS 선택영역(자원관리능력)

번호	01	02	3	4	5	6	7	8	9	10
O/×										

| 03 | NCS 선택영역(정보능력)

번호	01	02	3	4	5	6	7	8	9	10
O/×										

| 04 | 전기 전공(기술능력)

번호	01	02	3	4	5	6	7	8	9	10	11	12	13	14	15
O/×															

| 05 | ICT 전공(기술능력)

번호	01	02	3	4	5	6	7	8	9	10	11	12	13	14	15
O/×															

평가문항	사무(50문항) / 전기·ICT(55문항)	평가시간	70분
시작시간	:	종료시간	:
취약영역			

01	NCS 공통영역

01 다음 글을 읽고 추론한 내용으로 적절하지 않은 것은?

> 태양 빛은 흰색으로 보이지만 실제로는 다양한 파장의 가시광선이 혼합되어 나타난 것이다. 프리즘을 통과시키면 흰색 가시광선은 파장에 따라 붉은빛부터 보랏빛까지의 무지갯빛으로 분해된다. 가시광선의 파장 범위는 390 ~ 780nm* 정도인데 보랏빛이 가장 짧고 붉은빛이 가장 길다. 빛의 진동수는 파장과 반비례하므로 진동수는 보랏빛이 가장 크고 붉은빛이 가장 작다. 태양 빛이 대기층에 입사하여 산소나 질소 분자와 같은 공기 입자(직경 0.1 ~ 1nm 정도), 먼지 미립자, 에어로졸**(직경 1 ~ 100,000nm 정도) 등과 부딪치면 여러 방향으로 흩어지는데 이러한 현상을 산란이라 한다. 산란은 입자의 직경과 빛의 파장에 따라 '레일리(Rayleigh) 산란'과 '미(Mie) 산란'으로 구분된다. 레일리 산란은 입자의 직경이 파장의 1/10보다 작을 경우에 일어나는 산란을 말하는데 그 세기는 파장의 네제곱에 반비례한다. 대기의 공기 입자는 직경이 매우 작아 가시광선 중 파장이 짧은 빛을 주로 산란시키며, 파장이 짧을수록 산란의 세기가 강하다. 따라서 맑은 날에는 주로 공기 입자에 의한 레일리 산란이 일어나서 보랏빛이나 파란빛이 강하게 산란되는 반면, 붉은빛이나 노란빛은 약하게 산란된다. 산란되는 세기로는 보랏빛이 가장 강하겠지만, 우리 눈은 보랏빛보다 파란빛을 더 잘 감지하기 때문에 하늘이 파랗게 보이는 것이다. 만약 태양 빛이 공기 입자보다 큰 입자에 의해 레일리 산란이 일어나면 공기 입자만으로는 산란이 잘되지 않던 긴 파장의 빛까지 산란되어 하늘의 파란빛은 상대적으로 엷어진다.
> 미 산란은 입자의 직경이 파장의 1/10보다 큰 경우에 일어나는 산란을 말하는데 주로 에어로졸이나 구름 입자 등에 의해 일어난다. 이때 산란의 세기는 파장이나 입자 크기에 따른 차이가 거의 없다. 구름이 흰색으로 보이는 것은 미 산란으로 설명된다. 구름 입자(직경 20,000nm 정도)처럼 입자의 직경이 가시광선의 파장보다 매우 큰 경우에는 모든 파장의 빛이 고루 산란된다. 이 산란된 빛이 우리 눈에 동시에 들어오면 모든 무지갯빛이 혼합되어 구름이 하얗게 보인다. 이처럼 대기가 없는 달과 달리 지구는 산란 효과에 의해 파란 하늘과 흰 구름을 볼 수 있다.
>
> *나노미터 : 물리학적 계량 단위($1nm = 10^{-9}m$)
> **에어로졸 : 대기에 분산된 고체 또는 액체 입자

① 가시광선의 파란빛은 보랏빛보다 진동수가 작다.
② 프리즘으로 분해한 태양 빛을 다시 모으면 흰색이 된다.
③ 가시광선 중에서 레일리 산란의 세기는 파란빛이 가장 세다.
④ 빛의 진동수가 2배가 되면 레일리 산란의 세기는 16배가 된다.
⑤ 달의 하늘에서는 공기 입자에 의한 태양 빛의 산란이 일어나지 않는다.

02 다음 제시된 문단을 읽고, 이어질 문단을 논리적 순서대로 바르게 나열한 것은?

> 휘슬블로어란 호루라기를 뜻하는 휘슬(Whistle)과 부는 사람을 뜻하는 블로어(Blower)가 합쳐진 말이다. 즉, 호루라기를 부는 사람이라는 뜻으로 자신이 속해 있거나 속해 있었던 집단의 부정부패를 고발하는 사람을 뜻하며, 흔히 '내부고발자'라고도 불린다. 부정부패는 고발당해야 마땅한 것인데 이렇게 '휘슬블로어'라는 용어가 따로 있는 것은 그만큼 자신이 속한 집단의 부정부패를 고발하는 것이 쉽지 않다는 뜻일 것이다.

(가) 또한 법의 울타리 밖에서 행해지는 것에 대해서도 휘슬블로어는 보호받지 못한다. 일단 기업이나 조직 속에서 배신자가 되었다는 낙인과 상급자들로부터 괘씸죄로 인해 받게 되는 업무 스트레스, 집단 따돌림 등으로 인해 고립되게 되기 때문이다. 뿐만 아니라 익명성이 철저히 보장되어야 하지만 조직에서는 휘슬블로어를 찾기 위해 혈안이 된 상급자의 집요한 색출로 인해 밝혀지는 경우가 많다. 그렇게 될 경우 휘슬블로어들은 권고사직을 통해 해고를 당하거나 괴롭힘을 당한 채 일할 수밖에 없다.

(나) 실제로 휘슬블로어의 절반은 제보 후 1년간 자살충동 등 정신 및 신체적 질환으로 고통을 받는다고 한다. 또한 73%에 해당되는 상당수의 휘슬블로어들은 동료로부터 집단적으로 따돌림을 당하거나 가정에서도 불화를 겪는다고 한다. 우리는 이들이 공정한 사회와 개인의 양심에 손을 얹고 중대한 결정을 한 사람이라는 것을 외면할 수 없으며, 이러한 휘슬블로어들을 법적으로 보호할 필요가 있다.

(다) 내부고발이 어려운 큰 이유는 내부고발을 한 후에 맞닥뜨리게 되는 후폭풍 때문이다. 내부고발은 곧 기업의 이미지가 떨어지는 것부터 시작해 영업 정지와 같은 실질적 징벌로 이어지는 경우가 많기 때문에 내부고발자들은 배신자로 취급되는 경우가 많다. 실제 양심에 따라 내부고발을 한 이후 닥쳐오는 후폭풍에 못 이겨 자신의 발로 회사를 나오는 경우도 많으며, 기업과 동료로부터 배신자로 취급되거나 보복성 업무, 인사이동 등으로 불이익을 받는 경우도 많다.

(라) 현재 이러한 휘슬블로어를 보호하기 위한 법으로는 2011년 9월부터 시행되어 오고 있는 공익신고자 보호법이 있다. 하지만 이러한 법 제도만으로는 휘슬블로어들을 보호하는 데에 무리가 있다. 공익신고자 보호법은 181개 법률 위반행위에 대해서만 공익신고로 보호하고 있는데, 만일 공익신고자 보호법에서 규정하고 있는 법률 위반행위가 아닌 경우에는 보호를 받지 못하고 있는 것이다.

① (다) - (가) - (라) - (나)　　　② (다) - (나) - (가) - (라)
③ (다) - (나) - (라) - (가)　　　④ (라) - (가) - (다) - (나)
⑤ (라) - (다) - (가) - (나)

03 다음 글에서 〈보기〉의 문장이 들어갈 위치로 가장 적절한 곳은?

문화가 발전하려면 저작자의 권리 보호와 저작물의 공정 이용이 균형을 이루어야 한다. 저작물의 공정 이용이란 저작권자의 권리를 일부 제한하여 저작권자의 허락이 없어도 저작물을 자유롭게 이용하는 것을 말한다. 대표적으로 비영리적인 사적 복제를 허용하는 것이 있다. __(가)__ 우리나라의 저작권법에서는 오래전부터 공정 이용으로 볼 수 있는 저작권 제한 규정을 두었다.

그런데 디지털 환경에서 저작물의 공정 이용은 여러 장애에 부딪혔다. 디지털 환경에서는 저작물을 원본과 동일하게 복제할 수 있고 용이하게 개작할 수 있다. __(나)__ 그 결과 디지털화된 저작물의 이용 행위가 공정 이용의 범주에 드는 것인지 가늠하기가 더 어려워졌고 그에 따른 처벌 위험도 커졌다. __(다)__

이러한 문제를 해소하기 위한 시도의 하나로 포괄적으로 적용할 수 있는 '저작물의 공정한 이용' 규정이 저작권법에 별도로 신설되었다. 그리하여 저작권자의 동의가 없어도 저작물을 공정하게 이용할 수 있는 영역이 확장되었다. 그러나 공정 이용 여부에 대한 시비가 자율적으로 해소되지 않으면 예나 지금이나 법적인 절차를 밟아 갈등을 해소해야 한다. __(라)__ 저작물 이용의 영리성과 비영리성, 목적과 종류, 비중, 시장 가치 등이 법적인 판단의 기준이 된다.

저작물 이용자들이 처벌에 대한 불안감을 여전히 느낀다는 점에서 저작물의 자유 이용 허락 제도와 같은 '저작물의 공유' 캠페인이 주목을 받고 있다. 이 캠페인은 저작권자들이 자신의 저작물에 일정한 이용 허락 조건을 표시해서 이용자들에게 무료로 개방하는 것을 말한다. 누구의 저작물이든 개별적인 저작권을 인정하지 않고 모두가 공동으로 소유하자고 주장하는 사람들과 달리, 이 캠페인을 펼치는 사람들은 기본적으로 자신과 타인의 저작권을 존중한다. 캠페인 참여자들은 저작권자와 이용자들의 자발적인 참여를 통해 자유롭게 활용할 수 있는 저작물의 양과 범위를 확대하려고 노력한다. __(마)__ 그러나 캠페인에 참여한 저작물을 이용할 때 허용된 범위를 벗어난 경우 법적 책임을 질 수 있다.

보기

ㄱ. 따라서 저작물이 개작되더라도 그것이 원래 창작물인지 이차적 저작물인지 알기 어렵다.

ㄴ. 이들은 저작물의 공유가 확산되면 디지털 저작물의 이용이 활성화되고 그 결과 인터넷이 더욱 창의적이고 풍성한 정보 교류의 장(場)이 될 것이라고 본다.

	ㄱ	ㄴ
①	(가)	(나)
②	(나)	(다)
③	(나)	(라)
④	(나)	(마)
⑤	(가)	(마)

04 다음 글의 주제로 가장 적절한 것은?

> 정부는 탈원전·탈석탄 공약에 발맞춰 2030년까지 전체 국가 발전량의 20%를 신재생에너지로 채운다는 정책 목표를 수립하였다. 목표를 달성하기 위해 신재생에너지에 대한 송·변전 계획을 제8차 전력수급 기본계획에 처음으로 수립하겠다는 게 정부의 방침이다.
>
> 정부는 기존의 수급계획이 수급안정과 경제성을 중점적으로 수립된 것에 반해, 8차 계획은 환경성과 안전성을 중점으로 하였다고 밝히고 있으며, 신규 발전설비는 원전, 석탄화력발전에서 친환경, 분산형 재생에너지와 LNG 발전을 우선시하는 방향으로 수요관리를 통합하여 합리적 목표수용 결정에 주안점을 두었다고 밝혔다.
>
> 그동안 많은 NGO 단체에서 에너지 분산에 대한 다양한 제안을 해왔지만 정부 차원에서 고려하거나 논의가 활발히 진행된 적은 거의 없었으며 명목상으로 포함하는 수준이었다. 그러나 이번 정부에서는 탈원전·탈석탄 공약을 제시하는 등 중앙집중형 에너지 생산시스템에서 분산형 에너지 생산시스템으로 정책의 방향을 전환하고자 한다. 이 기조에 발맞춰 분산형 에너지 생산시스템은 2018년도 지방선거에서도 해당 지역에 대한 다양한 선거공약으로 제시될 가능성이 높다.
>
> 중앙집중형 에너지 생산시스템은 환경오염, 송전선 문제, 지역 에너지 불균형 문제 등 다양한 사회적인 문제를 야기하였다. 하지만 그동안은 값싼 전기인 기저전력을 편리하게 사용할 수 있는 환경을 조성하고자 하는 기존 에너지 계획과 전력수급 계획에 밀려 중앙집중형 발전원 확대가 꾸준히 진행되었다. 그러나 현재 대통령은 중앙집중형 에너지 정책에서 분산형 에너지 정책으로 전환되어야 한다는 것을 대선 공약사항으로 밝혀 왔으며, 현재 분산형 에너지 정책으로 전환을 모색하기 위한 다각도의 노력을 하고 있다. 이러한 정부의 정책변화와 아울러 석탄화력발전소가 국내 미세먼지에 주는 영향과 일본 후쿠시마 원자력 발전소 문제, 국내 경주 대지진 및 최근 포항 지진 문제 등으로 인한 원자력에 대한 의구심 또한 커지고 있다.
>
> 제8차 전력수급계획(안)에 의하면, 우리나라의 에너지 정책은 격변기를 맞고 있다. 우리나라는 현재 중앙집중형 에너지 생산시스템이 대부분이며, 분산형 전원 시스템은 그 설비용량이 극히 적은 상태이다. 또한 우리나라의 발전설비는 2016년 말 105GW이며, 2014년도 최대 전력치를 보면 80GW 수준이므로 25GW 정도의 여유가 있는 상태이다. 25GW라는 여유는 원자력발전소 약 25기 정도의 전력생산 설비가 여유가 있는 상황이라고 볼 수 있다. 또한 제7차 전력수급기본계획의 2015 ~ 2016년 전기수요 증가율을 4.3 ~ 4.7%라고 예상하였으나 실제 증가율은 1.3 ~ 2.8% 수준에 그쳤다는 점은 우리나라의 전력 소비량 증가량이 둔화하고 있는 상태라는 것을 나타내고 있다.

① 에너지 분권의 필요성과 방향
② 중앙집중형 에너지 정책의 한계점
③ 전력 소비량과 에너지 공급량의 문제점
④ 중앙집중형 에너지 생산시스템의 발전 과정
⑤ 전력수급 기본계획의 내용과 수정 방안 모색

05 다음 중 밑줄 친 부분의 띄어쓰기가 모두 옳은 것은?

① 일과 여가 <u>두가지를</u> 어떻게 <u>조화시키느냐하는</u> 문제는 항상 인류의 관심대상이 되어 왔다.

② 최선의 세계를 만들기 위해서 <u>무엇 보다</u> 이 세계에 있는 모든 대상이 지닌 성질을 정확하게 <u>인식해야 만</u> 한다.

③ <u>내로라하는</u> 영화배우 중 내 고향 출신도 상당수 된다. 그래서 자연스럽게 영화배우를 꿈꿨고, <u>그러다 보니</u> 영화는 내 생활의 일부가 되었다.

④ 실기시험은 까다롭게 <u>심사하는만큼</u> 준비를 철저히 해야 한다. <u>한 달 간</u> 실전처럼 연습하면서 시험에 대비하자.

⑤ 우주의 <u>삼라 만상은</u> 우리에게 온갖 경험을 제공하지만 많은 경험의 결과들이 서로 <u>모순 되는</u> 때가 많다.

06 다음은 플라시보 소비에 대한 글이다. 플라시보 소비에 대한 사례로 적절하지 않은 것은?

플라시보 소비란 속임약을 뜻하는 '플라시보'와 '소비'가 결합된 말로, 가격 대비 마음의 만족이란 의미의 '가심비(價心費)'를 추구하는 소비를 뜻한다. 플라시보 소비에서의 '플라시보(Placebo)'란 실제로는 생리 작용이 없는 물질로 만든 약을 말한다. 젖당·녹말·우유 따위로 만들어지며 어떤 약물의 효과를 시험하거나 환자를 일시적으로 안심시키기 위한 목적으로 투여한다. 환자가 이 속임약을 진짜로 믿게 되면 실제로 좋은 반응이 생기기도 하는데 이를 '플라시보 효과'라고 한다.

즉, 가심비를 추구하는 소비에서는 소비자가 해당 제품을 통해서 심리적으로 안심이 되고 제품에 대한 믿음을 갖게 되면, 플라시보 효과처럼 객관적인 제품의 성능과는 상관없이 긍정적인 효과를 얻게 된다. 이러한 효과는 소비자가 해당 제품을 사랑하는 대상에 지출할 때, 제품을 통해 안전에 대한 심리적 불안감과 스트레스를 해소할 때일수록 강해진다. 따라서 상품의 가격과 성능이라는 객관적인 수치에 초점을 두었던 기존의 가성비(價性費)에 따른 소비에서는 소비자들이 '싸고 품질 좋은 제품'만을 구매했다면, 가심비에 따른 소비에서는 다소 비싸더라도 '나에게 만족감을 주는 제품'을 구매하게 된다.

① A는 딸을 위해 비싸지만 천연 소재의 원단으로 제작된 유치원복을 구매했다.

② B는 무엇인가 만드는 것을 좋아해 자수틀과 실, 바늘 등의 도구를 산다.

③ C는 계절이 바뀔 때면 브랜드 세일 기간을 공략해 꼭 필요한 옷을 구입한다.

④ D는 평소 좋아하는 캐릭터의 피규어를 비싸게 구매하였다.

⑤ E는 동전 컬렉션을 완성하기 위해 옛날 동전을 비싸게 구매했다.

07 다음 문단을 논리적 순서대로 바르게 나열한 것은?

> (가) 나무를 가꾸기 위해서는 처음부터 여러 가지를 고려해 보아야 한다. 심을 나무의 생육조건, 나무의 형태, 성목이 되었을 때의 크기, 꽃과 단풍의 색, 식재지역의 기후와 토양 등을 종합적으로 생각하고 심어야 한다. 나무의 생육조건은 저마다 다르기 때문에 지역의 환경조건에 적합한 나무를 선별하여 환경에 적응하도록 해야 한다. 동백나무와 석류, 홍가시나무는 남부지방에 키우기 적합한 나무로 알려져 있지만 지구온난화로 남부수종의 생육한계선이 많이 북상하여 중부지방에서도 재배가 가능한 나무도 있다. 부산의 도로 중앙분리대에서 보았던 잎의 붉은 홍가시나무는 여주의 시골집 마당 양지바른 곳에서 3년째 잘 적응하고 있다.
>
> (나) 더불어 나무의 특성을 외면하고 주관적인 해석에 따라 심었다가는 훗날 낭패를 보기 쉽다. 물을 좋아하는 수국 곁에 물을 싫어하는 소나무를 심었다면 둘 중 하나는 살기 어려운 환경이 조성된다. 나무를 심고 가꾸기 위해서는 전체적인 밑그림을 그려보고 생태적 특징을 살펴본 후에 심는 것이 바람직하다.
>
> (다) 나무들이 밀집해 있으면 나무들끼리의 경쟁은 물론 바람길과 햇빛의 방해로 성장은 고사하고 병충해에 시달리기 쉽다. 또한 나무들은 성장속도가 다르기 때문에 항상 다 자란 나무의 모습을 상상하며 나무들 사이의 공간 확보를 염두에 두어야 한다. 그러나 묘목을 심고 보니 듬성듬성한 공간을 메꾸기 위하여 자꾸 나무를 심게 되는 실수가 종종 일어나고는 한다.
>
> (라) 식재계획의 시작은 장기적인 안목으로 적재적소의 원칙을 염두에 두고 나무를 선정해야 한다. 식물은 햇빛, 물, 바람의 조화를 이루면 잘 산다고 하지 않는가. 그래서 나무의 특성 중에서 햇볕을 좋아하는지 그늘을 좋아하는지, 물을 좋아하는지 여부를 살펴보는 것이 중요하다. 어린 묘목을 심을 경우 실수하는 것은 나무가 자랐을 때의 생육공간을 생각하지 않고 촘촘하게 심는 것이다.

① (가) – (다) – (라) – (나)   ② (가) – (라) – (다) – (나)

③ (나) – (라) – (다) – (가)   ④ (다) – (나) – (가) – (라)

⑤ (다) – (나) – (라) – (가)

18세기에는 열의 실체가 칼로릭(Caloric)이며, 칼로릭은 온도가 높은 쪽에서 낮은 쪽으로 흐르는 성질이 있으며 질량이 없는 입자들의 모임이라는 생각이 받아들여지고 있었다. 이를 칼로릭 이론이라 부르는데, 이에 따르면 찬 물체와 뜨거운 물체를 접촉시켜 놓았을 때 두 물체의 온도가 같아지는 것은 칼로릭이 뜨거운 물체에서 차가운 물체로 이동하기 때문이라는 것이다. 이러한 상황에서 과학자들의 큰 관심사 중의 하나는 증기 기관과 같은 열기관의 열효율 문제였다.

열기관은 높은 온도의 열원에서 열을 흡수하고 낮은 온도의 대기와 같은 열기관 외부에 열을 방출하며 일을 하는 기관을 말하는데, 열효율은 열기관이 흡수한 열의 양 대비 한 일의 양으로 정의된다. 19세기 초에 카르노는 열기관의 열효율 문제를 칼로릭 이론에 기반을 두고 다루었다. 카르노는 물레방아와 같은 수력 기관에서 물이 높은 곳에서 낮은 곳으로 흐르면서 일을 할 때 물의 양과 한 일의 양의 비가 높이 차이에만 좌우되는 것에 주목하였다. 물이 높이 차에 의해 이동하는 것과 흡사하게 칼로릭도 고온에서 저온으로 이동하면서 일을 하게 되는데, 열기관의 열효율 역시 이러한 두 온도에만 의존한다는 것이었다.

한편 1840년대에 줄(Joule)은 일정량의 열을 얻기 위해 필요한 각종 에너지의 양을 측정하는 실험을 행하였다. 대표적인 것이 열의 일당량 실험이었다. 이 실험은 열기관을 대상으로 한 것이 아니라, 추를 낙하시켜 물속의 날개바퀴를 회전시키는 실험이었다. 열의 양은 칼로리(Calorie)로 표시되는데, 그는 역학적 에너지인 일이 열로 바뀌는 과정의 정밀한 실험을 통해 1kcal의 열을 얻기 위해서 필요한 일의 양인 열의 일당량을 측정하였다. 줄은 이렇게 일과 열은 형태만 다를 뿐 서로 전환이 가능한 물리량이므로 등가성이 있다는 것을 입증하였으며, 열과 일이 상호 전환될 때 열과 일의 에너지를 합한 양은 일정하게 보존된다는 사실을 알아냈다. 이후 열과 일뿐만 아니라 화학 에너지, 전기 에너지 등이 등가성이 있으며 상호 전환될 때에 에너지의 총량은 변하지 않는다는 에너지 보존 법칙이 입증되었다.

열과 일에 대한 이러한 이해는 카르노의 이론에 대한 과학자들의 재검토로 이어졌다. 특히 톰슨은 ㉠ 칼로릭 이론에 입각한 카르노의 열기관에 대한 설명이 줄의 에너지 보존 법칙에 위배된다고 지적하였다. 카르노의 이론에 의하면, 열기관은 높은 온도에서 흡수한 열 전부를 낮은 온도로 방출하면서 일을 한다. 이것은 줄이 입증한 열과 일의 등가성과 에너지 보존 법칙에 어긋나는 것이어서 열의 실체가 칼로릭이라는 생각은 더 이상 유지될 수 없게 되었다. 하지만 열효율에 대한 카르노의 이론은 클라우지우스의 증명으로 유지될 수 있었다. 그는 카르노의 이론이 유지되지 않는다면 열은 저온에서 고온으로 흐르는 현상이 생길 수도 있을 것이라는 가정에서 출발하여, 열기관의 열효율은 열기관이 고온에서 열을 흡수하고 저온에 방출할 때의 두 작동 온도에만 관계된다는 카르노의 이론을 증명하였다.

클라우지우스는 자연계에서는 열이 고온에서 저온으로만 흐르고 그와 반대되는 현상은 일어나지 않는 것과 같이 경험적으로 알 수 있는 방향성이 있다는 점에 주목하였다. 또한 일이 열로 전환될 때와는 달리, 열기관에서 열 전부를 일로 전환할 수 없다는, 즉 열효율이 100%가 될 수 없다는 상호 전환 방향에 대한 비대칭성이 있다는 사실에 주목하였다. 이러한 방향성과 비대칭성에 대한 논의는 이를 설명할 수 있는 새로운 물리량인 엔트로피(Entropy)의 개념을 낳았다.

08 다음 중 윗글을 통해 알 수 있는 내용으로 가장 적절한 것은?

① 열기관은 외부로부터 받은 일을 열로 변환하는 기관이다.

② 수력 기관에서 물의 양과 한 일의 양의 비는 물의 온도 차이에 비례한다.

③ 칼로릭 이론에 의하면 차가운 쇠구슬이 뜨거워지면 쇠구슬의 질량은 증가하게 된다.

④ 칼로릭 이론에서는 칼로릭을 온도가 낮은 곳에서 높은 곳으로 흐르는 입자라고 본다.

⑤ 열기관의 열효율은 두 작동 온도에만 관계된다는 이론은 칼로릭 이론의 오류가 밝혀졌음에도 유지되었다.

09 다음 중 밑줄 친 ㉠의 내용으로 가장 적절한 것은?

① 열의 실체가 칼로릭이라면 열기관이 한 일을 설명할 수 없다는 점

② 화학 에너지와 전기 에너지는 서로 전환될 수 없는 에너지라는 점

③ 자연계에서는 열이 고온에서 저온으로만 흐르는 것과 같은 방향성이 있는 현상이 존재한다는 점

④ 열효율에 대한 카르노의 이론이 맞지 않는다면 열은 저온에서 고온으로 흐르는 현상이 생길 수 있다는 점

⑤ 열기관의 열효율은 열기관이 고온에서 열을 흡수하고 저온에 방출할 때의 두 작동 온도에만 관계된다는 점

10 다음은 부당이득징수업무 처리규정의 일부이다. 이에 대한 설명으로 적절한 것을 〈보기〉에서 모두 고르면?

> **부당이득 징수금 납입고지(제6조)**
> 지역본부장은 제5조에 따른 부당이득 관리 수관 즉시 납부의무자에게 그 금액과 납부기한을 별지 제28호 서식에 따라 납입고지하여야 한다. 이 경우 납부기한은 고지서 발급일부터 10일 이상 30일 이내로 하여야 한다.
>
> **독촉장 발급(제7조)**
> 지역본부장은 납입고지서상에 기재된 납부기한까지 완납하지 아니하였을 때에는 별지 제29호서식에 따라 납부기한이 지난 후 10일 이내에 독촉장을 발급하여야 하며, 납부기한은 독촉장 발급일부터 10일 이상 20일 이내로 한다.
>
> **체납자의 행방조사(제9조)**
> ① 지역본부장은 체납자가 주민등록지에 거주하는지 여부를 확인하여야 하며, 체납자가 주민등록지에 거주하지 아니하는 경우 담당자는 관계공부열람복명서를 작성하거나 체납자의 주민등록지 관할 동(읍·면)장의 행방불명확인서를 발급받는다.
>
> **재산 및 행방조사 시기 등(제10조)**
> ① 지역본부장은 체납자에 대한 재산조사 및 행방조사 업무를 체납이 발생할 때마다 수시로 실시하여 체납정리의 신속을 도모하고 특정한 시기에 집중적으로 조회하여 상대기관(협조기관)의 업무폭주에 따른 처리지연, 미회신 등의 사례가 발생하지 않도록 하여야 한다.
> ② 지역본부장은 체납자의 주소 및 등록기준지가 다른 소속기관 관할인 경우에는 그 관할 지역본부장에게 제8조, 제9조제1항 및 제2항에 따른 조사를 직접 수행하도록 의뢰할 수 있으며, 이 경우 의뢰를 받은 지역본부장은 조사사항을 의뢰일부터 15일 이내에 송부하여야 한다.

보기

ㄱ. 지역본부장이 1월 3일에 납부의무자 A에 대한 부당이득 관리를 수관하였다면 A는 고지된 금액을 늦어도 2월 2일 이내에 납부하여야 한다.

ㄴ. 지역본부장이 4월 2일에 납부의무자 B에게 4월 16일을 납부기한으로 하는 고지서를 발급하였으나 B가 납부하지 않은 경우, 지역본부장의 독촉장에 따른 B의 납부기한은 늦어도 5월 26일이다.

ㄷ. 체납자가 주민등록지에 거주하지 않는 경우, 지역본부장은 관계공부열람복명서를 작성하거나 관계기관에서 행방불명확인서를 발급받을 수 있다.

ㄹ. 관할 지역본부장은 상시적 업무부담 가중을 피하기 위해 재산조사 및 행방조사를 월말에 일괄적으로 실시해야 한다.

① ㄱ

② ㄴ

③ ㄱ, ㄷ

④ ㄷ, ㄹ

⑤ ㄱ, ㄷ, ㄹ

11 농도 8%의 소금물 200g에서 한 컵의 소금물을 퍼내고 퍼낸 양만큼 물을 부었다. 그리고 다시 농도 2%의 소금물을 더 넣었더니 농도 3%의 소금물 320g이 되었다고 할 때, 퍼낸 소금물의 양은?

① 100g
② 110g
③ 120g
④ 130g
⑤ 140g

12 시속 300km/h로 달리는 KTX 열차가 있다. 목적지까지 400km이며, 정차해야 하는 역이 7곳 있다. 정차역에서 10분간 대기 후 출발한다고 했을 때, 목적지까지 가는 데 걸린 시간은 총 얼마인가?(단, 일정한 속도로 달리는 것으로 가정한다)

① 1시간 10분
② 1시간 20분
③ 2시간 20분
④ 2시간 30분
⑤ 3시간

13 예선 경기에서 우승한 8명의 선수들이 본선 경기를 진행하려고 한다. 경기 방식은 토너먼트이고 작년에 우승한 1 ~ 4위까지의 선수들이 첫 경기에서 만나지 않도록 대진표를 정한다. 이때 가능한 대진표의 경우의 수는?

① 60가지
② 64가지
③ 68가지
④ 72가지
⑤ 76가지

14 J공사에서는 전력 사업 확장과 동시에 신입사원을 채용하려 한다. 부서별 배정 인원이 다음과 같을 때, 전체 신입사원의 수는?(단, 부서는 인사, 총무, 문화연구, 마케팅의 4개 부서만 있다)

> 전체 신입사원 중 $\frac{1}{5}$은 인사부, $\frac{1}{4}$은 총무부, $\frac{1}{2}$의 인원은 연구부이며, 마케팅부에 배정할 인원은 100명이다.

① 1,000명
② 1,200명
③ 1,500명
④ 2,000명
⑤ 2,100명

15 다음은 공항철도를 이용한 월별 여객 수송실적이다. 빈칸 (A) ~ (C)에 들어갈 수가 바르게 연결된 것은?

〈월별 공항철도 이용 여객 현황〉

(단위 : 명)

구분	수송인원	승차인원	유입인원
1월	287,923	117,532	170,391
2월	299,876	(A)	179,743
3월	285,200	131,250	153,950
4월	272,345	152,370	119,975
5월	(B)	188,524	75,796
6월	268,785	203,557	65,228
7월	334,168	234,617	99,551
8월	326,394	215,890	110,504
9월	332,329	216,866	115,463
10월	312,208	224,644	(C)

※ 유입인원은 환승한 인원이다.
※ (승차인원)=(수송인원)-(유입인원)

	(A)	(B)	(C)
①	120,133	264,320	87,564
②	120,133	251,310	97,633
③	122,211	251,310	97,633
④	122,211	264,320	97,633
⑤	131,127	253,229	87,564

16 다음은 전산장비(A ~ F) 연간유지비와 전산장비 가격 대비 연간유지비 비율을 나타낸 자료이다. 이에 대한 설명으로 옳은 것은?

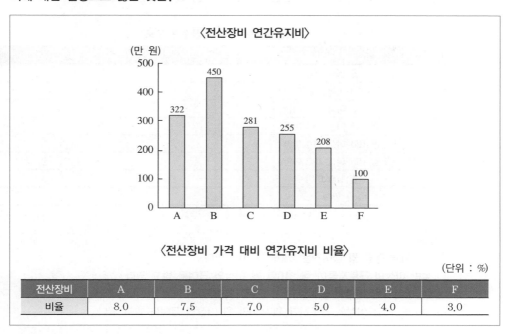

〈전산장비 연간유지비〉

〈전산장비 가격 대비 연간유지비 비율〉

(단위 : %)

전산장비	A	B	C	D	E	F
비율	8.0	7.5	7.0	5.0	4.0	3.0

① B의 연간유지비가 D의 연간유지비의 2배 이상이다.
② 가격이 가장 높은 전산장비는 A이다.
③ 가격이 가장 낮은 전산장비는 F이다.
④ C의 전산장비 가격은 E의 가격보다 높다.
⑤ A를 제외한 전산장비는 가격이 높을수록 연간유지비도 더 높다.

17 다음은 J공장에서 근무하는 근로자들의 임금수준 분포를 나타낸 자료이다. 근로자 전체에게 지급된 임금(월 급여)의 총액이 2억 원일 때, 〈보기〉 중 옳은 것을 모두 고르면?

〈공장 근로자의 임금수준 분포〉

임금수준(만 원)	근로자 수(명)
월 300 이상	4
월 270 이상 300 미만	8
월 240 이상 270 미만	12
월 210 이상 240 미만	26
월 180 이상 210 미만	30
월 150 이상 180 미만	6
월 150 미만	4
합계	90

보기
㉠ 근로자당 평균 월 급여액은 230만 원 이하이다.
㉡ 절반 이상의 근로자들이 월 210만 원 이상의 급여를 받고 있다.
㉢ 월 180만 원 미만의 급여를 받는 근로자의 비율은 약 14%이다.
㉣ 적어도 15명 이상의 근로자가 월 250만 원 이상의 급여를 받고 있다.

① ㉠
② ㉠, ㉡
③ ㉠, ㉡, ㉣
④ ㉡, ㉢, ㉣
⑤ ㉠, ㉡, ㉢, ㉣

18 다음은 지역별 의료인력 분포 현황을 나타낸 자료이다. 이에 대한 설명으로 옳지 않은 것은?(단, 광역시는 지역분류에서 도에 포함한다)

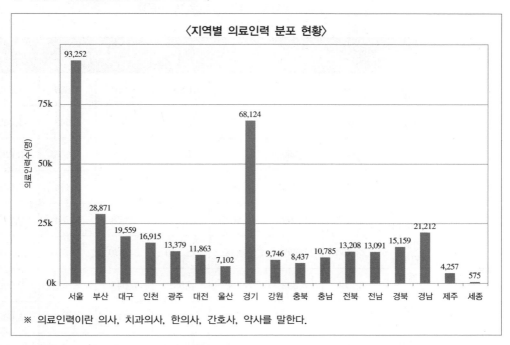

〈지역별 의료인력 분포 현황〉

※ 의료인력이란 의사, 치과의사, 한의사, 간호사, 약사를 말한다.

① 의료인력은 수도권에 편중된 불균형상태를 보이고 있다.
② 전라도 지역에서 광주가 차지하는 비중이 충청도 지역에서 대전이 차지하는 비중보다 크다.
③ 의료인력수가 두 번째로 적은 지역은 도서지역이다.
④ 의료인력수가 많을수록 의료인력 비중이 고르다고 말할 수 없다.
⑤ 서울과 경기를 제외한 나머지 지역 중 의료인력수가 가장 많은 지역과 가장 적은 지역의 차는 경남의 의료인력수보다 크다.

※ 다음은 2024년 2월 10일 기준 국내 월평균 식재료 가격이다. 이어지는 질문에 답하시오. [19~20]

<월평균 식재료 가격(2024.02.10 기준)>

(단위 : 원)

| 구분 | 세부항목 | 2023년 | | | | | | 2024년 |
		7월	8월	9월	10월	11월	12월	1월
곡류	쌀 (원/kg)	1,992	1,083	1,970	1,895	1,850	1,809	1,805
채소류	양파 (원/kg)	1,385	1,409	1,437	1,476	1,504	1,548	1,759
	배추 (원/포기)	2,967	4,556	7,401	4,793	3,108	3,546	3,634
	무 (원/개)	1,653	1,829	2,761	3,166	2,245	2,474	2,543
수산물	물오징어 (원/마리)	2,286	2,207	2,267	2,375	2,678	2,784	2,796
	건멸치 (원/kg)	23,760	23,760	24,100	24,140	24,870	25,320	25,200
축산물	계란 (원/30개)	5,272	5,332	5,590	5,581	5,545	6,621	9,096
	닭 (원/kg)	5,436	5,337	5,582	5,716	5,579	5,266	5,062
	돼지 (원/kg)	16,200	15,485	15,695	15,260	15,105	15,090	15,025
	소_국산 (원/kg)	52,004	52,220	52,608	52,396	51,918	51,632	51,668
	소_미국산 (원/kg)	21,828	22,500	23,216	21,726	23,747	22,697	21,432
	소_호주산 (원/kg)	23,760	23,777	24,122	23,570	23,047	23,815	24,227

※ 주요 식재료 소매가격(물오징어는 냉동과 생물의 평균가격, 계란은 특란의 평균가격, 돼지는 국내 냉장과 수입 냉동의 평균가격, 국산 소고기는 갈비, 등심, 불고기의 평균가격, 미국산 소고기는 갈비, 갈빗살, 불고기의 평균가격, 호주산 소고기는 갈비, 등심, 불고기의 평균가격임)
※ 표시가격은 주요 재료의 월평균 가격이며, 조사 주기는 일별로 조사함

19 다음 중 자료를 이해한 내용으로 옳지 않은 것은?

① 2023년 8월 대비 9월 쌀 가격의 증가율은 2023년 11월 대비 12월 무 가격의 증가율보다 크다.

② 소의 가격은 국산, 미국산, 호주산 모두 2023년 7월부터 9월까지 증가했다가 10월에 감소했다.

③ 계란의 가격은 2023년 7월부터 2024년 1월까지 꾸준히 증가하고 있다.

④ 쌀의 가격은 2023년 8월에 감소했다가 9월에 증가한 후 그 후로 계속 감소하고 있다.

⑤ 2023년 11월 대비 2024년 1월의 건멸치 가격의 증가율은 약 1.32%이다.

20 J식품 신입사원인 A사원은 국내 농·수산물의 동향과 관련한 보고서를 쓰기 위해 월평균 식재료 가격 자료를 토대로 2023년 12월 대비 2024년 1월 식재료별 가격의 증감률을 구하고 있다. A사원이 작성한 보고서의 일부를 참고할 때, 다음 중 증감률이 가장 큰 식재료는?(단, 증감률은 소수점 셋째 자리에서 버림한다)

〈국내 농·수산물 가격 동향에 따른 보고서〉

식품개발팀 A사원

저희 개발팀에서 올해 기획하고 있는 신제품 출시를 위하여 국내 농·수산물 가격 동향을 조사하였습니다. 아래 첨부된 월평균 식재료 증감률에 따라 신제품 개발 일정에 참고하시면 될 것 같습니다. 자세한 사항은 식품개발팀 B과장님께 문의하십시오.

〈월평균 식재료 증감률(2024.02.10 기준)〉

구분	세부항목	2023년 12월	2024년 1월	증감률(%)
곡류	쌀(원/kg)	1,809	1,805	
채소류	양파(원/kg)	1,548	1,759	
	배추(원/포기)	3,546	3,634	
	무(원/개)	2,474	2,543	
수산물	건멸치(원/kg)	25,320	25,200	
…(생략)…				

① 쌀   ② 양파

③ 배추   ④ 무

⑤ 건멸치

21 다음 〈조건〉을 바탕으로 〈보기〉를 판단한 내용으로 옳은 것은?

조건

- 영업을 잘하면 기획을 못한다.
- 편집을 잘하면 영업을 잘한다.
- 디자인을 잘하면 편집을 잘한다.

보기

A : 디자인을 잘하면 기획을 못한다.
B : 편집을 잘하면 기획을 잘한다.

① A만 옳다.
② B만 옳다.
③ A, B 모두 옳다.
④ A, B 모두 틀리다.
⑤ A, B 모두 옳은지 틀린지 판단할 수 없다.

22 이벤트에 당첨된 A ~ C에게 〈조건〉에 따라 경품을 지급하였다. 다음 중 이에 대한 설명으로 옳은 것을 〈보기〉에서 모두 고르면?

조건

- 지급된 경품은 냉장고, 세탁기, 에어컨, 청소기가 각각 프리미엄형과 일반형 1대씩이었고, 전자레인지는 1대였다.
- 당첨자 중 1등은 A, 2등은 B, 3등은 C였으며, 이 순서대로 경품을 각각 3개씩 가져갔다.
- A는 프리미엄형 경품을 총 2대 골랐는데, 청소기 프리미엄형은 가져가지 않았다.
- B는 청소기를 고르지 않았다.
- C가 가져간 경품 중 A와 겹치는 종류가 1개 있다.
- B와 C가 가져간 경품 중 겹치는 종류가 1개 있다.
- 한 사람이 같은 종류의 경품을 2개 이상 가져가지 않았다.

보기

㉠ C는 반드시 전자레인지를 가져갔을 것이다.
㉡ A는 청소기를 가져갔을 수도, 그렇지 않을 수도 있다.
㉢ B가 가져간 프리미엄형 가전은 최대 1개이다.
㉣ C는 프리미엄형 가전을 가져가지 못했을 것이다.

① ㉠
② ㉠, ㉡
③ ㉠, ㉢
④ ㉡, ㉣
⑤ ㉢, ㉣

23 J병원은 현재 영양제 할인행사를 진행하고 있다. J병원에서 근무하는 A씨가 할인행사에 대한 고객들의 문의내용에 다음과 같이 답변했을 때, 답변내용으로 적절한 것은?

<J병원 영양제 할인행사 안내>

▶ 대상 : J병원 모든 외래 · 입원환자
▶ 기간 : 12월 1 ~ 31일까지 한 달간

구분	웰빙코스	케어코스	헬스코스	종합코스	폼스티엔에이페리주 치료
대상	• 만성피로 직장인 • 간 질환자	• 노인성 질환자 • 수험생 • 비만인	• 집중력 · 기억력 감퇴자 • 급성 · 만성 간염 환자 • 운동선수	• 당뇨병 환자 • 심혈관 환자 • 만성피로 증후군 • 노인, 직장인 • 비만인, 수험생 • 운동선수	• 경구 또는 위장관 영양공급이 불가능 · 불충분하거나 제한되어 경정맥에 영양공급을 해야하는 환자
효능	• 간 해독효과 • 피로회복 • 식욕부진 • 피부질환	• 손발 저림 • 어깨통증 • 피로회복 • 집중력 증대 • 다이어트	• 간세포 괴사 억제 • 전신 권태감 개선 • 인식력 저하 개선 • 학습능력 향상	• 피로회복 • 간 기능 개선 • 집중력 증대 • 손발 저림 • 어깨통증 • 다이어트 • 피부질환	• 칼로리, 아미노산 공급 • 필수지방, 오메가 −3 지방산 공급
가격	85,000원 → 59,500원	70,000원 → 49,000원	75,000원 → 52,500원	100,000원 → 70,000원	120,000원 → 84,000원

① 문의 : J병원에서 영양제 할인행사를 한다고 들었는데 얼마나 할인되는건가요?
　 답변 : 폼스티엔에이페리주 치료를 제외한 전체 코스에서 모두 30% 할인됩니다.
② 문의 : 제가 요새 식욕부진으로 고생 중인데 어떤 영양제 코스를 받는게 좋을까요?
　 답변 : 할인을 통해 52,500원인 헬스코스를 추천드립니다.
③ 문의 : 손발 저림에 효과있는 영양제 코스가 있을까요?
　 답변 : 케어코스가 있습니다. 혹시 피부질환도 치료를 원하실 경우 종합코스를 추천드립니다.
④ 문의 : 제가 좀 비만이라 다이어트에 도움되는 코스도 있을까요?
　 답변 : 다이어트에 도움을 주는 케어코스 어떠실까요? 2월까지 할인행사 진행 중입니다.
⑤ 문의 : 폼스티엔에이페리주 치료를 받아볼까 하는데 어떤 효능이 있죠?
　 답변 : 비타민 A와 D, 칼슘과 나트륨을 충분히 공급받으실 수 있습니다.

다음 자료를 참고할 때, 국제행사의 개최도시로 선정될 곳은?

> J사무관은 대한민국에서 열리는 국제행사의 개최도시를 선정하기 위해 다음과 같은 후보도시 평가표를 만들었다. 후보도시 평가표에 따른 점수와 국제해양기구의 의견을 모두 반영하여, 합산점수가 가장 높은 도시를 개최도시로 선정하고자 한다.

〈후보도시 평가표〉

구분	서울	인천	대전	부산	제주
1) 회의 시설 1,500명 이상 수용 가능한 대회의장 보유 등	A	A	C	B	C
2) 숙박 시설 도보거리에 특급 호텔 보유 등	A	B	A	A	C
3) 교통 공항 접근성 등	B	A	C	B	B
4) 개최 역량 대규모 국제행사 개최 경험 등	A	C	C	A	B

※ A : 10점, B : 7점, C : 3점

〈국제해양기구의 의견〉

• 외국인 참석자의 편의를 위해 '교통'에서 A를 받은 도시의 경우 추가로 5점을 부여해 줄 것
• 바다를 끼고 있는 도시(인천, 부산, 제주)의 경우 추가로 5점을 부여해 줄 것
• 예상 참석자가 2,000명 이상이므로 '회의 시설'에서 C를 받은 도시는 제외할 것

① 서울
③ 대전
⑤ 제주
② 인천
④ 부산

25 다음은 부서별 핵심역량가치 중요도와 신입사원들의 핵심역량평가 결과를 나타낸 자료이다. 이를 토대로 C사원과 E사원이 배치될 부서를 바르게 연결한 것은?(단, '−'는 중요도를 따지지 않는다는 표시이다)

〈핵심역량가치 중요도〉

구분	창의성	혁신성	친화력	책임감	윤리성
영업팀	−	중	상	중	−
개발팀	상	상	하	중	상
지원팀	−	중	−	상	하

〈핵심역량평가 결과표〉

구분	창의성	혁신성	친화력	책임감	윤리성
A사원	상	하	중	상	상
B사원	중	중	하	중	상
C사원	하	상	상	중	하
D사원	하	하	상	하	중
E사원	상	중	중	상	하

	C사원	E사원
①	개발팀	지원팀
②	영업팀	개발팀
③	영업팀	지원팀
④	지원팀	개발팀
⑤	지원팀	영업팀

26 다음은 섬유 산업에 대한 SWOT 분석 결과이다. 이를 분석한 내용으로 적절한 것을 〈보기〉에서 모두 고르면?

〈섬유 산업에 대한 SWOT 분석 결과〉

구분	분석 결과
강점(Strength)	– 빠른 제품 개발 시스템
약점(Weakness)	– 기능 인력 부족 심화 – 인건비 상승
기회(Opportunity)	– 한류의 영향으로 한국 제품 선호 – 국내 기업의 첨단 소재 개발 성공
위협(Threat)	– 외국산 저가 제품 공세 강화 – 선진국의 기술 보호주의

보기

ㄱ. 한류 배우를 모델로 브랜드 홍보 전략을 추진한다.
ㄴ. 단순 노동 집약적인 소품종 대량 생산 체제를 갖춘다.
ㄷ. 소비자 기호를 빠르게 분석하여 제품 생산에 반영한다.
ㄹ. 선진국의 원천 기술을 이용한 기능성 섬유를 생산한다.

① ㄱ, ㄴ   ② ㄱ, ㄷ
③ ㄴ, ㄷ   ④ ㄴ, ㄹ
⑤ ㄷ, ㄹ

※ 한국전력공사의 ICT 센터는 정보보안을 위해 직원의 컴퓨터 암호를 다음과 같은 규칙으로 지정해두었다. 이어지는 질문에 답하시오. [27~30]

〈규칙〉

1. 자음과 모음의 배열은 국어사전의 배열 순서에 따른다.
   • 자음
     − 국어사전 배열 순서에 따라 알파벳 소문자(a, b, c, …)로 치환하여 사용한다.
     − 받침으로 사용되는 자음의 경우 대문자로 구분한다.
     − 겹받침일 경우, 먼저 쓰인 순서대로 알파벳을 나열한다.
   • 모음
     − 국어사전 배열 순서에 따라 숫자(1, 2, 3, …)로 치환하여 사용한다.
2. 비밀번호는 임의의 세 글자로 구성하되 마지막 음절 뒤 한 자리 숫자는 다음의 규칙에 따라 지정한다.
   • 음절에 사용된 각 모음의 합으로 구성한다.
   • 모음의 합이 두 자리 이상일 경우엔 각 자릿수를 다시 합하여 한 자리 수가 나올 때까지 더한다.
   • '−'을 사용하여 단어와 구별한다.

27 김사원 컴퓨터의 비밀번호는 '자전거'이다. 다음 중 이를 암호로 바르게 치환한 것은?

① m1m3ca5−9   ② m1m5Ca5−2

③ n1n5ca3−9   ④ m1m3Ca3−7

⑤ n1n5ca4−2

28 이대리 컴퓨터의 비밀번호는 '마늘쫑'이다. 다음 중 이를 암호로 바르게 치환한 것은?

① g1c19FN9L−2   ② g1C11fN3H−6

③ g1c16FN2N−1   ④ g1c19Fn9L−2

⑤ g1c16Fn3h−1

29 다음 중 조사원 컴퓨터의 암호 'e5Ah9Bl21−8'을 바르게 풀이한 것은?

① 매운탕   ② 막둥이

③ 떡볶이   ④ 떡붕어

⑤ 망둥어

30 다음 중 송주임 컴퓨터의 암호 'l15Cd5r14F−7'을 바르게 풀이한 것은?

① 워크숍   ② 원더풀

③ 온누리   ④ 올림픽

⑤ 원스톱

01 다음은 주택용 전력 요금에 대한 자료이다. 단독주택에 거주하는 A씨는 전력을 저압으로 공급받고, 빌라에 거주하는 B씨는 전력을 고압으로 공급받는다. 이번 달 A씨의 전력사용량은 285kWh이고, B씨의 전력사용량은 410kWh일 때, A씨와 B씨의 전기요금을 바르게 나열한 것은?

〈주택용 전기요금〉

구분	기본요금(원/호)		전력량요금(원/kWh)	
주택용 전력(저압)	200kWh 이하 사용	910	처음 200kWh 까지	93.3
	201 ~ 400kWh 사용	1,600	다음 200kWh 까지	187.9
	400kWh 초과 사용	7,300	400kWh 초과	280.6
주택용 전력(고압)	200kWh 이하 사용	730	처음 200kWh 까지	78.3
	201 ~ 400kWh 사용	1,260	다음 200kWh 까지	147.3
	400kWh 초과 사용	6,060	400kWh 초과	215.6

※ (전기요금)=(기본요금)+(전력량요금)+(부가가치세)+(전력산업기반기금)
※ (부가가치세)=[(기본요금)+(전력량요금)]×0.1(10원 절사)
※ (전력산업기반기금)=[(기본요금)+(전력량요금)]×0.037(10원 절사)
※ 전력량요금은 주택용 요금 누진제 적용(10원 절사)
 - 주택용 요금 누진제는 사용량이 증가함에 따라 순차적으로 높은 단가가 적용되며, 현재 200kWh 단위로 3단계 운영

     A씨의 전기요금   B씨의 전기요금
①   40,500원   55,300원
②   40,500원   60,630원
③   41,190원   55,830원
④   41,190원   60,630원
⑤   46,890원   55,830원

02 J공사는 상수원의 여과기 정비 업체를 새로 선정하려고 한다. 다음 입찰 업체 5곳의 1년 계약금 및 수질개선효과는 다음과 같다. 수질개선점수 산출방식에 따라 점수가 가장 큰 업체 두 곳을 선정한다고 할 때, 선정될 업체는?(단, 모든 계산 시 소수점 첫째 자리에서 버림한다)

〈업체별 계약금 및 수질개선효과〉

(단위 : 점)

업체	1년 계약금 (만 원)	정비 1회당 수질개선효과		
		장비수명 개선	여과효율 개선	관리효율 개선
A	3,950	75	65	80
B	4,200	79	68	84
C	4,800	74	62	84
D	4,070	80	55	90
E	5,100	83	70	86

※ 항목별 개선효과는 여과업체선정위원회에서 심사위원들이 업체별로 1 ~ 100점을 부과한 점수의 평균값이다.

〈수질개선점수 산출방식〉

- (수질개선점수)=(정비 1회당 수질개선효과)×(분기별 정비횟수)÷100
- (정비 1회당 수질개선효과)=(장비수명 개선)+(여과효율 개선)+(관리효율 개선)
- (분기별 정비횟수)=$\dfrac{[\text{1년 정비비용(만 원)}]}{30}$
- (1년 정비비용)=6,000만 원－(1년 계약금)

① A업체, B업체
② A업체, D업체
③ B업체, C업체
④ C업체, E업체
⑤ D업체, E업체

03 다음은 J공사 사원들의 주말 당직 일정표이다. 오전 9시부터 오후 4시까지 반드시 한 명 이상이 사무실에 당직을 서야 하며, 한 사람이 토요일과 일요일 연속하여 당직을 설 수는 없다. 또 월 2회 이상 월 최대 10시간 미만으로 당직을 서야 한다. 다음 중 당직 일정을 수정해야 하는 사람은?(단, 점심시간 12 ~ 13시는 당직시간에서 제외한다)

<주말 당직 일정표>

당직일	당직자	당직일	당직자
첫째 주 토요일	유지선 9 ~ 14시 이윤미 12 ~ 16시	첫째 주 일요일	임유리 9 ~ 16시 정지수 13 ~ 16시 이준혁 10 ~ 14시
둘째 주 토요일	정지수 9 ~ 13시 이윤미 12 ~ 16시 길민성 12 ~ 15시	둘째 주 일요일	이선옥 9 ~ 12시 최기태 10 ~ 16시 김재욱 13 ~ 16시
셋째 주 토요일	최기태 9 ~ 12시 김재욱 13 ~ 16시	셋째 주 일요일	유지선 9 ~ 12시 이준혁 10 ~ 16시
넷째 주 토요일	이윤미 9 ~ 13시 임유리 10 ~ 16시 서유진 9 ~ 16시	넷째 주 일요일	이선옥 9 ~ 12시 길민성 9 ~ 14시 서유진 14 ~ 16시

① 유지선　　　　　　　　② 이준혁
③ 임유리　　　　　　　　④ 서유진
⑤ 길민성

※ J공사 신성장기술본부에서 근무하는 A부장은 적도기니로 출장을 다녀와 보고서를 작성하려고 한다. 다음 자료를 참고하여 이어지는 질문에 답하시오. **[4~5]**

〈경유지, 도착지 현지 시각〉

국가(도시)	현지 시각
한국(인천)	2024. 12. 05 AM 08:40
중국(광저우)	2024. 12. 05 AM 07:40
에티오피아(아디스아바바)	2024. 12. 05 AM 02:40
적도기니(말라보)	2024. 12. 05 AM 00:40

〈경로별 비행 시간〉

비행경로	비행 시간
인천 → 광저우	3시간 50분
광저우 → 아디스아바바	11시간 10분
아디스아바바 → 말라보	5시간 55분

〈경유지별 경유 시간〉

경유지	경유 시간
광저우	4시간 55분
아디스아바바	6시간 10분

04 A부장은 2024년 12월 5일 오전 8시 40분 인천에서 비행기를 타고 적도기니로 출장을 다녀왔다. A부장이 두 번째 경유지인 아디스아바바에 도착한 현지 날짜 및 시각으로 옳은 것은?

① 2024. 12. 05 PM 10:35
② 2024. 12. 05 PM 11:35
③ 2024. 12. 06 AM 00:35
④ 2024. 12. 06 AM 01:35
⑤ 2024. 12. 06 AM 02:40

05 기상악화로 인하여 광저우에서 출발하는 아디스아바바행 비행기가 2시간 지연 출발하였다고 한다. 이때, 총소요시간과 적도기니에 도착하는 현지 날짜 및 시각으로 옳은 것은?

	총소요시간	현지 날짜 및 시각
①	31시간	2024. 12. 06 AM 07:40
②	32시간	2024. 12. 06 AM 08:40
③	33시간	2024. 12. 06 AM 09:40
④	34시간	2024. 12. 06 AM 10:40
⑤	36시간	2024. 12. 06 AM 10:50

PART 3

※ A부장은 J종합병원의 간호인력의 고용을 합리화하고자 한다. 병원이 24시간 운영된다고 할 때, 다음 자료를 참고하여 이어지는 질문에 답하시오. **[6~7]**

〈시간대별 필요 간호인력 수〉

시간대(시)	02:00 ~ 06:00	06:00 ~ 10:00	10:00 ~ 14:00	14:00 ~ 18:00	18:00 ~ 22:00	22:00 ~ 02:00
필요인력(명)	5	20	30	15	50	10

〈근무 수칙〉

1) 간호인력은 휴게 시간을 포함하여 8시간 동안 연속으로 근무한다.
2) J종합병원 간호인력은 8시간마다 교대한다.
3) 교대 시 인수인계 시간은 고려하지 않는다.

06 A부장이 시간대별 소요 간호인력 수에 따라 최소 간호인력 수를 산정한다고 할 때, 다음 중 J종합 병원에 필요한 최소 간호인력 수는 몇 명인가?

① 75명   ② 85명
③ 95명   ④ 105명
⑤ 110명

07 J종합병원에서는 02:00 ~ 06:00시 사이 중환자 및 응급환자의 수요가 증가함에 따라 필요 간호인 력 수를 20명으로 확충하기로 하였다. 이때, 필요한 최소 간호인력 수는 몇 명인가?

① 85명   ② 100명
③ 110명   ④ 125명
⑤ 130명

08 다음은 A제품을 생산·판매하는 J사의 1 ~ 3주 차 A제품 주문량 및 B, C부품 구매량에 대한 자료이다. 이를 바탕으로 〈조건〉에 근거하여 3주 차 토요일 판매완료 후 남게 되는 A ~ C부품의 재고량을 바르게 나열한 것은?

〈A제품 주문량 및 B, C부품 구매량〉

(단위 : 개)

구분	1주 차	2주 차	3주 차
A제품 주문량	0	200	500
B부품 구매량	450	1,000	550
C부품 구매량	700	2,400	1,300

※ 1주 차 시작 전 A제품의 재고는 없고, B, C부품의 재고는 각각 50개, 100개이다.
※ 한 주의 시작은 월요일이다.

조건
• A제품은 매주 월요일부터 금요일까지 생산하고, A제품 1개 생산 시 B부품 2개, C부품 4개가 사용된다.
• B, C부품은 매주 일요일에 일괄구매하고, 그 다음 부품이 모자랄 때까지 A제품을 생산한다.
• 생산된 A제품은 매주 토요일에 주문량만큼 즉시 판매되고, 남은 A제품은 이후 판매하기 위한 재고로 보유한다.

	A제품	B부품	C부품
①	0	50	0
②	0	50	100
③	50	0	100
④	50	0	200
⑤	100	50	200

09 한국전력공사에서 근무하는 A사원은 새로 도입되는 전력 관련 정책 홍보자료를 만들어서 배포하려고 한다. 다음 중 가장 저렴한 비용으로 인쇄할 수 있는 업체는?

〈인쇄업체별 비용 견적〉

(단위 : 원)

업체명	페이지당 비용	표지 가격		권당 제본 비용	할인
		유광	무광		
A인쇄소	50	500	400	1,500	–
B인쇄소	70	300	250	1,300	–
C인쇄소	70	500	450	1,000	100부 초과 시 초과 부수만 총비용에서 5% 할인
D인쇄소	60	300	200	1,000	–
E인쇄소	100	200	150	1,000	5,000페이지 초과 시 총비용에서 20% 할인

※ 홍보자료는 관내 20개 지점에 배포하고, 지점마다 10부씩 배포한다.
※ 홍보자료는 30페이지 분량으로 제본하며, 표지는 유광표지로 한다.

① A인쇄소　　　　　　　　② B인쇄소
③ C인쇄소　　　　　　　　④ D인쇄소
⑤ E인쇄소

10 서울에 사는 A씨는 결혼기념일을 맞이하여 가족과 함께 KTX를 타고 부산으로 여행을 다녀왔다. A씨의 가족이 이번 여행에서 지불한 총교통비는 얼마인가?

- A씨 부부에게는 만 6세인 아들, 만 3세인 딸이 있다.
- 갈 때는 딸을 무릎에 앉혀 갔고, 돌아올 때는 좌석을 구입했다.
- A씨의 가족은 일반석을 이용하였다.

〈KTX 좌석별 요금〉

구분	일반석	특실
가격	59,800원	87,500원

※ 만 4세 이상 13세 미만 어린이는 운임의 50%를 할인합니다.
※ 만 4세 미만의 유아는 보호자 1명당 2명까지 운임의 75%를 할인합니다.
　(단, 유아의 좌석을 지정하지 않을 시 보호자 1명당 유아 1명의 운임을 받지 않습니다)

① 299,000원　　　　　　　② 301,050원
③ 307,000원　　　　　　　④ 313,850원
⑤ 313,950원

01 다음은 데이터베이스에 대한 설명이다. 데이터베이스의 특징으로 적절하지 않은 것은?

> 데이터베이스란 대량의 자료를 관리하고 내용을 구조화하여 검색이나 자료 관리 작업을 효과적으로
> 실행하는 프로그램으로, 삽입, 삭제, 수정, 갱신 등을 통하여 항상 최신의 데이터를 유동적으로 유
> 지할 수 있으며, 이와 같은 대량의 데이터는 사용자의 질의에 대한 신속한 응답 처리를 가능하게
> 한다. 또한 이러한 데이터를 여러 명의 사용자가 동시에 공유할 수 있고, 각 데이터를 참조할 때는
> 사용자가 요구하는 내용에 따라 참조가 가능함은 물론 응용프로그램과 데이터베이스를 독립시킴으
> 로써 데이터를 변경시키더라도 응용프로그램은 변경되지 않는다.

① 실시간 접근성   ② 계속적인 진화
③ 동시 공유   ④ 내용에 의한 참조
⑤ 데이터 논리적 의존성

02 컴퓨터 시스템 구성요소 중 다음 설명에 해당하는 것은?

> • Main Memory이다.
> • CPU 가까이에 위치하며 반도체 기억장치 칩들로 고속 액세스 가능을 담당한다.
> • 가격이 높고 면적을 많이 차지한다.
> • 저장 능력이 없으므로 프로그램 실행 중 일시적으로 사용된다.

① 중앙처리장치   ② 주기억장치
③ 보조저장장치   ④ 입출력장치
⑤ LAN

03 다음 중 인터넷을 이용한 전자 우편에 대한 설명으로 적절하지 않은 것은?

① 기본적으로 8비트의 유니코드를 사용하여 메시지를 전달한다.
② 전자 우편 주소는 '사용자ID@호스트 주소'의 형식으로 이루어진다.
③ SMTP, POP3, MIME 등의 프로토콜을 사용한다.
④ 보내기, 회신, 첨부, 전달, 답장 등의 기능이 있다.
⑤ 전자 우편을 통해 한 사람이 동시에 여러 사람에게 동일한 전자 우편을 보낼 수 있다.

PART 3

04 다음 글에서 설명하는 용어는?

> 직접 접근 기억장치를 사용하는 파일로 데이터가 임의로 들어있으며, 그것에 주소가 붙어 있어, 처음부터 차례차례 조사하는 것이 아니라 찾고자 하는 데이터를 직접 찾을 수 있다.

① 직접 접근 파일   ② 주소 참조 파일
③ 포인터 파일   ④ 직접 참조 파일
⑤ 주소 접근 파일

05 다음 글을 읽고 J대학교의 문제를 해결하기 위한 대안으로 가장 적절한 것은?

> J대학교는 현재 학생 관리 프로그램, 교수 관리 프로그램, 성적 관리 프로그램의 3개의 응용 프로그램을 갖추고 있다. 학생 관리 프로그램은 학생 정보를 저장하고 있는 파일을 이용하고 교수 관리 프로그램은 교수 정보 파일, 성적 관리 프로그램은 성적 정보 파일을 이용한다. 즉, 각각의 응용 프로그램들은 개별적인 파일을 이용한다.
> 이런 경우, 파일에는 많은 정보가 중복 저장되어 있다. 그렇기 때문에 중복된 정보가 수정되면 관련된 모든 파일을 수정해야 하는 불편함이 있다. 예를 들어, 한 학생이 자퇴하게 되면 학생 정보 파일뿐만 아니라 교수 정보 파일, 성적 정보 파일도 수정해야 하는 것이다.

① 데이터베이스 구축   ② 유비쿼터스 구축
③ RFID 구축   ④ NFC 구축
⑤ 와이파이 구축

06 다음은 J공사에 지원한 지원자들의 PT면접 점수를 정리한 자료이며, 각 사원들의 점수 자료를 통해 면접 결과를 정리하고자 한다. 이를 위해 [F3] 셀에 〈보기〉와 같은 함수식을 입력하고, 채우기 핸들을 이용하여 [F6] 셀까지 드래그 했을 경우, [F3] ~ [F6] 셀에 나타나는 결괏값으로 옳은 것은?

▲	A	B	C	D	E	F
1						(단위 : 점)
2	이름	발표내용	발표시간	억양	자료준비	결과
3	조재영	85	92	75	80	
4	박슬기	93	83	82	90	
5	김현진	92	95	86	91	
6	최승호	95	93	92	90	

보기

$$=IF(AVERAGE(B3:E3)>=90, "합격", "불합격")$$

	[F3]	[F4]	[F5]	[F6]
①	불합격	불합격	합격	합격
②	합격	합격	불합격	불합격
③	합격	불합격	합격	불합격
④	불합격	합격	불합격	합격
⑤	불합격	불합격	불합격	합격

07 다음 글을 읽고 정보관리의 3원칙 중 밑줄 친 ㉠ ~ ㉢에 해당하는 내용을 바르게 나열한 것은?

'구슬이 서말이라도 꿰어야 보배'라는 속담처럼 여러 가지 채널과 갖은 노력 끝에 입수한 정보가 우리가 필요한 시점에 즉시 활용되기 위해서는 모든 정보가 차곡차곡 정리되어 있어야 한다. 이처럼 정보의 관리란 수집된 다양한 형태의 정보를 어떤 문제해결이나 결론도출에 사용하기 쉬운 형태로 바꾸는 일이다. 정보를 관리할 때에는 특히 ㉠ 정보에 대한 사용목표가 명확해야 하며, ㉡ 정보를 쉽게 작업할 수 있어야 하고, ㉢ 즉시 사용할 수 있어야 한다.

	㉠	㉡	㉢
①	목적성	용이성	유용성
②	다양성	용이성	통일성
③	용이성	통일성	다양성
④	통일성	목적성	유용성
⑤	통일성	목적성	용이성

PART 3

※ 병원에서 근무하는 A씨는 건강검진 관리 현황을 정리하고 있다. 이어지는 질문에 답하시오. [8~9]

	A	B	C	D	E	F
1	〈건강검진 관리 현황〉					
2	이름	검사구분	주민등록번호	검진일	검사항목 수	성별
3	강민희	종합검진	960809-2******	2024-11-12	18	
4	김범민	종합검진	010323-3******	2024-03-13	17	
5	조현진	기본검진	020519-3******	2024-09-07	10	
6	최진석	추가검진	871205-1******	2024-11-06	6	
7	한기욱	추가검진	980232-1******	2024-04-22	3	
8	정소희	종합검진	001015-4******	2024-02-19	17	
9	김은정	기본검진	891025-2******	2024-10-14	10	
10	박미옥	추가검진	011002-4******	2024-07-21	5	

08 다음 중 2024년 하반기에 검진받은 사람의 수를 확인할 때 사용해야 할 함수는?

① COUNT   ② COUNTA

③ SUMIF   ④ MATCH

⑤ COUNTIF

09 다음 중 주민등록번호를 통해 성별을 구분하려고 할 때, 각 셀에 필요한 함수식으로 옳은 것은?

① F3 : =IF(AND(MID(C3,8,1)="2",MID(C3,8,1)="4"),"여자","남자")

② F4 : =IF(AND(MID(C4,8,1)="2",MID(C4,8,1)="4"),"여자","남자")

③ F7 : =IF(OR(MID(C7,8,1)="2",MID(C7,8,1)="4"),"여자","남자")

④ F9 : =IF(OR(MID(C9,8,1)="1",MID(C9,8,1)="3"),"여자","남자")

⑤ F6 : =IF(OR(MID(C6,8,1)="2",MID(C6,8,1)="3"),"남자","여자")

10 다음 프로그램의 실행 결과가 33이 되기 위해 빈칸에 들어가야 하는 값은?

```
#include <stdio.h>

int main()
{
int num1;
int num2 = 3;

num1 = 14 − num2;
num1 *= _____;

printf("%d\n", num1);

return 0;
}
```

① 1   ② 2
③ 3   ④ 4
⑤ 5

01   다음 중 전력계통을 연계할 경우의 장점으로 옳지 않은 것은?

① 계통 전체로서의 신뢰도가 증가한다.
② 전력의 융통으로 설비용량이 절감된다.
③ 건설비 및 운전 경비 절감으로 경제 급전이 용이하다.
④ 단락전류가 증가하고 통신선의 전자 유도장해가 작아진다.
⑤ 부하 변동의 영향이 작아 안정된 주파수 유지가 가능하다.

02   다음 중 파고율과 파형률이 모두 1인 파형은?

① 사인파   ② 고조파
③ 삼각파   ④ 고주파
⑤ 구형파

03   다음 중 고압 전로의 중성선에 시설하는 접지선의 최소 굵기는?

① 10mm^2 ② 16mm^2
③ 25mm^2 ④ 35mm^2
⑤ 46mm^2

04   특고압 가공전선로에서 발생하는 극저주파 전자계는 지표상 1m에서 전계가 몇 kV/m 이하가 되도록 시설하여야 하는가?

① 3.5kV/m   ② 2.5kV/m
③ 1.5kV/m   ④ 0.5kV/m
⑤ 0.1kV/m

05 다음 중 전하의 성질에 대한 설명으로 옳지 않은 것은?

① 같은 종류의 전하는 인력이 작용하고 다른 종류의 전하끼리는 척력이 작용한다.

② 대전체에 들어있는 전하를 없애려면 접지시킨다.

③ 대전체의 영향으로 비대전체에 전기가 유도된다.

④ 전하는 가장 안정한 상태를 유지하려는 성질이 있다.

⑤ 인접한 전하의 극성에 따라 인력 또는 척력이 작용한다.

06 다음 중 저항 값이 클수록 좋은 것은?

① 접지저항　　　　　　　　② 절연저항

③ 도체저항　　　　　　　　④ 접촉저항

⑤ 전해액 저항

07 다음 중 자기 인덕턴스에 축적되는 에너지에 대한 설명으로 옳은 것은?

① 자기 인덕턴스 및 전류에 비례한다.

② 자기 인덕턴스 및 전류에 반비례한다.

③ 자기 인덕턴스에 비례하고, 전류의 제곱에 비례한다.

④ 자기 인덕턴스에 반비례하고 전류의 제곱에 반비례한다.

⑤ 자기 인덕턴스의 및 전류의 제곱에 반비례한다.

08 다음 중 빈칸 ㉠과 ㉡에 들어갈 단어를 순서대로 바르게 나열한 것은?

> 패러데이의 전자 유도 법칙에서 유도 기전력의 크기는 코일을 지나는 ___㉠___의 매초 변화량과 코일의 ___㉡___에 비례한다.

	㉠	㉡
①	자속	굵기
②	자속	권수
③	전류	권수
④	전류	굵기
⑤	전류	자속

09 다음 중 전류에 의한 자계의 세기와 관계가 있는 법칙은?

① 옴의 법칙   ② 렌츠의 법칙

③ 키르히호프의 법칙   ④ 비오 – 사바르 법칙

⑤ 플레밍의 왼손 법칙

10 송전전력이 3,000kW인 전력을 45km 떨어진 지점에 경제적으로 송전할 때 필요한 송전전압은? (단, Still식으로 산정한다)

① 약 25.53kV   ② 약 29.78kV

③ 약 33.21kV   ④ 약 37.36kV

⑤ 약 41.52kV

11 어떤 회로에 $V = 200\sin\omega t$ 의 전압을 가했더니 $I = 50\sin\left(\omega t + \dfrac{\pi}{2}\right)$ 의 전류가 흘렀다. 다음 중 이 회로는?

① 저항회로   ② 유도성회로

③ 용량성회로   ④ 임피던스회로

⑤ 부성저항회로

12 다음 중 직류발전기의 전기자 반작용의 영향이 아닌 것은?

① 절연 내력의 저하

② 유기기전력의 저하

③ 중성축의 이동

④ 자속의 감소

⑤ 정류자 편간의 불꽃 섬락 발생

13 다음 중 정지 상태에 있는 3상 유도 전동기의 슬립값은?

① ∞ ② 0

③ $\dfrac{1}{2}$ ④ 1

⑤ -1

14 유도 전동기의 1차 접속을 $\triangle$에서 Y로 바꾸면 기동 시의 1차 전류는?

① $\dfrac{1}{3}$로 감소   ② $\dfrac{1}{\sqrt{3}}$로 감소

③ $\sqrt{3}$배로 증가   ④ 3배로 증가

⑤ 4배로 증가

15 다음 중 3상 교류 발전기의 기전력에 대하여 $90°$ 늦은 전류가 통할 때, 반작용 기자력은?

① 자극축과 일치하는 감자작용
② 자극축보다 $90°$ 빠른 증자작용
③ 자극축보다 $90°$ 늦은 감자작용
④ 자극축과 직교하는 교차자화작용
⑤ 자극축과 일치하는 증자작용

01 다음 중 데이터를 송수신하는 두 단말기 사이의 신호를 교환하는 순서와 타이밍, 절차 등에 대한 제어를 수행하는 데이터 전송 제어는?

① 흐름 제어   ② 에러 제어

③ 동기 제어   ④ 순서 제어

⑤ 다축 제어

02 다음 중 주파수 분할 다중화의 특징으로 옳지 않은 것은?

① 주로 TV 방송, CATV 방송, 위성 통신, 이동 전화 시스템 등에서 이용된다.

② 각 신호들은 서로 상이한 주파수로 변조된다.

③ 여러 주파수 대역의 신호들이 하나의 회선을 통하여 전송된다.

④ 반송 주파수는 서로의 대역폭이 겹치지 않도록 충분히 분리된다.

⑤ 전송 매체의 유효 대역폭보다 전송하고자 하는 신호의 대역폭이 더 큰 경우에 사용한다.

03 다음 중 데이터를 고속으로 처리하기 위해 연산 장치를 병렬로 구성한 처리 구조로 벡터 계산이나 행렬 계산에 주로 사용되는 프로세서는 무엇인가?

① 코프로세서   ② 다중 프로세서

③ 배열 프로세서   ④ 대칭 프로세서

⑤ 벡터 프로세서

04 다음 중 2진수 11001000의 2의 보수(Complement)는 무엇인가?

① 11001000   ② 00111111

③ 11001001   ④ 00110111

⑤ 00111000

05 다음 그림에서 보이는 레지스터의 상태를 바탕으로 CPU에 두 개의 범용 레지스터와 하나의 상태 레지스터가 존재할 때, 두 범용 레지스터의 값이 동일한지 조사하기 위한 방법으로 옳은 것은?

Zero	Sign	Carry	Overflow

① 두 개의 레지스터의 내용을 뺀 후, Zero 여부를 조사한다.
② 두 개의 레지스터의 내용을 더한 후, Zero 여부를 조사한다.
③ 두 개의 레지스터의 내용을 뺀 후, Overflow 여부를 조사한다.
④ 두 개의 레지스터의 내용을 더한 후, Carry 여부를 조사한다.
⑤ 두 개의 레지스터의 내용을 뺀 후, Overflow 여부를 조사한다.

06 TCP/IP 네트워크를 구성하기 위해 1개의 C 클래스 주소를 할당받았다. C 클래스 주소를 이용하여 네트워크상의 호스트들에게 실제로 할당할 수 있는 최대 IP 주소의 개수는?

① 253개
② 254개
③ 255개
④ 256개
⑤ 257개

07 다음 중 회선 교환 방식에 대한 설명으로 옳지 않은 것은?

① 데이터 전송 전에 먼저 통신망을 통한 연결이 필요하다.
② 일정한 데이터 전송률을 제공하므로 두 가입자가 동일한 전송 속도로 운영된다.
③ 전송된 데이터에 있어서의 에러 제어나 흐름 제어는 사용자에 의해 수행되어야 한다.
④ 대량의 정보를 송신할 수 있는 팩스 전송, 통신 밀도가 높은 데이터 통신에 적합하다.
⑤ 송수신자 간의 실시간 데이터 전송에 적합하지 않다.

08 다음 중 마이크로파 통신방식의 특징으로 옳지 않은 것은?

① 예리한 지향성 공중선을 사용할 수 있다.

② S/N 개선도를 크게 할 수 있다.

③ 광대역 신호 전송이 곤란하다.

④ 대기 중의 전파 손실이 적다.

⑤ 이온층의 영향을 받지 않고 그대로 이온층을 통과한다.

09 다음 중 디지털 신호를 아날로그 신호로 변환하는 과정은?

① 인코딩   ② 변조

③ 데이터 합성   ④ 디코딩

⑤ 복조

10 다음 중 1,600baud의 변조 속도로 4상차분위상 변조된 데이터의 신호 속도는 몇 bps인가?

① 800bps   ② 1,200bps

③ 3,200bps   ④ 4,800bps

⑤ 6,400bps

11 다음 중 프로그래밍 언어들에 대한 설명으로 옳지 않은 것은?

① PHP는 ASP와 같이 스크립트에 따라 내용이 다양해서 동적 HTML 처리 속도가 빠르다.

② PHP는 서버 측 스크립트 언어로서 Linux, Unix, Windows 운영체제에서 사용 가능하다.

③ JSP 스크립트는 JSP 페이지에서 자바를 삽입할 수 있으며, JSP 페이지에 실질적인 영향을 주는 프로그래밍을 할 수 있다.

④ XML 문서들은 SGML 문서 형식을 따르고 있으며, SGML은 XML의 부분 집합이라고도 할 수 있기 때문에 응용판 또는 축약된 형식의 XML이라고 볼 수 있다.

⑤ ASP는 Active Server Page라고 하며 서버 측 스크립트 언어로 마이크로소프트사에서 제공한 웹 언어이다.

12 다음 중 컴파일러에 대한 설명으로 옳지 않은 것은?

① CPU의 종류에 따라 같은 C 컴파일러라 하더라도 다른 기계어를 만들어 낸다.

② C 프로그램은 반드시 컴파일러가 있어야 실행될 수 있다.

③ 프로그램 개발 단계에는 인터프리터보다 컴파일러가 유리하다.

④ 자연어에 대한 컴파일러는 아직 존재하지 않는다.

⑤ 원시 프로그램의 수정 없이 계속 반복 수행하는 응용 시스템에서는 컴파일러가 효율적이다.

13 다음의 항목을 프로그램의 처리 순서대로 바르게 나열한 것은?

a. 원시 프로그램	b. 로더
c. 실행 가능한 프로그램	d. 컴파일러
e. 목적 프로그램	

① a − b − c − d − e

② a − d − e − c − b

③ b − a − d − e − c

④ d − a − b − c − e

⑤ d − a − e − b − c

14 다음 중 이동통신에 사용되는 안테나는?

① 수평 더블리트

② 야기(Yagi) 안테나

③ 빔(Beam) 안테나

④ 휩(Whip) 안테나

⑤ 헬리컬(Helical) 안테나

15 다음 중 TCP의 특징이라고 할 수 없는 것은?

① 작은 데이터를 간헐적으로 송수신하는 데 적합하다.

② 글로벌적으로 연결하는 것이 가능하다.

③ 신뢰성이 우수하다.

④ 누구나 쉽게 입수하거나 제안하는 것이 가능하다.

⑤ 전이중(Full Duplex) 방식의 양방향 가상 회선을 제공한다.

제2회
최종점검 모의고사

※ 한국전력공사 최종점검 모의고사는 2024년 필기후기 및 채용공고를 기준으로 구성한 것으로 실제 시험과 다를 수 있습니다.

지원하시는 분야에 따라 다음 영역의 문제를 풀어 주시기 바랍니다.

사무	전기	ICT
	01	NCS 공통영역(의사소통능력, 수리능력, 문제해결능력)	
	02	NCS 선택영역(자원관리능력)		02	NCS 선택영역(자원관리능력)		03	NCS 선택영역(정보능력)
	03	NCS 선택영역(정보능력)		04	전기 전공(기술능력)		05	ICT 전공(기술능력)

■ 취약영역 분석

| 01 | NCS 공통영역

번호	O/×	영역	번호	O/×	영역	번호	O/×	영역
01			11			21		
02			12			22		
03			13			23		
04			14			24		
05		의사소통능력	15		수리능력	25		문제해결능력
06			16			26		
07			17			27		
08			18			28		
09			19			29		
10			20			30		

| 02 | NCS 선택영역(자원관리능력)

번호	01	02	3	4	5	6	7	8	9	10
O/×										

| 03 | NCS 선택영역(정보능력)

번호	01	02	3	4	5	6	7	8	9	10
O/×										

| 04 | 전기 전공(기술능력)

번호	01	02	3	4	5	6	7	8	9	10	11	12	13	14	15
O/×															

| 05 | ICT 전공(기술능력)

번호	01	02	3	4	5	6	7	8	9	10	11	12	13	14	15
O/×															

평가문항	사무(50문항) / 전기 · ICT(55문항)	평가시간	70분
시작시간	:	종료시간	:
취약영역			

🕐 응시시간 : 70분   📝 문항 수 : 사무(50문항) / 전기 · ICT(55문항)   정답 및 해설 p.082

01   NCS 공통영역

01   다음은 본용언과 보조용언에 대해 설명하는 글이다. 다음 글을 읽고 추론한 내용으로 적절하지 않은 것은?

> 실질적인 뜻이 담겨 있고 자립성을 가지며, 단독으로 서술어 역할을 할 수 있는 용언을 '본용언'이라 하고, 본용언에 기대어 그 말의 뜻을 도와주며, 자립할 수 없는 용언을 '보조용언'이라고 한다. 언뜻 보아 자립할 수 있는 것처럼 보이더라도, 그 단어가 가진 기본적 의미로 쓰이는 것이 아니라 본용언을 도와주는 역할을 하면 이것은 본용언이 아니고 보조용언으로 보아야 한다. '감상을 적어 두다.'의 경우, '감상을 적다.'는 문장으로 성립하므로 '적다'는 본용언이며, '감상을 두다.'는 문장으로 성립하지 않으므로 '두다'는 보조용언인 것이다.
> 보조용언 가운데는 의존 명사에 '하다'가 결합된 형태도 있다. '법하다, 체하다, 양하다, 듯하다' 등이 그것인데 이들은 관형사형 어미가 붙은 용언 뒤에 온다.

① '민지는 아침을 잘 먹어 두었다.'에서 '먹다'는 본용언으로, '두다'는 보조용언으로 볼 수 있다.
② '재인이는 놀란 척하다.'에서 '척하다'는 보조용언으로 볼 수 있다.
③ '슬기는 집에 가고 싶다.'에서 '싶다'는 보조용언으로 볼 수 있다.
④ '재영이는 책을 사 읽다.'에서 '사다'는 본용언으로, '읽다'는 보조용언으로 볼 수 있다.
⑤ '지예는 시장에 가 버렸다.'에서 '가다'는 본용언으로 볼 수 있다.

02   다음 빈칸에 들어갈 단어로 가장 적절한 것은?

> 상대방 의견은 _____의 가치도 없다.

① 일각(一角)   ② 일고(一考)
③ 일람(一覽)   ④ 일부(一部)
⑤ 일반(一般)

03 다음 글의 핵심 내용으로 가장 적절한 것은?

BMO 금속 및 광업 관련 리서치 보고서에 따르면 최근 가격 강세를 지속해 온 알루미늄, 구리, 니켈 등 산업금속들의 4분기 중 공급부족 심화와 가격 상승세가 전망된다. 산업금속이란 산업에 필수적으로 사용되는 금속들을 말하는데, 앞서 제시한 알루미늄, 구리, 니켈뿐만 아니라 비교적 단단한 금속에 속하는 은이나 금 등도 모두 산업에 많이 사용될 수 있는 금속이므로 산업금속의 카테고리에 속한다고 할 수 있다. 이러한 산업금속은 물품을 생산하는 기계의 부품으로서 필요하기도 하고, 전자제품 등의 소재로 쓰이기도 하기 때문에 특정 분야의 산업이 활성화되면 특정 금속의 가격이 뛰거나 심각한 공급난을 겪기도 한다.

지난 4일 금융투자업계에 따르면 최근 전세계적인 경제 회복 조짐과 함께 탈 탄소 트렌드, 즉 '그린 열풍'에 따른 수요 증가로 산업금속 가격이 초강세이다. 런던금속거래소에서 발표한 자료에 따르면 올해 들어 지난달까지 알루미늄은 20.7%, 구리는 47.8%, 니켈은 15.9% 가격이 상승했다. 자료에서도 알 수 있듯이 구리 수요를 필두로 알루미늄, 니켈 등 전반적인 산업금속 섹터의 수요량이 증가하였다. 이는 전기자동차 산업의 확충과 관련이 있다. 전기자동차의 핵심적인 부품인 배터리를 만드는 데 구리와 니켈이 사용되기 때문이다. 이때, 배터리 소재 중 니켈의 비중을 높이면 배터리의 용량을 키울 수 있으나 배터리의 안정성이 저하된다. 기존의 전기자동차 배터리는 니켈의 사용량이 높았기 때문에 더욱 안정성 문제가 제기되어 왔다. 그래서 연구 끝에 적정량의 구리를 배합하는 것이 배터리 성능과 안정성을 모두 향상시키기 위해서 중요하다는 것을 밝혀냈다. 구리가 전기자동차 산업의 핵심 금속인 셈이다.

이처럼 전기자동차와 배터리 등 친환경 산업에 필수적인 금속들의 수요는 증가하는 반면, 세계 각국의 환경 규제 강화로 인해 금속의 생산은 오히려 감소하고 있기 때문에 산업금속에 대한 공급난과 가격 인상이 우려되고 있다.

① 전기자동차의 배터리 성능을 향상하는 기술
② 세계적인 '그린 열풍' 현상 발생의 원인
③ 필수적인 산업금속 공급난으로 인한 문제
④ 전기자동차 산업 확충에 따른 산업금속 수요의 증가
⑤ 탈 탄소 산업의 대표 주자인 전기자동차 산업

04 다음 중 〈보기〉의 문장이 들어갈 위치로 가장 적절한 곳은?

유럽, 특히 영국에서 가장 사랑받는 음료인 홍차의 기원은 16세기 중엽 중국에서 시작된 것으로 전해지고 있다. __(가)__ 본래 홍차보다 덜 발효된 우롱차가 중국에서 만들어져 유럽으로 수출되기 시작했고, 그중에서도 강하게 발효된 우롱차가 환영을 받으면서 홍차가 탄생하게 되었다는 것이다. 중국인들이 녹차와 우롱차의 차이를 설명하는 과정에서 쓴 영어 'Black Tea'가 홍차의 어원이 되었다는 것이 가장 강력한 가설로 꼽히고 있다. __(나)__

홍차는 1662년 찰스 2세가 포르투갈 출신의 캐서린 왕비와 결혼하면서 영국에 전해지게 되었는데, 18세기 초에 영국은 홍차의 최대 소비국가가 된다. __(다)__ 영국에서의 홍차 수요가 급증함과 동시에 홍차의 가격이 치솟아 무역적자가 심화되자, 영국 정부는 자국 내에서 직접 차를 키울 수는 없을까 고민했지만 별다른 방법을 찾지 못했고, 홍차의 고급화는 점점 가속화됐다. __(라)__

하지만 영국의 탐험가인 로버트 브루스 소령이 아삼 지방에서 차나무의 존재를 발견하면서 홍차 산업의 혁명이 도래하는데, 아삼 지방에서 발견한 차는 찻잎의 크기가 중국종의 3배쯤이며 열대 기후에 강하고, 홍차로 가공했을 때 중국 차보다 뛰어난 맛을 냈다.

그러나 아이러니하게도 아삼 홍차는 3대 홍차에 꼽히지 않는데, 이는 19세기 영국인들이 지닌 차에 대한 인식 때문이다. __(마)__ 당시 중국차에 대한 동경과 환상을 지녔던 영국인들은 식민지에서 자생한 차나무가 중국의 차나무보다 우월할 것이라고 믿지 못했기에 아삼차를 서민적인 차로 취급한 것이었다.

> **보기**
>
> 이처럼 홍차가 귀한 취급을 받았던 이유는 중국이 차의 수출국이란 유리한 입지를 지키기 위하여 차의 종자, 묘목의 수출 등을 엄중하게 통제함과 동시에 차의 기술이나 제조법을 극단적으로 지켰기 때문이다.

① (가)　　　　　　　　　　　　② (나)
③ (다)　　　　　　　　　　　　④ (라)
⑤ (마)

05 다음 문단을 논리적 순서대로 바르게 나열한 것은?

> (가) 베커는 "주말이나 저녁에는 회사들이 문을 닫기 때문에 활용할 수 있는 시간의 길이가 길어지고 이에 따라 특정 행동의 시간 비용이 줄어든다."라고도 지적했다. 시간의 비용이 가변적이라는 개념은 기대수명이 늘어나서 사람들에게 더 많은 시간이 주어지는 것이 시간의 비용에 영향을 미칠 수 있다는 점에서 의미가 있다.
>
> (나) 베커와 린더는 사람들에게 주어진 시간을 고정된 양으로 전제했다. 1965년 당시의 기대수명은 약 70세였다. 하루 24시간 중 8시간을 수면에 쓰고 나머지 시간에 활동이 가능하다면, 평생 408,800시간의 활동가능 시간이 주어지는 셈이다. 하지만 이 방정식에서 변수 하나가 바뀌면 어떻게 될까? 기대수명이 크게 늘어난다면 시간의 가치 역시 달라져서, 늘 시간에 쫓기는 조급한 마음에도 영향을 주게 되지 않을까?
>
> (다) 시간의 비용이 가변적이라고 생각한 이는 베커만이 아니었다. 스웨덴의 경제학자 스테판 린더는 서구인들이 엄청난 경제성장을 이루고도 여유를 누리지 못하는 이유를 논증했다. 경제가 성장하면 사람들의 시간을 쓰는 방식도 달라진다. 임금이 상승하면 직장 밖 활동에 들어가는 시간의 비용이 늘어난다. 일하는 데 쓸 수 있는 시간을 영화나 책을 보는 데 소비하면 그만큼의 임금을 포기하는 것이다. 따라서 임금이 늘어난 만큼 일 이외의 활동에 들어가는 시간의 비용도 함께 늘어난다고 할 수 있다.
>
> (라) 1965년 노벨상 수상자 게리 베커는 '시간의 비용'이 시간을 소비하는 방식에 따라 변화한다고 주장하였다. 예를 들어 수면이나 식사 활동은 영화 관람에 비해 단위 시간당 시간의 비용이 적다. 그 이유는 수면과 식사가 생산적인 활동에 기여하기 때문이다. 잠을 못 자거나 식사를 제대로 하지 못해 체력이 떨어진다면, 생산적인 활동에 제약을 받기 때문에 수면과 식사 활동에 들어가는 시간의 비용이 영화 관람에 비해 적다고 할 수 있다.

① (가) – (다) – (나) – (라)

② (가) – (라) – (다) – (나)

③ (라) – (가) – (다) – (나)

④ (라) – (나) – (다) – (가)

⑤ (라) – (다) – (가) – (나)

※ 다음은 세계 최초의 디지털 배전선로 구축에 대한 기사이다. 이어지는 질문에 답하시오. [6~7]

한전은 올해 자가진단과 고장예측 등 첨단기술을 활용한 세계 최초의 '디지털 배전선로'를 구축하기로 했다. 자가진단 변압기와 친환경 IoT 개폐기 등 IoT 센서에서 취득된 빅데이터를 활용해 무정전 전력공급 패키지를 제공하겠다는 각오이다.

한전은 본지와 공동으로 2일 서울 여의도 한전 남서울본부 대강당에서 '배전분야 전력기자재 산업발전포럼'을 열어 개폐기・차단기류, 배전용 변압기, 전선, 전력량계 등 품목별 기술개발 및 운영방안 등을 발표했다. 또 올해 배전기자재 구매계획과 배전망 분산형전원 연계기술 동향과 빛가람 에너지밸리 지원사업, 기자재 품질관리제도 운영방안, 기자재 고장사례 분석 등도 공개했다.

한전은 4차 산업혁명과 신기후체제 발족, 에너지신산업 육성 등 전력산업의 환경변화에 맞춰 수립한 '2030 미래 배전기자재 종합 개발계획'에 따라 배전기기・시스템・센서를 연계하는 디지털 그리드화, 콤팩트 및 슬림화를 통한 선제적인 미래 기자재 개발, 전력설비 무보수・무고장화 등을 본격 추진할 방침이다. 우선 전력망이 전기만 수송하는 것이 아니라 전기와 정보를 동시에 전달하는 에너지인터넷망 구현에 필요한 기반을 구축할 계획이다. 이를 위해 인공지능 기반 전력기자재, 100% 센싱 환경 구축을 위한 센서 내장형 IoT 기자재 개발 등을 추진한다. 이와 관련 친환경 가스를 활용한 센서 내장형 기기인 IoT 기반 친환경 지상・가공 개폐기를 개발하여 오는 9월부터 시범사용에 돌입할 예정이다.

변압기 분야에선 22.9kV 지중매설형 변압기, 스마트센서 내장형 변압기, MCCB 일체형 지상변압기, 고효율 아몰퍼스 주상변압기, 반지상 변압기 등을 개발한다. 일부는 이미 시범사업을 진행하고 있다. 또 올해 말까지 방청기술을 활용한 내염형 외함적용 지상변압기 현장실증을 진행하고, 알루미늄합금 외함 주상변압기도 시범 사용할 방침이다.

한전은 올해 저장・비저장 품목을 합해 총 1,090개 품목, 2조 3,538억 원어치를 구매할 계획이다. 이는 지난해(2조 2,512억 원)보다 4.5% 증가한 수치다. 품목별로는 알루미늄 지중케이블 1,492억 원, 알루미늄 전선 915억 원, 구리 지중케이블 681억 원, CV케이블 518억 원, 지상개폐기 1,220억 원, 에코개폐기 442억 원, 주상변압기 1,456억 원, 콘크리트 전주 1,244억 원, 강관전주 42억 원, E타입 전력량계 39억 원, G타입 전력량계 644억 원 등이다.

06 다음 중 기사에서 언급하지 않은 것은?

① 한전의 다양한 변압기 종류
② 배전분야 전력기자재 산업발전포럼 개최와 발표내용
③ 전력산업의 환경변화에 대한 한전의 계획
④ 디지털 배전선로의 한계점
⑤ 한전의 배전기자재 구매 계획

07 다음 중 기사를 읽고 이해한 내용으로 가장 적절한 것은?

① 한전의 저장·비저장 품목 계획 중 주상변압기가 가장 큰 비용이 든다.

② 한전은 시범사업이 진행되지는 않았으나, 다양한 변압기 개발을 추진 중이다.

③ 전력설비 무보수·무고장화는 '2030 미래 배전기자재 종합 개발계획' 중 하나이다.

④ 한전은 전기와 정보를 구분해서 전달하는 에너지인터넷망 구현에 필요한 기반을 구축할 계획이다.

⑤ 배전분야 전력기자재 산업발전포럼에서는 운영방안과 더불어 배전분야의 해외 진출 계획을 밝혔다.

08 다음 글의 빈칸에 들어갈 내용으로 가장 적절한 것은?

> 동물들은 홍채에 있는 근육의 수축과 이완을 통해 눈동자를 크게 혹은 작게 만들어 눈으로 들어오는 빛의 양을 조절하므로 눈동자 모양이 원형인 것이 가장 무난하다. 그런데 고양이와 늑대와 같은 육식동물은 세로로, 양이나 염소와 같은 초식동물은 가로로 눈동자 모양이 길쭉하다. 특별한 이유가 있는 것일까?
> 육상동물 중 모든 육식동물의 눈동자가 세로로 길쭉한 것은 아니다. 주로 매복형 육식동물의 눈동자가 세로로 길쭉하다. 이는 숨어서 기습을 하는 사냥 방식과 밀접한 관련이 있는데, 세로로 길쭉한 눈동자가 _____
> 일반적으로 매복형 육식동물은 양쪽 눈으로 초점을 맞춰 대상을 보는 양안시로, 각 눈으로부터 얻는 영상의 차이인 양안시차를 하나의 입체 영상으로 재구성하면서 물체와의 거리를 파악한다. 그런데 이러한 양안시차뿐만 아니라 거리지각에 대한 정보를 주는 요소로 심도 역시 중요하다. 심도란 초점이 맞는 공간의 범위를 말하며, 심도는 눈동자의 크기에 따라 결정된다. 즉 눈동자의 크기가 커져 빛이 많이 들어오게 되면, 커지기 전보다 초점이 맞는 범위가 좁아진다. 이렇게 초점의 범위가 좁아진 경우를 '심도가 얕다.'고 하며, 이와 반대인 경우를 '심도가 깊다.'고 한다.

① 사냥감의 주변 동태를 정확히 파악하는 데 효과적이기 때문이다.

② 사냥감의 움직임을 정확히 파악하는 데 효과적이기 때문이다.

③ 사냥감의 위치를 정확히 파악하는 데 효과적이기 때문이다.

④ 사냥감과의 거리를 정확히 파악하는 데 효과적이기 때문이다.

⑤ 사냥감과의 경로를 정확히 파악하는 데 효과적이기 때문이다.

다음 글의 내용으로 가장 적절한 것은?

예술과 도덕의 관계, 더 구체적으로는 예술작품의 미적 가치와 도덕적 가치의 관계는 동서양을 막론하고 사상사의 중요한 주제들 중 하나이다. 그 관계에 대한 입장들로는 '극단적 도덕주의', '온건한 도덕주의', '자율성주의'가 있다. 이 입장들은 예술작품이 도덕적 가치판단의 대상이 될 수 있느냐는 물음에 각기 다른 대답을 한다.

극단적 도덕주의는 모든 예술작품을 도덕적 가치판단의 대상으로 보는 입장이다. 이 입장은 도덕적 가치를 가장 우선적인 가치이자 가장 포괄적인 가치로 본다. 따라서 모든 예술작품은 도덕적 가치에 의해서 긍정적으로 또는 부정적으로 평가된다. 또한 도덕적 가치는 미적 가치를 비롯한 다른 가치들보다 우선한다. 이러한 입장을 대표하는 사람이 바로 톨스토이이다. 그는 인간의 형제애에 대한 정서를 전달함으로써 인류의 심정적 통합을 이루는 것이 예술의 핵심적 가치라고 보았다.

온건한 도덕주의는 오직 일부 예술작품만이 도덕적 판단의 대상이 된다고 보는 입장이다. 따라서 일부의 예술작품들에 대해서만 긍정적인 또는 부정적인 도덕적 가치판단이 가능하다고 본다. 이 입장에 따르면, 도덕적 판단의 대상이 되는 예술작품의 도덕적 가치와 미적 가치는 서로 독립적으로 성립하는 것이 아니다. 그것들은 서로 내적으로 연결되어 있기 때문에 어떤 예술작품이 가지는 도덕적 장점이 그 예술작품의 미적 강점이 된다. 또한 어떤 예술작품의 도덕적 결함은 그 예술작품의 미적 결함이 된다.

자율성주의는 어떠한 예술작품도 도덕적 가치판단의 대상이 될 수 없다고 보는 입장이다. 이 입장에 따르면, 도덕적 가치와 미적 가치는 서로 자율성을 유지한다. 즉, 도덕적 가치와 미적 가치는 각각 독립적인 영역에서 구현되고 서로 다른 기준에 의해 평가된다는 것이다. 결국 자율성주의는 예술작품에 대한 도덕적 가치판단을 범주착오에 해당하는 것으로 본다.

① 자율성주의는 예술작품의 미적 가치를 도덕적 가치보다 우월한 것으로 본다.
② 온건한 도덕주의에서는 미적 가치와 도덕적 가치의 독립적인 지위를 인정해야 한다고 본다.
③ 자율성주의는 도덕적 가치판단은 작품을 감상하는 각자에게 맡겨야 한다고 주장한다.
④ 온건한 도덕주의에서 도덕적 판단의 대상이 되는 예술작품은 극단적 도덕주의에서도 도덕적 판단의 대상이 된다.
⑤ 톨스토이는 극단적 도덕주의를 비판하면서 예술작품은 인류의 심정적 통합 정도에만 기여해야 한다고 주장했다.

10 다음 글의 제목으로 가장 적절한 것은?

> 보건복지부에 따르면 현재 등록 장애인만 250만 명이 넘는다. 여기에 비등록 장애인까지 포함시킨다면 실제 장애인 수는 400만 명에 다다를 것으로 예상된다.
>
> 특히 이들 가정은 경제적·사회적 어려움에 봉착해 있을 뿐만 아니라 많은 장애인 자녀들이 부모의 돌봄 없이는 일상생활 유지가 어려운 상황인데, 특히 법적인 부분에서 훨씬 더 문제가 된다. 부모 사망 이후 장애인 자녀가 상속인으로서 제대로 된 권리를 행사하기 어려울 뿐만 아니라, 본인도 모르게 유산 상속 포기 절차가 진행되는 경우가 이에 해당한다.
>
> 따라서 장애인 자녀의 부모들은 상속과정에서 자녀들이 부딪힐 수 있는 문제들에 대해 더 꼼꼼하게 대비해야 할 필요성이 있으며, 이에 해당하는 내용을 크게 두 가지로 살펴볼 수 있다. 자녀의 생활 안정 및 유지를 위한 '장애인 신탁'과 상속 시의 세금 혜택인 '장애인 보험금 비과세'가 그것이다.
>
> 먼저 장애인 신탁은 직계존비속이나 일정 범위 내 친족으로부터 재산을 증여받은 장애인이 증여세 신고기한 이내에 신탁회사에 증여받은 재산을 신탁하고, 그 신탁의 이익 전부에 대해 장애인이 수익자가 되면 재산가액 5억 원까지 증여세를 면제해주는 제도로, 이를 통해 장애인은 생계유지와 안정적인 자산 이전을 받을 수 있다.
>
> 다음으로 수익자가 장애인 자녀인 보험에 가입한 경우 보험금의 4,000만 원까지는 상속세 및 증여세법에 의해 과세하지 않는다. 이때, 후견인 등이 보험금을 가로챌 수 있는 여지를 차단하기 위해 중도 해지가 불가능하고 평생 동안 매월 연금으로 수령할 수 있는 종신형 연금보험을 선택하는 것이 장애인 자녀의 생활 안정에 유리하다.

① 부모 사망 시 장애인 자녀의 유산 상속 과정
② 부모 사망 시 장애인 자녀가 받을 수 있는 혜택
③ 부모 사망 시 장애인 자녀가 직면한 사회적 문제
④ 부모 사망 시 장애인 자녀의 보험 및 증여세 혜택
⑤ 부모 사망 시 장애인 자녀의 생활 안정 및 세금 혜택

11. 희경이의 회사는 본사에서 A지점까지의 거리가 총 50km이다. 본사에서 근무하는 희경이가 A지점에서의 미팅을 위해 버스를 타고 60km/h의 속력으로 20km를 갔더니 미팅시간이 얼마 남지 않아 택시로 바꿔 타고 90km/h의 속력으로 갔더니 오후 3시에 도착할 수 있었다. 희경이가 본사에서 나온 시각은 언제인가?(단, 본사에서 나와 버스를 기다린 시간과 버스에서 택시로 바꿔 탄 시간은 고려하지 않는다)

① 오후 1시 40분
② 오후 2시
③ 오후 2시 20분
④ 오후 2시 40분
⑤ 오후 3시

12. J수건공장은 판매하고 남은 재고로 선물세트를 만들기 위해 포장을 하기로 하였다. 이때 4개씩 포장하면 1개가 남고, 5개씩 포장하면 4개가 남고, 7개씩 포장하면 1개가 남고, 8개씩 포장하면 1개가 남는다고 한다. 다음 중 가능한 재고량의 최솟값은?

① 166개
② 167개
③ 168개
④ 169개
⑤ 170개

13. J사에서 파견 근무를 나갈 10명을 뽑아 팀을 구성하려 한다. 새로운 팀 내에서 팀장 한 명과 회계 담당 2명을 뽑으려고 할 때, 가능한 경우의 수는 모두 몇 가지인가?

① 300가지
② 320가지
③ 348가지
④ 360가지
⑤ 396가지

14. 녹차를 좋아하는 J씨는 농도가 40%인 녹차를 만들어 마시고자 한다. 뜨거운 물 120g에 녹차 30g을 넣었는데 원하는 농도가 안 나와 녹차가루를 더 넣고자 할 때, 더 넣어야 하는 녹차가루의 양은 최소 몇 g인가?

① 20g
② 30g
③ 40g
④ 50g
⑤ 60g

※ 다음은 공공체육시설 현황 및 1인당 체육시설 면적을 나타낸 자료이다. 이어지는 질문에 답하시오.
[15~16]

〈공공체육시설 현황 및 1인당 체육시설 면적〉

(단위 : 개소, m²)

구분		2020년	2021년	2022년	2023년
공공체육시설의 수	축구장	467	558	618	649
	체육관	529	581	639	681
	간이운동장	9,531	10,669	11,458	12,194
	테니스장	428	487	549	565
	기타	1,387	1,673	1,783	2,038
1인당 체육시설 면적	계	2.54	2.88	3.12	3.29

15 2022년에 전년 대비 시설이 가장 적게 늘어난 곳과 가장 많이 늘어난 곳의 시설 수의 합은?(단, 기타는 제외한다)

① 10,197개소   ② 11,197개소

③ 11,097개소   ④ 12,097개소

⑤ 12,137개소

16 2020년 전체 공공체육시설 중 체육관이 차지하고 있는 비율은?(단, 소수점 둘째 자리에서 반올림한다)

① 4.4%   ② 4.3%

③ 4.2%   ④ 4.1%

⑤ 4.0%

17 다음은 2023년 전국 지역별·월별 영상회의 개최 건수에 대한 자료이다. 이에 대한 설명으로 옳지 않은 것은?

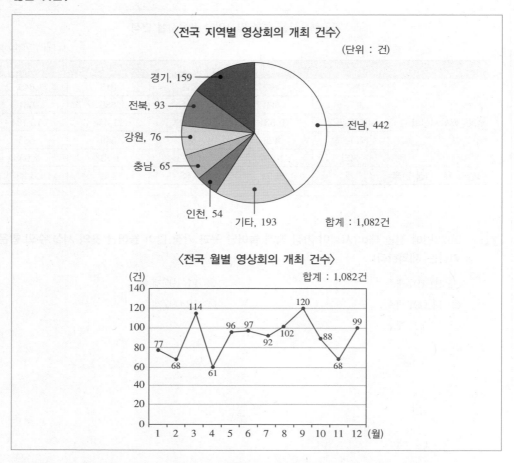

① 전국 월별 영상회의 개최 건수의 전월 대비 증가율은 5월이 가장 높다.
② 전국 월별 영상회의 개최 건수를 분기별로 비교하면 3/4분기에 가장 많다.
③ 영상회의 개최 건수가 가장 많은 지역은 전남이다.
④ 인천과 충남이 모든 영상회의를 9월에 개최했다면 9월에 영상회의를 개최한 지역은 모두 3개이다.
⑤ 강원, 전북, 전남의 영상회의 개최 건수의 합은 전국 영상회의 개최 건수의 50% 이상이다.

※ 다음은 주택소유 현황에 대한 자료이다. 이어지는 질문에 답하시오. [18~19]

〈A시의 세대별 · 연도별 주택소유 비중〉

(단위 : %)

구분	2019년	2020년	2021년	2022년	2023년
30대	16.1	15.1	14.6	14.2	13.8
40대	25.8	25.5	25.5	25.2	24.7
50대	25.7	26.1	26.1	25.9	25.8
60대 이상	27.7	28.8	29.4	30.3	31.4

〈A시의 연도별 주택 수 증가율〉

(단위 : %)

구분	2019년	2020년	2021년	2022년	2023년
전년 대비 증가율	1.5	0.8	1.1	1.4	1.8

18 다음 중 자료에 대한 설명으로 옳지 않은 것을 〈보기〉에서 모두 고르면?

보기

가. 30대 미만 연령의 2023년 주택소유 비중은 2019년 대비 10% 이상 감소하였다.
나. 60대 이상의 주택소유 비중은 꾸준히 증가했다.
다. 주택소유 비중의 연령대별 순위는 2019 ~ 2023년 모두 동일하다.

① 가   ② 나
③ 가, 나   ④ 가, 다
⑤ 가, 나, 다

19 2021년 A시의 주택의 수가 125,000호라면, 다음 중 2019년 주택의 수는?(단, 소수점 첫째 자리에서 반올림한다)

① 122,605호   ② 122,659호
③ 123,250호   ④ 123,335호
⑤ 123,471호

20 다음은 J공항의 연도별 세관물품 신고 수에 대한 자료이다. 〈조건〉을 토대로 A ~ D에 들어갈 물품을 바르게 연결한 것은?

〈연도별 세관물품 신고 수〉

(단위 : 만 건)

구분	2019년	2020년	2021년	2022년	2023년
A	3,245	3,547	4,225	4,388	5,026
B	2,157	2,548	3,233	3,216	3,546
C	3,029	3,753	4,036	4,037	4,522
D	1,886	1,756	2,013	2,002	2,135

조건

㉠ 담배류와 주류의 세관물품 신고 수는 2020 ~ 2023년에 전년 대비 매년 증가하였다.
㉡ 가전류는 2019 ~ 2023년 세관물품 중 신고 수가 가장 적었다.
㉢ 주류는 전년 대비 2020년 세관물품 신고 수 증가율이 가장 높았다.
㉣ 잡화류의 전년 대비 2020 ~ 2023년 신고 수는 한 번 감소하였다.

	A	B	C	D
①	담배류	주류	잡화류	가전류
②	주류	잡화류	가전류	담배류
③	잡화류	가전류	담배류	주류
④	주류	잡화류	담배류	가전류
⑤	담배류	잡화류	주류	가전류

21 취업준비생 A ~ E가 지원한 회사는 서로 다른 가 ~ 마 회사 중 한 곳이며, 다섯 회사는 서로 다른 곳에 위치하고 있다. 다섯 사람이 모두 서류에 합격하였고, 〈조건〉에 따라 지하철, 버스, 택시 중 하나를 이용하여 회사에 가려고 한다. 다음 중 옳지 않은 것은?(단, 한 가지 교통수단은 최대 두 명까지 이용할 수 있으며, 한 사람도 이용하지 않는 교통수단은 없다)

> **조건**
> • 택시를 타면 가, 나, 마 회사에 갈 수 있다.
> • A는 다 회사에 지원했다.
> • E는 어떤 교통수단을 선택해도 지원한 회사에 갈 수 있다.
> • 지하철에는 D를 포함한 두 사람이 타며, 둘 중 한 사람은 라 회사에 지원했다.
> • B가 탈 수 있는 교통수단은 지하철뿐이다.
> • 버스와 택시로 갈 수 있는 회사는 가 회사를 제외하면 서로 겹치지 않는다.

① B와 D는 함께 지하철을 이용한다.
② C는 택시를 이용한다.
③ A는 버스를 이용한다.
④ E는 라 회사에 지원했다.
⑤ C는 나 또는 마 회사에 지원했다.

22 J휴게소의 물품 보관함에는 자물쇠로 잠긴 채 오랫동안 방치되고 있는 보관함 네 개가 있다. 휴게소 관리 직원인 L씨는 방치 중인 보관함을 정리하기 위해 사무실에서 보유하고 있는 1 ~ 6번까지의 열쇠로 네 개의 자물쇠를 모두 열어 보았다. 다음 〈조건〉을 참고할 때, 항상 참인 것은?(단, 하나의 자물쇠는 정해진 하나의 열쇠로만 열린다)

> **조건**
> • 첫 번째 자물쇠는 1번 또는 2번 열쇠로 열렸다.
> • 두 번째 자물쇠와 네 번째 자물쇠는 3번 열쇠로 열리지 않았다.
> • 6번 열쇠로는 어떤 자물쇠도 열지 못했다.
> • 두 번째 또는 세 번째 자물쇠는 4번 열쇠로 열렸다
> • 세 번째 자물쇠는 4번 또는 5번 열쇠로 열렸다.

① 첫 번째 자물쇠는 반드시 1번 열쇠로 열린다.
② 두 번째 자물쇠가 2번 열쇠로 열리면, 세 번째 자물쇠는 5번 열쇠로 열린다.
③ 세 번째 자물쇠가 5번 열쇠로 열리면, 네 번째 자물쇠는 2번 열쇠로 열린다.
④ 네 번째 자물쇠가 5번 열쇠로 열리면, 두 번째 자물쇠는 2번 열쇠로 열린다.
⑤ 3번 열쇠로는 어떤 자물쇠도 열지 못한다.

※ 다음 자료를 보고 이어지는 질문에 답하시오. [23~24]

〈블랙박스 시리얼 번호 체계〉

개발사		제품		메모리 용량		제조연월				일련번호	PCB버전
값	의미	값	의미	값	의미	값	의미	값	의미	값	값
A	아리스	BD	블랙박스	1	4GB	A	2019년	1~9	1~9월	00001	1
S	성진	BL	LCD 블랙박스	2	8GB	B	2020년	O	10월	00002	2
B	백경	BP	IPS 블랙박스	3	16GB	C	2021년	N	11월	⋯	3
C	천호	BE	LED 블랙박스	4	32GB	D	2022년	D	12월	09999	9999
M	미강테크	–	–	–	–	E	2023년	–	–	–	–

※ 예시 : ABD2E6000101 → 아리스 블랙박스, 8GB, 2023년 6월 생산, 10번째 모델, PCB 1번째 버전

〈A/S 접수 현황〉

분류 1	분류 2	분류 3	분류 4
ABD1A2001092	MBE2E3001243	SBP3CD012083	ABD4B3007042
BBD1DD000132	MBP2CO120202	CBE3C4000643	SBE4D5101483
SBD1D9000082	ABE2D0001063	BBD3B6000761	MBP4C6000263
ABE1C6100121	CBL2C3010213	ABP3D8010063	BBE4DN020473
CBP1C6001202	SBD2B9001501	CBL3S8005402	BBL4C5020163
CBL1BN000192	SBP2C5000843	SBD3B1004803	CBP4D6100023
MBD1A2012081	BBL2BO010012	MBE3E4010803	SBE4E4001613
MBE1DB001403	CBD2B3000183	MBL3C1010203	ABE4DO010843

23 A/S가 접수되면 수리를 위해 각 제품을 해당 제조사로 전달한다. 그런데 제품 시리얼 번호를 확인하는 과정에서 조회되지 않는 번호가 있다는 것을 발견하였다. 다음 중 모두 몇 개의 시리얼 번호가 잘못 기록되었는가?

① 6개　　　　　　　　　　　　② 7개
③ 8개　　　　　　　　　　　　④ 9개
⑤ 10개

24 A/S가 접수된 제품 중 2019 ~ 2020년에 생산된 제품에 대해 무상으로 블루투스 기능을 추가해 주는 이벤트를 진행하고 있다. A/S 접수가 된 블랙박스 중에서 이벤트에 해당하는 제품은 모두 몇 개인가?

① 6개　　　　　　　　　　　　② 7개
③ 8개　　　　　　　　　　　　④ 9개
⑤ 10개

25 다음 자료를 참고할 때, 〈보기〉의 주민등록번호의 빈칸에 해당하는 숫자로 옳은 것은?

우리나라에서 국민에게 발급하는 주민등록번호는 각각의 번호가 고유한 번호로, 13자리 숫자로 구성된다. 13자리 숫자는 생년, 월, 일, 성별, 출생신고지역, 접수번호, 검증번호로 구분된다.

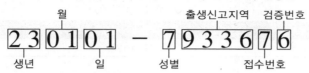

여기서 13번째 숫자의 검증번호는 주민등록번호의 정확성 여부를 검사하는 번호로, 앞의 12자리 숫자를 이용해서 구해지는데 계산법은 다음과 같다.
- 1단계 : 주민등록번호의 앞 12자리 숫자에 가중치 2, 3, 4, 5, 6, 7, 8, 9, 2, 3, 4, 5를 곱한다.
- 2단계 : 가중치를 곱한 값의 합을 계산한다.
- 3단계 : 가중치의 합을 11로 나눈 나머지를 구한다.
- 4단계 : 11에서 나머지를 뺀 수를 10으로 나눈 나머지가 검증번호가 된다.

> **보기**
>
> 240202-803701 __

① 4   ② 5

③ 6   ④ 7

⑤ 8

※ D사원은 해외에서 열리는 세미나 참석을 위해 호텔을 예약하였다. 다음 자료를 보고 이어지는 질문에 답하시오. [26~27]

• 출장일 : 2024년 2월 14일(수) ~ 18일(일)

〈호텔 숙박가격〉

구분	평일(일 ~ 목)	주말(금 ~ 토)
가격	USD 120	USD 150

〈유의사항〉

• 호텔 숙박을 원하실 경우 총숙박비의 20%에 해당하는 금액을 예치금으로 지불하셔야 합니다.
• 개인사정으로 호텔 예약을 취소 또는 변경하실 때는 숙박 예정일 4일 전까지는 전액 환불이 가능하지만, 그 이후로는 하루에 20%씩 취소 수수료가 부과됩니다. 노쇼(No-Show)의 경우와 체크인 당일 취소를 하실 경우에는 환불이 불가하오니, 유의해 주시기 바랍니다.

26 D사원이 호텔에 지불한 예치금은 얼마인가?

① USD 105   ② USD 108
③ USD 110   ④ USD 120
⑤ USD 132

27 D사원은 출장 출발일에 회사 사정으로 다른 곳으로 급하게 출장을 가게 되어 호텔 예약을 취소하게 됐다. 이때, D사원이 호텔 규정에 따라 받을 수 있는 환불금액은?(단, D사원의 출장 출발일은 호텔 체크인 당일이었다)

① USD 108   ② USD 222
③ USD 330   ④ USD 432
⑤ 환불 불가능

※ 다음은 본부장 승진 대상자의 평가항목별 점수에 대한 자료이다. 이어지는 질문에 답하시오. [28~29]

〈본부장 승진 대상자 평가결과〉

(단위 : 점)

대상자	외국어능력	필기	면접	해외 및 격오지 근무경력
A	8	9	10	2년
B	9	8	8	1년
C	9	9	7	4년
D	10	8.5	8.5	5년
E	7	9	8.5	5년
F	8	7	10	4년
G	9	7	9	7년
H	9	10	8	3년
I	10	7.5	10	6년

28 다음 〈조건〉에 따라 승진 대상자 2명을 선발한다고 할 때, 선발된 직원을 모두 고르면?

조건
- 외국어능력, 필기, 면접 점수를 합산해 총점이 가장 높은 대상자 2명을 선발한다.
- 총점이 동일한 경우 해외 및 격오지 근무경력이 많은 자를 우선 선발한다.
- 해외 및 격오지 근무경력 또한 동일할 경우 면접 점수가 높은 자를 우선 선발한다.

① A, H
② A, I
③ D, H
④ D, I
⑤ H, I

29 해외 및 격오지 근무자들을 우대하기 위해 〈조건〉을 다음과 같이 변경하였다. 변경 후에 선발된 직원을 모두 고르면?

조건
- 해외 및 격오지 근무경력이 4년 이상인 지원자만 선발한다.
- 해외 및 격오지 근무경력 1년당 1점으로 환산한다.
- 4개 항목의 총점이 높은 순서대로 선발하되, 총점이 동일한 경우 해외 및 격오지 근무경력이 많은 자를 선발한다.
- 해외 및 격오지 근무경력 또한 같은 경우 면접 점수가 높은 자를 우선 선발한다.

① C, F
② D, G
③ D, I
④ E, I
⑤ G, I

30 J자동차 회사에 근무하는 D씨는 올해 새로 출시될 예정인 수소전기차 '럭스'에 대해 SWOT 분석을 진행하기로 하였다. 다음 자료를 참고할 때, 〈보기〉 중 SWOT 분석에 들어갈 내용으로 옳지 않은 것은?

〈수소전기차 '럭스' 분석 내용〉

▶ 럭스는 서울에서 부산을 달리고도 절반 가까이 남는 609km에 달하는 긴 주행거리와 5분에 불과한 짧은 충전시간을 강점으로 볼 수 있다.

▶ 수소전기차의 정부 보조금 지급 대상은 총 240대로, 생산량에 비해 보조금이 부족한 실정이다.

▶ 전기차의 경우 전기의 가격은 약 10 ~ 30원/km이며, 수소차의 경우 수소의 가격은 약 72.8원/km이다.

▶ 럭스의 가격은 정부와 지자체의 보조금을 통해 3천여 만 원에 구입이 가능하며, 이는 첨단 기술이 집약된 친환경차를 중형 SUV 가격에 구매한다는 점에서 매력적이지 않을 수 없다.

▶ 화석연료로 만든 전기를 충전해서 움직이는 전기차보다 물로 전기를 만들어서 움직이는 수소전기차가 더 친환경적이다.

▶ 수소를 충전할 수 있는 충전소는 전국 12개소에 불과하며, K자동차 회사는 올해 안에 10개소를 더 설치한다고 발표하였으나 모두 완공될지는 미지수이다.

▶ 현재 전세계에서 친환경차의 인기는 뜨거우며, 저유가와 레저 문화의 확산으로 앞으로도 인기가 지속될 전망이다.

보기

강점(Strength)	약점(Weakness)
• (가) <u>보조금 지원으로 상대적으로 저렴한 가격</u> • 일반 전기차보다 깨끗한 수소전기차 • 짧은 충전시간과 긴 주행거리	• (나) <u>충전 인프라 부족</u> • (다) <u>전기보다 비싼 수소 가격</u>
기회(Opportunity)	위협(Threat)
• (라) <u>친환경차에 대한 인기</u> • 레저 문화의 확산	• (마) <u>생산량에 비해 부족한 보조금</u>

① (가)

② (나)

③ (다)

④ (라)

⑤ (마)

01 해외로 출장을 가는 김대리는 다음 〈조건〉과 같이 이동하려고 계획하고 있다. 연착 없이 계획대로 출장지에 도착했다면, 도착했을 때의 현지 시각은?

> **조건**
>
> - 서울 시각으로 5일 오후 1시 35분에 출발하는 비행기를 타고, 경유지 한 곳을 거쳐 출장지에 도착한다.
> - 경유지는 서울보다 1시간 빠르고, 출장지는 경유지보다 2시간 느리다.
> - 첫 번째 비행은 3시간 45분이 소요된다.
> - 경유지에서 3시간 50분을 대기한 후 출발한다.
> - 두 번째 비행은 9시간 25분이 소요된다.

① 오전 5시 35분   ② 오전 6시

③ 오후 5시 35분   ④ 오후 6시

⑤ 오전 7시

02 다음은 J공사의 당직 근무 규칙과 이번 주 당직 근무자들의 일정표이다. 당직 근무 규칙에 따라 이번 주에 당직 근무 일정을 추가해야 하는 사람으로 옳은 것은?

〈당직 근무 규칙〉

- 1일 당직 근무 최소 인원은 오전 1명, 오후 2명으로 총 3명이다.
- 1일 최대 6명을 넘길 수 없다.
- 같은 날 오전·오후 당직 근무는 서로 다른 사람이 해야 한다.
- 오전 또는 오후 당직을 모두 포함하여 당직 근무는 주당 3회 이상 5회 미만으로 해야 한다.

〈당직 근무 일정〉

성명	일정	성명	일정
공주원	월 오전 / 수 오후 / 목 오전	최민관	월 오후 / 화 오후 / 토 오전 / 일 오전
이지유	월 오후 / 화 오전 / 금 오전 / 일 오후	이영유	수 오전 / 화 오후 / 금 오후 / 토 오후
강리환	수 오전 / 목 오전 / 토 오후	지한준	월 오전 / 수 오후 / 금 오전
최유리	화 오전 / 목 오후 / 토 오후	강지공	수 오후 / 화 오후 / 금 오후 / 토 오전
이건율	화 오전 / 목 오전 / 일 오전	김민정	월 오전 / 수 오후 / 토 오전 / 일 오후

① 공주원   ② 이지유

③ 최유리   ④ 지한준

⑤ 김민정

J공사는 직원들의 교양증진을 위해 사내 도서관에 도서를 추가로 구비하고자 한다. 새로 구매할 도서는 직원들을 대상으로 한 사전조사 결과를 바탕으로 선정점수를 결정한다. 〈조건〉에 따라 추가로 구매할 도서를 선정할 때, 다음 중 최종 선정될 도서는?

〈후보 도서 사전조사 결과〉

도서명	저자	흥미도 점수	유익성 점수
재테크, 답은 있다	정우택	6	8
여행학개론	W. George	7	6
부장님의 서랍	김수권	6	7
IT혁명의 시작	정인성, 유오진	5	8
경제정의론	S. Collins	4	5
건강제일주의	임시학	8	5

조건
- J공사는 전 직원들을 대상으로 후보 도서들에 대한 사전조사를 하였다. 후보 도서들에 대한 흥미도 점수와 유익성 점수는 전 직원들이 10점 만점으로 부여한 점수의 평균값이다.
- 흥미도 점수와 유익성 점수를 3 : 2의 가중치로 합산하여 1차 점수를 산정하고, 1차 점수가 높은 후보 도서 3개를 1차 선정한다.
- 1차 선정된 후보 도서 중 해외저자의 도서는 가점 1점을 부여하여 2차 점수를 산정한다.
- 2차 점수가 가장 높은 2개의 도서를 최종 선정한다. 만일 선정된 후보 도서들의 2차 점수가 모두 동일한 경우, 유익성 점수가 가장 낮은 후보 도서는 탈락시킨다.

① 재테크, 답은 있다 / 여행학개론
② 재테크, 답은 있다 / 건강제일주의
③ 여행학개론 / 부장님의 서랍
④ 여행학개론 / 건강제일주의
⑤ IT혁명의 시작 / 건강제일주의

04 고객 A는 P기기를 사용 중 고장으로 인해 J기업의 A/S 서비스를 이용했다. 제품 A/S 안내문과 서비스 이용내역이 다음과 같을 때, 고객 A가 지불한 A/S 서비스 비용은 얼마인가?

〈제품 A/S 안내문〉

1. 제품의 품질보증기간은 구입일로부터 1년입니다. 품질보증기간 중 A/S 서비스를 받는 경우 무료 A/S를 제공합니다. 품질보증기간 경과 후 A/S 서비스 비용은 소비자가 부담해야 합니다.
2. A/S 서비스 제공 시 수리비가 발생합니다(수리비 : 2만 원).
3. 부품 교체 시에는 수리비 외에도 부품비가 추가 발생합니다.
4. A/S 센터는 주중 오전 9시부터 오후 6시까지 운영하며, 토요일에는 오전 9시부터 오후 1시까지 운영합니다. 일요일 및 공휴일에는 A/S 서비스를 제공하지 않습니다.
5. 출장 A/S 서비스를 이용하는 경우 출장비가 별도로 발생합니다. A/S 센터 운영시간 내 출장 시 출장비 2만 원, 운영시간 외 출장 시 출장비 3만 원을 별도로 부과합니다.

〈A/S 서비스 이용내역〉

• 고객명 : A
• 제품명 : P기기
• 제품 구입일자 : 2023년 11월 7일 화요일
• A/S 서비스 제공 일시 : 2024년 11월 12일 토요일 오후 3시
• 서비스 내용 : P기기 전면부 파손으로 부품 일부 교체(부품비 : 5만 원), 출장 서비스 이용

---

① 무료
② 5만 원
③ 10만 원
④ 15만 원
⑤ 17만 원

05 다음은 총무업무를 담당하는 A대리의 통화내역이다. 국내통화가 1분당 15원, 국제통화가 1분당 40원이라면 A대리가 사용한 통화요금은 총 얼마인가?

일시	통화내용	시간
11/5(화) 10:00	신규직원 명함 제작 관련 인쇄소 통화	10분
11/6(수) 14:00	임직원 진급선물 선정 관련 거래업체 통화	30분
11/7(목) 09:00	예산편성 관련 해외 출장소 현지 담당자 통화	60분
11/8(금) 15:00	본사 청소용역 관리 관련 제휴업체 통화	30분

〈A대리의 통화내역〉

① 1,550원
② 1,800원
③ 2,650원
④ 3,450원
⑤ 3,550원

06 J기업은 창고업체를 통해 A ~ C제품을 보관하고 있다. 각 제품에 대한 정보를 참고할 때, 다음 〈조건〉에 따라 J기업이 보관료로 지급해야 할 총금액은 얼마인가?

〈A ~ C제품 정보〉

구분	매출액(억 원)	용량	
		용적(CUBIC)	무게(톤)
A제품군	300	3,000	200
B제품군	200	2,000	300
C제품군	100	5,000	500

조건
- A제품군은 매출액의 1%를 보관료로 지급한다.
- B제품군은 1CUBIC당 20,000원의 보관료를 지급한다.
- C제품군은 1톤당 80,000원의 보관료를 지급한다.

① 3억 2천만 원 ② 3억 4천만 원
③ 3억 6천만 원 ④ 3억 8천만 원
⑤ 4억 원

07 J공사에서 승진 대상자 후보 중 2명을 승진시키려고 한다. 승진의 조건은 동료 평가에서 '하'를 받지 않고 합산점수가 높은 순이다. 이때, 합산점수는 100점 만점의 점수로 환산한 승진시험 성적, 영어 성적, 성과 평가의 수치를 합산한다. 승진시험의 만점은 100점, 영어 성적의 만점은 500점, 성과 평가의 만점은 200점이라고 할 때, 다음 중 승진 대상자 2명은 누구인가?

〈J공사 승진 대상자 후보 평가 현황〉

구분	승진시험 성적	영어 성적	동료 평가	성과 평가
A	80	400	중	120
B	80	350	상	150
C	65	500	상	120
D	70	400	중	100
E	95	450	하	185
F	75	400	중	160
G	80	350	중	190
H	70	300	상	180
I	100	400	하	160
J	75	400	상	140
K	90	250	중	180

① A, C ② B, K
③ E, I ④ F, G
⑤ H, D

08 J공사는 현재 신입사원을 채용하고 있다. 서류전형과 면접전형을 마치고 다음의 평가지표 결과를 얻었다. J공사 내 평가지표별 가중치를 이용하여 각 지원자의 최종 점수를 계산하고, 점수가 가장 높은 두 지원자를 채용하려고 한다. 이때, J공사가 채용할 두 지원자는?

〈지원자별 평가지표 결과〉

(단위 : 점)

구분	면접 점수	영어 실력	팀내 친화력	직무 적합도	발전 가능성	비고
A지원자	3	3	5	4	4	군필자
B지원자	5	5	2	3	4	군필자
C지원자	5	3	3	3	5	–
D지원자	4	3	3	5	4	군필자
E지원자	4	4	2	5	5	군 면제자

※ 군필자(만기제대)에게는 5점의 가산점을 부여한다.

〈평가지표별 가중치〉

구분	면접 점수	영어 실력	팀내 친화력	직무 적합도	발전 가능성
가중치	3	3	5	4	5

※ 가중치는 해당 평가지표 결과 점수에 곱한다.

① A, D
② B, C
③ B, E
④ C, D
⑤ D, E

09 J공사에 근무하는 A씨는 사정이 생겨 퇴사하게 되었다. A씨의 근무기간 및 기본급 등의 기본정보가 다음과 같다면, A씨가 받게 되는 퇴직금의 세전금액은 얼마인가?(단, A씨의 퇴직일 이전 3개월간 기타수당은 720,000원이며, 퇴직일 이전 3개월간 총일수는 80일이다)

- 입사일자 : 2022년 9월 1일
- 퇴사일자 : 2024년 9월 4일
- 재직일수 : 730일
- 월기본급 : 2,000,000원
- 월기타수당 : 월별 상이
- 퇴직 전 3개월 임금총액 계산(세전금액)

퇴직 이전 3개월간 총일수	기본급(3개월분)	기타수당(3개월분)
80일	6,000,000원	720,000원

- (퇴직금)=(1일 평균임금)×(30일)×[(재직일수)/365]
- (1일 평균임금)=[퇴직일 이전 3개월간 지급 받은 임금총액(기본급)+(기타수당)]/(퇴직일 이전 3개월간 총일수)

① 5,020,000원 ② 5,030,000원
③ 5,040,000원 ④ 5,050,000원
⑤ 5,060,000원

10 다음은 J공장의 제품 생산과 관련된 3가지 A ~ C공정에 대한 내용이다. 7월 24일(월)을 기준으로 제품 500개를 생산할 경우 제품 생산이 가장 빨리 완료되는 날은?

〈A ~ C공정 제품 생산〉

- A공정 제품 100개 만드는 데 2일, 7월 25일(화)부터 생산 가능
- B공정 제품 150개 만드는 데 3일, 7월 27일(목)부터 생산 가능
- C공정 제품 200개 만드는 데 2일, 7월 28일(금)부터 생산 가능
- 주말은 쉬므로, 공정은 주말을 제외하고 이어서 진행한다.
- 공정은 A → B → C 순서대로 작업되며, 공정별 동일한 제품이 생산된다.
- 같은 날 다른 공정을 동시에 진행할 수 있다.

① 7월 28일 ② 7월 29일
③ 7월 30일 ④ 7월 31일
⑤ 8월 1일

01 다음 중 빈칸 (가) ~ (다)에 들어갈 말을 순서대로 바르게 나열한 것은?

(가) ▶	객관적 실제의 반영이며, 그것을 전달할 수 있도록 기호화한 것	▶	• 고객의 주소, 성별, 이름, 나이, 스마트폰 기종 등
(나) ▶	(가)를 특정한 목적과 문제해결에 도움이 되도록 가공한 것	▶	• 중년층의 스마트폰 기종 • 중년층의 스마트폰 활용 횟수
(다) ▶	(나)를 집적하고 체계화하여 장래의 일반적인 사항에 대비해 보편성을 갖도록 한 것	▶	• 스마트폰 디자인에 대한 중년층의 취향 • 중년층을 주요 타깃으로 신종 스마트폰 개발

	(가)	(나)	(다)
①	자료	지식	정보
②	정보	자료	지식
③	지식	자료	정보
④	자료	정보	지식
⑤	지식	정보	자료

02 다음 중 운영체제(OS)의 역할에 대한 설명으로 옳지 않은 것은?

① 컴퓨터와 사용자 사이에서 시스템을 효율적으로 운영할 수 있도록 인터페이스 역할을 담당한다.

② 사용자가 시스템에 있는 응용 프로그램을 편리하게 사용할 수 있다.

③ 하드웨어의 성능을 최적화할 수 있도록 한다.

④ 운영체제의 기능에는 제어기능, 기억기능, 연산기능 등이 있다.

⑤ 프로그램의 오류나 부적절한 사용을 방지하기 위해 실행을 제어한다.

03 다음 중 Windows에 설치된 프린터의 [인쇄 관리자] 창에서 할 수 있는 작업으로 옳지 않은 것은?

① 인쇄 중인 문서도 강제로 종료시킬 수 있다.

② 인쇄 중인 문서를 일시 중지하고 다른 프린터로 출력하도록 할 수 있다.

③ 현재 사용 중인 프린터를 기본 프린터로 설정할 수 있다.

④ 현재 사용 중인 프린터를 공유하도록 설정할 수 있다.

⑤ 현재 사용 중인 프린터의 기본 설정을 변경할 수 있다.

PART 3

04 다음 상황에서 B사원이 제시해야 할 해결 방안으로 가장 적절한 것은?

> A팀장 : 어제 부탁한 보고서 작성은 다 됐나?
> B사원 : 네, 제 컴퓨터의 '문서' 폴더를 공유해 놓았으니 보고서를 내려받으시면 됩니다.
> A팀장 : 내 컴퓨터의 인터넷은 잘 되는데, 혹시 자네 인터넷이 지금 문제가 있나?
> B사원 : (모니터를 들여다보며) 아닙니다. 잘 되는데요?
> A팀장 : 네트워크 그룹에서 자네의 컴퓨터만 나타나지 않네. 어떻게 해야 하지?

① 공유폴더의 사용권한 수준을 '소유자'로 지정해야 합니다.
② 화면 보호기를 재설정해야 합니다.
③ 디스크 검사를 실행해야 합니다.
④ 네트워크상의 작업 그룹명을 동일하게 해야 합니다.
⑤ 컴퓨터를 다시 시작해야 합니다.

05 다음은 기획안을 제출하기 위한 정보수집 전에 어떠한 정보를 어떻게 수집할지에 대한 '정보의 전략적 기획'의 사례이다. J사원에게 필요한 정보로 적절하지 않은 것은?

> S공사의 J사원은 상사로부터 세탁기 신상품에 대한 기획안을 제출하라는 업무를 받았다. 먼저 J사원은 기획안을 작성하기 위해 자신에게 어떠한 정보가 필요한지를 생각해 보았다. 개발하려는 세탁기 신상품은 중년층을 대상으로 한 실용적이고 경제적이며 조작하기 쉬운 것을 대표적인 특징으로 삼고 있다.

① 기존에 세탁기를 구매한 고객들의 데이터베이스로부터 정보가 필요할 수 있다.
② 현재 세탁기를 사용하면서 불편한 점은 무엇인지에 대한 정보가 필요하다.
③ 데이터베이스로부터 성별에 따른 세탁기 선호 디자인에 대한 정보가 필요하다.
④ 고객들의 세탁기에 대한 부담 가능한 금액은 얼마인지에 대한 정보도 필요할 것이다.
⑤ 데이터베이스를 통해 중년층이 선호하는 디자인이나 색은 무엇인지에 대한 정보도 있으면 좋을 것이다.

06 J중학교에서 근무하는 P교사는 반 학생들의 과목별 수행평가 제출 여부를 확인하기 위해 아래와 같이 자료를 정리하였다. P교사가 [D11] ~ [D13] 셀에 〈보기〉와 같이 함수를 입력하였을 때, [D11] ~ [D13] 셀에 나타날 결괏값이 바르게 연결된 것은?

	A	B	C	D
1			(제출했을 경우 '1'로 표시)	
2	이름	A과목	B과목	C과목
3	김혜진	1	1	1
4	이방숙	1		
5	정영교	재제출 요망	1	
6	정혜운		재제출 요망	1
7	이승준		1	
8	이혜진			1
9	정영남	1		1
10				
11				
12				
13				

보기

- [D11] 셀에 입력한 함수 → 「=COUNTA(B3:D9)」
- [D12] 셀에 입력한 함수 → 「=COUNT(B3:D9)」
- [D13] 셀에 입력한 함수 → 「=COUNTBLANK(B3:D9)」

	[D11]	[D12]	[D13]
①	12	10	11
②	12	10	9
③	10	12	11
④	10	12	9
⑤	10	10	9

※ J공사에 근무 중인 S사원은 체육대회를 준비하고 있다. S사원은 체육대회에 사용될 물품 구입비를 다음 과 같이 엑셀로 정리하였다. 이어지는 질문에 답하시오. **[7~8]**

	A	B	C	D	E
1	구분	물품	개수	단가(원)	비용(원)
2	의류	A팀 체육복	15	20,000	300,000
3	식품류	과자	40	1,000	40,000
4	식품류	이온음료수	50	2,000	100,000
5	의류	B팀 체육복	13	23,000	299,000
6	상품	수건	20	4,000	80,000
7	상품	USB	10	10,000	100,000
8	의류	C팀 체육복	14	18,000	252,000
9	식품류	김밥	30	3,000	90,000

07 S사원은 표에서 단가가 두 번째로 높은 물품의 금액을 구하고자 한다. 다음 중 S사원이 입력해야 할 함수로 옳은 것은?

① = MAX(D2:D9,2)

② = MIN(D2:D9,2)

③ = MID(D2:D9,2)

④ = LARGE(D2:D9,2)

⑤ = INDEX(D2:D9,2)

08 S사원은 구입물품 중 의류의 총개수를 구하고자 한다. 다음 중 S사원이 입력해야 할 함수로 옳은 것은?

① = SUMIF(A2:A9,A2,C2:C9)

② = COUNTIF(C2:C9,C2)

③ = VLOOKUP(A2,A2:A9,1,0)

④ = HLOOKUP(A2,A2:A9,1,0)

⑤ = AVERAGEIF(A2:A9,A2,C2:C9)

09 다음 프로그램의 실행 결과로 나온 값의 합을 구하면?

```c
#include <studio.h>

int main( )
{
    printf("%d\n", 1%3);
    printf("%d\n", 2%3);
    printf("%d\n", 3%3);
    printf("%d\n", 4%3);
    printf("%d\n", 5%3);
    printf("%d\n", 6%3);

    return 0;
}
```

① 3   ② 4
③ 5   ④ 6
⑤ 7

10 다음 프로그램의 실행 결과로 옳은 것은?

```c
#include <stdio.h>
int main( )
{
    int sum = 0;
    int x;
    for(x = 1;x < = 100;x++)
        sum+=x;
    printf("1 + 2 + … + 100 = %d\n", sum);
        return 0;
}
```

① 5010   ② 5020
③ 5040   ④ 5050
⑤ 6000

제2회 최종점검 모의고사 • 273

01 지름이 10cm인 솔레노이드 코일에 5A의 전류가 흐를 때, 코일 내 자기장의 세기는 얼마인가?(단, 1cm당 권수는 20회이다)

① 10AT/m　　　　　　　　　② 10^2AT/m

③ 10^3AT/m　　　　　　　　　④ 10^4AT/m

⑤ 10^5AT/m

02 154kV 가공전선로를 시가지에 시설하는 경우, 특고압 가공전선에 지락 또는 단락이 생기면 전로로부터 몇 초 이내에 차단하는 장치를 시설해야 하는가?

① 1초　　　　　　　　　　　② 2초

③ 3초　　　　　　　　　　　④ 5초

⑤ 7초

03 다음 중 부식성 가스 등이 있는 장소에 시설할 수 없는 배선은?

① 금속관 배선　　　　　　　② 1종 금속제 가요전선관 배선

③ 케이블 배선　　　　　　　④ 캡타이어 케이블 배선

⑤ 애자 사용 배선

04 다음 중 알칼리 축전지의 대표적인 축전지로 널리 사용되고 있는 2차 전지는?

① 망간 전지   ② 산화은 전지

③ 페이퍼 전지   ④ 니켈카드뮴 전지

⑤ 알칼리 전지

05 다음 중 전기력선의 성질에 대한 설명으로 옳은 것을 〈보기〉에서 모두 고르면?

> **보기**
>
> ㄱ. 전기력선은 자신만으로 폐곡선을 이루지 않는다.
> ㄴ. 전기장 내에 도체를 넣으면 도체 내부의 전기장이 외부의 전기장을 상쇄하나, 도체 내부의 전기력선은 존재한다.
> ㄷ. 전기장 내 임의의 점에서 전기력선의 접선방향은 그 점에서 전기장의 방향을 나타낸다.
> ㄹ. 전기장 내 임의의 점에서 전기력선의 밀도는 그 점에서의 전기장의 세기와 비례하지 않는다.

① ㄱ, ㄴ   ② ㄱ, ㄷ

③ ㄱ, ㄹ   ④ ㄴ, ㄹ

⑤ ㄷ, ㄹ

06 전동기에 공급하는 간선의 굵기는 그 간선에 접속하는 전동기의 정격 전류의 합계가 50A를 초과하는 경우, 그 정격 전류 합계의 몇 배 이상의 허용 전류를 갖는 전선을 사용하여야 하는가?

① 1.1배   ② 1.25배

③ 1.3배   ④ 2.0배

⑤ 2.4배

07 5분 동안에 600C의 전기량이 이동했다면 전류의 크기는 얼마인가?

① 2A
② 50A
③ 100A
④ 150A
⑤ 200A

08 $2\mu F$, $3\mu F$, $5\mu F$인 3개의 콘덴서가 병렬로 접속되었을 때, 합성 정전용량은?

① $0.97\mu F$
② $3\mu F$
③ $5\mu F$
④ $6\mu F$
⑤ $10\mu F$

09 $R=2\Omega$, $L=10\text{mH}$, $C=4\mu F$으로 구성되는 직렬공진회로의 L과 C에서의 전압 확대율은?

① 3
② 6
③ 12
④ 16
⑤ 25

10 6극 직렬권 발전기의 전기자 도체수가 300, 매극 자속수가 0.02Wb이고 회전수가 900rpm일 때 유도기전력은?

① 90V
② 110V
③ 160V
④ 220V
⑤ 270V

11 다음 중 공기 중에서 m[Wb]의 자극으로부터 나오는 자속수는?

① m

② $\mu_0 m$

③ $\dfrac{1}{m}$

④ $\dfrac{m}{\mu_0}$

⑤ $\dfrac{1}{\mu_0 m}$

12 다음 중 교류회로에 대한 설명으로 옳지 않은 것은?

① 저항 부하만의 회로는 역률이 1이 된다.

② R, L, C 직렬 교류회로에서 유효전력은 전류의 제곱과 전체 임피던스에 비례한다.

③ R, L, C 직렬 교류회로에서 L을 제거하면 전류가 진상이 된다.

④ R과 L의 직렬 교류회로의 역률을 보상하기 위해서는 C를 추가하면 된다.

⑤ 교류회로에서 전류와 전압은 실횻값이 개념을 사용한다.

13 다음 중 병렬 전송 방식의 특징으로 옳지 않은 것은?

① 비교적 데이터 전송 속도가 빠르다.

② 직렬 전송과 동일한 비용으로 데이터를 전송할 수 있다.

③ 비교적 짧은 거리의 데이터 전송에 사용된다.

④ 여러 개의 비트가 동시에 여러 회선을 통하여 전송된다.

⑤ 동기화 신호가 필요하다.

14 평판 커패시터의 극판 사이에 서로 다른 유전체를 다음과 같이 평판과 평행하게 각각 d_1, d_2의 두께로 채웠다. 각각의 정전용량을 C_1과 C_2라 할 때, $C_1 \div C_2$의 값은?(단, $V_1 = V_2$이고, $d_1 = 2d_2$이다)

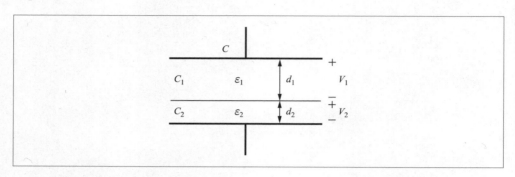

① 0.5

② 1

③ 2

④ 4

⑤ 6

15 다음의 3상 부하에서 소비되는 전력을 2전력계법으로 측정하였더니 전력계의 눈금이 $P_1 = 150\text{W}$, $P_2 = 50\text{W}$를 각각 지시하였다. 이때, 3상 부하의 유효전력은?(단, 부하역률은 0.9이다)

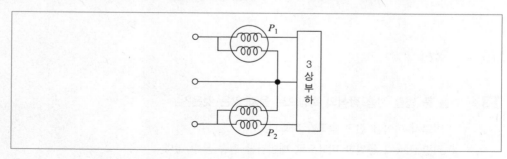

① 90W

② 100W

③ 180W

④ 200W

⑤ 240W

01 다음 중 전이중 통신 방식에 대한 특성으로 옳지 않은 것은?

① 하드와이어 전송의 경우 송수신에 4개의 회선을 사용한다.
② 아날로그 방식의 전송에서는 FDM으로 전이중 모드를 지원한다.
③ 데이터 전송량이 많고 통신 회선의 용량이 클 때 사용한다.
④ 송수신에 2개의 채널을 사용하며, 각 채널의 주파수는 서로 같다.
⑤ 다른 통신 방식에 비해 장비가 비싸고 더 많은 전송 매체가 필요하다.

02 다음 중 인터럽트 체제의 동작을 수행 순서대로 바르게 나열한 것은?

> ㉠ 현재 수행 중인 명령을 완료하고, 상태를 기억
> ㉡ 인터럽트 요청 신호 발생
> ㉢ 보존한 프로그램 상태로 복귀
> ㉣ 인터럽트 취급 루틴을 수행
> ㉤ 어느 장치가 인터럽트를 요청했는지 판별

① ㉠ → ㉤ → ㉡ → ㉣ → ㉢
② ㉡ → ㉠ → ㉣ → ㉤ → ㉢
③ ㉡ → ㉠ → ㉤ → ㉣ → ㉢
④ ㉡ → ㉣ → ㉠ → ㉢ → ㉤
⑤ ㉣ → ㉡ → ㉠ → ㉤ → ㉢

03 다음 중 코드 분할 다중 액세스(CDMA) 방식에 대한 설명으로 옳지 않은 것은?

① FDMA와 TDMA의 혼합된 형태이다.
② 전송 시간은 TDMA로, 각 시간 대역에서는 FDMA로 전송한다.
③ 전체 신호에 미치는 페이딩의 영향을 줄일 수 있다.
④ 전체적인 데이터 전송률을 증대시킬 수 있다.
⑤ Code 사용기법이기 때문에 자동적으로 프라이버시가 보장된다.

04 다음은 어떤 사이클에 대한 동작을 의미하는가?

MAR ← MBR[AD] MBR ← M[MAR]
AC ← AC+MBR F ← 0 또는 R ← 1

① Fetch Cycle ② Indirect Cycle
③ Execute Cycle ④ Interrupt Cycle
⑤ Memory Cycle

05 HDLC의 특성으로 옳지 않은 것은?

① 고속의 전송에 적합한 비트 전송을 기본으로 한다.
② 컴퓨터 네트워크에도 적합하다.
③ 전송 효율이 향상된다.
④ 부호에 대한 교환성이 우수하다.
⑤ 단말 장치는 고가이다.

06 TOS 필드는 패킷에 포함되어 있는 TOS 필드 등급을 패킷마다 지정하여 처리 우선순위를 결정한다. 다음 중 4bit의 이진수로 표현되는 TOS 필드 값의 의미가 옳지 않은 것은?

① 1000 – 지연 최소화를 가장 우선 ② 0100 – 처리량을 가장 우선
③ 0010 – 정확성을 가장 우선 ④ 0001 – 비용 최소화를 가장 우선
⑤ 0000 – 일반적인 서비스

07 다음 중 CGI(Common Gateway Interface)에 대한 설명으로 옳지 않은 것은?

① HTTP 서버에서 외부 프로그램을 수행하기 위한 인터페이스이다.
② 프로그램에 사용되는 언어에는 C, C++, Java, Perl, ASP 등이 있다.
③ 사용자가 방명록, 카운터, 게시판 등을 HTML 문서와 연동하기 위해 사용한다.
④ 서버 측 스크립트가 HTML 페이지를 만들어 모든 브라우저에서 사용할 수 있다.
⑤ 브라우저가 서버를 경유하여 데이터베이스 서버에 질의를 내는 등 대화형 웹페이지를 작성할 때 이용된다.

08 다음 중 주파수 분할 다중화 접근(FDMA) 기법의 특징으로 옳지 않은 것은?

① 하나의 트랜스폰더를 여러 지구국이 공유한다.

② 하나의 트랜스폰더의 주파수 대역을 분할하여 여러 지상국에 배당한다.

③ 지구국 사이에 동기 신호를 사용한다.

④ 간섭에 약한 특성을 가지고 있다.

⑤ 다양한 속도의 디지털 신호 전송과의 친화력이 부족하다.

09 다음 중 원래의 신호를 다른 주파수 대역으로 변조하지 않고 전송하는 방식은?

① 베이스 밴드 방식   ② 압축 밴드 방식

③ 광대역 방식   ④ 협대역 방식

⑤ NRZ 방식

10 다음 중 서로 다른 주파수들이 똑같은 전송 매체를 공유할 때 이 주파수들이 서로의 합과 차의 신호를 발생함으로써 발생되는 잡음은 무엇인가?

① 상호 변조 잡음   ② 열 잡음

③ 누화 잡음   ④ 충격 잡음

⑤ 유도 잡음

11 다음 중 객체 지향 프로그래밍 언어로만 짝지어진 것은?

① C++, C#, Java   ② C, COBOL, BASIC

③ FORTRAN, C++, XML   ④ Java, C, XML

⑤ FORTRAN, C++, Java

12 주파수 범위가 $0.3 \sim 3.4$kHz인 음성 신호를 8kHz로 표본화해 7비트로 부호화할 경우의 정보 속도는?

① 28kb/s   ② 56kb/s

③ 64kb/s   ④ 128kb/s

⑤ 156kb/s

13 다음과 같은 특성을 갖는 웹 프로그래밍 언어로 옳은 것은?

> • 래스가 존재하지 않으며, 변수 선언도 필요 없다.
> • 소스 코드가 HTML 문서에 포함되어 있다.
> • 사용자의 웹 브라우저에서 직접 번역되고 실행된다.

① CGI   ② XML

③ ASP   ④ Javascript

⑤ COBOL

14 다음 중 스펙트럼 확산 통신에 대한 설명으로 옳지 않은 것은?

① 전력 스펙트럼 밀도를 낮게 해서 전송하므로 간섭이나 페이딩에 약하다.

② 다수의 사용자에 의한 불규칙한 다원 접속이 가능하다.

③ 무선 채널을 통해 전송되는 정보를 비우호적인 제3자가 수신하는 것을 방지할 수 있다.

④ 정보의 스펙트럼을 광역의 주파수 대역으로 확산하여 전송한다.

⑤ 송출되는 정보를 전송하는 데 필요한 가장 낮은 대역보다 훨씬 넓은 주파수 대역으로 확산한 신호를 사용한다.

15 다음 중 동기식 데이터 전송 방식의 특성에 대한 설명으로 옳지 않은 것은?

① 문자나 비트에 시작 및 정지 비트를 사용한다.

② 송수신간 동기화가 이루어져야 한다.

③ 데이터 블록이 큰 경우 비동기식 전송보다 훨씬 효율적이다.

④ 2단계 인코딩 동기화 기법을 사용한다.

⑤ 타이밍은 각 메시지 또는 데이터 블록의 출발점에 있는 동기 부호들에 의해 유도된다.

PART 4

채용 가이드

01 | 블라인드 채용 소개

1. 블라인드 채용이란?

채용 과정에서 편견이 개입되어 불합리한 차별을 야기할 수 있는 출신지, 가족관계, 학력, 외모 등의 편견요인은 제외하고, 직무능력만을 평가하여 인재를 채용하는 방식입니다.

2. 블라인드 채용의 필요성

• 채용의 공정성에 대한 사회적 요구
  - 누구에게나 직무능력만으로 경쟁할 수 있는 균등한 고용기회를 제공해야 하나, 아직도 채용의 공정성에 대한 불신이 존재
  - 채용상 차별금지에 대한 법적 요건이 권고적 성격에서 처벌을 동반한 의무적 성격으로 강화되는 추세
  - 시민의식과 지원자의 권리의식 성숙으로 차별에 대한 법적 대응 가능성 증가
• 우수인재 채용을 통한 기업의 경쟁력 강화 필요
  - 직무능력과 무관한 학벌, 외모 위주의 선발로 우수인재 선발기회 상실 및 기업경쟁력 약화
  - 채용 과정에서 차별 없이 직무능력중심으로 선발한 우수인재 확보 필요
• 공정한 채용을 통한 사회적 비용 감소 필요
  - 편견에 의한 차별적 채용은 우수인재 선발을 저해하고 외모·학벌 지상주의 등의 심화로 불필요한 사회적 비용 증가
  - 채용에서의 공정성을 높여 사회의 신뢰수준 제고

3. 블라인드 채용의 특징

편견요인을 요구하지 않는 대신 직무능력을 평가합니다.

※ 직무능력중심 채용이란?
  기업의 역량기반 채용, NCS기반 능력중심 채용과 같이 직무수행에 필요한 능력과 역량을 평가하여 선발하는 채용방식을 통칭합니다.

4. 블라인드 채용의 평가요소

직무수행에 필요한 지식, 기술, 태도 등을 과학적인 선발기법을 통해 평가합니다.

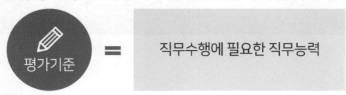

※ 과학적 선발기법이란?
직무분석을 통해 도출된 평가요소를 서류, 필기, 면접 등을 통해 체계적으로 평가하는 방법으로 입사지원서, 자기소개서, 직무수행능력평가, 구조화 면접 등이 해당됩니다.

5. 블라인드 채용 주요 도입 내용

• 입사지원서에 인적사항 요구 금지
 – 인적사항에는 출신지역, 가족관계, 결혼여부, 재산, 취미 및 특기, 종교, 생년월일(연령), 성별, 신장 및 체중, 사진, 전공, 학교명, 학점, 외국어 점수, 추천인 등이 해당
 – 채용 직무를 수행하는 데 있어 반드시 필요하다고 인정될 경우는 제외
  예 특수경비직 채용 시 : 시력, 건강한 신체 요구
    연구직 채용 시 : 논문, 학위 요구 등
• 블라인드 면접 실시
 – 면접관에게 응시자의 출신지역, 가족관계, 학교명 등 인적사항 정보 제공 금지
 – 면접관은 응시자의 인적사항에 대한 질문 금지

6. 블라인드 채용 도입의 효과성

• 구성원의 다양성과 창의성이 높아져 기업 경쟁력 강화
 – 편견을 없애고 직무능력 중심으로 선발하므로 다양한 직원 구성 가능
 – 다양한 생각과 의견을 통하여 기업의 창의성이 높아져 기업경쟁력 강화
• 직무에 적합한 인재선발을 통한 이직률 감소 및 만족도 제고
 – 사전에 지원자들에게 구체적이고 상세한 직무요건을 제시함으로써 허수 지원이 낮아지고, 직무에 적합한 지원자 모집 가능
 – 직무에 적합한 인재가 선발되어 직무이해도가 높아져 업무효율 증대 및 만족도 제고
• 채용의 공정성과 기업이미지 제고
 – 블라인드 채용은 사회적 편견을 줄인 선발 방법으로 기업에 대한 사회적 인식 제고
 – 채용과정에서 불합리한 차별을 받지 않고 실력에 의해 공정하게 평가를 받을 것이라는 믿음을 제공하고, 지원자들은 평등한 기회와 공정한 선발과정 경험

02 | 서류전형 가이드

01 채용공고문

1. 채용공고문의 변화

기존 채용공고문	변화된 채용공고문
• 취업준비생에게 불충분하고 불친절한 측면 존재 • 모집분야에 대한 명확한 직무관련 정보 및 평가기준 부재 • 해당분야에 지원하기 위한 취업준비생의 무분별한 스펙 쌓기 현상 발생	• NCS 직무분석에 기반한 채용공고를 토대로 채용전형 진행 • 지원자가 입사 후 수행하게 될 업무에 대한 자세한 정보 공지 • 직무수행내용, 직무수행 시 필요한 능력, 관련된 자격, 직업기초능력 제시 • 지원자가 해당 직무에 필요한 스펙만을 준비할 수 있도록 안내
• 모집부문 및 응시자격 • 지원서 접수 • 전형절차 • 채용조건 및 처우 • 기타사항	• 채용절차 • 채용유형별 선발분야 및 예정인원 • 전형방법 • 선발분야별 직무기술서 • 우대사항

2. 지원 유의사항 및 지원요건 확인

채용 직무에 따른 세부사항을 공고문에 명시하여 지원자에게 적격한 지원 기회를 부여함과 동시에 채용과정에서의 공정성과 신뢰성을 확보합니다.

구성	내용	확인사항
모집분야 및 규모	고용형태(인턴 계약직 등), 모집분야, 인원, 근무지역 등	채용직무가 여러 개일 경우 본인이 해당되는 직무의 채용규모 확인
응시자격	기본 자격사항, 지원조건	지원을 위한 최소자격요건을 확인하여 불필요한 지원을 예방
우대조건	법정·특별·자격증 가점	본인의 가점 여부를 검토하여 가점 획득을 위한 사항을 사실대로 기재
근무조건 및 보수	고용형태 및 고용기간, 보수, 근무지	본인이 생각하는 기대수준에 부합하는지 확인하여 불필요한 지원을 예방
시험방법	서류·필기·면접전형 등의 활용방안	전형방법 및 세부 평가기법 등을 확인하여 지원전략 준비
전형일정	접수기간, 각 전형 단계별 심사 및 합격자 발표일 등	본인의 지원 스케줄을 검토하여 차질이 없도록 준비
제출서류	입사지원서(경력·경험기술서 등), 각종 증명서 및 자격증 사본 등	지원요건 부합 여부 및 자격 증빙서류 사전에 준비
유의사항	임용취소 등의 규정	임용취소 관련 법적 또는 기관 내부 규정을 검토하여 해당여부 확인

직무기술서란 직무수행의 내용과 필요한 능력, 관련 자격, 직업기초능력 등을 상세히 기재한 것으로 입사 후 수행하게 될 업무에 대한 정보가 수록되어 있는 자료입니다.

1. 채용분야

설명

NCS 직무분류 체계에 따라 직무에 대한 「대분류 – 중분류 – 소분류 – 세분류」 체계를 확인할 수 있습니다. 채용 직무에 대한 모든 직무기술서를 첨부하게 되며 실제 수행 업무를 기준으로 세부적인 분류정보를 제공합니다.

채용분야	분류체계			
사무행정	대분류	중분류	소분류	세분류
분류코드	02. 경영·회계·사무	03. 재무·회계	01. 재무	01. 예산
				02. 자금
			02. 회계	01. 회계감사
				02. 세무

2. 능력단위

설명

직무분류 체계의 세분류 하위능력단위 중 실질적으로 수행할 업무의 능력만 구체적으로 파악할 수 있습니다.

능력단위	(예산)	03. 연간종합예산수립 05. 확정예산 운영	04. 추정재무제표 작성 06. 예산실적 관리
	(자금)	04. 자금운용	
	(회계감사)	02. 자금관리 05. 회계정보시스템 운용 07. 회계감사	04. 결산관리 06. 재무분석
	(세무)	02. 결산관리 07. 법인세 신고	05. 부가가치세 신고

3. 직무수행내용

설명

세분류 영역의 기본정의를 통해 직무수행내용을 확인할 수 있습니다. 입사 후 수행할 직무내용을 구체적으로 확인할 수 있으며, 이를 통해 입사서류 작성부터 면접까지 직무에 대한 명확한 이해를 바탕으로 자신의 희망직무 인지 아닌지, 해당 직무가 자신이 알고 있던 직무가 맞는지 확인할 수 있습니다.

직무수행내용	(예산) 일정기간 예상되는 수익과 비용을 편성, 집행하며 통제하는 일
	(자금) 자금의 계획 수립, 조달, 운용을 하고 발생 가능한 위험 관리 및 성과평가
	(회계감사) 기업 및 조직 내·외부에 있는 의사결정자들이 효율적인 의사결정을 할 수 있도록 유용한 정보를 제공, 제공된 회계정보의 적정성을 파악하는 일
	(세무) 세무는 기업의 활동을 위하여 주어진 세법범위 내에서 조세부담을 최소화시키는 조세전략을 포함하고 정확한 과세소득과 과세표준 및 세액을 산출하여 과세당국에 신고·납부하는 일

PART 4

4. 직무기술서 예시

태도	(예산) 정확성, 분석적 태도, 논리적 태도, 타 부서와의 협조적 태도, 설득력
	(자금) 분석적 사고력
	(회계 감사) 합리적 태도, 전략적 사고, 정확성, 적극적 협업 태도, 법률준수 태도, 분석적 태도, 신속성, 책임감, 정확한 판단력
	(세무) 규정 준수 의지, 수리적 정확성, 주의 깊은 태도
우대 자격증	공인회계사, 세무사, 컴퓨터활용능력, 변호사, 워드프로세서, 전산회계운용사, 사회조사분석사, 재경관리사, 회계관리 등
직업기초능력	의사소통능력, 문제해결능력, 자원관리능력, 대인관계능력, 정보능력, 조직이해능력

5. 직무기술서 내용별 확인사항

항목	확인사항
모집부문	해당 채용에서 선발하는 부문(분야)명 확인 예 사무행정, 전산, 전기
분류체계	지원하려는 분야의 세부직무군 확인
주요기능 및 역할	지원하려는 기업의 전사적인 기능과 역할, 산업군 확인
능력단위	지원분야의 직무수행에 관련되는 세부업무사항 확인
직무수행내용	지원분야의 직무군에 대한 상세사항 확인
전형방법	지원하려는 기업의 신입사원 선발전형 절차 확인
일반요건	교육사항을 제외한 지원 요건 확인(자격요건, 특수한 경우 연령)
교육요건	교육사항에 대한 지원요건 확인(대졸 / 초대졸 / 고졸 / 전공 요건)
필요지식	지원분야의 업무수행을 위해 요구되는 지식 관련 세부항목 확인
필요기술	지원분야의 업무수행을 위해 요구되는 기술 관련 세부항목 확인
직무수행태도	지원분야의 업무수행을 위해 요구되는 태도 관련 세부항목 확인
직업기초능력	지원분야 또는 지원기업의 조직원으로서 근무하기 위해 필요한 일반적인 능력사항 확인

1. 입사지원서의 변화

기존지원서		능력중심 채용 입사지원서
직무와 관련 없는 학점, 개인신상, 어학점수, 자격, 수상경력 등을 나열하도록 구성	VS	해당 직무수행에 꼭 필요한 정보들을 제시할 수 있도록 구성

직무기술서		**인적사항**	성명, 연락처, 지원분야 등 작성 (평가 미반영)
직무수행내용		**교육사항**	직무지식과 관련된 학교교육 및 직업교육 작성
요구지식 / 기술	➡	**자격사항**	직무관련 국가공인 또는 민간자격 작성
관련 자격증		**경력 및 경험사항**	조직에 소속되어 일정한 임금을 받거나(경력) 임금 없이(경험) 직무와 관련된 활동 내용 작성
사전직무경험			

PART 4

2. 교육사항

• 지원분야 직무와 관련된 학교 교육이나 직업교육 혹은 기타교육 등 직무에 대한 지원자의 학습 여부를 평가하기 위한 항목입니다.

• 지원하고자 하는 직무의 학교 전공교육 이외에 직업교육, 기타교육 등을 기입할 수 있기 때문에 전공 제한 없이 직업교육과 기타교육을 이수하여 지원이 가능하도록 기회를 제공합니다.

(기타교육 : 학교 이외의 기관에서 개인이 이수한 교육과정 중 지원직무와 관련이 있다고 생각되는 교육내용)

구분	교육과정(과목)명	교육내용	과업(능력단위)

3. 자격사항

- 채용공고 및 직무기술서에 제시되어 있는 자격 현황을 토대로 지원자가 해당 직무를 수행하는 데 필요한 능력을 가지고 있는지를 평가하기 위한 항목입니다.
- 채용공고 및 직무기술서에 기재된 직무관련 필수 또는 우대자격 항목을 확인하여 본인이 보유하고 있는 자격사항을 기재합니다.

자격유형	자격증명	발급기관	취득일자	자격증번호

4. 경력 및 경험사항

- 직무와 관련된 경력이나 경험 여부를 표현하도록 하여 직무와 관련한 능력을 갖추었는지를 평가하기 위한 항목입니다.
- 해당 기업에서 직무를 수행함에 있어 필요한 사항만을 기록하게 되어 있기 때문에 직무와 무관한 스펙을 갖추지 않아도 됩니다.
- 경력 : 금전적 보수를 받고 일정기간 동안 일했던 경우
- 경험 : 금전적 보수를 받지 않고 수행한 활동

※ 기업에 따라 경력 / 경험 관련 증빙자료 요구 가능

구분	조직명	직위 / 역할	활동기간(년 / 월)	주요과업 / 활동내용

> **Tip**
>
> 입사지원서 작성 방법
>
> ○ 경력 및 경험사항 작성
> - 직무기술서에 제시된 지식, 기술, 태도와 지원자의 교육사항, 경력(경험)사항, 자격사항과 연계하여 개인의 직무역량에 대해 스스로 판단 가능
>
> ○ 인적사항 최소화
> - 개인의 인적사항, 학교명, 가족관계 등을 노출하지 않도록 유의
>
> ---
>
> 부적절한 입사지원서 작성 사례
> - 학교 이메일을 기입하여 학교명 노출
> - 거주지 주소에 학교 기숙사 주소를 기입하여 학교명 노출
> - 자기소개서에 부모님이 재직 중인 기업명, 직위, 직업을 기입하여 가족관계 노출
> - 자기소개서에 석·박사 과정에 대한 이야기를 언급하여 학력 노출
> - 동아리 활동에 대한 내용을 학교명과 더불어 언급하여 학교명 노출

1. 자기소개서의 변화

- 기존의 자기소개서는 지원자의 일대기나 관심 분야, 성격의 장·단점 등 개괄적인 사항을 묻는 질문으로 구성되어 지원자가 자신의 직무능력을 제대로 표출하지 못합니다.
- 능력중심 채용의 자기소개서는 직무기술서에 제시된 직업기초능력(또는 직무수행능력)에 대한 지원자의 과거 경험을 기술하게 함으로써 평가 타당도의 확보가 가능합니다.

1. 우리 회사와 해당 지원 직무분야에 지원한 동기에 대해 기술해 주세요.

2. 자신이 경험한 다양한 사회활동에 대해 기술해 주세요.

3. 지원 직무에 대한 전문성을 키우기 위해 받은 교육과 경험 및 경력사항에 대해 기술해 주세요.

4. 인사업무 또는 팀 과제 수행 중 발생한 갈등을 원만하게 해결해 본 경험이 있습니까? 당시 상황에 대한 설명과 갈등의 대상이 되었던 상대방을 설득한 과정 및 방법을 기술해 주세요.

5. 과거에 있었던 일 중 가장 어려웠었던(힘들었었던) 상황을 고르고, 어떤 방법으로 그 상황을 해결했는지를 기술해 주세요.

자기소개서 작성 방법

① 자기소개서 문항이 묻고 있는 평가 역량 추측하기

예시

• 팀 활동을 하면서 갈등 상황 시 상대방의 니즈나 의도를 명확히 파악하고 해결하여 목표 달성에 기여했던 경험에 대해서 작성해 주시기 바랍니다.
• 다른 사람이 생각해내지 못했던 문제점을 찾고 이를 해결한 경험에 대해 작성해 주시기 바랍니다.

② 해당 역량을 보여줄 수 있는 소재 찾기(시간×역량 매트릭스)

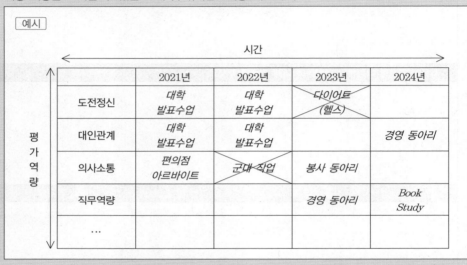

예시

시간

평가역량		2021년	2022년	2023년	2024년
	도전정신	대학 발표수업	대학 발표수업	~~다이어트 (헬스)~~	
	대인관계	대학 발표수업	대학 발표수업		경영 동아리
	의사소통	편의점 아르바이트	~~군대 작업~~	봉사 동아리	
	직무역량			경영 동아리	Book Study
	…				

③ 자기소개서 작성 Skill 익히기
• 두괄식으로 작성하기
• 구체적 사례를 사용하기
• '나'를 중심으로 작성하기
• 직무역량 강조하기
• 경험 사례의 차별성 강조하기

03 인성검사 소개 및 모의테스트

01 인성검사 유형

인성검사는 지원자의 성격특성을 객관적으로 파악하고 그것이 각 기업에서 필요로 하는 인재상과 가치에 부합하는가를 평가하기 위한 검사입니다. 인성검사는 KPDI(한국인재개발진흥원), K–SAD(한국사회적성개발원), KIRBS(한국행동과학연구소), SHR(에스에이치알) 등의 전문기관을 통해 각 기업의 특성에 맞는 검사를 선택하여 실시합니다. 대표적인 인성검사의 유형에는 크게 다음과 같은 세 가지가 있으며, 채용 대행업체에 따라 달라집니다.

1. KPDI 검사

조직적응성과 직무적합성을 알아보기 위한 검사로 인성검사, 인성역량검사, 인적성검사, 직종별 인적성 검사 등의 다양한 검사 도구를 구현합니다. KPDI는 성격을 파악하고 정신건강 상태 등을 측정하고, 직무 검사는 해당 직무를 수행하기 위해 기본적으로 갖추어야 할 인지적 능력을 측정합니다. 역량검사는 특정 직무 역할을 효과적으로 수행하는 데 직접적으로 관련 있는 개인의 행동, 지식, 스킬, 가치관 등을 측정합니다.

2. KAD(Korea Aptitude Development) 검사

K–SAD(한국사회적성개발원)에서 실시하는 적성검사 프로그램입니다. 개인의 성향, 지적 능력, 기호, 관심, 흥미도를 종합적으로 분석하여 적성에 맞는 업무가 무엇인가 파악하고, 직무수행에 있어서 요구되는 기초능력과 실무능력을 분석합니다.

3. SHR 직무적성검사

직무수행에 필요한 종합적인 사고 능력을 다양한 적성검사(Paper and Pencil Test)로 평가합니다. SHR의 모든 직무능력검사는 표준화 검사입니다. 표준화 검사는 표본집단의 점수를 기초로 규준이 만들어진 검사이므로 개인의 점수를 규준에 맞추어 해석·비교하는 것이 가능합니다. S(Standardized Tests), H(Hundreds of Version), R(Reliable Norm Data)을 특징으로 하며, 직군·직급별 특성과 선발 수준에 맞추어 검사를 적용할 수 있습니다.

인성검사는 특히 면접질문과 관련성이 높습니다. 면접관은 지원자의 인성검사 결과를 토대로 질문을 하기 때문입니다. 일관적이고 이상적인 답변을 하는 것이 가장 좋지만, 실제 시험은 매우 복잡하여 전문가라 해도 일정 성격을 유지하면서 답변을 하는 것이 힘듭니다. 또한, 인성검사에는 라이 스케일(Lie Scale) 설문이 전체 설문 속에 교묘하게 섞여 들어가 있으므로 겉치레적인 답을 하게 되면 회답태도의 허위성이 그대로 드러나게 됩니다. 예를 들어 '거짓말을 한 적이 한 번도 없다.'에 '예'로 답하고, '때로는 거짓말을 하기도 한다.'에 '예'라고 답하여 라이 스케일의 득점이 올라가게 되면 모든 회답의 신빙성이 사라지고 '자신을 돋보이게 하려는 사람'이라는 평가를 받을 수 있으므로 주의해야 합니다. 따라서 모의테스트를 통해 인성검사의 유형과 실제 시험 시 어떻게 문제를 풀어야 하는지 연습해 보고 체크한 부분 중 자신의 단점과 연결되는 부분은 면접에서 질문이 들어왔을 때 어떻게 대처해야 하는지 생각해 보는 것이 좋습니다.

03   유의사항

1. 기업의 인재상을 파악하라!

인성검사를 통해 개인의 성격 특성을 파악하고 그것이 기업의 인재상과 가치에 부합하는지를 평가하는 시험이기 때문에 해당 기업의 인재상을 먼저 파악하고 시험에 임하는 것이 좋습니다. 모의테스트에서 인재상에 맞는 가상의 인물을 설정하고 문제에 답해 보는 것도 많은 도움이 됩니다.

2. 일관성 있는 대답을 하라!

짧은 시간 안에 다양한 질문에 답을 해야 하는데, 그 안에는 중복되는 질문이 여러 번 나옵니다. 이때 앞서 자신이 체크했던 대답을 잘 기억해뒀다가 일관성 있는 답을 하는 것이 중요합니다.

3. 모든 문항에 대답하라!

많은 문제를 짧은 시간 안에 풀려다 보니 다 못 푸는 경우도 종종 생깁니다. 하지만 대답을 누락하거나 끝까지 다 못했을 경우 좋지 않은 결과를 가져올 수도 있으니 최대한 주어진 시간 안에 모든 문항에 답할 수 있도록 해야 합니다.

※ 모의테스트는 질문 및 답변 유형 연습을 위한 것으로 실제 시험과 다를 수 있습니다.
※ 인성검사는 정답이 따로 없는 유형의 검사이므로 결과지를 제공하지 않습니다.

번호	내용	예	아니요
001	나는 솔직한 편이다.	☐	☐
002	나는 리드하는 것을 좋아한다.	☐	☐
003	법을 어겨서 말썽이 된 적이 한 번도 없다.	☐	☐
004	거짓말을 한 번도 한 적이 없다.	☐	☐
005	나는 눈치가 빠르다.	☐	☐
006	나는 일을 주도하기보다는 뒤에서 지원하는 것을 선호한다.	☐	☐
007	앞일은 알 수 없기 때문에 계획은 필요하지 않다.	☐	☐
008	거짓말도 때로는 방편이라고 생각한다.	☐	☐
009	사람이 많은 술자리를 좋아한다.	☐	☐
010	걱정이 지나치게 많다.	☐	☐
011	일을 시작하기 전 재고하는 경향이 있다.	☐	☐
012	불의를 참지 못한다.	☐	☐
013	처음 만나는 사람과도 이야기를 잘 한다.	☐	☐
014	때로는 변화가 두렵다.	☐	☐
015	나는 모든 사람에게 친절하다.	☐	☐
016	힘든 일이 있을 때 술은 위로가 되지 않는다.	☐	☐
017	결정을 빨리 내리지 못해 손해를 본 경험이 있다.	☐	☐
018	기회를 잡을 준비가 되어 있다.	☐	☐
019	때로는 내가 정말 쓸모없는 사람이라고 느낀다.	☐	☐
020	누군가 나를 챙겨주는 것이 좋다.	☐	☐
021	자주 가슴이 답답하다.	☐	☐
022	나는 내가 자랑스럽다.	☐	☐
023	경험이 중요하다고 생각한다.	☐	☐
024	전자기기를 분해하고 다시 조립하는 것을 좋아한다.	☐	☐

PART 4

025	감시받고 있다는 느낌이 든다.	☐	☐
026	난처한 상황에 놓이면 그 순간을 피하고 싶다.	☐	☐
027	세상엔 믿을 사람이 없다.	☐	☐
028	잘못을 빨리 인정하는 편이다.	☐	☐
029	지도를 보고 길을 잘 찾아간다.	☐	☐
030	귓속말을 하는 사람을 보면 날 비난하고 있는 것 같다.	☐	☐
031	막무가내라는 말을 들을 때가 있다.	☐	☐
032	장래의 일을 생각하면 불안하다.	☐	☐
033	결과보다 과정이 중요하다고 생각한다.	☐	☐
034	운동은 그다지 할 필요가 없다고 생각한다.	☐	☐
035	새로운 일을 시작할 때 좀처럼 한 발을 떼지 못한다.	☐	☐
036	기분 상하는 일이 있더라도 참는 편이다.	☐	☐
037	업무능력은 성과로 평가받아야 한다고 생각한다.	☐	☐
038	머리가 맑지 못하고 무거운 느낌이 든다.	☐	☐
039	가끔 이상한 소리가 들린다.	☐	☐
040	타인이 내게 자주 고민상담을 하는 편이다.	☐	☐

※ 모의테스트는 질문 및 답변 유형 연습을 위한 것으로 실제 시험과 다를 수 있습니다.
※ 인성검사는 정답이 따로 없는 유형의 검사이므로 결과지를 제공하지 않습니다.

※ 이 성격검사의 각 문항에는 서로 다른 행동을 나타내는 네 개의 문장이 제시되어 있습니다. 이 문장들을 비교하여, 자신의 평소 행동과 가장 가까운 문장을 'ㄱ' 열에 표기하고, 가장 먼 문장을 'ㅁ' 열에 표기하십시오.

01 나는 _____

	ㄱ	ㅁ
A. 실용적인 해결책을 찾는다.	☐	☐
B. 다른 사람을 돕는 것을 좋아한다.	☐	☐
C. 세부 사항을 잘 챙긴다.	☐	☐
D. 상대의 주장에서 허점을 잘 찾는다.	☐	☐

02 나는 _____

	ㄱ	ㅁ
A. 매사에 적극적으로 임한다.	☐	☐
B. 즉흥적인 편이다.	☐	☐
C. 관찰력이 있다.	☐	☐
D. 임기응변에 강하다.	☐	☐

03 나는 _____

	ㄱ	ㅁ
A. 무서운 영화를 잘 본다.	☐	☐
B. 조용한 곳이 좋다.	☐	☐
C. 가끔 울고 싶다.	☐	☐
D. 집중력이 좋다.	☐	☐

04 나는 _____

	ㄱ	ㅁ
A. 기계를 조립하는 것을 좋아한다.	☐	☐
B. 집단에서 리드하는 역할을 맡는다.	☐	☐
C. 호기심이 많다.	☐	☐
D. 음악을 듣는 것을 좋아한다.	☐	☐

PART 4

05　나는 _____

	ㄱ	ㅁ
A. 타인을 늘 배려한다.	☐	☐
B. 감수성이 예민하다.	☐	☐
C. 즐겨하는 운동이 있다.	☐	☐
D. 일을 시작하기 전에 계획을 세운다.	☐	☐

06　나는 _____

	ㄱ	ㅁ
A. 타인에게 설명하는 것을 좋아한다.	☐	☐
B. 여행을 좋아한다.	☐	☐
C. 정적인 것이 좋다.	☐	☐
D. 남을 돕는 것에 보람을 느낀다.	☐	☐

07　나는 _____

	ㄱ	ㅁ
A. 기계를 능숙하게 다룬다.	☐	☐
B. 밤에 잠이 잘 오지 않는다.	☐	☐
C. 한 번 간 길을 잘 기억한다.	☐	☐
D. 불의를 보면 참을 수 없다.	☐	☐

08　나는 _____

	ㄱ	ㅁ
A. 종일 말을 하지 않을 때가 있다.	☐	☐
B. 사람이 많은 곳을 좋아한다.	☐	☐
C. 술을 좋아한다.	☐	☐
D. 휴양지에서 편하게 쉬고 싶다.	☐	☐

09 나는 _____

	ㄱ	ㅁ
A. 뉴스보다는 드라마를 좋아한다.	☐	☐
B. 길을 잘 찾는다.	☐	☐
C. 주말엔 집에서 쉬는 것이 좋다.	☐	☐
D. 아침에 일어나는 것이 힘들다.	☐	☐

10 나는 _____

	ㄱ	ㅁ
A. 이성적이다.	☐	☐
B. 할 일을 종종 미룬다.	☐	☐
C. 어른을 대하는 게 힘들다.	☐	☐
D. 불을 보면 매혹을 느낀다.	☐	☐

11 나는 _____

	ㄱ	ㅁ
A. 상상력이 풍부하다.	☐	☐
B. 예의 바르다는 소리를 자주 듣는다.	☐	☐
C. 사람들 앞에 서면 긴장한다.	☐	☐
D. 친구를 자주 만난다.	☐	☐

12 나는 _____

	ㄱ	ㅁ
A. 나만의 스트레스 해소 방법이 있다.	☐	☐
B. 친구가 많다.	☐	☐
C. 책을 자주 읽는다.	☐	☐
D. 활동적이다.	☐	☐

04 | 면접전형 가이드

01 면접유형 파악

1. 면접전형의 변화

기존 면접전형에서는 일상적이고 단편적인 대화나 지원자의 첫인상 및 면접관의 주관적인 판단 등에 의해서 입사 결정 여부를 판단하는 경우가 많았습니다. 이러한 면접전형은 면접 내용의 일관성이 결여되거나 직무 관련 타당성이 부족하였고, 면접에 대한 신뢰도에 영향을 주었습니다.

기존 면접(전통적 면접)		능력중심 채용 면접(구조화 면접)

• 일상적이고 단편적인 대화
• 인상, 외모 등 외부 요소의 영향
• 주관적인 판단에 의존한 총점 부여
 	
⇩
 	
• 면접 내용의 일관성 결여
• 직무관련 타당성 부족
• 주관적인 채점으로 신뢰도 저하
	VS	• 일관성
		  – 직무관련 역량에 초점을 둔 구체적 질문 목록
		  – 지원자별 동일 질문 적용
		• 구조화
		  – 면접 진행 및 평가 절차를 일정한 체계에 의해 구성
		• 표준화
		  – 평가 타당도 제고를 위한 평가 Matrix 구성
		  – 척도에 따라 항목별 채점, 개인 간 비교
		• 신뢰성
		  – 면접진행 매뉴얼에 따라 면접위원 교육 및 실습

2. 능력중심 채용의 면접 유형

① 경험 면접
  • 목적 : 선발하고자 하는 직무 능력이 필요한 과거 경험을 질문합니다.
  • 평가요소 : 직업기초능력과 인성 및 태도적 요소를 평가합니다.

② 상황 면접
  • 목적 : 특정 상황을 제시하고 지원자의 행동을 관찰함으로써 실제 상황의 행동을 예상합니다.
  • 평가요소 : 직업기초능력과 인성 및 태도적 요소를 평가합니다.

③ 발표 면접
  • 목적 : 특정 주제와 관련된 지원자의 발표와 질의응답을 통해 지원자 역량을 평가합니다.
  • 평가요소 : 직무수행능력과 인지적 역량(문제해결능력)을 평가합니다.

④ 토론 면접
  • 목적 : 토의과제에 대한 의견수렴 과정에서 지원자의 역량과 상호작용능력을 평가합니다.
  • 평가요소 : 직무수행능력과 팀워크를 평가합니다.

1. 경험 면접

① 경험 면접의 특징

- 주로 직업기초능력에 관련된 지원자의 과거 경험을 심층 질문하여 검증하는 면접입니다.
- 직무능력과 관련된 과거 경험을 평가하기 위해 심층 질문을 하며, 이 질문은 지원자의 답변에 대하여 '꼬리에 꼬리를 무는 형식'으로 진행됩니다.

- 능력요소, 정의, 심사 기준
  - 평가하고자 하는 능력요소, 정의, 심사기준을 확인하여 면접위원이 해당 능력요소 관련 질문을 제시합니다.
- Opening Question
  - 능력요소에 관련된 과거 경험을 유도하기 위한 시작 질문을 합니다.
- Follow-up Question
  - 지원자의 경험 수준을 구체적으로 검증하기 위한 질문입니다.
  - 경험 수준 검증을 위한 상황(Situation), 임무(Task), 역할 및 노력(Action), 결과(Result) 등으로 질문을 구분합니다.

경험 면접의 형태

[면접관 1] [면접관 2] [면접관 3]   [면접관 1] [면접관 2] [면접관 3]

[지원자]   [지원자 1] [지원자 2] [지원자 3]

〈일대다 면접〉   〈다대다 면접〉

PART 4

② 경험 면접의 구조

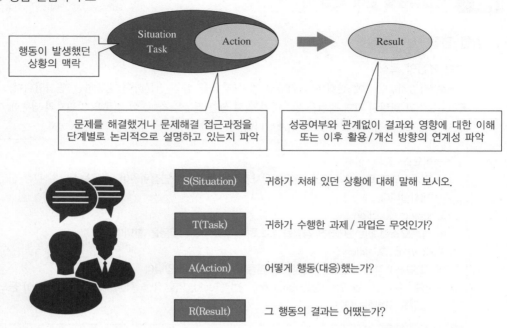

행동이 발생했던 상황의 맥락

문제를 해결했거나 문제해결 접근과정을 단계별로 논리적으로 설명하고 있는지 파악

성공여부와 관계없이 결과와 영향에 대한 이해 또는 이후 활용 / 개선 방향의 연계성 파악

S(Situation) 귀하가 처해 있던 상황에 대해 말해 보시오.

T(Task) 귀하가 수행한 과제 / 과업은 무엇인가?

A(Action) 어떻게 행동(대응)했는가?

R(Result) 그 행동의 결과는 어땠는가?

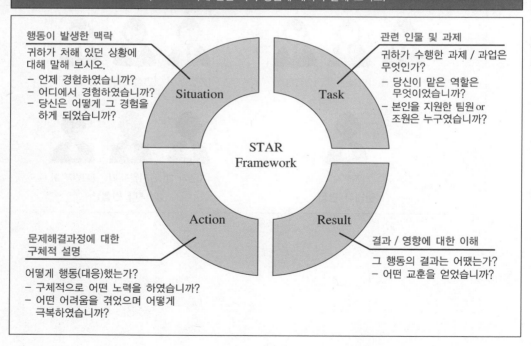

(   )에 관한 과거 경험에 대하여 말해 보시오.

행동이 발생한 맥락
귀하가 처해 있던 상황에 대해 말해 보시오.
– 언제 경험하였습니까?
– 어디에서 경험하였습니까?
– 당신은 어떻게 그 경험을 하게 되었습니까?

관련 인물 및 과제
귀하가 수행한 과제 / 과업은 무엇인가?
– 당신이 맡은 역할은 무엇이었습니까?
– 본인을 지원한 팀원 or 조원은 누구였습니까?

Situation

Task

STAR Framework

Action

Result

문제해결과정에 대한 구체적 설명
어떻게 행동(대응)했는가?
– 구체적으로 어떤 노력을 하였습니까?
– 어떤 어려움을 겪었으며 어떻게 극복하였습니까?

결과 / 영향에 대한 이해
그 행동의 결과는 어땠는가?
– 어떤 교훈을 얻었습니까?

③ 경험 면접 질문 예시(직업윤리)

시작 질문	
1	남들이 신경 쓰지 않는 부분까지 고려하여 절차대로 업무(연구)를 수행하여 성과를 낸 경험을 구체적으로 말해 보시오.
2	조직의 원칙과 절차를 철저히 준수하며 업무(연구)를 수행한 것 중 성과를 향상시킨 경험에 대해 구체적으로 말해 보시오.
3	세부적인 절차와 규칙에 주의를 기울여 실수 없이 업무(연구)를 마무리한 경험을 구체적으로 말해 보시오.
4	조직의 규칙이나 원칙을 고려하여 성실하게 일했던 경험을 구체적으로 말해 보시오.
5	타인의 실수를 바로잡고 원칙과 절차대로 수행하여 성공적으로 업무를 마무리하였던 경험에 대해 말해 보시오.

후속 질문		
상황 (Situation)	상황	구체적으로 언제, 어디에서 경험한 일인가?
		어떤 상황이었는가?
	조직	어떤 조직에 속해 있었는가?
		그 조직의 특성은 무엇이었는가?
		몇 명으로 구성된 조직이었는가?
	기간	해당 조직에서 얼마나 일했는가?
		해당 업무는 몇 개월 동안 지속되었는가?
	조직규칙	조직의 원칙이나 규칙은 무엇이었는가?
임무 (Task)	과제	과제의 목표는 무엇이었는가?
		과제에 적용되는 조직의 원칙은 무엇이었는가?
		그 규칙을 지켜야 하는 이유는 무엇이었는가?
	역할	당신이 조직에서 맡은 역할은 무엇이었는가?
		과제에서 맡은 역할은 무엇이었는가?
	문제의식	규칙을 지키지 않을 경우 생기는 문제점 / 불편함은 무엇인가?
		해당 규칙이 왜 중요하다고 생각하였는가?
역할 및 노력 (Action)	행동	업무 과정의 어떤 장면에서 규칙을 철저히 준수하였는가?
		어떻게 규정을 적용시켜 업무를 수행하였는가?
		규정은 준수하는 데 어려움은 없었는가?
	노력	그 규칙을 지키기 위해 스스로 어떤 노력을 기울였는가?
		본인의 생각이나 태도에 어떤 변화가 있었는가?
		다른 사람들은 어떤 노력을 기울였는가?
	동료관계	동료들은 규칙을 철저히 준수하고 있었는가?
		팀원들은 해당 규칙에 대해 어떻게 반응하였는가?
		규칙에 대한 태도를 개선하기 위해 어떤 노력을 하였는가?
		팀원들의 태도는 당신에게 어떤 자극을 주었는가?
	업무추진	주어진 업무를 추진하는 데 규칙이 방해되진 않았는가?
		업무수행 과정에서 규정을 어떻게 적용하였는가?
		업무 시 규정을 준수해야 한다고 생각한 이유는 무엇인가?

결과 (Result)	평가	규칙을 어느 정도나 준수하였는가?	
		그렇게 준수할 수 있었던 이유는 무엇이었는가?	
		업무의 성과는 어느 정도였는가?	
		성과에 만족하였는가?	
		비슷한 상황이 온다면 어떻게 할 것인가?	
	피드백	주변 사람들로부터 어떤 평가를 받았는가?	
		그러한 평가에 만족하는가?	
		다른 사람에게 본인의 행동이 영향을 주었다고 생각하는가?	
	교훈	업무수행 과정에서 중요한 점은 무엇이라고 생각하는가?	
		이 경험을 통해 느낀 바는 무엇인가?	

2. 상황 면접

① 상황 면접의 특징

직무 관련 상황을 가정하여 제시하고 이에 대한 대응능력을 직무관련성 측면에서 평가하는 면접입니다.

- 상황 면접 과제의 구성은 크게 2가지로 구분
  - 상황 제시(Description) / 문제 제시(Question or Problem)
- 현장의 실제 업무 상황을 반영하여 과제를 제시하므로 직무분석이나 직무전문가 워크숍 등을 거쳐 현장성을 높임
- 문제는 상황에 대한 기본적인 이해능력(이론적 지식)과 함께 실질적 대응이나 변수 고려능력(실천적 능력) 등을 고르게 질문해야 함

상황 면접의 형태

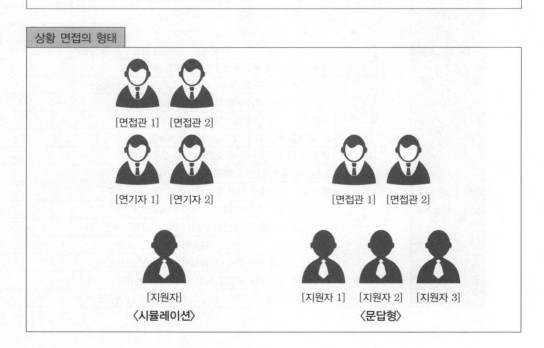

[면접관 1] [면접관 2]

[연기자 1] [연기자 2] [면접관 1] [면접관 2]

[지원자] [지원자 1] [지원자 2] [지원자 3]

〈시뮬레이션〉 〈문답형〉

② 상황 면접 예시

상황 제시	인천공항 여객터미널 내에는 다양한 용도의 시설(사무실, 통신실, 식당, 전산실, 창고 면세점 등)이 설치되어 있습니다.	실제 업무 상황에 기반함
	금년에 소방배관의 누수가 잦아 메인 배관을 교체하는 공사를 추진하고 있으며, 당신은 이번 공사의 담당자입니다.	배경 정보
	주간에는 공항 운영이 이루어져 주로 야간에만 배관 교체 공사를 수행하던 중, 시공하는 기능공의 실수로 배관 연결 부위를 잘못 건드려 고압배관의 소화수가 누출되는 사고가 발생하였으며, 이로 인해 인근 시설물에 누수에 의한 피해가 발생하였습니다.	구체적인 문제 상황
문제 제시	일반적인 소방배관의 배관연결(이음)방식과 배관의 이탈(누수)이 발생하는 원인에 대해 설명해 보시오.	문제 상황 해결을 위한 기본 지식 문항
	담당자로서 본 사고를 현장에서 긴급히 처리하는 프로세스를 제시하고, 보수완료 후 사후적 조치가 필요한 부분 및 재발방지 방안에 대해 설명해 보시오.	문제 상황 해결을 위한 추가 대응 문항

3. 발표 면접

① 발표 면접의 특징

- 직무관련 주제에 대한 지원자의 생각을 정리하여 의견을 제시하고, 발표 및 질의응답을 통해 지원자의 직무능력을 평가하는 면접입니다.
- 발표 주제는 직무와 관련된 자료로 제공되며, 일정 시간 후 지원자가 보유한 지식 및 방안에 대한 발표 및 후속 질문을 통해 직무적합성을 평가합니다.

> - 주요 평가요소
>   - 설득적 말하기 / 발표능력 / 문제해결능력 / 직무관련 전문성
> - 이미 언론을 통해 공론화된 시사 이슈보다는 해당 직무분야에 관련된 주제가 발표면접의 과제로 선정되는 경우가 최근 들어 늘어나고 있음
> - 짧은 시간 동안 주어진 과제를 빠른 속도로 분석하여 발표문을 작성하고 제한된 시간 안에 면접관에게 효과적인 발표를 진행하는 것이 핵심

발표 면접의 형태

[면접관 1]　[면접관 2]

[면접관 1]　[면접관 2]

[지원자]

〈개별 과제 발표〉

[지원자 1]　[지원자 2]　[지원자 3]

〈팀 과제 발표〉

※ 면접관에게 시각적 효과를 사용하여 메시지를 전달하는 쌍방향 커뮤니케이션 방식
※ 심층면접을 보완하기 위한 방안으로 최근 많은 기업에서 적극 도입하는 추세

② 발표 면접 예시

1. 지시문

당신은 현재 A사에서 직원들의 성과평가를 담당하고 있는 팀원이다. 인사팀은 지난주부터 사내 조직문화관련 인터뷰를 하던 도중 성과평가제도에 관련된 개선 니즈가 제일 많다는 것을 알게 되었다. 이에 팀장님은 인터뷰 결과를 종합하려 성과평가제도 개선 아이디어를 A4용지에 정리하여 신속 보고할 것을 지시하셨다. 당신에게 남은 시간은 1시간이다. 자료를 준비하는 대로 당신은 팀원들이 모인 회의실에서 5분 간 발표할 것이며, 이후 질의응답을 진행할 것이다.

2. 배경자료

〈성과평가제도 개선에 대한 인터뷰〉

최근 A사는 회사 사세의 급성장으로 인해 작년보다 매출이 두 배 성장하였고, 직원 수 또한 두 배로 증가하였다. 회사의 성장은 임금, 복지에 대한 상승 등 긍정적인 영향을 주었으나 업무의 불균형 및 성과보상의 불평등 문제가 발생하였다. 또한 수시로 입사하는 신입직원과 경력직원, 퇴사하는 직원들까지 인원들의 잦은 변동으로 인해 평가해야 할 대상이 변경되어 현재의 성과평가제도로는 공정한 평가가 어려운 상황이다.

[생산부서 김상호]
우리 팀은 지난 1년 동안 생산량이 급증했기 때문에 수십 명의 신규인력이 급하게 채용되었습니다. 이 때문에 저희 팀장님은 신규 입사자들의 이름조차 기억 못할 때가 많이 있습니다. 성과평가를 제대로 하고 있는지 의문이 듭니다.

[마케팅 부서 김흥민]
개인의 성과평가의 취지는 충분히 이해합니다. 그러나 현재 평가는 실적기반이나 정성적인 평가가 많이 포함되어 있어 객관성과 공정성에는 의문이 드는 것이 사실입니다. 이러한 상황에서 평가제도를 재수립하지 않고, 인센티브에 계속 반영한다면, 평가제도에 대한 반감이 커질 것이 분명합니다.

[교육부서 홍경민]
현재 교육부서는 인사팀과 밀접하게 일하고 있습니다. 그럼에도 인사팀에서 실시하는 성과평가제도에 대한 이해가 부족한 것 같습니다.

[기획부서 김경호 차장]
저는 저의 평가자 중 하나가 연구부서의 팀장님인데, 일 년에 몇 번 같이 일하지 않는데 어떻게 저를 평가할 수 있을까요? 특히 연구팀은 저희가 예산을 배정하는데, 저에게는 좋지만….

4. 토론 면접

① 토론 면접의 특징
- 다수의 지원자가 조를 편성해 과제에 대한 토론(토의)을 통해 결론을 도출해가는 면접입니다.
- 의사소통능력, 팀워크, 종합인성 등의 평가에 용이합니다.

> - 주요 평가요소
>   - 설득적 말하기, 경청능력, 팀워크, 종합인성
> - 의견 대립이 명확한 주제 또는 채용분야의 직무 관련 주요 현안을 주제로 과제 구성
> - 제한된 시간 내 토론을 진행해야 하므로 적극적으로 자신 있게 토론에 임하고 본인의 의견을 개진할 수 있어야 함

토론 면접의 형태

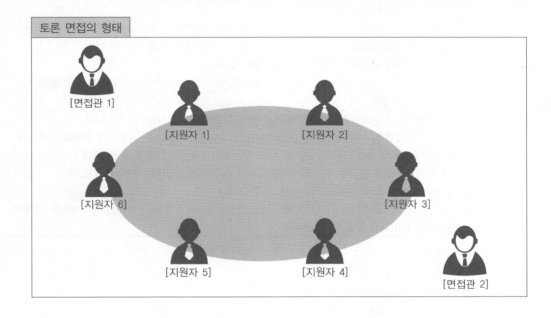

② 토론 면접 예시

고객 불만 고충처리

1. 들어가며

최근 우리 상품에 대한 고객 불만의 증가로 고객고충처리 TF가 만들어졌고 당신은 여기에 지원해 배치받았다. 당신의 업무는 불만을 가진 고객을 만나서 애로사항을 듣고 처리해 주는 일이다. 주된 업무로는 고객의 니즈를 파악해 방향성을 제시해 주고 그 해결책을 마련하는 일이다. 하지만 경우에 따라서 고객의 주관적인 의견으로 인해 제대로 된 방향으로 의사결정을 하지 못할 때가 있다. 이럴 경우 설득이나 논쟁을 해서라도 의견을 관철시키는 것이 좋을지 아니면 고객의 의견대로 진행하는 것이 좋을지 결정해야 할 때가 있다. 만약 당신이라면 이러한 상황에서 어떤 결정을 내릴 것인지 여부를 자유롭게 토론해 보시오.

2. 1분 자유 발언 시 준비사항

• 당신은 의견을 자유롭게 개진할 수 있으며 이에 따른 불이익은 없습니다.
• 토론의 방향성을 이해하고, 내용의 장점과 단점이 무엇인지 문제를 명확히 말해야 합니다.
• 합리적인 근거에 기초하여 개선방안을 명확히 제시해야 합니다.
• 제시한 방안을 실행 시 예상되는 긍정적・부정적 영향요인도 동시에 고려할 필요가 있습니다.

3. 토론 시 유의사항

• 토론 주제문과 제공해드린 메모지, 볼펜만 가지고 토론장에 입장할 수 있습니다.
• 사회자의 지정 또는 발표자가 손을 들어 발언권을 획득할 수 있으며, 사회자의 통제에 따릅니다.
• 토론회가 시작되면, 팀의 의견과 논거를 정리하여 1분간의 자유발언을 할 수 있습니다. 순서는 사회자가 지정합니다. 이후에는 자유롭게 상대방에게 질문하거나 답변을 하실 수 있습니다.
• 핸드폰, 서적 등 외부 매체는 사용하실 수 없습니다.
• 논제에 벗어나는 발언이나 지나치게 공격적인 발언을 할 경우, 위에서 제시한 유의사항을 지키지 않을 경우 불이익을 받을 수 있습니다.

1. 면접 Role Play 편성

- 교육생끼리 조를 편성하여 면접관과 지원자 역할을 교대로 진행합니다.
- 지원자 입장과 면접관 입장을 모두 경험해 보면서 면접에 대한 적응력을 높일 수 있습니다.

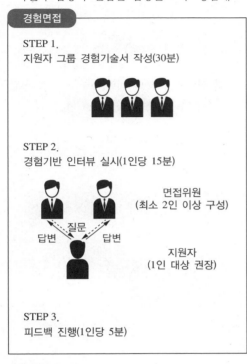

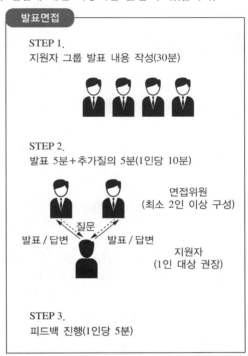

Tip

면접 준비하기
1. 면접 유형 확인 필수
   - 기업마다 면접 유형이 상이하기 때문에 해당 기업의 면접 유형을 확인하는 것이 좋음
   - 일반적으로 실무진 면접, 임원면접 2차례에 거쳐 면접을 실시하는 기업이 많고 실무진 면접과 임원 면접에서 평가요소가 다르기 때문에 유형에 맞는 준비방법이 필요
2. 후속 질문에 대한 사전 점검
   - 블라인드 채용 면접에서는 주요 질문과 함께 후속 질문을 통해 지원자의 직무능력을 판단
     → STAR 기법을 통한 후속 질문에 미리 대비하는 것이 필요

05 | 한국전력공사 면접 기출질문

01 직무면접

직무면접은 자기소개서에 기반한 질문도 있으나, 기본적으로 전공 및 실무에 대한 질문이 많다. 지원자의 전공지식을 묻는 질문에 당황하지 않기 위해서는 미리 전공지식을 정리해보는 것이 좋다.

1. 2024년 기출질문

- 전압이 불평형한 이유에 대해 말해 보시오.
- 차단기 이상 현상의 종류와 원인에 대해 말해 보시오.
- 부하 불평형의 원인에 대해 말해 보시오.
- 정격전류와 차단전류의 차이점에 대해 말해 보시오.
- HVDC 방식의 장단점에 대해 말해 보시오.
- 단락전류를 절감하는 방법에 대해 말해 보시오.
- VV결선의 장단점에 대해 말해 보시오.
- YY결선의 장단점에 대해 말해 보시오.
- 진상전류가 과도하게 흐르면 어떤 문제점이 발생하는지 말해 보시오.
- 진상전류가 과도하게 흐르면 역률과 손실이 어떻게 되는지 말해 보시오.
- 조상설비의 특징과 종류에 대해 말해 보시오..
- HVDC의 안정도가 좋은 이유에 대해 말해 보시오.
- HVDC로 송전하는 최고 전압값에 대해 말해 보시오.
- 인버터와 컨버터가 수용가와 공급가에 어떻게 적용되는지 말해 보시오.
- 같은 두께일 때 교류와 직류의 전력 용량 차이에 대해 말해 보시오.
- 전선의 허용전류와 키르히호프 법칙에 대해 설명해 보시오.
- 펠티에, 톰슨, 재백효과에 대해 설명해 보시오.
- 옹벽 안전 검토에 대해 아는대로 말해 보시오.
- 연약지반공법에는 어떤 것들이 있는지 말해 보시오.
- 사면공법에는 어떤 것들이 있는지 말해 보시오.
- 산림에 송전탑을 설치하는 업무의 단점과 해결 방안에 대해 말해 보시오.
- 한국전력공사 송전용량 문제의 해결방안에 대해 말해 보시오.
- 송전탑 관련 민원을 해결하려면 어떠한 방법이 있는지 말해 보시오.
- 한국전력공사에서 분산형 잉여 전력을 어떻게 처리하고 있는지 말해 보시오.
- 우리나라에 적합한 신재생 에너지가 무엇이라고 생각하는지 말해 보시오.

2. 2022년 기출질문

- 가공전선로와 지중전선로의 차이점에 대해 설명해 보시오.
- 지중전선로에 사용되는 케이블에 대해 설명해 보시오.
- 페이저가 무엇인지 말해 보시오.
- 한전에 입사하기 위해 어떤 준비를 하였는지 본인의 경험에 대해 말해 보시오.
- 본인의 분석력이 어떻다고 생각하는지 말해 보시오.
- 금리와 환율의 변화가 한전에 미치는 영향에 대해 말해 보시오.
- 공유지의 비극에 대해 설명해 보시오.
- 수평적 조직과 수직적 조직의 장점에 대해 말해 보시오.
- 가장 친환경적인 에너지는 무엇이라 생각하는지 말해 보시오.
- 윤리경영의 우수한 사례에 대해 말해 보시오.
- 연구비 및 회계처리 방법에 대해 말해 보시오.
- IPO(기업공개)에 대해 설명해 보시오.
- 연결 재무제표의 장단점에 대해 말해 보시오.
- 수금업무가 무엇인지 설명해 보시오.
- 변화된 전기요금체계에 대해 설명해 보시오.
- 윤리경영과 준법경영에 대해 설명해 보시오.
- 시장형 공기업의 정의에 대해 말해 보시오.
- 민법상 계약의 종류는 어떠한 것이 있는지 말해 보시오.
- 위헌 법률에 대해 설명해 보시오.
- 소멸시효와 공소시효의 차이점에 대해 설명해 보시오.
- 인공지능으로 인해 발생 가능한 문제는 무엇이 있는지 설명해 보시오.
  - 인공지능을 한국전력공사에 반영한다면 어떠한 분야에 반영할 수 있을지 말해 보시오.
- 중대재해처벌법에 대해 설명해 보시오
  - 이 법에 대한 자신의 견해를 말해 보시오.
- 독점시장이란 무엇인지 설명해 보시오.
- ESG경영이란 무엇인지 설명해 보시오.

3. 2021년 기출질문

- 채권금리와 시장의 상관관계에 대해 설명해 보시오.
- 중앙은행이 금리를 올렸을 때 채권이자율의 변동을 설명해 보시오.
- 기회비용과 매몰비용의 개념에 대해 설명해 보시오
- 시장실패와 정부실패의 개념과 발생 원인에 대해 설명해 보시오.
- 신자유주의의 개념에 대해 설명해 보시오.
- 한국전력공사에 지원하면서 어떤 역량을 쌓아왔는지 말해 보시오.
- 자신의 전공이 한국전력공사의 직무에 어떻게 연관되는지 말해 보시오.
- 현재 한국전력공사가 당면한 문제와 본인이 기여할 수 있는 점에 대해 말해 보시오.
- 한국전력공사가 추진하는 신재생에너지 사업에 대해 설명해 보시오.
- 입사 후 구체적으로 어떠한 일을 하는지 알고 있는가?
- BCG 매트릭스에 대해 설명해 보시오.
- 리더십 이론에 대해 설명해 보시오.
- ESG 경영에 대해 설명해 보시오.
- 접지에 대해 설명해 보시오.

4. 2020년 기출질문

- GIS 변전소의 특징을 말해 보시오.
- 새로운 방법으로 문제를 해결한 경험을 말해 보시오.
- 변압기의 기계적 보호장치에 대해 설명해 보시오.
- 신재생에너지와 관련하여 한국전력공사가 나아가야 할 방향을 말해 보시오.
- 한국전력공사가 현재 진행하고 있는 사업 외에 방향성에 대해 지원자의 생각을 말해 보시오.
- 다시 선택할 수 있다면 어떤 전공 또는 어떤 직무의 일을 하고 싶은지 말해 보시오.
- 가장 최근에 접한 한국전력공사 관련 뉴스는 어떤 것인지 말해 보시오.
- 한국전력공사에 입사하게 되면 어느 부서에서 일하고 싶은지, 그 이유는 무엇인지 말해 보시오.

5. 2019년 기출질문

- 설비불평형률의 정의와 높은 불평형률이 끼치는 영향에 대하여 말해 보시오.
- 분산전원의 정의와 분산전원의 단방향성에 대하여 말해 보시오.
- 피뢰기의 정의와 구비조건, 설치개소를 말해 보시오.
- ESS 화재원인에 대하여 알고 있는가?
- 탈원전에 대하여 어떻게 생각하는가?
- 페란티 현상에 대하여 설명하시오.
- 코로나 현상에 대하여 설명하시오.
- 승압의 장점(n배 승압 시)에 대하여 말해 보시오.
- 표피효과에 대하여 말해 보시오.
- 피뢰기에 대하여 설명하시오.
- 제한전압이란 무엇인지 설명하시오.
- 속류란 무엇인지 설명하시오.
- 전공과목 중 어려웠던 과목은 어느 것인가?
- 독점시장에 대하여 설명하시오.
- 블랙아웃 현상에 대하여 설명하시오.
- HVDC에 대하여 설명하시오.
- 철심의 조건에 대하여 알고 있는가?
- 부하율과 부등률에 대하여 설명하시오.
- 지선이 무엇인지 알고 있는가?

6. 2018년 기출질문

- 한전에 왜 지원했는가?
- 자신이 희생해서 한 일에 대해 말해 보시오.
- 도전적으로 무언가를 한 경험에 대해 말해 보시오.
- 다른 사람의 만류에도 불구하고 무언가를 했던 경험에 대해 말해 보시오.
- 어떤 때 스트레스를 받고 어떻게 푸는가?
- 계통에서 발생할 수 있는 가장 큰 사고가 무엇인가?
- 수직공 굴착할 때 주변에 침하가 많이 발생하는데 어떻게 할 것인가?
- 양수발전소를 아는가? 밤에 물을 끌어올리고 낮에 내리면서 발전하는 방식이다. 물이 흐르는 와중에 밸브를 잠그면 무슨 현상이 생기겠는가?
- 응력선도에 대해 설명해 보시오.
- 단항, 군항의 정의를 말해 보시오.
- 숏크리트 효과에 대해 말해 보시오.

02 종합면접

종합면접은 지원자의 태도와 인성을 평가하는 질문이 주를 이루며, 지원 동기나 공사에 관련한 질문도 있으므로 한국전력공사 관련 기사, 이슈, 정보를 미리 숙지하는 것이 좋다.

1. 2024년 기출질문

- 직장 내에서 다른 직원과 갈등 상황이 발생하면 어떻게 대처할 것인지 말해 보시오.
- 혼자서 일하는 것과 다른 사람과 함께 일하는 것 중 어느 것을 선호하는지 말해 보시오.
- 본인이 리더인지 팔로워인지 말해 보시오.
- 본인이 배려하는 사람인지 이끄는 사람인지 말해 보시오.
- 상사가 과중하게 업무를 시킬 경우 어떻게 할 것인지 말해 보시오.
- 함께 일하는 사람에 있어서 나이가 많은 사람이 편한지, 또래가 편한지 말해 보시오.
- 같이 일하기 힘든 사람의 유형에 대해 말해 보시오.
- 적기 준공을 해야 하는데 주민들 간의 갈등이 많을 경우, 어떻게 할 것인지 말해 보시오.
- 본인을 채용해야 하는 이유에 대해 말해 보시오.
- 본인이 지원한 직무에 대해 아는대로 말해 보시오.
- 회사를 퇴직한 이유에 대해 말해 보시오.

2. 2022년 기출질문

- 살면서 가장 행복했던 경험에 대해 말해 보시오.
- 회사에서 가장 친했던 동료는 어떤 사람이었는지 말해 보시오.
- 회사 생황에서 가장 중요한 가치가 무엇이라고 생각하는지 말해 보시오.
- 자기소개를 해 보시오.
- 회식에 참석하기 싫어하는 직장동료가 있다면 어떻게 할 것인지 말해 보시오.
- 지원한 직무와 전공이 다른데 지원한 이유를 말해 보시오.
- 청렴한 조직을 만들기 위해서는 어떠한 노력을 해야 하는지 말해 보시오.
- 한국전력공사에서 업무를 할 때 지침과 융통성 중 어느 것을 우선해야 하는지 말해 보시오.
- 민원인이 욕설을 한다면 어떻게 대처할 것인지 말해 보시오.
- 한국전력공사 조직문화의 특징과 장단점에 대해 말해 보시오.
- 신입으로 입사 후 기존의 직원과 갈등이 생긴다면 어떻게 해결할 것인지 말해 보시오.
- 청렴한 조직 분위기를 조성하기위한 방법에 대해 말해 보시오.
- 본인이 팀장이라면 실력이 좋은 직원과 인성이 좋은 직원 중 어떤 직원을 우선적으로 선택할 것인지 말해 보시오.
- 제멋대로인 팀원이 있다면 어떻게 대처할 것인지 말해 보시오.
- 다른 사람과 갈등이 생겼을 때, 설득했던 경험에 대해 말해 보시오.
- 인생에서 가장 힘들었던 일과 그 해결방법에 대해 말해 보시오.

- 상사의 부당한 지시가 반복된다면 어떻게 행동할 것인지 말해 보시오.
- 한전을 잘 모르는 사람에게 한전을 설명한다면 어떻게 할 것인지 말해 보시오.
- 한전의 최근 이슈에 대해 말해 보시오.
- 업무상 민간 사업자가 불만을 제기한다면 어떻게 설득할 것인지 말해 보시오.
- 자신이 조직에 피해를 주고 있는지 파악하는 본인만의 기준에 대해 말해 보시오.

3. 2021년 기출질문

- 지원한 직렬과 전공이 많이 다른데 한국전력공사에 오려는 이유에 대해 말해 보시오.
- 본인의 분석력이 어떻다고 생각하는지 말해 보시오.
- 좋은 리더는 무엇이라고 생각하는지 말해 보시오.
- 리더로서 성공적으로 프로젝트를 완료한 경험에 대해 말해 보시오.
- 회식에 가기 싫어하는 동료가 있다면 어떻게 할 것인지 말해 보시오.
- 한국전력공사에서 받고 싶은 가치와 한국전력공사에 주고 싶은 자신의 가치는 무엇인지 말해 보시오.
- 본인은 리더인가? 팔로워인가?
- 1분 동안 자기소개를 해 보시오.
- 상사가 개인적인 일에 회사 공금을 썼다고 자랑한다면 상사에게 어떻게 말할 것인가?
- 출근길에 옆집에서 물이 새서 도와달라고 한다. 그러나 도와준다면 회사에 지각을 할 것이다. 어떻게 대처하겠는가?
- 입사 후 자기 주도적으로 일할 수 없는 상황일 때는 어떻게 할 것인가?
- 실패 가능성이 있거나 불확실한 일을 한 경험과 결과를 말해 보시오.
- 지원동기에 대해서 말해 보시오.
- 취미는 무엇인지 말해 보시오.
- 인턴활동 당시 개인적으로 노력했던 부분은 무엇인가?
- 갈등에 대한 경험과 해결 방법에 대해 말해 보시오.
- 마지막으로 할 말이 있는가?

4. 2020년 기출질문

- 직무수행으로 다른 장소로 운전 중일 때, 약속된 업무 수행시간에 늦을 것 같다면 어떻게 대처할 것인가?
- 강원도로 발령받으면 어떻게 살지 말해 보시오.
- 가장 열정적으로 임했던 경험은 무엇인지 말해 보시오.
- 한국전력공사 면접을 준비하면서 어떤 자료를 참고했는지 말해 보시오.
- 상사와 동료의 의견이 다르다면 어떻게 대처할 것인가?
- 사람을 대할 때 무엇을 가장 중요하게 생각하는지 말해 보시오.

5. 2019년 기출질문

- 타인과의 갈등 상황이 발생했을 때, 지원자만의 해결 방안이 있는가?
- 우리 공사에 관련한 최신 기사에 대하여 간략하게 말해 보시오.
- 정확성과 신속성 중 무엇을 더 중요하게 생각하는가?
- 지원자의 좌우명은 무엇인가?
- 지원자의 단점을 말해 보시오.
- 최근의 시사이슈를 한 가지를 제시하고, 그에 대한 본인의 생각을 말해 보시오.
- 최근에 겪은 변화에 대하여 말해 보시오.
- 지원자의 특별한 장점에 대하여 말해 보시오.
- 우리 공사에 입사한다면, 포부에 대하여 말해 보시오.
- 지원자는 팀 프로젝트에 적극적으로 참여한 것 같은데, 적극성과 신중함 중 어느 쪽에 가깝게 프로젝트를 진행했는가?
- 우리 공사가 추구하는 가치가 무엇인지 알고 있는가?
- 송·배전 중 가고 싶은 부서는 어느 곳인가?
- 인턴을 하면서 가장 힘들었던 부분에 대하여 말해 보시오.
- 개인주의와 이기주의의 차이점에 대하여 설명하고, 이 두 가지가 조직에 어떻게 적용할 수 있는지 설명하시오.
- 조직에서 가장 중요하게 생각하는 가치가 무엇일지 말해 보시오.
- 지원자가 즐기는 스포츠는 무엇인가?
- NCS에 관련하여 어느 것이 어렵고, 어느 것이 쉬운가?
- 오늘 본 뉴스에 대하여 말해 보시오.
- 희망하는 직무는 어느 직무인가?
- 우리 공사에 관한 사업 중 지원자가 알고 있는 사업이 있는가?
- 현재 한전의 적자 상황에 대하여 본인의 의견과 해결 방안을 제시해 보시오.
- 팀 활동과 개인 활동 중 어느 활동을 선호하는가?
- 지원자에게 큰 영향을 미친 사건이 있다면, 말해 보시오.

6. 2018년 기출질문

- 주요 업무를 잘 할 수 있는 이유를 말해 보시오.
- 한국전력공사의 미래는 어떨 것 같은가?
- 변화란 무엇이라고 생각하는가?
- 조직 내에서 많은 변화가 이뤄지고 있다. 조직개편, 근로시간단축에 대해 어떻게 생각하는가?
- 직무기술서에서 팀워크라는 말을 보았는가? 팀워크는 무엇이라고 생각하는가?
- 자신의 전공이나 경험, 지식을 살려서 한전에 기여할 수 있는 바를 말해 보시오.
- 어느 부서에서 일하고 싶은가?
- 한전 창구에 고객이 와서 난동을 부린다면 어떻게 대처할 것인가?

현재 나의 실력을 객관적으로 파악해 보자!

모바일 OMR
답안채점 / 성적분석 서비스

도서에 수록된 모의고사에 대한 객관적인 결과(정답률, 순위)를 종합적으로 분석하여 제공합니다.

OMR 입력

성적분석

채점결과

※OMR 답안채점 / 성적분석 서비스는 등록 후 30일간 사용 가능합니다.

도서 내 모의고사 우측 상단에 위치한 QR코드 찍기 → 로그인 하기 → '시작하기' 클릭 → '응시하기' 클릭 → 나의 답안을 모바일 OMR 카드에 입력 → '성적분석 & 채점결과' 클릭 → 현재 내 실력 확인하기

2025
최신판

한국
전력공사

정답 및 해설

4개년 기출 + NCS + 전공
+ 최종점검 모의고사 4회

편저 | SDC(Sidae Data Center)

기출복원문제부터
대표기출유형 및
모의고사까지
**한 권으로
마무리!**

SDC
SDC는 시대에듀 데이터 센터의 약자로
약 30만 개의 NCS · 적성 문제 데이터를
바탕으로 최신 출제경향을 반영하여
문제를 출제합니다.

시대에듀

PART 1

한국전력공사 4개년 기출복원문제

끝까지 책임진다! 시대에듀!

QR코드를 통해 도서 출간 이후 발견된 오류나 개정법령, 변경된 시험 정보, 최신기출문제, 도서 업데이트 자료 등이 있는지 확인해 보세요! **시대에듀 합격 스마트 앱**을 통해서도 알려 드리고 있으니 구글 플레이나 앱 스토어에서 다운받아 사용하세요. 또한, 파본 도서인 경우에는 구입하신 곳에서 교환해 드립니다.

01	02	03	04	05	06	07	08	09	10	11	12	13	14	15	16	17	18	19	20
③	④	①	⑤	④	⑤	③	④	④	③	②	④	③	⑤	④	④	①	⑤	③	②
21	22	23	24	25	26	27	28	29	30	31	32	33	34	35	36	37	38	39	40
⑤	⑤	③	①	④	②	④	④	①	⑤	④	②	④	④	①	③	②	④	⑤	①
41	42	43	44	45	46	47	48	49	50	51	52	53	54	55	56	57	58	59	
③	②	④	④	⑤	②	①	③	⑤	②	①	②	②	④	②	③	③	④	②	

01 NCS

01
정답 ③

시조새는 비대칭형 깃털을 가진 최초의 동물로, 현대의 날 수 있는 조류처럼 바람을 맞는 곳의 깃털은 짧고, 뒤쪽은 긴 형태로 이루어졌으며, 이와 같은 비대칭형 깃털이 양력을 제공하여 짧은 거리의 활강을 가능하게 하였다. 따라서 비행을 하기 위한 시조새의 신체 조건은 날개의 깃털이 비대칭 구조로 형성되어 있는 것이다.

오답분석
① 제시문에서 언급하지 않은 내용이다.
②·④ 세 개의 갈고리 발톱과 척추뼈가 꼬리까지 이어지는 구조는 공룡의 특징을 보여주는 신체 조건이다.
⑤ 시조새는 현대 조류처럼 가슴뼈가 비행에 최적화된 형태로 발달되지 않았다고 언급하고 있다.

02
정답 ④

제시문은 서양의학에 중요한 영향을 준 히포크라테스와 갈레노스에 대해 소개하고 있다. 히포크라테스는 자연적 관찰을 통해 의사를 과학적인 기반 위의 직업으로 만들었으며, 히포크라테스 선서와 같이 전문직업으로써의 윤리적 기준을 마련한 서양의학의 상징이라고 소개하고 있으며, 갈레노스는 실제 해부와 임상 실험을 통해 의학 이론을 증명하고 방대한 저술을 남겨 후대 의학 발전에 큰 영향을 주었음을 설명하고 있다. 따라서 '히포크라테스와 갈레노스가 서양의학에 미친 영향과 중요성'이 제시문의 주제로 가장 적절하다.

오답분석
① 갈레노스의 의사로서의 이력은 언급하고 있지만, 생애에 대해 구체적으로 밝히는 글은 아니다.
② 갈레노스가 해부와 실험을 통해 의학 이론을 증명하였음을 설명할 뿐이며 해부학의 발전 과정에 대해 설명하는 글은 아니다.
③ 히포크라테스 선서는 히포크라테스가 서양의학에 남긴 중요한 윤리적 기준이지만, 이를 중심으로 설명하는 글은 아니다.
⑤ 히포크라테스와 갈레노스 모두 4체액설과 같은 부분에서는 현대 의학과 거리가 있었음을 밝히고 있다.

03

정답 ①

공공사업을 위해 투입된 세금을 본래의 목적에 사용하지 않고 무단으로 다른 곳에 쓴 상황이므로 '예정되어 있는 곳에 쓰지 아니하고 다른 데로 돌려서 씀'을 의미하는 '전용(轉用)'이 가장 적절한 단어이다.

오답분석

② 남용(濫用) : 일정한 기준이나 한도를 넘어서 함부로 씀
③ 적용(適用) : 알맞게 이용하거나 맞추어 씀
④ 활용(活用) : 도구나 물건 따위를 충분히 잘 이용함
⑤ 준용(遵用) : 그대로 좇아서 씀

04

정답 ⑤

비상구는 '화재나 지진 따위의 갑작스러운 사고가 일어날 때에 급히 대피할 수 있도록 특별히 마련한 출입구'이다. 따라서 이와 가장 비슷한 단어는 '갇힌 곳에서 빠져나가거나 도망하여 나갈 수 있는 출구'를 의미하는 '탈출구'이다.

오답분석

① 진입로 : 들어가는 길
② 출입구 : 나갔다가 들어왔다가 하는 어귀나 문
③ 돌파구 : 가로막은 것을 쳐서 깨뜨려 통과할 수 있도록 뚫은 통로나 목
④ 여울목 : 여울물(강이나 바다 따위의 바닥이 얕거나 폭이 좁아 물살이 세게 흐르는 곳의 물)이 턱진 곳

05

정답 ④

전기요금 분할납부제도는 하절기 및 동절기에 한시적으로 운영되므로 언제든지 분할납부를 신청할 수 있는 것은 아니다.

오답분석

① 분할납부 신청은 행정처리기간인 납기일 전·후 3영업일간 제한될 수 있다. 납기일인 25일이 금요일인 경우 3영업일 전인 22일 수요일부터 토요일, 일요일을 제외하고 3영업일 후인 30일 수요일까지 신청이 제한될 수 있다.
② 관리사무소를 통해 신청하는 경우는 아파트처럼 집합건물 내 개별세대 신청자이므로, 관리사무소의 업무부담 증가를 고려하여 납부기간이 6개월로 고정된다.
③ 아파트에 살고 있는 사람은 집합건물 내 개별세대로 직접계약자가 아니다. 따라서 분할납부를 신청하려면 한전:ON이 아니라 관리사무소를 통하여 신청해야 한다.
⑤ 집합상가의 경우 전기요금이 35만 원을 초과한다면 자격 여부 확인을 위해 관련 기관으로부터 확인서를 발급받아 한전에 제출해야 한다.

06

정답 ⑤

신재생에너지법에서 규정한 신에너지는 기존의 화석연료를 변환시켜 이용하므로 화석연료를 원료로 전혀 사용하지 않는다는 것은 적절한 추론이 아니다.

오답분석

① 재생에너지는 태양, 바람 등을 활용하여 무한 재생이 가능한 에너지이므로 비고갈성에너지로 볼 수 있다.
② 신재생에너지 산업은 정보통신기술, 생명공학기술, 나노기술과 더불어 차세대 산업으로 시장 규모가 급격히 팽창하고 있다. 따라서 미래에는 신재생에너지에 대한 수요가 더욱 높아질 것으로 볼 수 있다.
③ 2023년 전 세계의 전체 발전량 대비 재생에너지의 발전량 비율이 처음으로 30%를 넘어섰음에도 불구하고, 최근 우리나라는 2030년까지 목표치를 30%에서 21.6%로 하향조정하였으므로 세계적 흐름에 역행하고 있다고 볼 수 있다.
④ 에너지 관련 전문가들은 화석연료의 고갈 및 전략 무기화 문제, 기후변화협약 등의 환경규제 등 신재생에너지의 중요성을 역설하고 있다. 따라서 시간이 지날수록 신재생에너지의 중요성이 더욱 증대될 것으로 예상할 수 있다.

07

세 번째 문단에 따르면 실외와의 온도 차가 크면 에어컨 가동량이 커져 전기요금도 증가한다. 따라서 전기요금 감소를 위해서는 실외와의 온도 차를 줄이기 위해 실외 온도가 높을 경우 에어컨 희망 온도도 같이 높여야 한다.

오답분석

① 하루 전기 소비량을 1kW 줄이면 월 전기요금 7,800원을 줄일 수 있다고 하였으므로 연으로 계산하면 93,600원이다. 따라서 연간 약 10만 원 상당의 전기요금을 줄일 수 있다.
② 제시문에서는 난방 가전에 대해 언급하고 있지 않으며, 냉방 가전의 효율적 사용에 대해서만 언급하고 있으므로 어느 쪽이 더 전기요금 감소에 영향을 주는지 알 수 없다.
④ 마지막 문단에서 습도가 높을 때는 냉방 모드보다 제습 모드일 때 더 높은 전기요금이 부과된다고 하였으나, 이와는 반대되는 습도가 낮은 상황에 대해서는 언급하지 않았으므로 제시문만으로는 알 수 없다.
⑤ 마지막 문단에 따르면 선풍기의 전력 소비량은 에어컨에 비해 현저히 적다고 하였다. 따라서 '선풍기 단독 사용'은 당연히 선풍기와 에어컨을 함께 사용하는 것보다 전기요금이 적을 것이며, '에어컨 단독 사용'이 선풍기와 에어컨을 함께 사용하는 것보다 전기요금이 많을 것이다.

08

제시문은 실제로 전기 공급량이 많은 지역과 전기 사용량이 많은 지역은 다르지만, 단일한 전기요금 체계로 인해 동등한 요금이 부과되어 오히려 지역 간 전력 불균형이 발생했다며, 이를 해소하기 위한 대책으로 '차등 요금제' 시행을 말하고 있다. 즉, 전기 공급량이 사용량보다 많은 지역은 전기요금을 낮게, 전기 공급량이 사용량보다 적은 지역은 전기요금을 높게 책정하여 지역 간 전력 불균형을 해소하자는 것이므로 글의 주제로 가장 적절한 것은 ④이다.

09

A열차의 속력을 V_a, B열차의 속력을 V_b라 하고, 터널의 길이를 l, 열차의 전체 길이를 x라 하자. A열차가 터널을 진입하고 빠져나오는 데 걸린 시간은 $\frac{l+x}{V_a}=14$초이다. B열차는 A열차보다 5초 늦게 진입하고 5초 빠르게 빠져나왔으므로 터널을 진입하고 빠져나오는 데 걸린 시간은 14-5-5=4초이다. 그러므로 $\frac{l+x}{V_b}=4$초이다.

따라서 $V_a=14(l+x)$, $V_b=4(l+x)$이므로 $\frac{V_a}{V_b}=\frac{14(l+x)}{4(l+x)}=3.5$배이다.

10

A팀은 5일마다, B팀은 4일마다 회의실을 이용하므로 두 팀이 회의실을 사용하고자 하는 날은 20일마다 겹친다. 첫 번째 겹친 날에 A팀이 먼저 사용했으므로 20일까지 A팀이 회의실을 사용한 횟수는 4회이다. 두 번째 겹친 날에는 B팀이 사용하므로 40일동안 A팀이 회의실을 사용한 횟수는 7회이고 세 번째로 겹친 날에는 A팀이 회의실을 사용하므로 60일 동안 A팀은 회의실을 11회 사용하였다. 이를 표로 정리하면 다음과 같다.

겹친 횟수	첫 번째	두 번째	세 번째	네 번째	다섯 번째	...	$(n-1)$번째	n번째
회의실 사용 팀	A팀	B팀	A팀	B팀	A팀	...	A팀	B팀
A팀의 회의실 사용 횟수	4회	7회	11회	14회	18회	...		

겹친 날을 기준으로 A팀은 9회, B팀은 8회를 사용하였으므로, 다음으로는 B팀이 회의실을 사용할 순서이다. 이때, B팀이 m번째로 회의실을 사용할 순서라면 A팀이 이때까지 회의실을 사용한 횟수는 $7m$회이다. 따라서 B팀이 겹친 날을 기준으로 회의실을 8회까지 사용하였고, 9번째 사용할 순서이므로 이때까지 A팀이 회의실을 사용한 횟수는 최대 7×9=63회이다.

11

ⅰ) 남은 지원자 모두 지정된 자리에 앉는 경우

A	B	C	D	E
	B	C	D	E

B~E가 모두 지정된 자리에 앉으므로 1가지이다.

ⅱ) 지정된 자리에 앉지 않는 인원이 1명인 경우

4명 중 1명이 다른 자리에 앉을 때 그 인원은 $_4C_1=4$가지이다.

만약 B가 지정된 자리에 앉지 않고, C~E가 지정된 자리에 앉는 경우 B는 A자리에 앉으므로 1가지이다.

A	B	C	D	E
B		C	D	E

이와 같은 경우는 $1\times_4C_1=4$가지이다.

ⅲ) 지정된 자리에 앉지 않는 인원이 2명인 경우

4명 중 2명이 다른 자리에 앉을 때 그 인원은 $_4C_2=6$가지이다.

만약 B, C가 지정된 자리에 앉지 않고 D, E가 지정된 자리에 앉는 경우, B가 A자리에 앉을 경우 C는 B자리에 앉고, B가 C자리에 앉을 경우 C는 A자리, B자리에 앉으므로 $1+2=3$가지이다.

A	B	C	D	E
B	C		D	E

A	B	C	D	E
C		B	D	E

A	B	C	D	E
	C	B	D	E

이와 같은 경우는 $3\times_4C_2=3\times6=18$가지이다.

따라서 구하고자 하는 경우의 수는 $1+4+18=23$가지이다.

12

2023년 8~12월의 전월 대비 상품수지 증가폭은 다음과 같다.
- 2023년 8월 : $5,201.4-4,427.5=773.9$백만 달러
- 2023년 9월 : $7,486.3-5,201.4=2,284.9$백만 달러
- 2023년 10월 : $5,433.3-7,486.3=-2,053$백만 달러
- 2023년 11월 : $6,878.2-5,433.3=1,444.9$백만 달러
- 2023년 12월 : $8,037.4-6,878.2=1,159.2$백만 달러

따라서 서비스수지가 가장 큰 적자를 기록한 2023년 9월의 상품수지 증가폭이 가장 크다.

[오답분석]

① 2023년 11월의 본원소득수지는 음수이므로 적자를 기록하였다.

② 2023년 11월의 경상수지는 가장 낮았지만, 양수이므로 흑자를 기록하였다.

③ 상품수지가 가장 높은 달은 2023년 12월이지만, 경상수지가 가장 높은 달은 2023년 10월이다.

⑤ 2023년 8~12월의 전월 대비 경상수지 증가폭은 다음과 같다.
   - 2023년 8월 : $5,412.7-4,113.9=1,298.8$백만 달러
   - 2023년 9월 : $6,072.7-5,412.7=660$백만 달러
   - 2023년 10월 : $7,437.8-6,072.7=1,365.1$백만 달러
   - 2023년 11월 : $3,890.7-7,437.8=-3,547.1$백만 달러
   - 2023년 12월 : $7,414.6-3,890.7=3,523.9$백만 달러

   따라서 전월 대비 경상수지 증가폭이 가장 작은 달은 2023년 9월이지만, 상품수지 증가폭이 가장 작은 달은 2023년 8월이다.

13

(상품수지)=(수출)-(수입)이므로 2023년 8월의 수입(ㄱ)은 $53,668.9-5,201.4=48,467.5$백만 달러이고, 2023년 12월 수출(ㄴ)은 $8,037.4+50,966.5=59,003.9$백만 달러이다.

CHAPTER 01 2024년 시행 기출복원문제 • 5

14

2019 ~ 2023년의 고용률은 다음과 같다.

- 2019년 : $\frac{24,585}{36,791} \times 100 ≒ 66.8\%$
- 2020년 : $\frac{24,130}{36,639} \times 100 ≒ 65.9\%$
- 2021년 : $\frac{24,280}{36,498} \times 100 ≒ 66.5\%$
- 2022년 : $\frac{24,824}{36,233} \times 100 ≒ 68.5\%$
- 2023년 : $\frac{24,891}{35,956} \times 100 ≒ 69.2\%$

따라서 2019 ~ 2023년 동안 고용률은 70%를 넘기지 못하였다.

[오답분석]

① 2020년의 취업자 수는 전년 대비 감소하였다.
② 2019 ~ 2023년의 실업자 수는 다음과 같다.
- 2019년 : 25,564-24,585=979천 명
- 2020년 : 25,134-24,130=1,004천 명
- 2021년 : 25,198-24,280=918천 명
- 2022년 : 25,556-24,824=732천 명
- 2023년 : 25,580-24,891=689천 명

따라서 2020년의 실업자 수는 전년 대비 증가하였다.
③ 2020년의 경제활동인구 수는 전년 대비 감소하였다.
④ 2019 ~ 2023년의 비경제활동인구는 다음과 같다.
- 2019년 : 36,791-25,564=11,227천 명
- 2020년 : 36,639-25,134=11,505천 명
- 2021년 : 36,498-25,198=11,300천 명
- 2022년 : 36,233-25,556=10,677천 명
- 2023년 : 35,956-25,580=10,376천 명

따라서 2020년의 비경제활동인구 수는 전년 대비 증가하였다.

15

2019 ~ 2023년의 실업률은 다음과 같다.

- 2019년 : $\frac{979}{25,564} \times 100 ≒ 3.8\%$
- 2020년 : $\frac{1,004}{25,134} \times 100 ≒ 4\%$
- 2021년 : $\frac{918}{25,198} \times 100 ≒ 3.6\%$
- 2022년 : $\frac{732}{25,556} \times 100 ≒ 2.9\%$
- 2023년 : $\frac{689}{25,580} \times 100 ≒ 2.7\%$

따라서 2022년의 실업자 수는 732,000명이고, 실업률은 약 2.9%이다.

16

마지막 조건에 따라 광물 B는 인회석이고, 광물 B로 광물 C를 긁었을 때 긁힘 자국이 생기므로 광물 C는 인회석보다 무른 광물이다. 한편, 광물 A로 광물 C를 긁었을 때 긁힘 자국이 생기므로 광물 A는 광물 C보다 단단하고, 광물 A로 광물 B를 긁었을 때 긁힘 자국이 생기지 않으므로 광물 A는 광물 B보다는 무른 광물이다. 따라서 가장 단단한 광물은 B이며, 그다음으로 A, C 순으로 단단하다.

[오답분석]

① 광물 A는 인회석보다 무른 광물이지만, 방해석인지는 확인할 수 없다.
② 광물 C는 인회석보다 무른 광물이므로 석영이 아니다.
③ 가장 무른 광물은 C이다.
⑤ 광물 B는 인회석이므로 모스 굳기 단계는 5단계이다.

17

정답 ①

먼저 주차장별로 시간별 요금을 낼 때, 몇 시간이 지나야 1일 주차권 비용을 초과하는지 계산하면 된다. 각 주차장에서 주차한 시간을 각각 a, b, c라 가정하고 계산하면 다음과 같다.

- A주차장 : $400 \times 12 \times a > 28,800 \rightarrow a > 6$
- B주차장 : $360 \times 12 \times b > 25,920 \rightarrow b > 6$
- C주차장 : $320 \times 12 \times c > 23,040 \rightarrow c > 6$

따라서 모든 주차장이 하루 6시간 이상 주차할 경우 1일 주차권을 지불하는 것이 저렴하다. 이후 J공사 직원들의 주차장 이용 요금을 계산하면 다음과 같다.

- 금재선 사원 : 이용 시간이 10시간 20분이므로 B와 C주차장 중 C주차장의 1일 주차권을 구매하는 것이 가장 저렴하다. 따라서 이용 요금은 23,040원이다.
- 차두진 부장 : 이용 시간이 52시간 50분이므로 2일(48시간)은 1일 주차권을, 남은 4시간 50분은 시간별 요금을 지불하는 것이 가장 저렴하다. A와 C주차장 중 저렴한 곳은 C주차장이므로 이용 요금은 $(23,040 \times 2) + \left(320 \times 12 \times \dfrac{290}{60}\right) = 64,640$원이다.
- 황근영 대리 : 이용 시간이 56시간 30분이므로 2일 동안 1일 주차권을 구매해도 8시간 30분을 더 주차해야 한다. 그러므로 3일 차도 1일 주차권을 구매하는 것이 저렴하다. A와 B주차장 중 저렴한 곳은 B주차장이고, 3일간의 주차권 비용은 $25,920 \times 3 = 77,760$원이다. 그러나 황근영 대리는 배출가스 3등급 차량에 환승 주차를 하므로 75,000원인 환승 주차 월정기권을 구매하는 것이 더 저렴하다. 따라서 황근영 대리의 이용 요금은 75,000원이다.

따라서 세 직원의 주차장 이용 요금을 모두 합하면 $23,040 + 64,640 + 75,000 = 162,680$원이다.

18

정답 ⑤

J공사의 지점 근무 인원이 71명이므로 가용인원수가 부족한 B오피스는 제외된다. 또한, 시설 조건에서 스튜디오와 회의실이 필요하다고 했으므로 스튜디오가 없는 D오피스도 제외된다. 나머지 A, C, E오피스는 모두 교통 조건을 충족하므로 임대비용만 비교하면 된다. A, C, E오피스의 5년 임대비용은 다음과 같다.

- A오피스 : 600만$\times 71 \times 5 = 213,000$만 원 $\rightarrow$ 21억 3천만 원
- C오피스 : $3,600$만$\times 12 \times 5 = 216,000$만 원 $\rightarrow$ 21억 6천만 원
- E오피스 : $(3,800$만$\times 12 \times 0.9) \times 5 = 205,200$만 원 $\rightarrow$ 20억 5천 2백만 원

따라서 사무실 이전 조건을 바탕으로 가장 저렴한 공유 오피스인 E오피스로 이전한다.

19

정답 ③

에너지바우처를 신청하기 위해서는 소득기준과 세대원 특성기준을 모두 충족해야 한다. C는 생계급여 수급자이므로 소득기준을 충족하고, 65세 이상이므로 세대원 특성기준도 충족한다. 그러나 C의 경우 보장시설인 양로시설에 거주하는 보장시설 수급자이므로 지원 제외 대상이다. 따라서 C는 에너지바우처를 신청할 수 없다.

오답분석

① A의 경우 의료급여 수급자이므로 소득기준을 충족하고, 7세 이하의 영유아가 있으므로 세대원 특성기준도 충족한다. 따라서 에너지바우처를 신청할 수 있다.
② B의 경우 교육급여 수급자이므로 소득기준을 충족하고, 한부모가족이므로 세대원 특성기준도 충족한다. 또한, 4인 이상 세대에 해당하므로 바우처 지원금액은 716,300원이므로 70만 원 이상이다.
④ 동절기 에너지바우처 지원방법은 요금차감과 실물카드 2가지 방법이 있다. 이 중 D의 경우 연탄보일러를 이용하고 있으므로 실물카드를 받아 연탄을 직접 결제하는 방식으로 지원받아야 한다.
⑤ E의 경우 생계급여 수급자이므로 소득기준을 충족하고, 희귀질환을 앓고 있는 어머니가 세대원으로 있으므로 세대원 특성기준도 충족한다. 또한 2인 세대에 해당하므로 하절기 바우처 지원금액인 73,800원이 지원된다. 이때 하절기는 전기요금 고지서에서 요금을 자동으로 차감해 주므로 전기비에서 73,800원이 차감될 것이다.

20

A가족과 B가족 모두 소득기준과 세대원 특성기준이 에너지바우처 신청기준을 충족한다. A가족의 경우 5명이므로 총 716,300원을 지원받을 수 있다. 그러나 이미 연탄쿠폰을 발급받았으므로 동절기 에너지바우처는 지원받을 수 없다. 따라서 하절기 지원금액인 117,000원을 지원받는다. B가족의 경우 2명이므로 총 422,500원을 지원받을 수 있으며, 지역난방을 이용 중이므로 하절기와 동절기 모두 요금차감의 방식으로 지원받는다. 따라서 두 가족의 에너지바우처 지원 금액은 117,000+422,500=539,500원이다.

21

제시된 프로그램은 'result'의 초기 값을 0으로 정의한 후 'result' 값이 2를 초과할 때까지 하위 명령을 실행하는 프로그램이다. 이때 'result' 값을 1 증가시킨 후 그 값을 출력하고, 다시 1을 빼므로 0 → 1 → 1 출력 → 0 → 1 → 1 출력 → 0 → 1 → 1 출력 → ⋯ 과정을 무한히 반복하게 된다. 따라서 1이 무한히 출력된다.

22

ROUND 함수는 인수를 지정한 자릿수로 반올림한 값을 구하는 함수로, 「=ROUND(인수,자릿수)」로 표현한다. 이때 자릿수는 다음과 같이 나타낸다.

만의 자리	천의 자리	백의 자리	십의 자리	일의 자리	소수점 첫째 자리	소수점 둘째 자리	소수점 셋째 자리
−4	−3	−2	−1	0	1	2	3

따라서 「=ROUND(D2,−1)」는 [D2] 셀에 입력된 117,3365의 값을 십의 자리로 반올림하여 나타내므로, 출력되는 값은 120이다.

23

중학교 교육용 도서와 고등학생 교육용 도서 모두 부가기호의 앞자리 숫자는 '5'로 같다.

[오답분석]

① 다섯 번째 자리 숫자는 0 이외의 숫자가 올 수 없다.
② 독자대상이 아동이므로 독자대상기호는 '7'이고, 발행형태가 만화, 단행본이므로 발행형태기호가 가장 큰 '7'을 부여한다.
④ 국제표준도서번호의 접두부는 2013년 3월 6일 이후로 '979'를 부여하므로 이전에 부여한 도서의 국제표준도서번호는 '978'을 부여하였다.
⑤ 2013년 3월 6일 이후 국내도서의 국제표준도서번호의 접두부 세 자리 숫자는 '979'이고, 국별번호는 '11'을 부여한다.

24

제시된 국제표준도서번호의 가중치를 정리하면 다음과 같다.

ISBN	9	7	9	1	1	2	5	4	8	3	3	6
가중치	1	3	1	3	1	3	1	3	1	3	1	3

$9 \times 1 + 7 \times 3 + 9 \times 1 + 1 \times 3 + 1 \times 1 + 2 \times 3 + 5 \times 1 + 4 \times 3 + 8 \times 1 + 3 \times 3 + 3 \times 1 + 6 \times 3 = 104$이므로 104를 10으로 나눈 나머지는 4이다. 따라서 ○=10−4=6이므로 '9791125483360○' 도서의 체크기호는 '6'이다.

25

행정학은 사회과학 분야에 가장 가까운 분야이므로 내용분류기호의 범위는 300 ~ 399이다.

26

어린이보호포장이 필요한 제품(C)으로 KOTITI시험연구원(7)에서 안전인증을 받는다. 이때, 2023년 아시아의 중국 공장(R)에서 처음 생산된 제품(001)이므로 안전인증번호 순서에 따라 'C7R001−23'이 된다.

27

수평하중의 크기를 T, 지선에 작용하는 장력의 크기를 T_a, 지선과 지면 사이의 각도를 θ 라 하면 다음과 같은 관계가 성립한다.

$$\frac{T}{T_a} = \cos\theta$$

이때, $\left(\dfrac{1}{\cos\theta}\right)^2 = 1 + \tan^2\theta$ 이므로 $\left(\dfrac{1}{\cos\theta}\right)^2 = \left(\dfrac{T_a}{T}\right)^2 = 1 + \left(\dfrac{24}{10}\right)^2 = \dfrac{676}{100}$

따라서 $T_a = \sqrt{\dfrac{676}{100}} \times 7,000 = 2.6 \times 7,000 = 18,200\text{N}$ 이다.

28

각 파형의 실효값 및 평균값

구분	파형	실횻값	평균값	파고율	파형률
정현파 (사인파)		$\dfrac{V_m}{\sqrt{2}}$	$\dfrac{2}{\pi}V_m$	$\sqrt{2}$	$\dfrac{\pi}{2\sqrt{2}}$
전파 (정류)		$\dfrac{V_m}{\sqrt{2}}$	$\dfrac{2}{\pi}V_m$	$\sqrt{2}$	$\dfrac{\pi}{2\sqrt{2}}$
반파 (정류)		$\dfrac{V_m}{2}$	$\dfrac{V_m}{\pi}$	2	$\dfrac{\pi}{2}$
구형파 (사각파)		V_m	V_m	1	1
반구형파		$\dfrac{V_m}{\sqrt{2}}$	$\dfrac{V_m}{2}$	$\sqrt{2}$	$\sqrt{2}$
삼각파 (톱니파)		$\dfrac{V_m}{\sqrt{3}}$	$\dfrac{V_m}{2}$	$\sqrt{3}$	$\dfrac{2}{\sqrt{3}}$
제형파 (사다리꼴)		$\dfrac{\sqrt{5}}{3}V_m$	$\dfrac{2}{3}V_m$	$\dfrac{3}{\sqrt{5}}$	$\dfrac{\sqrt{3}}{2}$

29

송수전단 전압이 각각 E_s, E_r 이고, 송수전단 전류가 각각 I_s, I_r 일 때,
4단자 정수 A, B, C, D에 대하여 $E_s = AE_r + BI_r$, $I_s = CE_r + DI_r$ 이다.

이를 행렬로 표현하면 $\begin{bmatrix} E_s \\ I_s \end{bmatrix} = \begin{bmatrix} A & B \\ C & D \end{bmatrix} \begin{bmatrix} E_r \\ I_r \end{bmatrix}$ 이다.

30

특성방정식 $F(s)=4s^5+5s^4-3s^3-5s^2+7s+15$를 Routh – Hurwitz 판별법으로 작성하면 다음과 같다.

s^5	$a_5=4$	$a_3=-3$	$a_1=7$	0
s^4	$a_4=5$	$a_2=-5$	$a_0=15$	0
s^3	$b_1=-\dfrac{4\times(-5)-(-3)\times5}{5}=1$	$b_2=-\dfrac{4\times15-7\times5}{5}=-5$	$b_3=-\dfrac{4\times0-0\times5}{5}=0$	0
s^2	$c_1=-\dfrac{5\times(-5)-(-5)\times1}{1}=20$	$c_2=-\dfrac{5\times0-15\times1}{1}=15$	0	0
s^1	$d_1=-\dfrac{1\times15-(-5)\times20}{20}=-\dfrac{115}{20}$	0	0	0
s^0	$e_1=-\dfrac{20\times0-15\times\left(-\dfrac{115}{20}\right)}{-\dfrac{115}{20}}=15$	0	0	0

따라서 Routh – Hurwitz 판별법의 3행 3열 성분은 0이다.

31

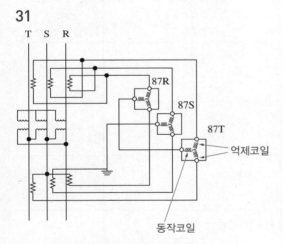

따라서 A는 동작코일이고, B는 억제코일이다.

32

$FUN=DEA$이므로 $E=\dfrac{FUN}{DA}=\dfrac{4,500\times0.6\times200}{\dfrac{1}{0.6}\times(27\times30)}=400\text{lx}$이다.

33

정답 ④

도체 표면의 곡률이 클수록 전하밀도가 높고 전계의 세기가 크다.

[오답분석]
① 도체 내부에 전하가 존재하지 않는다.
② 도체 표면에 전하가 존재한다.
③ 도체 표면과 도체 내부의 전위는 서로 같다.
⑤ 도체 표면에서 전계의 방향은 도체 표면과 항상 수직(도체 표면의 법선 방향)이다.

도체의 전하분포
• 도체 표면의 전위와 도체 내부의 전위는 같고, 전위경도는 0이다.
• 전하는 도체 내부에는 존재하지 않고, 도체 표면에만 존재한다.
• 도체 표면에서 전계의 방향은 항상 도체 표면과 수직(도체 표면의 법선 방향)이다.
• 도체 표면의 곡률이 클수록 전하밀도가 높다.
• 도체 표면의 곡률이 클수록 전계의 세기가 크다.

34

정답 ①

$H = \dfrac{1}{2\pi r}$ 로 자계의 세기(H)는 도선으로부터 떨어진 거리(r)와 반비례 관계이다. 따라서 도선으로부터 10cm 떨어진 지점에서의 자계의 세기는 40cm 떨어진 지점에서의 자계의 세기보다 4배 더 크다.

35

정답 ①

감은 횟수가 n회인 환상 솔레노이드의 반지름이 a일 때 I만큼 전류가 흐른다면, 외부자계의 세기는 0이고, 내부자계의 세기는 $\dfrac{nI}{2\pi a}$ 이다.

36

정답 ③

동기발전기가 단락되었을 때 돌발 단락전류를 제한하는 역할을 하는 것은 누설리액턴스이다.

동기발전기 돌발단락
일정 전압을 유도하고 있는 발전기의 3단자를 갑자기 단락하면 큰 돌발단락전류가 흐른 후 점점 감소하여 몇 초 뒤에는 지속단락전류의 값이 된다. 이것은 전기자 반작용이 순간적으로 나타나지 않기 때문에, 단락하는 순간 단락전류를 제한하는 것은 전기자 권선의 저항을 무시한 전기자 누설리액턴스뿐이므로, 큰 과도전류가 생긴다. 또 몇 초 뒤에는 전기자 반작용이 나타나서 과도전류는 급속히 감소하고 결국에는 동기리액턴스에 의하여 정해지는 지속단락전류가 된다.

37

정답 ②

BLDC모터는 브러시가 없어 마모가 없고 소음이 적다.

> **BLDC모터의 특징**
> • 반영구적이며 정기적인 유지보수가 필요 없다.
> • 고속회전에 적합하다.
> • 제어가 복잡하다.
> • 모터의 소형화 및 경량화가 가능하다.
> • 브러시가 없어 별도의 구동회로가 필요하다.
> • 마모가 없고 소음이 적다.

38

정답 ④

전기재료의 할증률 및 철거손실률(전기공사 표준품셈 1-6)

종류	할증률(%)	철거손실률(%)
옥외전선	5	2.5
옥내전선	10	–
케이블(옥외 / 옥내)	3 / 5	1.5 / –
전선관(옥외 / 옥내)	5 / 10	–
케이블 트레이, 덕트	5	–
트롤리 선	1	–
조가선(철·강)	4	4
합성수지 파형전선관	3	–

39

정답 ⑤

분산형전원 계통 연계설비의 시설(KEC 503)
분산형전원설비의 전기 공급방식, 측정 장치 등은 다음에 따른다.
– 분산형전원설비의 전기 공급방식은 전력계통과 연계되는 전기 공급방식과 동일할 것
– 분산형전원설비 사업자의 한 사업장의 설비용량 합계가 250kVA 이상인 경우에는 송배전계통과 연계지점의 연결 상태를 감시 또는 유효전력, 무효전력 및 전압을 측정할 수 있는 장치를 시설할 것

40

정답 ①

전기품질(분산형전원 배전계통 연계기술 기준 제15조)
• 직류 유입 제한 : 분산형전원 및 그 연계 시스템은 분산형전원 연결점에서 최대 정격 출력전류의 0.5%를 초과하는 직류 전류를 계통으로 유입시켜서는 안 된다.
• 역률 : 분산형전원의 역률은 90% 이상으로 유지함을 원칙으로 한다. 다만, 역송병렬로 연계하는 경우로서 연계계통의 전압상승 및 강하를 방지하기 위하여 기술적으로 필요하다고 평가되는 경우에는 연계계통의 전압을 적절하게 유지할 수 있도록 분산형전원 역률의 하한값과 상한값을 고객과 한전이 협의하여야 정할 수 있다. 또한 분산형전원의 역률은 계통 측에서 볼 때 진상역률이 되지 않도록 함을 원칙으로 한다.
• 플리커 : 분산형전원은 빈번한 기동·탈락 또는 출력변동 등에 의하여 한전계통에 연결된 다른 전기사용자에게 시각적인 자극을 줄만한 플리커나 설비의 오동작을 초래하는 전압요동을 발생시켜서는 안 된다.
• 고조파 : 특고압 한전계통에 연계되는 분산형전원은 연계용량에 관계없이 한전이 계통에 적용하고 있는 허용기준을 초과하는 고조파 전류를 발생시켜서는 안 된다.

41

정답 ③

전기자동차의 충전장치 시설(KEC 241.17.3)
전기자동차의 충전장치는 다음에 따라 시설하여야 한다.
– 충전부분이 노출되지 않도록 시설하고, 외함은 접지공사를 할 것
– 외부 기계적 충격에 대한 기계적 강도가 보장된 것
– 침수 등의 위험이 있는 곳에 시설하지 말 것(방진 · 방수 보호등급은 옥외의 경우 IP44 이상, 옥내의 경우 IP41 이상일 것)
– 먼지가 많은 장소, 가연성 가스나 부식성 가스 또는 위험물 등이 있는 장소에 시설하는 경우에는 통상의 사용 상태에서 부식이나 감전 · 화재 · 폭발의 위험이 없도록 시설할 것
– 충전장치에는 전기자동차 전용임을 나타내는 표지를 쉽게 보이는 곳에 설치할 것
– 전기자동차의 충전장치는 쉽게 열 수 없는 구조일 것
– 전기자동차의 충전장치 또는 충전장치를 시설한 장소에는 위험표시를 쉽게 보이는 곳에 표지할 것
– 전기자동차의 충전장치는 부착된 충전 케이블을 거치할 수 있는 거치대 또는 수납공간(옥내 0.45m 이상, 옥외 0.6m 이상)을 갖는 구조이며, 충전 케이블은 반드시 거치할 것
– 충전장치의 충전 케이블 인출부는 옥내용의 경우 지면으로부터 0.45m 이상 1.2m 이내에, 옥외용의 경우 지면으로부터 0.6m 이상에 위치할 것
– 급속충전시설은 비상 개폐 또는 단로에 적합한 것을 설치할 것
– 과금형 콘센트는 접지극이 있는 방적형 또는 동등 이상의 보호 덮개가 있는 것을 사용할 것
– 전기자동차의 충전 케이블은 거치 또는 보관 시 케이블의 손상을 방지하기 위하여 주차구획 내에 위치하지 않도록 시설할 것

42

정답 ②

변압기의 종별 최고허용온도 및 절연재료

종류	최고허용온도	주요 절연재료	주요 용도
Y종	90℃	목면, 견, 종이, 목재, 아닐린 수지	저전압 기기
A종	105℃	Y종 절연재료를 니스 등 유중에 함침	보통기기, 변압기
E종	120℃	폴리우레탄 에폭시, 가교 폴리에스테르계 수지	보통기기, 대용량 기기
B종	130℃	마이카, 석면, 유리섬유를 접착제와 같이 사용한 것	고전압 기기, 건식 변압기
F종	155℃		
H종	180℃	석면, 유리섬유, 실리콘 고무, 니스유리크로스	H종 건식 변압기
C종	180℃ 초과	마이카, 도자기, 유리 등을 단독 사용한 것	특수기기

43

정답 ④

수뢰부시스템과 접지시스템의 연결은 복수의 인하도선을 병렬로 구성해야 한다.

> **인하도선시스템(KEC 152.2)**
> 인하도선시스템이란 뇌전류를 수뢰부시스템에서 접지극으로 흘리기 위한 외부피뢰시스템의 일부이다. 복수의 인하도선을 병렬로 구성해야 하며(단, 건축물 · 구조물과 분리된 피뢰시스템의 경우 예외로 할 수 있다), 도선 경로의 길이가 최소가 되어야 한다. 건축물 · 구조물과 분리되지 않은 시스템의 경우 다음에 의한다.
> • 벽이 불연성 재료로 된 경우 벽의 표면 또는 내부에 시설할 수 있다.
> • 인하도선의 수는 2가닥 이상으로 한다.
> • 보호대상의 건축물 · 구조물의 투영에 따른 둘레에 가능한 한 균등한 간격으로 배치하되, 노출된 모서리 부분에 우선하여 설치한다.
> • 병렬 인하도선의 최대 간격은 피뢰시스템 등급에 따른다.
>   – Ⅰ · Ⅱ등급 : 10m
>   – Ⅲ등급 : 15m
>   – Ⅳ등급 : 20m

44

정답 ④

슈테판 – 볼츠만 법칙(Stefan – Boltzmann's Law)은 흑체가 방사하는 단위면적당 복사에너지는 흑체의 절대온도의 네제곱에 비례한다는 법칙이다($E = \sigma T^4$).

45

정답 ⑤

2전력계법에 의한 무효전력은 $Q = \sqrt{3}\,(W_2 - W_1)$이므로 $Q = \sqrt{3} \times (6.5 - 5) = 2.6\text{kW}$이다.

> **2전력계법**
> 3상 회로에 W_1, W_2의 부하가 걸릴 때
> - [유효전력(P)] $= W_1 + W_2$
> - [무효전력(Q)] $= \sqrt{3}\,(W_2 - W_1)$
> - [피상전력(P_a)] $= 2\sqrt{W_1^2 + W_2^2 - W_1 W_2}$
> - [역률($\cos\theta$)] $= \dfrac{P}{P_a} = \dfrac{W_1 + W_2}{2\sqrt{W_1^2 + W_2^2 + W_1 W_2}}$

46

정답 ⑤

반강자성체(Antiferromagnetic Material)는 크기가 같고 방향이 서로 반대인 2개의 자기모멘트로 인해 자기모멘트의 합이 0이다. 따라서 반강자성체 물질은 일반적으로는 외부 자기장에 의해 자화가 발생하지 않는다.

[오답분석]
① 반자성체에 대한 설명이다.
② 강자성체에 대한 설명이다.
③ 상자성체에 대한 설명이다.
④ 준강자성체에 대한 설명이다.

자성의 종류

종류	내용
강자성 (Ferromagnetism)	외부에서 자기장을 가할 때, 자기장의 방향과 같은 방향으로 자화된 후 외부 자기장을 제거하여도 자화가 유지되는 성질이다.
준강자성 (Ferrimagnetism)	크기가 다른 자기모멘트가 서로 다른 방향으로 정렬되어 한 방향으로 약하게 자화되는 성질이다.
반강자성 (Antiferromagnetism)	크기가 같은 자기모멘트가 서로 다른 방향으로 정렬되어 자화되지 않은 성질이다.
상자성 (Paramagnetism)	외부에서 자기장을 가할 때 자기장의 방향과 같은 방향으로 자화되지만, 자기장을 제거하면 자화를 잃는 성질이다.
반자성 (Diamagnetism)	외부에서 자기장을 가할 때, 자기장의 방향과 반대 방향으로 자화되는 성질이다.

47

정답 ①

CNCV 케이블
중성선 위아래를 부풀음 테이프로 감은 후 그 위에 PVC, 폴리올레핀 등으로 감싼 동심중심선 가교폴리에틸렌절연 차수형 비닐시스 케이블이다. 도체로 수밀 혼합물 충전 원형 압축 연동연선을 사용하며, 외부 및 내부 반도전층은 반도전 압출층으로 각각 절연내력 향상 및 코로나 및 오존 발생을 방지한다. 중성선은 연동선 여러 개를 도체 단면적의 $\dfrac{1}{3}$만큼 동심원으로 꼬아 붙인다.

48

$$W = \frac{V_h^2 - V_l^2}{\sqrt{3} \times V_h\, V_l} \times P = \frac{3,300^2 - 3,000^2}{\sqrt{3} \times 3,300 \times 3,000} \times 80 \fallingdotseq 9\text{kVA}$$

49

드모르간의 정리는 $\overline{A+B} = \overline{A} \cdot \overline{B}$, $\overline{A \cdot B} = \overline{A} + \overline{B}$ 이다.

따라서 $\overline{(A+B)}C = (\overline{A} \cdot \overline{B}) \cdot C$ 이다.

50

무한장 직선 도선의 선전하밀도가 λ일 때, 선전하에 의한 전계의 세기는 $E = \frac{\lambda}{2\pi\epsilon_0 R}$ 이다.

A와 B는 서로 반대 방향의 전하이고, P지점은 A와 B 사이에 있으므로 P지점의 전하의 세기는 A전하에 의한 전계의 세기와 B전하에 의한 전계의 세기의 합과 같다.

$$E_A = \frac{\lambda}{2\pi\epsilon_0 \dfrac{d}{3}} = \frac{3\lambda}{2\pi\epsilon_0 d}$$

$$E_B = \frac{\lambda}{2\pi\epsilon_0 \dfrac{2d}{3}} = \frac{3\lambda}{4\pi\epsilon_0 d}$$

따라서 P지점에서의 전계의 세기는 $E_A + E_B = \dfrac{3\lambda}{2\pi\epsilon_0 d} + \dfrac{3\lambda}{4\pi\epsilon_0 d} = \dfrac{9\lambda}{4\pi\epsilon_0 d}$ 이다.

51

일반적으로 유전율이 서로 다른 두 유전체가 접하였을 때, 경계면에서 전계와 전속밀도는 무손실 선로의 전파정수는 $\gamma = \sqrt{ZY} = 0 + j\omega\sqrt{LC}$ 이다. 따라서 감쇠정수(α)의 값은 0, 위상정수(β)의 값은 $\omega\sqrt{LC}$ 이다.

무손실 선로와 무왜형 선로

구분	무손실 선로	무왜형 선로
의미	손실이 없는 선로	파형의 일그러짐이 없는 선로
조건	$R=0,\ G=0$	$RC=LG$
특성임피던스	$Z_0 = \sqrt{\dfrac{L}{C}}$	$Z_0 = \sqrt{\dfrac{L}{C}}$
전파정수	$\gamma = j\omega\sqrt{LC}$ $\alpha=0,\ \beta=\omega\sqrt{LC}$	$\gamma = \sqrt{RG} + j\omega\sqrt{LC}$ $\alpha=\sqrt{RG},\ \beta=\omega\sqrt{LC}$
전파속도	$v = \dfrac{1}{\sqrt{LC}}$	$v = \dfrac{1}{\sqrt{LC}}$

52

$$\cos\theta = \frac{\sum W}{\sqrt{3}\,VI} = \frac{1.5 + 0.8}{\sqrt{3} \times 220 \times 10 \times 10^{-3}} \fallingdotseq 0.6$$

53

정답 ②

$G(s) = \dfrac{C}{R}$ 이고, $C = RG_1 + CG_2$ 이므로 $\dfrac{C}{R} = \dfrac{G_1}{1-G_2}$ 이다.

54

정답 ④

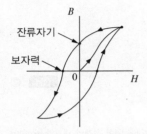

X점에 해당하는 것은 잔류자기이고, Y점에 해당하는 것은 보자력이다.

> **히스테리시스 곡선**
> • 잔류자기 : 외부에서 가한 자계 세기가 0이 되어도 자성체에 유지되는 자속밀도의 크기이다.
> • 보자력 : 자화된 자성체 내부의 잔류자기를 0으로 만들기 위해 필요한 외부 자계의 세기이다.
> • 히스테리시스손 : 히스테리시스곡선에 의해 생성된 도형의 면적으로 체적당 에너지 밀도이며, 이 에너지는 열로 소비된다.

55

정답 ②

일반적으로 유전율이 서로 다른 두 유전체가 접하였을 때, 경계면에서 전계와 전속밀도는 다르다.

> **유전체 경계면의 특징**
> • 전계의 접선 성분은 같다($E_1 \sin \theta_1 = E_2 \sin \theta_2$).
> • 전속밀도의 수직 성분은 같다($D_1 \cos \theta_1 = D_2 \cos \theta_2$).
> • 경계면에서 전계와 전속밀도는 굴절한다.
> • 전속선은 전율이 큰 쪽을 지날 때 촘촘하게 모인다.

56

정답 ③

UDP는 전송 계층의 프로토콜이다.

OSI 7계층의 프로토콜

계층	계층 이름	프로토콜 종류
7	응용 계층	HTTP, FTP, DNS, SMTP 등
6	표현 계층	JPG, MPEG, AFP, PAP 등
5	세션 계층	SSH, NetBIOS 등
4	전송 계층	TCP, UDP 등
3	네트워크 계층	IP, RIP, ARP, ICMP 등
2	링크 계층	Ethernet, PPP, HDLC 등
1	물리 계층	RS − 232, RS − 449 둥

57

정답 ③

$f_s = 2f_m$ 을 nyquist의 표본화 주파수라고 부른다.

58

정답 ④

FM 수신기의 저주파 출력단에서는 반송파 입력이 없거나 약할 때에 일반적으로 큰 잡음이 나타난다. 이러한 잡음을 제거하기 위하여 수신 입력 전압이 어느 정도 이하일 때 저주파 증폭기의 동작을 자동적으로 정지시키는 스켈치 회로를 사용한다.

59

정답 ②

현재 위성에서 가장 많이 사용되는 주파수 대는 4 ~ 8GHz(C 밴드)와 12.5 ~ 18GHz(Ku 밴드)이다.

01	02	03	04	05	06	07	08	09	10	11	12	13	14	15	16	17	18	19	20
①	③	④	④	③	③	⑤	⑤	④	③	④	②	⑤	④	①	①	③	②	④	④
21	22	23	24	25	26	27	28	29	30	31	32	33	34	35	36	37	38	39	40
②	①	①	①	③	④	③	④	①	②	③	④	③	③	④	③	③	①	②	①
41	42	43	44	45	46	47	48	49											
④	①	②	⑤	⑤	④	③	③	④											

01 NCS

01

정답 ①

두 번째 문단에서 단기간 내 사업 추진이 용이한 '폐기물 및 바이오매스 혼소 발전' 등의 에너지원에 대한 편중성이 나타나고 있다고 하였으므로 ①은 적절하지 않다.

[오답분석]
② 공급의무자에게 할당되는 공급의무량이 단계적으로 증가하여 최종 전력소비자인 국민들에게 전가되는 비용 부담이 지속적으로 증가할 가능성이 있다.
③ 세 번째 개선방안으로 민간 기업들이 직접 REC 구매를 가능하게 하는 등의 제도 보완이 필요하다고 하였으므로 적절한 설명이다.
④ RPS 제도로 인해 신·재생에너지를 이용한 발전량과 발전설비 용량이 지속적으로 증가하였다.
⑤ 공급의무자는 신·재생에너지 공급인증서(REC)를 구매하는 방법으로 할당받은 공급의무량을 충당할 수 있다.

02

정답 ③

(나) 보빙사절단의 전등 주문과 고종의 허가 → (라) 1887년 3월 경복궁 내 건천궁에 100촉 전구 두 개가 점등 → (가) 전등 설치에 대한 반대와 우여곡절 → (다) 궁궐의 항시적 조명 설비가 된 전등 순으로 나열하는 것이 가장 적절하다.

03

정답 ④

제시문의 두 번째 문단에서 인공지능 기술, 블록체인 기술, 빅데이터 기술, 가상현실 기술 등 부동산 산업과 융합한 다양한 기술들을 예시를 통해 소개하고 있다.

04

세 번째 문단에서 '에너지효율화, 특화사업, 지능형 전력그리드 등 3개 분과로 운영된다. 또한 ㈜한국항공조명, ㈜유진테크노, ㈜미래이앤아이가 분과 리더 기업으로 각각 지정되어 커뮤니티 활성화를 이끌 예정이다.'라고 하였으므로 분과별 2개의 리더 그룹이라는 내용은 적절하지 않다.

[오답분석]

① '협약 주체들은 강소특구 중장기 성장모델과 전략수립 시 공동으로 노력을 기울이고, 적극적인 연구개발(R&D) 참여를 통해'라고 하였으므로 적절한 내용이다.
② '나주시는 혁신산업단지에 소재한 에너지신기술연구원에서'라고 하였으므로 적절한 내용이다.
③ '한국전력공사, 강소특구 44개 기업과 전남 나주 강소연구개발특구 기업 커뮤니티 협약을 체결했다.'라고 하였으므로 적절한 내용이다.
⑤ '나주시와 한국전력공사는 협약을 통해 기업의 판로 확보와 에너지산업 수요·공급·연계 지원 등 특구기업과의 동반성장 플랫폼 구축에 힘쓸 계획이다.'라고 하였으므로 적절한 내용이다.

05

섭씨 510도라는 환경에서 zT가 3.1이라고 하였으므로 '어떤 환경에서든'이라는 조건은 적절하지 않다.

[오답분석]

① 주석셀레늄계 신소재는 발전의 효율을 20% 이상으로 끌어올려 기존의 4 ~ 5%보다 4배 이상 높다.
② '국내 연구팀이 오랫동안 한계로 지적된 열전 발전의 효율을 20% 이상으로 끌어올린 소재를 개발했다. 지금까지 개발된 열전 소재 가운데 세계에서 가장 효율이 높다는 평가다.'라고 하였으므로 적절한 내용이다.
④ '열이 전도성 물질인 산화물을 따라 흐르면서 열전효율이 떨어진 것이다.'라고 하였으므로 적절한 내용이다.
⑤ 화성 탐사 로버 '퍼시비어런스'는 '열을 전기로 바꾸는 변환 효율은 4 ~ 5%에 머물고 있다.'라고 하였으므로 적절한 내용이다.

06

넛지효과란 직접적인 규제, 처벌 등을 제외하고 부드러운 개입으로 사람들의 변화를 유도하는 것을 말한다. 따라서 ③과 같이 직접적인 문구를 통해 사람들의 행동을 바꾸려는 것은 넛지효과의 예시로 적절하지 않다.

07

네 번째 문단에서 220V 이용 시 가정에서 전기에 노출될 경우 위험성은 더 높을 수 있다고 언급하였다.

[오답분석]

① '한국도 처음 전기가 보급될 때는 11자 모양 콘센트의 110V를 표준전압으로 사용했다.'라고 하였으므로 적절한 내용이다.
② 일본과 미국이 220V로 전환하지 못하는 이유 중 하나가 다수의 민영 전력회사로 운영되기 때문이라고 하였기 때문에 적절한 내용이다.
③ 전압이 다른 콘센트와 제품을 연결해 사용하면 제품이 망가지고 화재나 폭발이 일어나거나, 정상적으로 작동하지 않는 문제가 있을 수 있다고 언급하였다.
④ '전압이 높을수록 저항으로 인한 손실도 줄어들고 발전소에서 가정으로 보급하는 데까지의 전기 전달 효율이 높아진다.'라고 하였으므로 적절한 내용이다.

08

(다)에서 '부산 국제원자력산업전'에 대한 전반적인 설명과 함께 처음 언급한 후, (나)에서 한전KDN이 국제원자력산업전에 무엇을 출품했는지를 서술하고, (가)에서 플랫폼과 구체적인 내용에 대해 상세히 서술하여 글을 마무리하는 것이 가장 적절하다.

09

- 재석 : '이러한 원일점, 근일점, 원지점, 근지점의 위치는 태양, 행성 등 다른 천체들의 인력에 의해 영향을 받아 미세하게 변한다.' 라고 하였으므로 바르게 설명하고 있다.
- 하하 : '관측되는 천체까지의 거리가 가까워지면 각지름이 커진다.'라고 하였으므로 바르게 설명하고 있다.
- 준하 : 같은 일식이라도 달이 근지점이나 그 근처에 위치하면 개기일식, 원지점이나 그 근처에 위치하면 금환일식이 일어난다고 하였으므로 바르게 설명하고 있다.

[오답분석]
- 명수 : 현재 달의 공전 궤도 이심률은 0.055이고, 현재 지구의 공전 궤도 이심률은 0.017이다. 이심률이 작을수록 궤도가 원에 가까운 것이므로 옳지 않은 설명이다.

10

메기 효과의 기원은 유럽 어부들이 청어를 더 싱싱하게 운반하기 위해 청어 수조에 천적인 메기를 집어넣던 것으로 추정하고 있으나, 검증된 주장이 아니라는 문제가 제기되고 있으므로 확실히 밝혀졌다고 추론할 수 없다.

[오답분석]
① '정체된 생태계에 메기 같은 강력한 포식자(경쟁자)가 나타나면 개체들이 생존을 위해 활력을 띄게 되는 현상'이라고 언급하였으므로 적절한 추론이다.
② '기업의 경쟁력을 키우기 위해 적절한 위협요인과 자극이 필요하다.'라고 하였으므로 적절한 추론이다.
④ '중국, 한국 등 아시아권에서 더 많이 사용되며 서구권에서는 제한적으로 사용되고 있다. 개인 간 경쟁을 장려하는 동아시아 특유의 문화가 반영된 것'이라고 하였으므로 적절한 추론이다.
⑤ 메기 효과란 경쟁자가 등장하여 더 활력 있고, 생산성 있게 경쟁에 참여하게 되는 것을 말하므로 경쟁자로 인해 마라토너의 기록이 더 좋아진 경우는 메기 효과의 예시라고 추론할 수 있다.

11

밀그램의 예상과 달리 65%의 사람들이 인체에 치명적인 450V까지 전압을 올렸고, 일부 실험자만이 '불복종'하였다.

12

(나)에서 브라질 정부가 아마존 내 환경보호구역 축소를 추진한다는 내용으로 시작하여 (가)에서 환경보호를 위해 많은 기부금을 낸 노르웨이가 그에 대해 반대하고 있음을 서술하고, (다)를 통해 독일 또한 마찬가지로 반대하고 있다는 입장을 전하면서 아마존 열대우림 파괴의 실상을 보여주면서 글을 마무리하는 것이 가장 적절하다.

13

A씨는 수요고객이므로 주어진 [별표 1]의 2번 표만을 참고하면 된다. 직전 12개월(2021.05 ~ 2022.04)과 당월(2022.05) 기간 중 최대이용전력은 4,790kWh이다. 최대이용전력이 계약전력의 30%를 초과하므로 최대이용전력을 기준으로 기본요금이 책정된다. 따라서 기본요금은 4,790kWh÷450시간×667.61원≒7,100원이다. 또한 경기도 광주시는 수도권지역에 해당하므로 사용요금은 3,500kWh×2.44원/kWh=8,540원이고, 기본요금과 사용요금의 합산은 15,640원이다.

14

전체 일의 양을 1이라고 하면, 하루에 할 수 있는 일의 양은 A는 7일이 걸리므로 $\frac{1}{7}$, B는 10일이 걸리므로 $\frac{1}{10}$ 이다. 그러므로 A와 B가 같이 일을 할 때 x일이 걸린다면 다음 식과 같이 나타낼 수 있다.

$\frac{1}{7} + \frac{1}{10} = \frac{1}{x}$

→ $\frac{17}{70} = \frac{1}{x}$

∴ $x \fallingdotseq 4.1$

따라서 A와 B가 같이 준비한다면 최소 5일이 걸린다.

15

4,000원의 물건을 1,000개 팔았으므로 한 달 매출액은 4,000,000원이다. 그러므로 인상한 가격과 변동된 판매량에 대한 식을 세우면 다음과 같다.

$(4,000+x) \times (1,000-0.2x) = 4,000,000$

→ $4,000,000 - 800x + 1,000x - 0.2x^2 = 4,000,000$

→ $200x - 0.2x^2 = 0$

→ $x(200-0.2x) = 0$

→ $x(x-1,000) = 0$

∴ $x = 1,000$ (∵ $x \neq 0$)

따라서 인상한 가격은 1,000원이다.

16

원가를 x원이라고 하면, 원가에 50%의 이익을 붙일 경우는 $1.5x$원이다. 여기에 다시 20%를 할인한 최종 판매 가격은 $1.5x \times 0.8$ $=1.2x$원이다. 물건 1개당 1,000원의 이익을 얻었으므로 다음의 식이 성립한다.

$1.2x - x = 1,000$

→ $0.2x = 1,000$

∴ $x = 5,000$

따라서 물건의 원가는 5,000원이다.

17

7월 말 기준 서울에서 운영되고 있는 전동 킥보드의 대수는 4,700대이며, 8월 중 추가되는 대수는 3,000대이다. 따라서 8월 말 기준 13개 업체가 서울에서 7,700대의 전동 킥보드를 운영할 것이며, 한 업체당 약 592대의 전동 킥보드를 운영할 것이다.

18

기존 매출액 조사표에서 현재 학생식당의 식대가 4,000원임을 알 수 있다. 따라서 1,000원을 인상할 경우 식대는 5,000원이다. 식대 인상이 요일별로 차별적인 효과를 발생시키지는 않으므로 요일별 이용자 수가 아닌 주간 이용자 수를 활용하여 매출을 예측할 수 있다. 식대 인상 전, 주간 학생식당 이용자 수는 학생 6,930명, 교직원 283명, 외부인 104명으로 총 7,317명이며, 이에 따른 매출액은 29,268,000원이다. 가격을 1,000원 인상할 경우 학생의 수요는 10%가 감소하여 6,237명, 외부인의 수요는 50%가 감소하여 52명이 된다. 따라서 주간 이용자 수는 6,572명으로 예상되며, 이를 토대로 예측한 매출액은 32,860,000원이다.

19

각 직원의 항목별 평가점수의 합과 그에 따른 급여대비 성과급 비율은 다음과 같다.

직원	평가점수	비율	성과급
A	82	200%	320만 원×200%=640만 원
B	74	100%	330만 원×100%=330만 원
C	67	100%	340만 원×100%=340만 원
D	66	100%	360만 원×100%=360만 원
E	79	150%	380만 원×150%=570만 원
F	84	200%	370만 원×200%=740만 원

따라서 수령하는 성과급의 차이가 A와 가장 적은 직원은 E이다.

20

평가기준에 따라 각 지원자가 받는 점수는 다음과 같다.
- A : 20(석사)+5(스페인어 구사 가능)+20(변호사 자격 보유)+10(장애인)=55점
- B : 10(대졸)+20(일본어 구사 가능)=30점
- C : 10(대졸)+20(경력 3년)+10(국가유공자)=40점
- D : 60(경력 7년)+5(아랍어 구사 가능)=65점
- E : 30(박사)+10(이학 석사 이상)+20(독일어 구사 가능)=60점

따라서 서류전형 점수가 가장 높은 사람은 D지원자이다.

21

연보라색을 만들기 위해서는 흰색과 보라색이 필요하다. 흰색은 주어진 5가지 물감 중 하나이며, 보라색은 빨간색과 파란색 물감의 혼합으로 만들 수 있는데, 빨간색은 주어진 물감이지만 파란색은 주어지지 않았으며, 다른 물감의 조합으로도 만들어 낼 수 없는 색상이다. 따라서 연보라색은 만들 수 없다.

오답분석
① 고동색은 주어진 5가지 물감 중 빨간색, 검은색의 두 가지 물감을 섞어서 만들 수 있다.
③ 살구색은 흰색과 주황색을 섞어서 만들 수 있는데 흰색은 주어진 5가지 물감 중 하나이며, 주황색은 빨간색과 노란색을 섞어서 만들 수 있다.
④ 카키색은 주어진 물감 중 초록색과 검은색을 섞어서 만들 수 있다.
⑤ 옥색은 주어진 물감 중 초록색과 흰색을 섞어서 만들 수 있다.

22

모든 직원들이 각기 다른 부서를 희망하였으므로 희망부서가 밝혀지지 않은 직원들의 희망부서는 다음과 같다.

구분	기존부서	희망부서	배치부서
A	회계팀	인사팀	?
B	국내영업팀	해외영업팀	?
C	해외영업팀	국내영업팀, 회계팀, 홍보팀 중 1	?
D	홍보팀	국내영업팀, 회계팀 중 1	홍보팀
E	인사팀	국내영업팀, 회계팀, 홍보팀 중 1	해외영업팀

인사이동 후 각 부서에 1명의 직원이 근무하게 되었으므로, A, B, C는 각각 인사팀, 국내영업팀, 회계팀에 1명씩 배치되었다. B는 다른 1명과 근무부서를 맞바꾸었는데, E가 인사팀에서 해외영업팀으로 이동하였고, D는 홍보팀에 그대로 근무하기 때문에 C, D, E는 그 상대가 될 수 없다. 따라서 B는 A가 근무하던 회계팀으로 이동하였고, A는 B가 근무하던 국내영업팀으로 이동하였으며, C는 남은 인사팀에 배치된다.

이를 정리하면 다음과 같다.

구분	기존부서	희망부서	배치부서
A	회계팀	인사팀	국내영업팀
B	국내영업팀	해외영업팀	회계팀
C	해외영업팀	국내영업팀, 회계팀, 홍보팀 중 1	인사팀
D	홍보팀	국내영업팀, 회계팀 중 1	홍보팀
E	인사팀	국내영업팀, 회계팀, 홍보팀 중 1	해외영업팀

따라서 본인이 희망한 부서에 배치된 사람은 없다.

23

차장 직급에 지급되는 기본 교통비는 26,000원이며, 출장지까지의 거리가 204km이므로 추가 여비 20,000원이 책정된다. 출장지인 세종특별자치시는 구체적인 기준이 명시되지 않은 기타 지역으로 기본 교통비와 추가 여비의 합산 금액에 5%를 가산한 금액이 국내출장여비 기준금액이므로 다음과 같은 식이 성립한다.

$(26,000+20,000) \times 1.05 = 48,300$원

따라서 지급 금액을 백 원 단위에서 올림하면 김차장이 받을 수 있는 국내출장여비는 49,000원이다.

24
정답 ①

D대리는 B과장보다 근속연수가 높지만 기본급은 더 적기 때문에 옳지 않다.

[오답분석]

② S팀의 자녀는 모두 7명으로 자녀수당은 총 70만 원이다. 반면 근속수당은 30만+10만+30만+20만+10만=100만 원이므로 자녀수당의 합보다 근속수당의 합이 더 높다.

③ A부장의 월급은 4,260,000+(100,000×2)+300,000+200,000=4,960,000원이므로 E사원의 기본급인 2,420,000원의 2배 이상이다.

④ 제시된 사원 정보를 통해 가장 많은 기본급 외 임금수당을 받는 직원은 전기기사 자격증을 보유하고 있어 총 500,000+100,000+100,000+100,000+100,000=900,000원을 받는 B과장인데, C과장이 전기기능사에 합격하여 자격증수당 15만 원이 추가되면 총 150,000+100,000+100,000+300,000+300,000=950,000원을 받으므로 S팀 직원 중 가장 많은 기본급 외 임금수당을 받게 된다.

⑤ 자녀의 수가 가장 많은 직원은 C과장으로 총 80만 원의 기본급 외 임금수당을 받고, 근속연수가 가장 높은 직원은 A부장으로 총 70만 원의 기본급 외 임금수당을 받고 있으므로 옳은 설명이다.

25
정답 ③

J공사의 월급은 (기본급)+(기본급 외 임금 수당)이므로 직원별 총지급액은 다음과 같다.
• A부장 : 4,260,000+100,000+100,000+300,000+200,000+0=4,960,000원
• B과장 : 3,280,000+100,000+100,000+100,000+100,000+500,000=4,180,000원
• C과장 : 3,520,000+100,000+100,000+300,000+300,000+0=4,320,000원
• D대리 : 2,910,000+100,000+100,000+200,000+100,000+150,000=3,560,000원
• E사원 : 2,420,000+100,000+100,000+100,000+0+250,000=2,970,000원

따라서 월급이 높은 순서대로 나열하면 A부장 → C과장 → B과장 → D대리 → E사원이다.

CHAPTER 02 2022년 시행 기출복원문제 • 23

26

하나의 셀에서 〈Ctrl〉을 누른 채로 채우기 핸들 기능을 사용하면 데이터는 다음과 같이 입력된다.

• 숫자 : 1씩 증가한 값이 입력된다.
• 날짜 : 원본과 똑같은 데이터가 입력된다.
• 숫자+문자 : 원본과 똑같은 데이터가 입력된다.
• 문자 : 원본과 똑같은 데이터가 입력된다.
• 통화 : 1씩 증가한 값이 입력된다.

따라서 제시된 스프레드시트에서 순서와 금액의 값이 1씩 증가하고 나머지 데이터는 원본과 똑같이 입력된다.

27

• 개인별 합산 기록을 구하려면 주어진 값을 모두 더하는 SUM 함수를 사용해야 한다. [B7] 셀은 A의 5일간의 기록을 더해야 하므로 「=SUM(B2:B6)」을 입력해야 한다.
• 개인별 최대 기록을 구하려면 주어진 값에서 가장 큰 수를 찾는 MAX 함수를 사용해야 한다. [B8] 셀은 A의 기록 중 가장 큰 수를 찾아야 하므로 「=MAX(B2:B6)」를 입력해야 한다.

[오답분석]

• COUNT 함수는 지정된 범위 내에서 숫자가 들어있는 셀의 개수를 구하는 함수이다.
• LARGE 함수는 지정된 범위 내에서 n번째로 큰 값을 찾는 함수이다.

28

도서 분류번호 구성 순으로 제시된 내용을 정리하면 다음과 같다.

• 프랑스 소설 : F04F
• 2022년 출판 : e
• 시리즈 있음 : 1
• 오프라인 단독판매 : 10

따라서 해당 도서의 J도서관 분류번호는 'F04Fe110'이다.

29

도서 분류번호 구성 순으로 갑의 대여 도서정보를 정리하면 다음과 같다.

• 도서 구분 : 국내도서(N)
• 작가 국적 : 한국(01)
• 도서 분류 : 육아(H)
• 출판연도 : 2010년대(d)
• 시리즈 유무 : 없음(0)
• 판매처 : 온·오프라인(11)

따라서 갑이 대여한 도서의 분류번호는 'N01Hd011'이다.

PART 1

30

정답 ②

유도형 발전기는 동기 발전기와 달리 여자기가 없어 단독 발전이 불가능하다.

> **유도형 발전기의 특징**
> • 유도형 발전기는 외부로부터 상용전원을 공급받아야 하는 특성 때문에 독립전원으로 사용하기에는 부적합하며 상용전원과
>   연계 운전하는 풍력발전설비에 적합하다.
> • 유도형 발전기는 회전자의 구조에 따라서 권선형 유도발전기와 농형 유도발전기 2종류가 있다.
> • 유도형 발전기는 고정자에 상용전원이 공급된 상태에서 회전자의 회전속도가 동기속도 이상이 되어야 발전이 가능하다.

31

정답 ③

상선(L3)의 경우 선색은 회색이다.

> **전선의 식별**
> • 상선(L1) : 갈색
> • 상선(L2) : 흑색
> • 상선(L3) : 회색
> • 중성선(N) : 청색
> • 보호도체(PE) : 녹색 − 노란색

32

정답 ④

용어 정의(KEC 112)
접근상태란 제1차 접근상태 및 제2차 접근상태를 말한다.
1. 제1차 접근상태란 가공 전선이 다른 시설물과 접근(병행하는 경우를 포함하며 교차하는 경우 및 동일 지지물에 시설하는 경우를
   제외한다. 이하 같다)하는 경우에 가공 전선이 다른 시설물의 위쪽 또는 옆쪽에서 수평거리로 가공 전선로의 지지물의 지표상의
   높이에 상당하는 거리 안에 시설(수평 거리로 3m 미만인 곳에 시설되는 것을 제외한다)됨으로써 가공 전선로의 전선의 절단,
   지지물의 도괴 등의 경우에 그 전선이 다른 시설물에 접촉할 우려가 있는 상태를 말한다.
2. 제2차 접근상태란 가공 전선이 다른 시설물과 접근하는 경우에 그 가공 전선이 다른 시설물의 위쪽 또는 옆쪽에서 수평 거리로
   3m 미만인 곳에 시설되는 상태를 말한다.

33

정답 ③

나트륨의 원자량은 23이다.

> **나트륨의 물성**
> • 나트륨은 물에 넣으면 격렬하게 반응한다.
> • 나트륨의 불꽃 색상은 노란색이다.
> • 나트륨의 원자량은 23이다.
> • 나트륨의 원자번호는 11번이다.
> • 나트륨의 밀도는 $0.968g/cm^3$이다.
> • 나트륨의 전기음성도는 0.93이다.

34

EMS는 초기 설치비용이 많다.

에너지관리시스템(EMS; Energy Management System)
에너지관리시스템(EMS)은 정보통신(ICT) 기술과 제어 기술을 활용하여 상업용 빌딩, 공장, 주택, 사회 인프라(전력망, 교통망 등) 등을 대상으로 에너지 흐름과 사용의 시각화 및 최적화를 위한 통합 에너지관리 솔루션으로 정의된다.
EMS를 통해 전력 등 에너지 사용량과 생산량을 모니터링하고, 에너지의 합리적 사용을 위해 설비 및 기기의 제어, 태양광발전 등 신재생에너지나 에너지저장시스템(ESS)을 제어할 수 있다. 에너지관리시스템(EMS)은 적용 대상에 따라 빌딩 전용 BEMS(Building EMS), 공장 전용 FEMS(Factory EMS), 주택 전용 HEMS(Home EMS) 등으로 구분된다. 각각 적용 대상은 다르지만, 전력 등 에너지의 흐름에 대한 모니터링 기능과 설비·기기 등에 대한 제어 기능을 가지고 있다는 점은 모든 시스템의 공통사항이며, 에너지관리시스템(EMS)은 일반적으로 에너지정보시스템, 에너지제어시스템, 에너지관리 공통기반 시스템 등 3종류의 서브시스템으로 구성된다.

35

$$\text{grad } V = \left(\frac{\sigma}{\sigma x}i + \frac{\sigma}{\sigma y}j + \frac{\sigma}{\sigma z}k \right) V = -\frac{20}{(2^2+1^2)^2} \times (2i+j) = -\frac{4}{5}(2i+j)[\,V/\text{m}]$$

36

$$\text{div } E = \frac{\rho}{\epsilon_0} \text{에서 } \rho = \epsilon_0 \cdot \text{div } E = \epsilon_0 \left(\frac{\sigma E_x}{\sigma x} + \frac{\sigma E_y}{\sigma y} + \frac{\sigma E_z}{\sigma z} \right) = \epsilon_0 \left(\frac{\sigma}{\sigma x}\sin x \cdot e^{-y} + \frac{\sigma}{\sigma y}\cos x \cdot e^{-y} \right) = 0$$

37

반지름이 r이고, 표면적이 r^2인 구의 입체각은 $1sr$이다. 구의 표면적 $S=4\pi r^2$이므로, 구 전체의 입체각은 4π이다. 따라서 반원구의 입체각은 2π이다.

38

얇은 판면에 무수한 자기쌍극자의 집합을 이루고 있는 판상의 자석을 판자석(자기 2중층)이라 한다.

39

워드 레너드 제어방식은 MGM 제어방식으로서 정부하 시 사용하며, 광범위한 속도 제어가 가능하다.

직류전동기의 속도 제어법
• 전압 제어법 : 전동기의 외부단자에서 공급전압을 조절하여 속도를 제어하기 때문에 효율이 좋고 광범위한 속도 제어가 가능하다.
 − 워드 레너드 제어방식 : MGM 제어방식으로서 정부하 시 사용하며, 광범위한 속도 제어가 가능한 방식이다.
 − 일그너 제어방식 : MGM 제어방식으로서 부하변동이 심할 경우 사용하며, 플라이휠을 설치하여 속도를 제어하는 방식이다.
 − 직·병렬 제어방식 : 직·병렬 시 전압강하로 속도를 제어하며, 직권전동기에만 사용하는 방식이다.
• 저항 제어법 : 전기자 회로에 삽입한 기동저항으로 속도를 제어하는 방법이며, 부하전류에 의한 전압강하를 이용한 방법이다. 손실이 크기 때문에 거의 사용하지 않는다.
• 계자 제어법 : 계자저항 조절로 계자자속을 변화시켜 속도를 제어하는 방법이며, 계자저항에 흐르는 전류가 적기 때문에 전력손실이 적고 간단하지만 속도 제어범위가 좁다. 출력을 변화시키지 않고도 속도 제어를 할 수 있기 때문에 정출력 제어법이라 부른다.

40

정답 ①

변전소의 위치는 변전소 앞 절연구간에서 전기철도차량의 타행운행이 가능한 곳이어야 한다.

> **변전소 등의 계획(KEC 421.2)**
> • 전기철도 노선, 전기철도차량의 특성, 차량운행계획 및 철도망건설계획 등 부하특성과 연장급전 등을 고려하여 변전소 등의 용량을 결정하고, 급전계통을 구성하여야 한다.
> • 변전소의 위치는 가급적 수전선로의 길이가 최소화되도록 하며, 전력수급이 용이하고, 변전소 앞 절연구간에서 전기철도차량의 타행운행이 가능한 곳을 선정하여야 한다. 또한 기기와 시설 자재의 운반이 용이하고, 공해, 염해, 각종 재해의 영향이 적거나 없는 곳을 선정하여야 한다.
> • 변전설비는 설비운영과 안전성 확보를 위하여 원격 감시 및 제어방법과 유지보수 등을 고려하여야 한다.

41

정답 ④

소호리엑터 접지 방식의 공칭전압은 66kV이다. 송전선로인 154, 345, 765kV 선로는 중성점 직접 접지 방식을, 배전선로인 22.9kV 선로는 중성점 다중 접지 방식을 채택하여 사용하고 있으며, 소호리엑터 접지 방식은 66kV의 선로에서 사용된다.

42

정답 ①

언측법은 직접유량 측정 방법 중 하나로, 유량이 적은 하천에서 차단벽과 수위를 이용하여 측정하는 방법이다.

> **직접유량을 측정하는 방법**
> 유량의 측정에는 유속과 단면적의 양자를 측정하는 것이 일반적이지만, 직접유량을 측정할 수 있는 특수한 경우가 있다.
> • 염분법 : 식염수를 이용해 염분량을 측정하는 방법
> • 언측법 : 차단벽과 수위를 이용해 측정하는 방법
> • 수위 관측법 : 수위유량도와 양수표를 이용해 측정하는 방법

43

정답 ②

$$N = \frac{AE}{FUM} = \frac{10 \times 30 \times 300}{3,800 \times 0.5 \times 0.8} \fallingdotseq 59.2$$

따라서 60개의 형광등 기구가 필요하다.

44

정답 ⑤

$\mathcal{L}\left[af_1(t) \pm bf_2(t)\right] = aF_1(s) \pm bF_2(s)$에 의해서 $\mathcal{L}\left[\sin\omega t\right] = \dfrac{\omega}{s^2 + \omega^2}$, $\mathcal{L}\left[\cos\omega t\right] = \dfrac{s}{s^2 + \omega^2}$ 이므로

$$F(s) = \mathcal{L}\left[f(t)\right] = \mathcal{L}\left[\sin t\right] + \mathcal{L}\left[2\cos t\right] = \frac{1}{s^2 + 1^2} + 2 \times \frac{s}{s^2 + 1^2} = \frac{2s+1}{s^2+1} \text{ 이다.}$$

45

저항이 증가하기 전 슬립 $s = \dfrac{N_s - N}{N_S} = \dfrac{1,000 - 950}{1,000} = 0.05$

회전자속도 $N = 950$rpm

동기속도 $N_s = \dfrac{120f}{p} = \dfrac{120 \times 50}{6} = 1,000$rpm

$s_2 \propto r_2$ 이므로 2차 저항을 3배로 하면 슬립도 3배로 증가한다.

따라서 변화된 회전속도 $N = (1 - 3s)N_s = (1 - 3 \times 0.05) \times 1,000 = 850$rpm이다.

46

정답 ④

$AD - BC = 1$에서 어드미턴스를 계산한다.

$C = \dfrac{AD - 1}{B} = \dfrac{0.9 \times 0.7 - 1}{j190} \fallingdotseq j1.95 \times 10^{-3}$

03   ICT

47

정답 ③

(전파의 주파수)=(전파의 속도)÷(파장)이므로, 먼저 단위를 미터(m)로 통일하면 $3 \times 10^8 \div 1 \times 10^{-1}$ 이므로 주파수는 $3 \times 10^9 =$ 3GHz이다.

48

정답 ③

802.11ac 규격의 경우 점유 주파수 대역폭이 최대 160MHz에 이른다.

49

정답 ④

유선 네트워크는 프레임 충돌 검출을 전송매체상의 전위 변화로 쉽게 알아낼 수 있으나 무선 네트워크는 공기 중 전송매체이므로 충돌 감지가 거의 불가능하다는 단점을 가지고 있다. 따라서 단점을 보안하기 위해 다른 호스트가 데이터 송신 유·무를 판단한 후 단말기가 사용 중이라면 사용이 종료될 때까지 무작위 시간으로 대기하여 충돌을 회피하는 CSMA / CA 방식을 사용한다.

01	02	03	04	05	06	07	08	09	10	11	12	13	14	15	16	17	18	19	20
①	⑤	④	③	③	③	③	⑤	①	③	②	②	②	③	③	⑤	④	⑤	②	④

21	22	23	24	25	26	27	28	29	30	31	32	33	34						
①	①	①	③	④	④	①	②	④	①	⑤	②	④	③						

01 NCS

01
정답 ①

제3조 제6항에 따르면 당직 근무자는 근무 전 당직 근무 시작을 기록하는 것이 아니라 당직 근무가 끝난 후 총무부에 있는 당직 근무일지에 당직 근무 종료를 기록한 후 퇴근한다.

오답분석
② 제4조에서 확인할 수 있다.
③ 제3조 제5항에서 확인할 수 있다.
④ 제3조 제3항에서 확인할 수 있다.
⑤ 제6조에서 확인할 수 있다.

02
정답 ⑤

A씨가 근무한 날은 토요일이고 당직 근무를 하면 다음 날인 일요일에 근무를 마치게 된다. 제3조 제7항에 따르면 일요일은 공휴일이기 때문에 물품을 총무부에 반납하는 것이 아니라 다음 당직자에게 직접 전해 주어야 한다.

오답분석
① 제3조 제9항에서 확인할 수 있다.
② 제3조 제7항에서 확인할 수 있다.
③ 제3조 제2항에서 확인할 수 있다.
④ 제3조 제4항에서 확인할 수 있다.

03
정답 ④

• C : 내연기관차는 무게가 무겁기 때문에 가벼운 경차보다 연비가 떨어지는 모습을 보인다.
• E : 충·방전을 많이 하면 전지 용량이 감소하기 때문에 이를 개선하려는 연구가 이뤄지고 있다.

오답분석
• A : 가볍다는 특성이 리튬의 장점은 맞지만 양이온 중에서 가장 이동속도가 빠른 물질은 리튬이 아닌 수소이다.
• B : 리튬이온은 충전 과정을 통해 전지의 음극에 모이게 된다. 음극에서 양극으로 이동하는 것은 방전을 통해 발생한다.
• D : 테슬라 모델3 스탠더드 버전은 1kWh당 약 6.1km를 주행할 수 있으므로, 20kWh일 때 약 122km를 주행할 수 있다.

04

정답 ③

제시문은 리튬과 리튬이온전지를 예시와 함께 설명하고, 테슬라 모델3 스탠더드 버전을 통해 전기 에너지 개념을 설명하고 있다.

05

정답 ③

전력 데이터는 이미 수집되고 있으며, 전력 데이터 외에도 수도나 가스 등 다양한 이종 데이터가 융합될 것으로 기대되고 있다.

오답분석

① 1인 가구 안부 살핌 서비스는 전력 빅데이터와 통신데이터를 분석하여 고독사를 예방하는 인공지능 서비스이다.
② 1인 가구 안부 살핌 서비스는 오토 인코더 모델을 기반으로 설계되었으며, 평소와 다른 비정상적인 사용패턴이 모델에 입력되면 돌봄 대상의 안부에 이상이 있다고 판단하고 지자체 담당 공무원에게 경보 SMS를 발송하는 알고리즘을 가지고 있다.
④ 1인 가구 안부 살핌 서비스 실증사업이 광주광역시 광산구 우산동에서 실시되었기 때문에 그 지역 사람들이 처음으로 해당 서비스를 사용해 봤음을 알 수 있다.
⑤ 우산동의 관리 지역은 나이가 많고 혼자 사는 분들이 많아 고독사가 발생할 가능성이 크다고 한 내용으로 보아 1인 가구 안부 살핌 서비스의 주 대상은 독거노인층이다.

06

정답 ③

오로지 형식적 측면에서 보고 있으므로 미적 무관심성을 보이고 있다.

오답분석

①·④·⑤ 모두 대상 외의 가치가 들어간 예이다.
② '미적 무관심성'에서 나아간 '미적 무욕성'의 관점에서 사물을 바라보고 있다.

07

정답 ③

먼 바다에서 지진해일의 파고는 수십 cm 이하이지만 얕은 바다에서는 급격하게 높아진다.

오답분석

① 화산폭발로 인해 발생하는 건 맞지만 파장이 긴 파도를 지진해일이라 한다.
② 태평양에서 발생한 지진해일은 발생 하루 만에 발생지점에서 지구의 반대편까지 이동할 수 있다.
④ 지진해일이 해안가에 가까워질수록 파도가 강해지는 것은 맞지만, 속도는 시속 45 ~ 60km까지 느려진다.
⑤ 해안의 경사 역시 암초, 항만 등과 마찬가지로 지진해일을 변형시키는 요인이 된다.

08

정답 ⑤

얼렌 증후군 환자들은 사물이 흐릿해지면서 두세 개로 보이는 시각적 왜곡을 경험한다. 이에 따라 이들은 어두운 곳에서 책을 보고 싶어 하는 경우가 많다고 한 내용을 통해 밝은 곳에서 난독증 증상이 더 심해진다는 것을 확인할 수 있다.

오답분석

① 난독증은 지능에는 문제가 없으며, 단지 언어활동에만 문제가 있는 질환이기 때문에 지능에 문제가 있는 사람에게서 주로 나타난다고 보기 어렵다.
② 문자열을 전체로는 처리하지 못하고 하나씩 취급하여 전체 문맥을 이해하지 못하는 것 역시 난독증의 증상 중 하나이다.
③ 지능과 시각, 청각이 모두 정상임에도 난독증을 경험하는 경우가 있는 것으로 밝혀졌다.
④ 난독증의 원인 중 하나인 얼렌 증후군은 시신경 세포가 정상인보다 적은 경우에 발견되는데, 보통 유전의 영향을 많이 받는다.

09

지역별로 1인당 1일 폐기물 배출량을 정리하면 다음과 같다.

구분	1일 폐기물 배출량(톤)	인구수(명)	1인당 1일 폐기물 배출량
용산구	305.2	132,259	2.31kg/일
중구	413.7	394,679	1.05kg/일
종로구	339.9	240,665	1.41kg/일
서대문구	240.1	155,106	1.55kg/일
마포구	477.5	295,767	1.61kg/일

따라서 1인당 1일 폐기물 배출량이 가장 많은 구인 용산구(2.31kg/일)에 폐기물 처리장을 설치해야 한다.

10

폐기물 처리장이 설치되는 용산구에서 출발하여 1인당 1일 폐기물 배출량이 많은 지역을 순서대로 이동하면 용산구 → 마포구 → 서대문구 → 종로구 → 중구 → 용산구 순서이다. 따라서 폐기물 수집에 걸리는 최소시간은 100+80+50+60+50=340=5시간 40분이다.

11

가대리와 마대리의 진술이 서로 모순이므로, 둘 중 한 사람은 거짓을 말하고 있다.
ⅰ) 가대리의 진술이 거짓인 경우
   가대리의 말이 거짓이라면 나사원의 말도 거짓이 되고, 라사원의 말도 거짓이 되므로 모순이 된다.
ⅱ) 가대리의 진술이 진실인 경우
   가대리, 나사원, 라사원의 말이 진실이 되고, 다사원과 마대리의 말이 거짓이 된다.
• 진실
 − 가대리 : 가대리, 마대리 출근, 결근 사유 모름
 − 나사원 : 다사원 출근, 가대리의 진술은 진실
 − 라사원 : 나사원의 진술은 진실
• 거짓
 − 다사원 : 라사원 결근 → 라사원 출근
 − 마대리 : 라사원 결근, 라사원이 가대리에게 결근 사유 전함 → 라사원 출근, 가대리는 결근 사유를 듣지 못함
따라서 나사원이 출근하지 않았다.

12

분류코드에서 알 수 있는 정보를 순서대로 나열하면 다음과 같다.
• 발송코드 : c4(충청지역에서 발송)
• 배송코드 : 304(경북지역으로 배송)
• 보관코드 : HP(고가품)
• 운송코드 : 115(15톤 트럭으로 배송)
• 서비스코드 : 01(당일 배송 서비스 상품)
따라서 옳지 않은 것은 ②이다.

13
정답 ②

제품 A의 분류코드를 순서대로 나열하면 수도권인 경기도에서 발송되었으므로 a1, 울산지역으로 배송되므로 062, 냉동보관이 필요하므로 FZ, 5톤 트럭으로 운송되므로 105, 배송일을 7월 7일로 지정하였으므로 02가 연속되는 'a1062FZ10502'이다.

14
정답 ③

ㄱ. 유통 중인 농·수·축산물도 수거검사 대상임을 알 수 있다.
ㄴ. 수산물의 경우에도 총수은, 납 등과 함께 항생물질을 검사하고 있다.
ㄹ. 식품수거검사 결과 적발한 위해정보는 식품의약안전청 홈페이지에서 확인할 수 있다.

[오답분석]
ㄷ. 식품수거검사에는 월별 정기 검사와 수시 수거검사가 있다.

15
정답 ③

시차를 고려하여 회차별로 직원들의 접속시간을 정리하면 다음과 같다.

직원	위치	1회차 회의	2회차 회의	3회차 회의
A대리	서울지부	11:00	13:00	15:00
S대리	N지부	00:00	2:00	4:00
K주임	P지부	6:00	8:00	10:00

따라서 세 번째 화상회의에서 K주임이 접속해야 하는 시간은 10:00이다.

16
정답 ⑤

• 네 번째 요건에 따라 탄소배출량이 가장 많은 B는 제외한다.
• 발전기를 설치할 대지는 $1,500\text{m}^2$이며, 2대를 설치하므로 개당 필요면적은 750m^2 이하이어야 하므로 D는 제외된다.
• 마지막 요건에 따라 개당 중량이 3톤을 초과하는 A도 제외된다.
• 발전단가가 1,000kWh당 97,500원을 초과하지 않으려면, 에너지 발전단가가 97.5원/kWh 미만이어야 하므로 C도 제외된다.
따라서 후보 발전기 중 모든 요건을 충족시키는 발전기인 E가 설치된다.

17
정답 ④

ㄱ. 탐색형 문제는 현재의 상황을 개선하거나 효율을 높이기 위한 문제이다. 눈에 보이지 않는 문제로, 이를 방치하면 뒤에 큰 손실이 따르거나 결국 해결할 수 없는 문제로 확대되기도 한다.
ㄴ. 발생형 문제는 우리 눈앞에 발생되어 당장 걱정하고 해결하기 위해 고민하는 문제이다. 눈에 보이는 이미 일어난 문제로, 어떤 기준을 일탈함으로써 생기는 일탈 문제와 기준에 미달하여 생기는 미달 문제로 대변되며 원상복귀가 필요하다.
ㄷ. 설정형 문제는 미래상황에 대응하는 장래 경영전략의 문제로 '앞으로 어떻게 할 것인가'에 대한 문제이다. 지금까지 해오던 것과 전혀 관계없이 미래 지향적으로 새로운 과제 또는 목표를 설정함에 따라 일어나는 문제로, 목표 지향적 문제이기도 하다.

18

정답 ⑤

요일별로 직원들의 당직 근무 일정을 정리하면 다음과 같다.

구분	월요일	화요일	수요일	목요일	금요일	토요일	일요일
낮	가, 나, 마	나, 다	다, 마	아, 자	바, 자	라, 사, 차	바
야간	라	마, 바, 아, 자	가, 나, 라, 바, 사	가, 사, 차	나, 다, 아	마, 자	다, 차

일정표를 보면 일요일 낮에 한 명, 월요일 야간에 한 명이 필요하고, 수요일 야간에 한 명이 빠져야 한다. 따라서 '가, 나, 라, 바, 사' 중 한 명이 일정을 옮겨야 한다. 이때 세 번째 당직 근무 규칙에 따라 같은 날에 낮과 야간 당직 근무는 함께 설 수 없으므로 월요일에 근무하는 '가, 나, 라, 마'와 일요일에 근무하는 '다, 바, 차'는 제외된다. 따라서 '사'의 당직 근무 일정을 변경하여 일요일 낮과 월요일 야간에 당직 근무를 서게 해야 한다.

19

정답 ②

- 예상 수입 : $40,000 \times 50 = 2,000,000$원
- 공연 준비비 : $500,000$원
- 공연장 대여비 : $6 \times 200,000 \times 0.9 = 1,080,000$원
- 소품 대여비 : $50,000 \times 3 \times 0.96 = 144,000$원
- 보조진행요원 고용비 : $50,000 \times 4 \times 0.88 = 176,000$원
- 총비용 : $500,000 + 1,080,000 + 144,000 + 176,000 = 1,900,000$원

총비용이 150만 원 이상이므로 공연 준비비의 10%인 50,000원이 할인된다. 따라서 할인이 적용된 총비용은 $1,900,000 - 50,000 = 1,850,000$원이다.

20

정답 ④

K대리의 이동경로는 다음과 같다.
본사 – 나주역 – 대구역 – S호텔 – 대구 본부 – 대구역 – 광주역 – T호텔 – 광주 본부 – 광주역 – 나주역 – 본사
이때 이동단계별 철도 요금 및 택시비를 계산하면 다음과 같다.
$7,900 + 42,000 + 4,300 + 4,900 + 4,300 + 37,100 + 6,500 + 5,700 + 5,400 + 43,000 + 7,900 = 169,000$원
숙박비를 계산하면 다음과 같다.
$75,500 + 59,400 = 134,900$원
따라서 교통비와 숙박비를 합산한 총경비는 $169,000 + 134,900 = 303,900$원이다.

21

정답 ①

[E2:E7]은 평균점수를 소수점 둘째 자리에서 반올림한 값이다. 따라서 [E2] 셀에 「=ROUND(D2,1)」를 넣고 채우기 핸들을 사용하면 그림과 같은 값을 구할 수 있다.

[오답분석]
② INT 함수는 정수부분을 제외한 소수부분을 모두 버림하는 함수이다.
③ TRUNC 함수는 원하는 자리 수에서 버림하는 함수이다.
④ COUNTIF 함수는 조건에 맞는 셀의 개수를 구하는 함수이다.
⑤ ABS 함수는 절댓값을 구하는 함수이다.

22

제시된 상황은 파이썬의 꼬꼬마 형태소 분석기를 사용하여 문장을 최소 의미 단위인 형태소로 분절한 것이다.

[오답분석]

② 구문 분석은 문장구조를 문법적으로 분석하는 과정이다.
③ 의미 분석은 문법을 넘어 문장이 내포하는 의미를 해석하는 과정이다.
④ 특성 추출은 자연어처리 과정에 해당되지 않는다.
⑤ 단어 분석은 자연어처리 과정에 해당되지 않는다.

23

정답 ①

kks.insert(1, '다')는 리스트 kks의 첫 번째 요소 위치에 '다'를 삽입하라는 뜻이다.
['두', '다', '바', '퀴', '로', '가', '는', '자', '동', '차']
del kks[3]는 리스트 kks의 세 번째 요소를 제거하라는 뜻이다.
['두', '다', '바', '로', '가', '는', '자', '동', '차']
print(kks[4], kks[6]) 리스트 kks의 네 번째, 여섯 번째 요소를 출력하라는 뜻이다.
따라서 실행결과는 '가 자'이다.

02 전기

24

정답 ③

전압의 구분

구분	교류(AC)	직류(DC)
저압	1kV 이하	1.5kV 이하
고압	1kV 초과 7kV 이하	1.5kV 초과 7kV 이하
특고압	7kV 초과	

25

정답 ④

유도 전동기 회전수가 $N=(1-s)N_s=(1-0.03)\times N_s=1,164$rpm이면, 동기 회전수 $N_s=\dfrac{1,164}{0.97}=1,200$rpm이다.

따라서 동기 회전수 $N_s=\dfrac{120f}{P}=\dfrac{120\times90}{P}=1,200$rpm에서 극수를 구하면 $P=\dfrac{120\times90}{1,200}=9$극이다.

26

정답 ④

고압 및 특고압 전로 중의 과전류차단기의 시설(KEC 341.10)

과전류차단기로 시설하는 퓨즈

• 포장 퓨즈 : 정격전류의 1.3배의 전류에 견디고, 2배의 전류로 120분 안에 용단되는 것이어야 한다.
• 비포장 퓨즈 : 정격전류의 1.25배의 전류에 견디고, 2배의 전류로 2분 안에 용단되는 것이어야 한다.

27

3상 차단기의 정격차단용량(P_s)

$P_s = \sqrt{3} \times V \times I_s$[MVA] ($V$: 정격전압, I_s : 정격차단전류)

28

연가(Transposition)는 3상 3선식 선로에서 선로정수의 평형을 위해 길이를 3등분하여 각 도체의 배치를 변경하는 것으로, 이를 하지 않으면 인덕턴스와 정전용량 등이 불평형상태가 된다.

29

피뢰기는 선로, 전기기기 등을 이상전압으로부터 보호하기 위해 설치하는 것으로, 제한전압 및 충격방전 개시전압이 낮아야 한다.

30

ACB(Air Circuit Breaker : 기중차단기)는 대기 중에서 아크를 길게 해서 소호실에서 냉각 차단한다.

[오답분석]
② OCB(Oil Circuit Breaker : 유입차단기) : 기름 속에 있는 차단기이다.
③ VCB(Vacuum Circuit Breaker : 진공차단기) : 진공 소호 방식의 차단기이다.
④ MCB(Magnetic Blow Out Circuit Breaker : 자기차단기) : 대기 중의 전자력을 이용하여 아크를 소호실 내로 유도하여 차단한다.
⑤ GCB(Gas Circuit Breaker : 가스차단기) : 특수가스를 흡수해서 차단한다.

31

PT는 2차 정격(110V) 점검 시 2차측을 개방하고, CT는 2차 정격(5A) 점검 시 2차측을 단락한다.

[오답분석]
① 일반적으로 2차측 정격전류는 5A이다.
② 계기용 변압기는 PT이다. CT는 변류기이다.
③ 대전류의 교류회로에서 전류를 취급하기 쉬운 크기로 변환한다.
④ PT는 과전류를 방지하고, CT는 과전압을 방지한다.

32

인덕턴스(Inductance)는 회로에 흐르는 전류의 변화로 인해 전자기유도가 발생하게 되는데, 이로 인해 생기는 역기전력의 비율을 말하는 것이다. 인덕턴스가 증가할수록 굵기는 감소하고, 간격은 증가하게 된다.

33

투자율이 증가하면 침투 깊이는 감소한다.

34

인버터는 직류를 교류로 변환하는 장치로, 역변환장치라고도 불린다.

01	02	03	04	05	06	07	08	09	10	11	12	13	14	15	16	17	18	19	20
①	⑤	①	①	④	③	④	⑤	②	①	③	④	④	③	①	④	②	⑤	①	②

21	22	23
③	④	①

01   NCS

01
정답 ①

보행 동선의 분기점에 설치하는 것은 점형 블록이며, 선형 블록은 보행 동선의 분기점에 설치된 점형 블록과 연계하여 목적 방향으로 설치한다.

02
정답 ⑤

홍보팀장의 요청에 따라 인지도가 높으면서도 자사와 연관될 수 있는 캐릭터를 활용하여 홍보 전략을 세워야 하므로 대중적으로 저금통의 이미지를 상징하는 돼지 캐릭터와 자사의 마스코트인 소를 캐릭터로 함께 사용하는 홍보 방안인 ⑤가 가장 적절하다.

03
정답 ①

ㄴ. 회색 티셔츠를 추가로 50벌을 서울 공장에서 2020년 1월 24일에 생산하였다. → OTGR – 200124 – 475ccc
　　따라서 ①에서 'OP'를 'OT'로 수정해야 한다.

오답분석

ㄱ. 2019년 12월 4일에 붉은색 스커트를 창원 공장에서 120장 생산하였다. → OHRD – 191204 – 753aaa
ㄷ. 흰색 청바지를 전주 공장에서 265벌을 납품일(2020년 7월 23일) 전날에 생산하였다. 납품일 전날에 생산하였으므로 생산날짜는 2020년 7월 22일이다. → OJWH – 200722 – 935baa
ㄹ. 티셔츠와 스커트를 노란색으로 178벌씩 수원 공장에서 2020년 4월 30일에 생산했다. → 티셔츠 : OTYL – 200430 – 869aab, 스커트 : OHYL – 200430 – 869aab
ㅁ. 생산날짜가 2019년 7월 5일인 푸른색 원피스는 창원 공장에서 227벌 생산되었다. → OPBL – 190705 – 753aba

04
정답 ①

스틱형 커피는 최근 다양한 유형으로 출시되고 있으며, 인스턴트 커피는 로스팅 커피에 비해 저렴한 가격을 무기로 성장세를 이어가고 있다. 따라서 차별화된 프리미엄 상품을 스틱형으로 출시한다는 마케팅 전략은 적절하지 않다.

05

전분작물인 보리, 옥수수 등은 당화와 알콜발효의 공정을 거쳐 에탄올(바이오알콜)로 변환된다. 메탄올 연료는 섬유소식물체(나무, 볏짚 등)에서 얻을 수 있다.

오답분석

① 바이오에너지는 동·식물의 에너지를 이용하여 자연환경을 깨끗하게 유지할 수 있다.
② 바이오에너지 원리 및 구조에서 과열 증기(열에너지)로 터빈 발전기를 가동(운동에너지)시켜 전력을 생산(전기에너지)하는 과정을 확인할 수 있다.
③ 바이오에너지 변환 시스템에 따르면 섬유소식물체인 나무, 볏짚 등을 이용하여 '바이오알콜(에탄올), 메탄올, 열, 전기'를 얻을 수 있다.
⑤ 바이오에너지 원리 및 구조의 '잔열의 재사용'을 통해 터빈과 발전기 가동 시 증기의 일부가 급수의 가열에 재사용함을 알 수 있다.

06

나무(섬유소식물체) – 가스화(8점) – 합성가스 – 보일러(2점) – 열 : $(8 \times 5) + (2 \times 3) = 46$만 원

오답분석

① 옥수수(전분작물) – 당화(9점) – 당분 – 알콜발효(3점) – 바이오알콜(에탄올) : $(9 \times 5) + (3 \times 3) = 54$만 원
② 유채(유지작물) – 추출(4점) – 채종유 – 에스테르화(5점) – 바이오디젤(에스테르) : $(4 \times 4) + (5 \times 4) = 36$만 원
④ 음식물쓰레기(유기성폐기물) – 혐기발효(6점) – 메탄가스 – 가스 : $6 \times 4 = 24$만 원
⑤ 볏짚(섬유소식물체) – 효소당화(7점) – 당분 – 알콜발효(3점) – 바이오알콜(에탄올) : $(7 \times 4) + (3 \times 3) = 37$만 원

07

a라는 변수에 0을 저장한다. range 함수는 'range(start, stop, step)'로 표시되기 때문에 'range(1, 11, 2)'를 입력하면 1부터 10까지의 생성된 수를 2씩 증가시켜 합을 출력한다(range 함수의 2번째 파라미터는 출력되지 않는 값이다).
따라서 누적된 a의 값인 25가 출력된다.

08

상품이 '하모니카'인 매출액의 평균을 구해야 하므로 AVERAGEIF 함수를 사용해야 한다. 「=AVERAGEIF(계산할 셀의 범위, 평균을 구할 셀의 정의, 평균을 구하는 셀)」로 표시되기 때문에 「=AVERAGEIF(B2:B9,"하모니카",E2:E9)」를 입력해야 한다.

09
정답 ②

수지식(가지식)은 전압 변동이 크고 정전 범위가 넓다.

[오답분석]
① 환상식(루프)은 전류 통로에 대한 융통성이 있어 전압 강하 및 전력 손실이 수지식보다 적다.
③ 뱅킹식은 전압 강하 및 전력 손실, 플리커 현상 등을 감소시킨다.
④ · ⑤ 망상식(네트워크)은 무정전 공급이 가능하나, 네트워크 변압기나 네트워크 프로텍터 설치에 따른 설비비가 비싸다. 대형 빌딩가와 같은 고밀도 부하 밀집 지역에 적합한 방식이다.

10
정답 ①

지선에 연선을 사용할 경우 3가닥 이상의 연선을 사용해야 한다.

[오답분석]
② 안전율은 2.5 이상이어야 하며 목주나 A종은 1.5 이상이어야 한다.
③ 인장 하중은 4.31kN 이상으로 해야 한다.
④ 철주 또는 철근콘트리트주는 지선을 사용하지 않는다.
⑤ 아연도금철봉은 지중 부분 및 지표상 30cm까지 사용한다.

11
정답 ③

침투 깊이는 주파수, 도전율, 투자율에 반비례하며, 침투 깊이가 작을수록 전류가 도선 표피에 많이 흐르고, 표피 효과가 커진다.

12
정답 ④

동기전동기는 원동기의 조속기 감도가 지나치게 예민하거나 원동기의 토크에 고조파 토크가 포함되는 경우 난조가 발생한다. 난조 발생에 대한 대책으로는 제동권선 설치, 플라이휠 부착 등이 있다.

동기전동기의 장단점

• 장점	• 단점
– 속도가 일정하다.	– 기동 시 토크를 얻기 어렵다.
– 역률이 좋다.	– 수조가 복잡하다.
– 효율이 좋다.	– 난조가 일어나기 쉽다.
– 출력이 크다.	– 가격이 고가이다.
– 공극이 크다.	– 직류전원 설비가 필요하다.

13
정답 ④

제1종 접지공사는 전극식 온천용 승온기, 피뢰기 등에 가능하다.

[오답분석]
① · ② 제3종 접지공사가 가능하다.
③ · ⑤ 제2종 접지공사가 가능하다.

14

오답분석

① 볼타 효과 : 상이한 두 종류의 금속을 접촉시킨 후 떼어놓으면 각각 정(＋) 및 부(－)로 대전하는 현상이다.
② 제벡 효과 : 두 종류의 금속을 고리 모양으로 연결하고 한쪽 접점을 고온, 다른 쪽을 저온으로 했을 때 그 회로에 전류가 생기는 현상이다.
④ 표피 효과 : 도체에 고주파 전류를 흐르게 할 때 전류가 도체의 표면 부근만을 흐르는 현상이다.
⑤ 펠티에 효과 : 금속을 접속해 전류가 흐를 때 접합부에서 열이 발생하거나 흡수가 일어나는 열전현상이다.

15

정답 ①

선택 지락 계전기는 비대지 계통의 배전선 지락 사고에서 계전기 설치 지점에 나타나는 영상 전압과 영상 지락 고장 전류를 검출하여 사고 회선만을 선택적으로 차단하는 방향성 계전기이다.

오답분석

② 거리 계전기 : 전압과 전류의 비가 일정한 값 이하일 때 작동하는 계전기이다.
③ 차동 계전기 : 보호해야 할 구간에 유입하는 전류와 유출하는 전류의 벡터 차이를 통해 구간 내의 사고를 감지하여 동작하는 계전기이다.
④ 부족 전압 계전기 : 전원 전압이 설정된 한계값 이하로 떨어질 때 열리면서 전동기를 저전압으로부터 보호하는 조종 계전기이다.
⑤ 지락 계전기 : 계통의 지락 고장을 검출하여 응답할 수 있도록 설계 및 사용되는 계전기이다.

03 ICT

16

정답 ④

변조란 낮은 주파수 대역의 정보 신호를 먼 곳으로 전송하기 위하여 높은 주파수 대역으로 옮기는 조작을 말한다. 변조를 통해 얻게 되는 효과로는 잡음 및 간섭의 감소를 통한 전송 품질의 향상, 다중화의 기능, 전송 효율의 향상, 안테나에서의 복사의 용이함, 송·수신용 안테나 길이의 축소 등이 있다.

무선 송신 시스템에서 변조를 하는 이유
• 복사를 용이하게 하기 위해서
• 주파수 할당과 다중분할을 하기 위해서
• 잡음과 간섭을 줄이기 위해서

17

정답 ②

DSU(Digital Service Unit)는 디지털 전송 회선에 설치되어 디지털 신호를 전송하기 적합한 형태로 바꾸어 준다.

오답분석

① 리피터(Repeater) : 통신 시스템의 중간에서 약해진 신호를 받아 증폭하여 재송신하거나 찌그러진 신호의 파형을 정형하는 중계 장치이다.
③ 통신 제어 장치 : 컴퓨터 시스템과 모뎀 사이에 설치되어 컴퓨터와 데이터 통신망 사이에 데이터를 전송할 수 있는 통로를 만드는 장치이다.
④ 변복조기 : 데이터 통신을 위해 컴퓨터나 단말기 등의 통신 기기를 통신 회선에 접속시키는 장치이다.
⑤ 라우터(Router) : 서로 다른 네트워크를 연결해 주는 장치이다.

18
정답 ⑤

블루투스는 블루투스를 켜 놓은 상태에서 해킹이 쉽다는 보안상의 문제점이 있다.

오답분석

① 주로 10m 안팎의 근거리 무선 통신 기술이다.
② ISM(Industrial Scientific and Medical) 주파수 대역인 2,400 ~ 2,483.5MHz를 사용한다.
③ 시스템 간 전파 간섭을 방지하기 위해 주파수 호핑(Frequency Hopping) 방식을 사용한다.
④ 마스터 기기가 생성하는 주파수 호핑에 슬레이브 기기를 동기화시키지 못하면 두 기기 간 통신이 이루어지지 않는다.

19
정답 ①

스피어 피싱은 특정한 개인이나 회사를 대상으로 한 피싱(Phishing) 공격으로, 공격 성공률을 높이기 위해 공격 대상에 대한 정보를 수집하고, 이를 분석하여 피싱 공격을 수행한다.

오답분석

② 스파이웨어(Spyware)에 대한 설명이다.
③ 키로거 공격(Key Logger Attack)에 대한 설명이다.
④ 스푸핑(Spoofing)에 대한 설명이다.
⑤ 스니핑(Sniffing)에 대한 설명이다.

20
정답 ②

패치는 프로그램의 일부를 빠르게 고치는 일로, 소프트웨어가 발매된 이후 버그 등이 나타났을 때 사용자에게 제공하는 해결책이다.

오답분석

① 크랙(Crack)에 대한 설명이다.
③ 치트(Cheat)에 대한 설명이다.
④ 디바이스(Device)에 대한 설명이다.
⑤ 업그레이드(Upgrade)에 대한 설명이다.

21
정답 ③

어떤 릴레이션 R이 2NF이고, 키가 아닌 모든 속성들이 비이행적으로 기본 키에 종속되어 있을 때 릴레이션은 제3정규형에 속한다.

22
정답 ④

관계 대수의 연산자는 크게 일반 집합 연산자와 순수 관계 연산자로 구분된다. 일반 집합 연산자에는 합집합, 교집합, 차집합, 카티션 프로덕트가 있으며, 순수 관계 연산자에는 셀렉트(Select), 조인(Join), 프로젝트(Project), 디비전(Division)이 있다.

23
정답 ①

개체 무결성(Entity Integrity)은 한 릴레이션의 기본 키를 구성하는 어떠한 속성 값도 널(Null) 값이나 중복 값을 가질 수 없다(정확성 유지)는 것을 의미한다. 또한, 하나의 릴레이션으로 삽입되거나 변경되는 튜플들에 대하여 정확한 값을 유지하는 성질로, 하나의 릴레이션에 있는 튜플은 중복된 튜플이 있어서는 안 된다.

PART 2

직무능력검사

대표기출유형 01 기출응용문제

01
정답 ③

용융 탄산염형 연료전지는 고온에서 고가의 촉매제가 필요하지 않고, 열병합에 용이한 덕분에 발전 사업용으로 활용할 수 있다. 또한 고체 산화물형 연료전지는 800 ~ 1,000℃의 고온에서 작동하여 발전 시설로서 가치가 크다. 따라서 발전용으로 적절한 연료전지는 용융 탄산염형 연료전지와 고체 산화물형 연료전지이다.

오답분석

① 알칼리형 연료전지는 연료나 촉매에서 발생하는 이산화탄소를 잘 버티지 못한다는 단점 때문에 1960년대부터 우주선에 주로 사용해 왔다.
② 인산형 연료전지는 진한 인산을 전해질로, 백금을 촉매로 사용한다.
④ 고체 산화물형 연료전지는 전해질을 투입하지 않는 것이 아니라, 전해질이 고체 세라믹이어서 전지의 부식 문제를 보완한 형태이다.
⑤ 고분자 전해질형 연료전지는 수소에 일산화탄소가 조금이라도 들어갈 경우 백금과 루테늄의 합금을 촉매로 사용한다.

02
정답 ①

제시문에 따르면 스마트시티 전략은 정보통신기술을 적극적으로 활용하여 도시의 혁신을 이끌고 도시 문제를 해결하는 것으로 볼 수 있다. ①은 물리적 기반시설 확대의 경우로, 정보통신기술의 활용과는 거리가 멀다.

03
정답 ④

제시문은 분자 상태의 수소와 산소가 결합하여 물이 되는 과정을 설명하고 있다. 수소 분자와 산소 분자가 원자로 분해되고, 분해된 산소 원자 하나와 수소 원자 하나가 결합하여 물이라는 화합물이 생성된다고 했으므로 산소 분자와 수소 분자가 각각 물(H_2O)이라는 새로운 화합물이 되는 것은 아니다.

04
정답 ⑤

제시문에서 치명적인 이빨이나 발톱을 가진 동물들은 살상 능력이 크기 때문에 자신의 종에 대한 공격을 제어할 억제 메커니즘이 필요했고, 그것이 진화의 과정에 반영되었다고 했으므로 ⑤는 적절한 내용이다.

오답분석

①·② 인간은 신체적으로 미약한 힘을 지녔기 때문에 자신의 힘만으로 자기 종을 죽인다는 것이 어려웠을 뿐 공격성은 학습이나 지능과 관계가 없다.
③ 인간은 진화가 아니라 기술의 발달로 살상 능력을 지니게 되었다.
④ 인간의 공격적인 본능은 긍정적인 측면과 부정적인 측면을 모두 포함해서 오늘날 인류를 있게 한 중요한 요소이다.

01

정답 ①

제시문은 위성영상지도 서비스인 구글어스로 건조지대에도 숲이 존재한다는 사실을 발견했다는 내용의 글이다. 첫 문단에서 구글어스가 세계 환경의 보안관 역할을 톡톡히 하고 있다고 하였으므로, 제목으로는 ①이 가장 적절하다.

02

정답 ④

제시문에서는 '장애인 편의 시설에 대한 새로운 시각'이 필요하다고 밝히고, 장애인 편의 시설이 '우리 모두에게 유용함'을 강조하고 있다. 또한 마지막 문단에서 보편적 디자인의 시각으로 바라볼 때 '장애인 편의 시설은 우리 모두에게 편리하고 안전한 시설로 인식될 것'이라고 하였다. 따라서 제시문의 주제로 가장 적절한 것은 ④이다.

03

정답 ②

제시문에 따르면 구비문학에서는 단일한 작품, 원본이라는 개념이 성립하기 어렵다. 따라서 선창자의 재간과 그때그때의 분위기에 따라 새롭게 변형되거나 창작되는 일이 흔하다. 다시 말해 정해진 틀이 있다기보다는 상황이나 분위기에 따라 바뀌는 것이 가능하다. 유동성이란, 형편이나 때에 따라 변화될 수 있음을 뜻하는 말이다. 따라서 제시문의 제목으로 '구비문학의 유동성'이 가장 적절하다.

04

정답 ②

제시문은 유류세 상승으로 인해 발생하는 장점들을 열거함으로써 유류세 인상을 정당화하고 있다. 따라서 글의 주제로 가장 적절한 것은 ②이다.

01

정답 ④

제시문은 효율적 제품 생산을 위한 한 방법인 제품별 배치 방법의 장단점에 대한 내용의 글이다. 따라서 (다) 효율적 제품 생산을 위해 필요한 생산 설비의 효율적 배치 → (라) 효율적 배치의 한 방법인 제품별 배치 방식 → (가) 제품별 배치 방식의 장점 → (나) 제품별 배치 방식의 단점의 순서로 나열해야 한다.

02

정답 ①

제시문은 농약과 제초제의 위험성에 대해 설명하고 있다. 따라서 (가) 친환경 농업은 건강과 직결되어 있기 때문에 각광받고 있음 → (나) 병충해를 막기 위해 사용된 농약은 완전히 제거하기 어려우며 신체에 각종 손상을 입힘 → (다) 생산량 증가를 위해 사용한 농약과 제초제가 오히려 인체에 해를 입힐 수 있음의 순서로 나열해야 한다.

03

정답 ③

제시된 문단에서 담배가 약초가 아님을 밝히고 있으므로 바로 다음에 이어질 내용으로는 담배의 유해성에 대해 설명한 (라)가 와야 하며, 담배의 유해성을 뒷받침할 수 있는 J공사의 연구 결과인 (가)가 두 번째로 이어져야 한다. 또한 (다)의 '이와 같은 담배의 유해성'은 앞서 언급한 (라)와 (가)의 내용을 가리키는 것이므로 다음으로 (다)가 와야 하며, (다)에서 설명한 담배회사와의 소송에 대한 내용이 (나)에서 이어지고 있으므로 (나)가 마지막에 와야 한다. 따라서 (라) - (가) - (다) - (나) 순서로 나열해야 한다.

04

정답 ⑤

제시문은 셰익스피어의 작품 『맥베스』에 나타난 비극의 요소를 설명하는 글이다. 주어진 단락의 마지막 문장을 통해 『맥베스』가 처음으로 언급되고 있으므로, 이어질 내용은 『맥베스』라는 작품에 대한 설명이 오는 것이 적절하다. 따라서 (다) 『맥베스』의 기본적인 줄거리 → (나) 『맥베스』의 전개 특징 → (라) 『맥베스』가 인간의 내면 변화를 집중적으로 다루는 이유 → (가) 『맥베스』에 대한 일반적인 평가의 순서로 나열해야 한다.

대표기출유형 04   기출응용문제

01

정답 ③

③은 교환되는 내용이 양과 질의 측면에서 정확히 대등하지 않기 때문에 비대칭적 상호주의의 예시이다.

02

정답 ⑤

ㄴ. 시장적 의사 결정 과정은 항상 모든 당사자의 완전 합의에 의해서 거래가 이루어지므로 적절한 내용이다.
ㄷ. 정치적 의사 결정 과정에서는 다수결에 따라 의사가 결정되며, 반대의 의견을 가진 소수도 결정이 이루어진 뒤에는 그 결정에 따라야 한다. 따라서 소수의 의견이 무시될 수 있다는 문제점이 있다.

오답분석

ㄱ. 시장적 의사 결정에서는 경제력과 비례하여 차별적인 결정권을 가지지만, 정치적 의사 결정에서는 경제력과 관계없이 똑같은 정도의 결정권을 가지므로 적절하지 않다.

03

정답 ⑤

보기에 제시된 C형 간염 바이러스는 사람에 따라 증세가 나타나거나 나타나지 않기도 하고, 나중에 나타나기도 하므로 만성감염에 해당하는 것을 알 수 있다. 따라서 C형 간염 바이러스에 감염된 사람은 감염성 바이러스가 숙주로부터 계속 배출되어 증세와 상관없이 항상 다른 사람에게 옮길 수 있다.

오답분석

① 만성감염은 감염성 바이러스가 항상 검출되는 감염 상태이므로 적절하지 않다.
② 증상이 사라졌다가 특정 조건에서 다시 바이러스가 재활성화되는 것은 잠복감염에 대한 설명이므로 적절하지 않다.
③ 반드시 특정 질병을 유발한다는 것은 지연감염에 대한 설명이므로 적절하지 않다.
④ 프로바이러스는 잠복감염 상태의 바이러스를 의미하므로 적절하지 않다.

대표기출유형 05   기출응용문제

01

정답 ①

- 첫 번째 빈칸 : 공간 정보가 정보 통신 기술의 발전으로 시간에 따른 변화를 반영할 수 있게 되었다는 빈칸 뒤의 내용을 통해 빈칸에는 시간에 따른 공간의 변화를 포함한 공간 정보를 이용할 수 있게 되면서 '최적의 경로 탐색'이 가능해졌다는 내용의 ㉠이 적절하다.
- 두 번째 빈칸 : ㉡은 빈칸 앞 문장의 '탑승할 버스 정류장의 위치, 다양한 버스 노선, 최단 시간 등을 분석하여 제공하는' 지리정보 시스템이 '더 나아가' 제공하는 정보에 대해 이야기한다. 따라서 빈칸에는 ㉡이 적절하다.
- 세 번째 빈칸 : 빈칸 뒤의 내용에서는 공간 정보가 활용되고 있는 다양한 분야와 앞으로 활용될 수 있는 분야를 이야기하고 있으므로 빈칸에는 공간 정보의 활용 범위가 계속 확대되고 있다는 ㉢이 적절하다.

02

정답 ②

제시문을 통해 조선 시대 금속활자는 왕실의 위엄과 권위를 상징하는 것임을 알 수 있다. 특히 정조는 왕실의 위엄을 나타내기 위한 을묘원행을 기념하는 의궤 인쇄를 정리자로 인쇄하고, 화성 행차의 의미를 부각하기 위해 그 해의 방목만을 정리자로 간행했다. 이를 통해 정리자는 정조가 가장 중시한 금속활자였다는 것을 알 수 있다. 따라서 빈칸에 들어갈 내용으로 가장 적절한 것은 ②이다.

03

정답 ①

빈칸의 다음 문장에서 '외래어가 넘쳐나는 것은 그간 우리나라의 고도성장과 절대 무관하지 않다.'라고 했다. 즉, '사회의 성장과 외래어의 증가는 관계가 있다.'는 의미이므로 빈칸에 들어갈 내용으로는 이를 포함하는 일반적 진술인 ①이 가장 적절하다.

04

정답 ③

제시문에서 '이러한 작업'이 구체화된 바로 앞 문장을 보면 빈칸은 부분적 관점의 과학적 지식과 기술을, 포괄적인 관점의 예술적 세계관을 바탕으로 이해하는 작업이므로 빈칸에 들어갈 내용으로는 '과학의 예술화'가 가장 적절하다.

대표기출유형 06 　기출응용문제

01

정답 ④

'먹고 난 뒤의 그릇을 씻어 정리하는 일'을 뜻하는 어휘는 '설거지'이다.

오답분석

① ~로서 : 지위나 신분 또는 자격을 나타내는 격조사
② 왠지 : 왜 그런지 모르게. 또는 뚜렷한 이유도 없이
③ 드러나다 : 가려져 있거나 보이지 않던 것이 보이게 됨
⑤ 밑동 : 긴 물건의 맨 아랫동아리

02

정답 ②

②의 '고치다'는 '고장이 나거나 못 쓰게 된 물건을 손질하여 제대로 되게 하다.'라는 의미이다. 나머지 ①·③·④·⑤는 '잘못되거나 틀린 것을 바로 잡다.'라는 의미이다.

03

정답 ⑤

• 체청(諦聽) : 주의하여 자세하게 듣다.

오답분석

① 순응(順應) : 환경이나 변화에 적응하여 익숙하여지거나 체계, 명령 따위에 적응하여 따르다.
② 순종(順從) : 다른 사람, 특히 윗사람의 말이나 의견 따위에 순순히 따르다.
③ 복종(服從) : 남의 명령이나 의사를 그대로 따라서 좇다.
④ 맹종(盲從) : 옳고 그름을 가리지 않고 남이 시키는 대로 덮어놓고 따르다.

CHAPTER

02 수리능력

대표기출유형 01 기출응용문제

01

정답 ①

정주가 걸어서 간 시간을 x분이라고 하면, 자전거를 타고 간 시간은 $(30-x)$분이고, 이를 식으로 정리하면 다음과 같다.

$150(30-x)+50x=4,000$

→ $100x=500$

∴ $x=5$

따라서 정주가 걸어서 간 시간은 5분이다.

02

정답 ④

처음 A그릇에 들어 있는 소금의 양은 $\frac{6}{100} \times 300=18$g이고, 처음 B그릇에 들어 있는 소금의 양은 $\frac{8}{100} \times 300=24$g이다.

A그릇에서 소금물 100g을 퍼서 B그릇에 옮겨 담으면 옮겨진 소금의 양은 $\frac{6}{100} \times 100=6$g이다.

따라서 B그릇에 들어 있는 소금물은 400g, 소금의 양은 $24+6=30$g이고, 농도는 $\frac{24+6}{300+100}=\frac{30}{400}$이다.

다시 B그릇에서 소금물 80g을 퍼서 A그릇에 옮겨 담을 때 옮겨진 소금의 양은 $\frac{30}{400} \times 80=6$g이다.

따라서 A그릇에는 소금물이 280g 들어 있고, 소금의 양은 $12+6=18$g이므로 농도는 $\frac{18}{280} \times 100 ≒ 6.4\%$이다.

03

정답 ⑤

둘레의 길이가 20cm이고, 넓이가 24cm^{2}이므로 식을 정리하면 다음과 같다.

$2(x+y)=20$ → $x+y=10 \cdots$ ㉠

$xy=24 \cdots$ ㉡

직사각형의 가로 길이와 세로 길이를 각각 3cm씩 늘렸을 때, 늘어난 직사각형의 넓이는 다음과 같다.

$(x+3)(y+3)=xy+3x+3y+9$

→ $xy+3x+3y+9=xy+3(x+y)+9$

→ $24+3 \times 10+9=63$

따라서 늘어난 넓이는 63cm^{2}이다.

04

천희의 수학시험 점수를 x점이라고 하면, 네 사람의 수학시험 점수 평균이 105점이므로

$$\frac{101+105+108+x}{4}=105$$

$\rightarrow x+314=420$

$\therefore x=106$

따라서 천희의 수학시험 점수는 106점이다.

05

• 9명의 신입사원을 3명씩 3조로 나누는 경우의 수 : $_9C_3 \times _6C_3 \times _3C_3 \times \frac{1}{3!} = \frac{9\times8\times7}{3\times2\times1} \times \frac{6\times5\times4}{3\times2\times1} \times 1 \times \frac{1}{3\times2\times1} = 280$가지

• A, B, C에 한 조씩 배정하는 경우의 수 : $3!=3\times2\times1=6$가지

따라서 가능한 모든 경우의 수는 $280\times6=1,680$가지이다.

06

조각 케이크의 원가를 x원이라고 하면 정가는 $(x+3,000)$원이다.

정가에 20%를 할인하여 5개 팔았을 때 순이익과 조각 케이크 1개당 정가에서 2,000원씩 할인하여 4개를 팔았을 때의 매출액은 같으므로 이를 식으로 정리하면 다음과 같다.

$5[0.8\times(x+3,000)-x]=4(x+3,000-2,000)$

$\rightarrow 5(-0.2x+2,400)=4x+4,000$

$\rightarrow 5x=8,000$

$\therefore x=1,600$

따라서 정가는 $1,600+3,000=4,600$원이다.

07

제시된 그림의 운동장 둘레는 왼쪽과 오른쪽 반원을 합친 지름이 50m인 원의 원주[(지름)×(원주율)]와 위, 아래 직선거리 90m를 더하면 된다. 따라서 학생이 운동장 한 바퀴를 달린 거리는 $(50\times3)+(90\times2)=330$m이다.

대표기출유형 02 기출응용문제

01

2023년 관광 수입이 가장 많은 국가는 중국(44,400백만 달러)이며, 가장 적은 국가는 한국(17,300백만 달러)이다. 두 국가의 2024년 관광 지출 대비 관광 수입 비율을 계산하면 다음과 같다.

• 한국 : $\frac{13,400}{30,600}\times100 \fallingdotseq 43.8\%$

• 중국 : $\frac{32,600}{257,700}\times100 \fallingdotseq 12.7\%$

따라서 두 국가의 비율 차이는 $43.8-12.7=31.1\%$이다.

02

A가 이번 달에 내야 하는 전기료는 $(200 \times 100) + (150 \times 200) = 50,000$원이다. 이때 B가 내야 하는 전기료는 A의 2배인 10만 원이므로 전기 사용량은 400kWh를 초과했음을 알 수 있다. B가 사용한 전기량을 $(400+x)$kWh로 정하고 전기료에 대한 식을 정리하면 다음과 같다.

$(200 \times 100) + (200 \times 200) + (x \times 400) = 100,000$

$\rightarrow x \times 400 = 100,000 - 60,000$

$\therefore x = 100$

따라서 B가 사용한 전기량은 총 $400 + 100 = 500$kWh이다.

대표기출유형 03   기출응용문제

01
정답 ③

연평균 무용 관람횟수가 가장 많은 지역은 강원도이며, 연평균 스포츠 관람횟수가 가장 많은 지역은 서울특별시이다.

[오답분석]
① 모든 지역에서 연평균 무용 관람횟수보다 연평균 영화 관람횟수가 더 많다.
② 경상남도에서 영화 다음으로 연평균 관람횟수가 많은 항목은 스포츠이다.
④ 대구광역시의 연평균 박물관 관람횟수는 2.5회로, 제주특별자치도의 연평균 박물관 관람횟수의 $\frac{2.5}{2.9} \times 100 \fallingdotseq 86.2\%$이므로 80% 이상이다.
⑤ 대전광역시는 연극 · 마당극 · 뮤지컬을 제외한 모든 항목에서 충청북도보다 연평균 관람횟수가 많다.

02
정답 ②

ㄱ. 습도가 70%일 때 연간소비전력량이 가장 적은 제습기는 A(790kwh)이므로 옳은 내용이다.
ㄷ. 습도가 40%일 때 제습기 E의 연간소비전력량은 660kwh이고, 습도가 50%일 때 제습기 B의 연간소비전력량은 640kwh이므로 옳은 내용이다.

[오답분석]
ㄴ. 제습기 D와 E의 연간소비전력량을 비교하면, 습도가 60%일 때 D(810kwh)가 E(800kwh)보다 더 많은 반면, 70%일 때에는 E(920kwh)가 D(880kwh)보다 더 많아져 순서가 변경되므로 옳지 않은 내용이다.
ㄹ. 제습기 E의 경우 습도가 40%일 때의 연간전력소비량은 660kwh이고 이의 1.5배는 990kwh이다. 반면 습도가 80%일 때의 연간전력소비량은 970kwh이므로 전자가 후자보다 크다. 따라서 옳지 않은 내용이다.

03
정답 ②

㉠ 서울과 경기의 인구수 차이는 2017년에 $10,463 - 10,173 = 290$천 명, 2023년에 $11,787 - 10,312 = 1,475$천 명으로 2023년에 차이가 더 커졌다.
㉢ 광주는 2023년에 22천 명이 증가하여 가장 많이 증가했다.

[오답분석]
㉡ 2017년과 비교하여 2023년의 인구가 감소한 지역은 부산, 대구이다.
㉣ 대구는 2018년부터 전년 대비 인구가 감소하다가 2023년에 다시 증가했다.

01
정답 ①

'물을 녹색으로 만든다.'를 p, '냄새 물질을 배출한다.'를 q, '독소 물질을 배출한다.'를 r, '물을 황색으로 만든다.'를 s라고 하면 $p \rightarrow q$, $r \rightarrow \sim q$, $s \rightarrow \sim p$이 성립한다. 첫 번째 명제의 대우인 $\sim q \rightarrow \sim p$가 성립함에 따라 $r \rightarrow \sim q \rightarrow \sim p$가 성립한다. 따라서 '독소 물질을 배출하는 조류는 물을 녹색으로 만들지 않는다.'는 반드시 참이 된다.

02
정답 ③

참여 조건을 논리 기호로 나타내면 다음과 같다.
- 전략기획연수
- 노후관리연수 → 직장문화연수
- 자기관리연수 → ~평생직장연수
- 직장문화연수 → ~전략기획연수
- 자기관리연수 → ~노후관리연수 or ~자기관리연수 → 노후관리연수

조건을 정리하면 전략기획연수 → ~직장문화연수 → ~노후관리연수 → 자기관리연수 → ~평생직장연수가 성립한다. 따라서 A사원은 전략기획연수와 자기관리연수에는 참여하고, 노후관리연수, 직장문화연수, 평생직장연수에는 참여하지 않으므로, ㄴ, ㄷ이 옳은 설명이다.

03
정답 ④

세 번째 조건에 의해 윤부장이 가담하지 않았다면 이과장과 강주임도 가담하지 않았음을 알 수 있다. 이과장이 가담하지 않았다면 두 번째 조건에 의해 김대리도 가담하지 않았으므로 가담한 사람은 박대리뿐이다. 이는 첫 번째 조건에 위배되므로, 윤부장은 입찰부정에 가담하였다. 네 번째 조건의 대우로 김대리가 가담하였다면 박대리도 가담하였고, 마지막 조건에 의해 박대리가 가담하였다면 강주임도 가담하였다. 이 또한 입찰부정에 가담한 사람은 두 사람이라는 첫 번째 조건에 위배되므로, 김대리는 입찰부정에 가담하지 않았다. 따라서 입찰부정에 가담하지 않은 사람은 김대리, 이과장, 박대리이며, 입찰부정에 가담한 사람은 윤부장과 강주임이다.

04
정답 ④

제시된 조건들을 순서대로 논리 기호화하면 다음과 같다.
- 첫 번째 조건 : 재고
- 두 번째 조건 : ~설비투자 → ~재고(대우)
- 세 번째 조건 : 건설투자 → 설비투자('~때에만'이라는 한정 조건이 들어가면 논리 기호의 방향이 바뀐다)

첫 번째 조건이 참이므로 두 번째 조건의 대우(재고 → 설비투자)에 따라 설비를 투자한다. 세 번째 조건은 건설투자를 늘릴 때에만이라는 한정 조건이 들어갔으므로 역(설비투자 → 건설투자) 또한 참이다. 이를 토대로 공장을 짓는다는 결론을 얻기 위해서는 '건설투자를 늘린다면, 공장을 짓는다(건설투자 → 공장건설).'라는 명제가 필요하다.

05

D주임은 좌석이 '2다'석으로 정해져 있다. 그리고 팀장은 두 번째 줄에 앉아야 하며 대리와 이웃하게 앉아야 하므로 A팀장의 자리는 '2가'석 혹은 '2나'석임을 알 수 있다. A팀장의 옆자리에 앉을 사람은 B대리 혹은 C대리이며, 마지막 조건에 의해 B대리는 창가쪽 자리에 앉아야 한다. 그리고 세 번째 조건에서 주임끼리는 이웃하여 앉을 수 없으므로 D주임을 제외한 E주임과 F주임은 첫 번째 줄 중 사원의 자리를 제외한 '1가'석 혹은 '1라'석에 앉아야 한다. 따라서 B대리가 앉을 자리는 창가쪽 자리인 '2가'석 혹은 '2라'석이다. H사원과 F주임은 함께 앉아야 하므로 이들이 첫 번째 줄('1나'석, '1가'석)에 앉거나, ('1다'석, '1라'석)에 앉는 경우가 가능하다. 이러한 요소를 고려하여 경우의 수를 정리하면 다음과 같다.

1)
E주임	G사원	복도	H사원	F주임
A팀장	C대리		D주임	B대리

2)
E주임	G사원	복도	H사원	F주임
B(C)대리	A팀장		D주임	C(B)대리

3)
F주임	H사원	복도	G사원	E주임
A팀장	C대리		D주임	B대리

4)
F주임	H사원	복도	G사원	E주임
B(C)대리	A팀장		D주임	C(B)대리

ㄱ. 3), 4)의 경우를 보면 반례인 경우를 찾을 수 있다.
ㄴ. C대리가 A팀장과 이웃하여 앉으면 '라' 열에 앉지 않는다.
ㄹ. 1), 3)의 경우를 보면 반례인 경우를 찾을 수 있다.

[오답분석]
ㄷ. 조건들을 고려하면 '1나' 석와 '1다' 석에는 G사원 혹은 H사원만 앉을 수 있고, '1가' 석, '1라' 석에는 E주임과 F주임이 앉아야 한다. 그런데 F주임과 H사원은 이웃하여 앉아야 하므로, G사원과 E주임은 어떤 경우에도 이웃하여 앉는다.

대표기출유형 02 기출응용문제

01

알파벳 순서에 따라 숫자로 변환하면 다음과 같다.

A	B	C	D	E	F	G	H	I	J	K	L	M
1	2	3	4	5	6	7	8	9	10	11	12	13

N	O	P	Q	R	S	T	U	V	W	X	Y	Z
14	15	16	17	18	19	20	21	22	23	24	25	26

'INTELLECTUAL'의 품번을 규칙에 따라 정리하면 다음과 같다.
• 1단계 : 9(I), 14(N), 20(T), 5(E), 12(L), 12(L), 5(E), 3(C), 20(T), 21(U), 1(A), 12(L)
• 2단계 : 9+14+20+5+12+12+5+3+20+21+1+12=134
• 3단계 : |(14+20+12+12+3+20+12)−(9+5+5+21+1)|=|93−41|=52
• 4단계 : (134+52)÷4+134=46.5+134=180.5
• 5단계 : 180.5를 소수점 첫째 자리에서 버림하면 180이다.
따라서 제품의 품번은 '180'이다.

02

2023년 8월 23일부터는 난각코드를 6자리로 표시하고, 이후 2024년 2월 23일부터는 10자리로 변경되었다. 5자리 난각코드는 2023년 4월 25일부터 2023년 8월 22일까지 사용되었으므로 ①은 2023년 8월 23일 이후 생산된 달걀로 볼 수 없다.

03

자사보유 전세버스 현황에서 소형버스(RT)는 RT – 25 – KOR – 18 – 0803, RT – 16 – DEU – 23 – 1501, RT – 25 – DEU – 12 – 0904, RT – 23 – KOR – 07 – 0628, RT – 16 – USA – 09 – 0712로 소형버스는 총 5대이며, 이 중 독일에서 생산된 것은 2대이다. 따라서 이는 소형버스 전체의 40%를 차지하므로 ①은 옳지 않다.

04

발행형태가 4로 전집이기 때문에 한 권으로만 출판된 것이 아님을 알 수 있다.

[오답분석]
① 국가번호가 05(미국)로 미국에서 출판되었다.
② 서명식별번호가 1011로 1011번째 발행되었다. 441은 발행자 번호로 이 책을 발행한 출판사의 발행자번호가 441이라는 것을 의미한다.
③ 발행자번호는 441로 세 자리로 이루어져 있다.
⑤ 도서의 내용이 710(한국어)이지만, 도서가 한국어로 되어 있는지는 알 수 없다.

대표기출유형 03 | 기출응용문제

01

250만+1,000만×0.03=280만 원

[오답분석]
② 1,350만+20,000만×0.004=1,430만 원
③ 1,000만+20,000만×0.005=1,100만 원
④ 1,750만+30,000만×0.002=1,810만 원
⑤ 1,350만+540,000만×0.004=3,510만 원이지만 총한도 1,750만 원을 초과하므로 보상 지급금액은 1,750만 원이다.

02

대여비용 기준인 월 3,000km에서 2,000km/월 추가이므로 냉장차는 $(1.3)^2=1.69$배, 냉장·냉동차는 $(1.2)^2=1.44$배로 계산한다.
• 화물차 A : 155×1.69÷2.5=104.78점
• 화물차 B : 180×1.44÷2.5=103.68점
• 화물차 C : 250×1.44÷3.5≒102.86점
• 화물차 D : 220×1.69÷3.5≒106.23점
• 화물차 E : 360×1.44÷5=103.68점
따라서 가장 낮은 점수를 받은 화물차는 C이며, 총 대여비용은 250×1.44=360만 원이다.

03

정답 ③

냉장·냉동시설 모두 보유해야 하므로 화물차 A와 D는 제외된다. 농산물 운반량은 하루 평균 10톤이고, 하루 한 번 운반 시 이동거리는 매월 2,000km이다. 적재량에 따른 총 이동거리는 화물차 B는 하루 4번 운행해야 10톤을 운반할 수 있으므로 월평균 8,000km, 화물차 C는 하루 3번 운행해야 하므로 6,000km, 화물차 E는 하루 2번 운행해야 하므로 4,000km이다.

화물차 B, C, E의 추가 거리는 각각 5,000km/월, 3,000km/월, 1,000km/월이고, 총 대여비용을 계산하면 다음과 같다.

- 화물차 B : $180 \times (1.2)^5 = 447$만 원
- 화물차 C : $250 \times (1.2)^3 = 432$만 원
- 화물차 E : $360 \times (1.2) = 432$만 원

따라서 화물차 B, E의 총 대여비용이 화물차 C의 총 대여비용 이상이므로 화물차는 변경하지 않는다.

04

정답 ⑤

제시된 조건에 따라 경제적 효율성을 계산하면 다음과 같다.

- A자동차 : $\left(\dfrac{2,000}{11 \times 500} + \dfrac{10,000}{51,000} \right) \times 100 \fallingdotseq 55.97\%$
- B자동차 : $\left(\dfrac{2,000}{12 \times 500} + \dfrac{10,000}{44,000} \right) \times 100 \fallingdotseq 56.06\%$
- C자동차 : $\left(\dfrac{1,500}{14 \times 500} + \dfrac{10,000}{29,000} \right) \times 100 \fallingdotseq 55.91\%$
- D자동차 : $\left(\dfrac{1,500}{13 \times 500} + \dfrac{10,000}{31,000} \right) \times 100 \fallingdotseq 55.33\%$
- E자동차 : $\left(\dfrac{900}{7 \times 500} + \dfrac{10,000}{33,000} \right) \times 100 \fallingdotseq 56.02\%$

경제적 효율성이 가장 높은 자동차는 B자동차이지만 외부 손상이 있으므로 선택할 수 없고, B자동차 다음으로 효율성이 높은 자동차는 E자동차이며, 외부 손상이 없다. 따라서 S사원이 매입할 자동차는 E자동차이다.

대표기출유형 04   기출응용문제

01

정답 ③

- (가) : 외부의 기회를 활용하면서 내부의 강점을 더욱 강화시키는 SO전략에 해당한다.
- (나) : 외부의 기회를 활용하여 내부의 약점을 보완하는 WO전략에 해당한다.
- (다) : 외부의 위협을 회피하며 내부의 강점을 적극 활용하는 ST전략에 해당한다.
- (라) : 외부의 위협을 회피하고 내부의 약점을 보완하는 WT전략에 해당한다.

따라서 바르게 나열한 것은 ③이다.

02

정답 ③

ㄴ. WO전략은 약점을 보완하여 기회를 포착하는 전략으로 ㄴ에서 말하는 원전 운영 기술력은 강점에 해당되므로 적절하지 않다.
ㄷ. ST전략은 강점을 살려 위협을 회피하는 전략으로 ㄷ은 위협 회피와 관련하여 정부의 탈원전 정책 기조를 고려하지 않았으므로 적절하지 않다.

[오답분석]

ㄱ. SO전략은 강점을 살려 기회를 포착하는 전략으로 강점인 기술력을 활용해 해외 시장에서 우위를 점하려는 ㄱ은 SO전략으로 적절하다.
ㄹ. WT전략은 약점을 보완하여 위협을 회피하는 전략으로 안전우려를 고려하여 안전점검을 강화하고, 정부의 탈원전 정책 기조에 협조하는 ㄹ은 WT전략으로 적절하다.

03

ㄴ. 다수의 풍부한 경제자유구역 성공 사례를 활용하는 것은 강점에 해당되지만, 외국인 근로자를 국내주민과 문화적으로 동화시키려는 시도는 외국인 근로자들의 입주만족도를 저해할 수 있다. 외국인 근로자들의 문화를 존중하는 동시에 외국인 근로자들과 국내주민 간의 문화적 융화를 도모하여야 지역경제발전을 위한 원활한 사회적 토대를 조성할 수 있다. 따라서 해당 전략은 적절하지 않다.

ㄹ. 경제자유구역 인근 대도시와의 연계를 활성화하면 오히려 인근 기성 대도시의 산업이 확장된 교통망을 바탕으로 경제자유구역의 사업을 흡수할 위험이 커진다. 또한 인근 대도시와의 연계 확대는 경제자유구역 내 국내·외 기업 간의 구조 및 운영상 이질감을 해소하는 데에 직접적인 도움이 된다고 보기 어렵다.

오답분석

ㄱ. 경제호황으로 인해 자국을 벗어나 타국으로 진출하려는 해외기업이 증가하는 기회상황에서 성공적 경험에서 축척된 우리나라의 경제자유구역 조성 노하우로 이들을 유인하여 유치하는 전략은 SO전략으로 적절하다.

ㄷ. 기존에 국내에 입주한 해외기업의 동형화 사례를 활용하여 국내기업과 외국계 기업의 운영상 이질감을 해소하여 생산성을 증대시키는 전략은 WO전략에 해당한다.

PART 2

자원관리능력

01
정답 ③

밴쿠버 지사에 메일이 도착한 밴쿠버 현지 시각은 4월 22일 오전 12시 15분이지만, 업무 시간이 아니므로 메일을 읽을 수 없다. 따라서 밴쿠버 지사에서 가장 빠르게 읽을 수 있는 시각은 전력 점검이 끝난 4월 22일 오전 10시 15분이다. 모스크바는 밴쿠버와 10시간의 시차가 있으므로 이때의 모스크바 현지 시각은 4월 22일 오후 8시 15분이다.

02
정답 ②

상생협력사업관련 회의는 다음 주 주중[9월 24일(월) ~ 28일(금)] 오전으로 계획되어 있다. 따라서 현장관리과장의 28일 무주양수 발전소 협력 회의, 환경조사과장의 28일 한강2본부 근무, 원자력정책팀장의 25일 한강수력본부 출장은 모두 오후 일정이므로 고려할 필요가 없다. 이를 통해 회의 참석대상자의 다음 주 일정에 따라 요일별로 불참 원인을 정리하면 다음과 같다.

요일	불참 원인
월(24일)	• 사업계획부장(병가) • 환경조사과장(추진사업 조사결과 보고)
화(25일)	–
수(26일)	• 사업계획부장(계획현안회의) • 현장관리과장(서부권역 건설현장 방문)
목(27일)	• 기술전략처장(휴가) • 현장관리과장(서부권역 건설현장 방문)
금(28일)	–

따라서 회의 진행이 가능한 요일은 다음 주 화요일과 금요일이며, 조건에서 회의는 가능한 날짜 중 가장 빠른 날짜에 진행한다고 하였으므로, 다음 주 화요일에 회의가 진행된다.

03
정답 ④

선택지에서 요일은 두 요일씩 짝지어져 있으므로 8시간의 윤리교육을 같은 요일에 이수하기 위해서는 해당 요일의 오전 일정이 4일간 비워져 있어야 한다. 월요일에는 14일 최과장 연차로 가능한 날이 3일뿐이고, 화요일에는 8일 오전 워크숍, 29일 오전 성대리 외근으로 가능한 날이 3일뿐이라 수강할 수 없다. 또한 목요일도 3일 오전 본사 회장 방문으로 가능한 날이 3일뿐이다. 수요일에는 30일 오전 임원진 간담회가 있지만, 이 날을 제외하고도 4일 동안 윤리교육 수강이 가능하며, 금요일에는 25일에 김대리 반차가 있지만 오후이므로 4일 동안 윤리교육 수강이 가능하다. 따라서 윤리교육이 가능한 요일은 수요일과 금요일이다.

04
정답 ④

프랑스와 한국의 시차는 7시간이다. 프랑스가 2일 9시 30분이라면, 한국은 2일 16시 30분이다. 따라서 비행시간이 13시간 걸린다고 하였으므로 인천에 3일 5시 30분에 도착한다.

05

초과근무 계획표를 요일별로 정리하면 다음과 같다.

월	화	수	목	금	토	일
김혜정(3) 정해리(5) 정지원(6)	이지호(4) 이승기(1) 최명진(5)	김재건(1) 신혜선(4)	박주환(2) 신혜선(3) 정지원(4) 김우석(1) 이상엽(6)	김혜정(3) 김유미(6) 차지수(6)	이설희(9) 임유진(4.5) 김유미(3)	임유진(1.5) 한예리(9) 이상엽(4.5)

목요일 초과근무자가 5명이므로 단 1명만 초과근무 일정을 바꿔야 한다면 목요일 6시간과 일요일 3시간 일정으로 $6+3\times1.5=$ 10.5시간을 근무하는 이상엽 직원의 일정을 바꿔야 한다. 따라서 목요일에 초과근무 예정인 이상엽 직원의 요일과 시간을 수정해야 한다.

대표기출유형 02 　기출응용문제

01

B과장의 지출내역을 토대로 여비를 계산하면 다음과 같다.
- 운임 : 철도·선박·항공운임에 대해서만 지급한다고 규정하고 있으므로, 버스 또는 택시요금에 대해서는 지급하지 않는다. 따라서 철도운임만 지급되며 일반실을 기준으로 실비로 지급하므로, 여비는 $43,000+43,000=86,000$원이다.
- 일비 : 1인당 20,000원으로 여행일수에 따라 지급된다. 총 4일이므로 80,000원이 지급된다.
- 숙박비 : 1박당 실비로 지급하되, 그 상한액은 40,000원이다. 그러나 출장기간이 2일 이상인 경우에는 출장기간 전체의 총액 한도 내에서 실비로 지급한다고 하였으므로, 3일간의 숙박비는 총 120,000원 내에서 실비가 지급된다. 따라서 B과장이 지출한 숙박비 $45,000+30,000+35,000=110,000$원 모두 여비로 지급된다.
- 식비 : 1일당 20,000원으로 여행일수에 따라 지급된다. 총 4일이므로 80,000원이 지급된다.

따라서 B과장이 정산받은 여비의 총액은 $86,000+80,000+110,000+80,000=356,000$원이다.

02

상별로 수상인원을 고려하여, 상패 및 물품별 총수량과 비용을 계산하면 다음과 같다.

상패 혹은 물품	총수량(개)	개당 비용(원)	총비용(원)
금 도금 상패	7	49,500원(10% 할인)	$7\times49,500=346,500$
은 도금 상패	5	42,000	$42,000\times4$(1개 무료)$=168,000$
동 상패	2	35,000	$35,000\times2=70,000$
식기 세트	5	450,000	$5\times450,000=2,250,000$
신형 노트북	1	1,500,000	$1\times1,500,000=1,500,000$
태블릿 PC	6	600,000	$6\times600,000=3,600,000$
안마의자	4	1,700,000	$4\times1700,000=6,800,000$
만년필	8	100,000	$8\times100,000=800,000$
합계	–	–	15,534,500

따라서 상품 구입비용은 총 15,534,500원이다.

03

수인이가 베트남 현금 1,670만 동을 환전하기 위해 필요한 한국 돈은 수수료를 제외하고 1,670만 동×483원/만 동=806,610원이다. 우대사항에서 50만 원 이상 환전 시 70만 원까지 수수료가 0.4%로 낮아진다. 70만 원의 수수료는 0.4%가 적용되고 나머지는 0.5%가 적용되어 총수수료를 구하면 700,000×0.004+(806,610−700,000)×0.005=2,800+533.05≒3,330원이다. 따라서 수인이가 원하는 금액을 환전하기 위해서 필요한 총금액은 806,610+3,330=809,940원임을 알 수 있다.

04

정답 ②

우유 한 궤짝에는 우유 40개가 들어가므로 우유 한 궤짝당 28,000원(=700×40)의 비용이 필요하고, 가로 3m×세로 2m×높이 2m인 냉동 창고에 채울 수 있는 궤짝의 수를 계산하면 다음과 같다.
• 가로 : 궤짝의 가로 길이가 40cm이므로 300÷40=7.5개 → 7개(소수점 첫째 자리에서 내림)
• 세로 : 궤짝의 세로 길이가 40cm이므로 200÷40=5개
• 높이 : 궤짝의 높이가 50cm이므로 200÷50=4개
따라서 냉동 창고에 총 140궤짝(=7×5×4)이 들어가므로 약 400만 원(≒140×28,000=3,920,000)이 든다.

대표기출유형 03 ￭ 기출응용문제

01

정답 ①

두 번째 조건에서 구매 금액이 총 30만 원 이상이면 총금액에서 5% 할인을 해주므로 한 벌당 가격이 300,000÷50=6,000원 이상인 품목은 할인이 적용된다. 업체별 품목 금액을 보면 모든 품목이 6,000원 이상이므로 5% 할인 적용대상이다. 따라서 모든 품목이 할인 조건이 적용되어 정가로 비교가 가능하다. 마지막 조건에서 차순위 품목이 1순위 품목보다 총금액이 20% 이상 저렴한 경우 차순위를 선택하므로 한 벌당 가격으로 계산하면 1순위인 카라 티셔츠의 20% 할인된 가격은 8,000×0.8=6,400원이다. 정가가 6,400원 이하인 품목은 A업체의 티셔츠이므로 팀장은 1순위 카라 티셔츠보다 2순위인 A업체의 티셔츠를 구입할 것이다.

02

정답 ④

업체별 정비 1회당 품질개선효과와 1년 정비비, 1년 정비횟수를 정리하면 다음과 같다.

구분	1년 계약금(만 원)	정비 1회당 품질개선효과	1년 정비비(만 원)	1년 정비횟수(회)
A업체	1,680	51	2,120	424
B업체	1,920	51	1,880	376
C업체	1,780	45	2,020	404
D업체	1,825	56	1,975	395
E업체	2,005	53	1,795	359

이를 바탕으로 품질개선점수를 도출하면 다음과 같다.

구분	정비 1회당 품질개선효과	1년 정비횟수(회)	품질개선점수
A업체	51	424	21,624
B업체	51	376	19,176
C업체	45	404	18,180
D업체	56	395	22,120
E업체	53	359	19,027

따라서 선정될 업체는 D업체이다.

56 • 한국전력공사

03

정답 ④

어떤 컴퓨터를 구매하더라도 각각 사는 것보다 세트로 사는 것이 한 세트(모니터＋본체)당 약 5만 원에서 10만 원 정도 이득이다. 하지만 세트혜택이 아닌 다른 혜택에 해당하는 조건에서는 비용을 비교해 봐야 한다. 컴퓨터별 구매 비용을 계산하면 다음과 같다. 이때, E컴퓨터는 성능평가에서 '하'를 받았으므로 계산에서 제외한다.

- A컴퓨터 : 80만 원×15대=1,200만 원
- B컴퓨터 : (75만 원×15대)－100만 원=1,025만 원
- C컴퓨터 : (20만 원×10대)＋(20만 원×0.85×5대)＋(60만 원×15대)=1,185만 원 또는 70만 원×15대=1,050만 원
- D컴퓨터 : 66만 원×15대=990만 원

따라서 D컴퓨터만 예산 범위인 1,000만 원 내에서 구매할 수 있으므로 조건을 만족하는 컴퓨터는 D컴퓨터이다.

대표기출유형 04 　기출응용문제

01

정답 ⑤

최나래, 황보연, 이상윤, 한지혜는 업무성과 평가에서 상위 40%(인원이 10명이므로 4명)에 해당하지 않으므로 대상자가 아니다. 업무성과 평가 결과에서 40% 이내에 드는 사람은 4명까지이지만 B를 받은 사람 4명을 동 순위자로 보아 6명이 대상자 후보가 된다. 6명 중 박희영은 통근거리가 50km 미만이므로 대상자에서 제외된다. 나머지 5명 중에서 자녀가 없는 김성배, 이지규는 우선순위에서 밀려나고, 나머지 3명 중에서는 통근거리가 가장 먼 순서대로 이준서, 김태란이 동절기 업무시간 단축 대상자로 선정된다.

02

정답 ③

먼저 모든 면접위원의 입사 후 경력은 3년 이상이어야 한다는 조건에 따라 A, E, F, H, I, L직원은 면접위원으로 선정될 수 없다. 이사 이상의 직급으로 6명 중 50% 이상 구성되어야 하므로 자격이 있는 C, G, N은 반드시 면접위원으로 포함한다. 다음으로 인사팀을 제외한 부서는 두 명 이상 구성할 수 없으므로 이미 N이사가 선출된 개발팀은 더 선출할 수 없고, 인사팀은 반드시 2명을 포함해야 하므로 D과장은 반드시 선출된다. 이를 정리하면 다음과 같다.

구분	1	2	3	4	5	6
경우 1	C이사	D과장	G이사	N이사	B과장	J과장
경우 2	C이사	D과장	G이사	N이사	B과장	K대리
경우 3	C이사	D과장	G이사	N이사	J과장	K대리

따라서 B과장이 면접위원으로 선출됐더라도 K대리가 선출되지 않는 경우도 있다.

03

정답 ①

수상, 자격증 획득, 징계에 대한 가점 및 벌점은 4분기에 이뤄진 것만 해당됨을 유의하여 성과급 지급 기준에 따라 직원들의 성과점수를 산정하면 다음과 같다.

직원	성과점수
A	(85×0.4)＋(70×0.3)＋(80×0.3)＋4=83점
B	(80×0.4)＋(80×0.3)＋(70×0.3)－1=76점
C	(75×0.4)＋(85×0.3)＋(80×0.3)＋2=81.5점
D	(70×0.4)＋(70×0.3)＋(90×0.3)－5=71점
E	(80×0.4)＋(65×0.3)＋(75×0.3)=74점

따라서 성과급을 가장 많이 받을 직원은 A와 C이다.

대표기출유형 01 기출응용문제

01

정답 ④

World Wide Web(WWW)에 대한 설명으로, 웹은 3차 산업혁명에 큰 영향을 미쳤다.

[오답분석]
① 스마트 팜에 대한 설명이다.
② 3D프린팅에 대한 설명이다.
③ 클라우드 컴퓨팅에 대한 설명이다.
⑤ 사물인터넷에 대한 설명이다.

02

정답 ④

운영체제의 기능에는 프로세스 관리, 메모리 관리, 기억장치 관리, 파일 관리, 입출력 관리, 리소스 관리 등이 있다. 또한 운영체제의 목적은 처리능력 향상, 반환 시간 단축, 사용 가능도 향상, 신뢰도 향상 등이 있다.

03

정답 ④

SSD(Solid State Drive)는 전기적인 방식으로 데이터를 읽고 쓰는 반면, HDD(Hard Disk Drive)는 기계적인 방식으로 자기 디스크를 돌려서 데이터를 읽고 쓴다.

[오답분석]
① SSD는 HDD에 비해 전력 소모량과 발열이 적다.
② 기계적 방식인 HDD는 전기 공급이 없어도 데이터를 보존할 수 있기 때문에 장기간 데이터 보존에 유리하다. 반면 전기적 방식인 SSD는 오랜 기간 전원 공급 없이 방치하면 데이터 유실이 일어난다.
③ SSD는 내구성이 높아 충격이나 진동에 덜 민감하지만, HDD는 외부 충격에 의한 데이터 손실 가능성이 비교적 높다.
⑤ 일반적으로 SSD는 신속한 데이터 접근 속도를 제공하며, HDD는 더 큰 저장 용량을 제공한다.

04

정답 ④

랜섬웨어는 감염되면 일반적인 복구 프로그램으로 복구가 어렵다. 따라서 복구 프로그램을 활용하는 것은 주의사항으로 보기 어려우며 '랜섬웨어에 감염이 되면 즉시 정보운영처로 연락해 주십시오.' 등이 주의사항으로 적절하다.

05

정답 ②

악성코드는 악의적인 목적을 위해 작성된 실행 가능한 코드의 통칭으로, 자기 복제 능력과 감염 대상 유무에 따라 바이러스, 웜, 트로이목마 등으로 분류되며 외부에서 침입하는 프로그램이다.

06

전략정보 시스템은 기업의 전략을 실현하여 경쟁우위를 확보하기 위한 목적으로 사용되는 정보시스템으로, 기업의 궁극적 목표인 이익에 직접 영향을 줄 수 있는 시장점유율 향상, 매출신장, 신상품 전략, 경영전략 등의 전략계획에 도움을 준다.

오답분석

① 비지니스 프로세스 관리 : 기업 내외의 비즈니스 프로세스를 실제로 드러나게 하고, 비즈니스의 수행과 관련된 사람 및 시스템을 프로세스에 맞게 실행·통제하며, 전체 비즈니스 프로세스를 효율적으로 관리하고 최적화할 수 있는 변화 관리 및 시스템 구현 기법이다.
② 전사적 자원관리 : 인사·재무·생산 등 기업의 전 부문에 걸쳐 독립적으로 운영되던 각종 관리시스템의 경영자원을 하나의 통합시스템으로 재구축함으로써 생산성을 극대화하려는 경영혁신기법이다.
③ 경영정보 시스템 : 기업 경영정보를 총괄하는 시스템으로, 의사결정 등을 지원하는 종합시스템이다.
⑤ 의사결정 지원 시스템 : 컴퓨터의 데이터베이스 기능과 모델 시뮬레이션 기능을 이용하여 경영의 의사결정을 지원하는 시스템이다.

07

바이오스란 컴퓨터에서 전원을 켜면 맨 처음 컴퓨터의 제어를 맡아 가장 기본적인 기능을 처리해 주는 프로그램으로, 모든 소프트웨어는 바이오스를 기반으로 움직인다.

오답분석

① ROM(Read Only Memory)에 대한 설명이다.
② RAM(Random Access Memory)에 대한 설명이다.
③ 미들웨어(Middleware)에 대한 설명이다.
⑤ 스풀링(Spooling)에 대한 설명이다.

대표기출유형 02 기출응용문제

01

PROPER 함수는 단어의 첫 글자만 대문자로 나타내고 나머지는 소문자로 나타내주는 함수이다. 따라서 'Republic Of Korea'로 나와야 한다.

02

'MAX(B7:E7)'의 결괏값은 [B7:E7] 범위에서 가장 큰 값인 91이며, COUNTA 함수는 범위에서 비어있지 않은 셀의 개수를 세는 함수로 'COUNTA(B6:E6)'의 결괏값은 4가 된다. 따라서 'AVERAGE(91,4)'가 되며 91과 4의 평균인 47.5가 결괏값이 된다.

오답분석

① 'LARGE(B2:E2,3)'의 결괏값은 [B2:E2] 범위에서 3번째로 큰 값인 80이며, 'SMALL(B5:E5,2)'의 결괏값은 [B5:E5] 범위에서 2번째로 작은 값인 79이다. 따라서 'AVERAGE(80,79)'가 되며 80과 79의 평균인 79.5가 결괏값이 된다.
② 'MAX(B3:E3)'의 결괏값은 [B3:E3] 범위에서 가장 큰 값인 95이며, 'MIN(B7:E7)'의 결괏값은 [B7:E7] 범위에서 가장 작은 값인 79이다. 따라서 'SUM(95,79)'이 되며 95와 79의 합인 174가 결괏값이 된다.
④ MAXA 함수는 논리값과 텍스트도 포함하여 최대값을 나타내는 함수로, 'MAXA(B4:E4)'의 결괏값은 [B4:E4] 범위의 최대값인 94가 된다. COUNT 함수는 범위에서 숫자가 포함된 셀의 개수를 세주는 함수로, 'COUNT(B3:E3)'의 결괏값은 4가 된다. 따라서 'SUM(94,4)'이 되며 94와 4의 합인 98이 결괏값이 된다.
⑤ 'SMALL(B3:E3,3)'의 결괏값은 [B3:E3] 범위에서 3번째로 작은 값인 93이며, 'LARGE(B7:E7,3)'의 결괏값은 [B7:E7] 범위에서 3번째로 큰 값인 80이다. 따라서 'AVERAGE(93,80)'가 되며 93과 80의 평균인 86.5가 결괏값이 된다.

03

주어진 자료에서 원하는 항목만을 골라 해당하는 금액의 합계를 구하기 위해서는 SUMIF 함수를 사용하는 것이 적절하다. SUMIF 함수는 「=SUMIF(범위,조건,합계를 구할 범위)」 형식으로 작성한다. 따라서 「=SUMIF(C3:C22,"외식비",D3:D22)」를 입력하면 원하는 값을 도출할 수 있다.

04

「=INDEX(범위,행,열)」는 해당하는 범위 안에서 지정한 행, 열의 위치에 있는 값을 출력한다. 따라서 [B2:D9]의 범위에서 2행 3열에 있는 값 23,200,000이 결괏값이 된다.

05

[E2:E7] 영역처럼 표시하려면 문자열의 지정 위치에서 문자를 지정한 개수만큼 돌려주는 MID 함수를 사용해야 한다. 따라서 「=MID(데이터를 참조할 셀 번호,왼쪽을 기준으로 시작할 기준 텍스트,기준점을 시작으로 가져올 자릿수)」로 표시되기 때문에 「=MID(B2,5,2)」를 입력해야 한다.

대표기출유형 03   기출응용문제

01

C의 초기값이 0이기 때문에 몇 번을 곱해도 C는 0이다.

02

문자열을 할당할 때 배열의 크기를 생략하면 문자열의 길이(hello world)와 마지막 문자(₩0)가 포함된 길이가 배열의 크기가 되므로 11(hello world)+1(₩0)=12이다.

01	02	03	04	05	06	07	08	09	10
②	②	④	③	③	②	①	②	①	④

11	12	13	14	15					
①	④	④	①	③					

01 정답 ②

전류를 흐르게 하는 원동력을 기전력이라 하며, 단위는 V이다.

$E=\dfrac{W}{Q}$[V] (Q : 전기량, W : 일의 양)

02 정답 ②

배전반 및 분전반의 설치 장소
• 접근이 쉬운 노출된 장소
• 전기회로를 쉽게 다룰 수 있는 장소
• 안정된 장소
• 개폐기를 쉽게 조작할 수 있는 장소

03 정답 ④

동기전동기를 무부하 운전하고 그 계자전류를 조정하면 역률이 0에 가까운 전기자전류의 크기를 바꿀 수 있는데, 이것을 이용해서 회로로부터 얻는 진상 또는 지상 무효전력을 조정하여 역률 개선에 사용하는 것은 동기조상기이다.

[오답분석]
① 댐퍼 : 진동 에너지를 흡수하는 장치로, 제진기, 흡진기라고도 한다.
③ 제동권선 : 동기기 자극편의 전기자에 상대하는 면의 슬롯 안에 설치한 권선이다.
⑤ 유도전동기 : 고정자에 교류 전압을 가하여 전자 유도로써 회전자에 전류를 흘려 회전력을 생기게 하는 교류 전동기이다.

04 정답 ③

저압 전로의 절연성능(전기설비기술기준 제52조)

전로의 사용전압	DC 시험전압[V]	절연저항[MΩ]
SELV 및 PELV	250	0.5
FELV, 500V 이하	500	1.0
500V 초과	1,000	1.0

※ 특별저압(Extra Law Voltage : 2차 전압이 AC 50V, DC 120V 이하)으로 SELV(비접지회로 구성) 및 PELV(접지회로 구성)은 1차와 2차가 전기적으로 절연된 회로, FELV는 1와 2차가 전기적으로 절연되지 않은 회로

05 정답 ③

정의(전기설비기술기준 제3조)
전선로란 발전소・변전소・개폐소, 이에 준하는 곳, 전기사용장소 상호 간의 전선(전차선을 제외한다) 및 이를 지지하거나 수용하는 시설물을 말한다.

06 정답 ②

용량 : $C=\dfrac{Q}{V}=\dfrac{5\times10^{-3}\text{C}}{1,000\text{V}}=5\times10^{-6}\text{F}=5\mu\text{F}$

07 정답 ①

전기회로에서 전류와 자기회로에서 자속의 흐름은 항상 폐회로를 형성한다.

08 정답 ②

전기력선은 도체 표면에 수직이고, 도체 내부에는 존재하지 않는다.

09
정답 ①

전력안정화장치(PSS; Power System Stabilizer)는 속응 여자 시스템으로 인한 미소 변동을 안정화시켜 전력계통의 안정도를 향상시킨다.

10
정답 ④

비율 차동 계전기는 고장 시의 불평형 차전류가 평형전류의 어떤 비율 이상이 되었을 때 동작하는 계전기이다.

[오답분석]
① 과전압 계전기 : 입력 전압이 규정치보다 클 때 동작하는 계전기이다.
② 과전류 계전기 : 허용된 전류가 초과되어 과전류가 흐르게 되면 주회로를 차단함으로써 화재를 예방하는 계전기이다.
③ 전압 차동 계전기 : 두 전압의 불평형으로 어떤 값에 이르렀을 때 동작하는 계전기이다.
⑤ 선택 차동 계전기 : 2회로 이상의 보호에 쓰이는 차동 계전기이다.

11
정답 ①

주기(T)는 주파수(f)의 역수이므로
$T = \dfrac{1}{f} = \dfrac{1}{100} = 0.01\text{sec}$이다.

12
정답 ④

파형의 각주파수 $\omega = 2\pi f$이므로 주파수는 $f = \dfrac{\omega}{2\pi} = \dfrac{120\pi}{2\pi} = 60\text{Hz}$이다.

13
정답 ④

교류는 직류와 달리 전압과 전류의 곱이 반드시 전력이 되지는 않는다. 따라서 위상차를 이용한 역률까지 곱해야 전력을 얻을 수 있는데 이때 $\cos\theta$는 역률을 의미한다.

14
정답 ①

직류 발전기의 유기기전력 $E = \dfrac{PZ}{60a} \varnothing N\text{[V]}$이므로 유기기전력은 자속 및 회전속도와 비례함을 알 수 있다($E \propto \varnothing N$).

15
정답 ③

비례 제어는 검출값 편차의 크기에 비례하여 조작부를 제어하는 동작으로, 정상 오차를 수반하고 사이클링은 없으나 잔류편차(Offset)가 발생한다.

01	02	03	04	05	06	07	08	09	10
②	②	②	⑤	②	④	①	①	②	④
11	**12**	**13**	**14**	**15**					
④	③	①	③	⑤					

01
정답 ②

4진폭 편이 변조에서는 4가지 진폭 변화를 가지므로 2비트의 데이터(00, 01, 10, 11)를 한 번에 인코딩할 수 있다.

02
정답 ②

리미터(Limiter, 진폭제한기)는 중간 주파 증폭된 수신 신호의 진폭을 일정하게 하며, 단파 수신기에서는 페이딩을 방지하기 위하여 사용한다.

03
정답 ②

샘플링 이론에 의하면 최고 주파수의 두 배 이상의 주기로 표본을 취하면 원신호에 가까운 신호를 재생할 수 있다.

04
정답 ⑤

IPv4의 클래스
네트워크 클래스는 A, B, C, D, E로 나누어져 있으며 클래스에 따라 네트워크의 크기가 다르다.
• Class A : 국가나 대형통신망
 (0.0.0.0 ~ 127.255.255.255)
• Class B : 중대형 통신망(128.0.0.0 ~ 191.255.255.255)
• Class C : 소규모통신망(192.0.0.0 ~ 223.255.255.255)
• Class D : 멀티캐스트용(224.0.0.0 ~ 239.255.255.255)
• Class E : 실험용(240.0.0.0 ~ 255.255.255.255)

05
정답 ②

일반적으로 마이크로파 통신에서는 2 ~ 20GHz의 대역이 사용되며, 지상 마이크로파의 경우에는 2 ~ 40GHz 대역이 사용되기도 한다.

06
정답 ④

점유 주파수 대역이 넓으므로 광대역의 전송로가 얻어진다.

07
정답 ①

DRAM과 SRAM의 비교

종류	특징
DRAM (동적램)	• 주기적인 재충전(Refresh)이 필요하며, CPU에 적합 • 소비 전력이 낮은 반면, 구성 회로가 간단하여 집적도가 높음 • 가격이 저렴하고, 콘덴서에서 사용
SRAM (정적램)	• 재충전이 필요 없고, 액세스 속도가 빨라 캐시(Cache) 메모리에 적합 • 소비 전력이 높은 반면, 구성 회로가 복잡하여 집적도가 낮음 • 가격이 비싸고, 플립플롭(Flip-Flop)으로 구성

08
정답 ①

부호화 절대치 방식은 왼쪽 첫 번째 비트가 부호 비트이다(가장 왼쪽 비트가 1이면 음수, 0이면 양수). 따라서 1011=(1×8)+(0×4)+(1×2)+(1×1)=8+0+2+1=11이고, 부호 비트가 1이므로 -11이 된다.

09
정답 ②

• 제어장치 : 프로그램 카운터, 명령 레지스터, 명령 해독기, 번지 해독기, 부호기, 메모리 주소 레지스터, 메모리 버퍼 레지스터 등이 있다.
• 연산장치 : 누산기, 가산기, 보수기, 시프터, 데이터 레지스터, 상태 레지스터, 기억 레지스터, 인덱스 레지스터, 주소 레지스터 등이 있다.

10 정답 ④

정현 대칭 함수에 대한 푸리에 급수의 성분은 $a_n = 0$이며 a_0, b_n 성분만 나타난다. 즉, 직류 성분과 $\sin$ 성분만 존재한다.

11 정답 ④

레지스터 영역과 스택 영역은 공유될 수 없으며, 한 프로세스의 어떤 스레드가 스택 영역에 있는 데이터 내용을 변경한다 하더라도 다른 스레드가 변경된 내용을 확인할 수 없다.

스레드(Thread)
- 프로세스 내의 작업 단위로, 시스템의 여러 자원을 할당받아 실행하는 프로그램의 단위이다.
- 하나의 프로세스에 하나의 스레드가 존재하는 경우 단일 스레드, 두 개 이상의 스레드가 존재하는 경우에는 다중 스레드라고 한다.
- 독립적 스케줄링의 최소 단위로, 경량 프로세스라고도 한다.
- 하나의 프로세스를 여러 개의 스레드로 생성하여 병행성을 증진한다.
- 프로세스의 자원과 메모리를 공유하고 실행환경을 공유시켜 기억장소의 낭비를 절약한다.
- 기억장치를 통해 효율적으로 통신한다.
- 자신만의 스택과 레지스터로 독립된 제어 흐름을 유지한다.
- 각각의 스레드가 서로 다른 프로세서상에서 병렬로 작동하는 것이 가능하다.
- 프로그램 처리율과 하드웨어의 성능을 향상시키고, 프로세스 간 통신을 원활하게 해준다.
- 프로세스의 생성이나 문맥 교환 등의 오버헤드를 줄여 운영체제의 성능이 개선된다.

12 정답 ③

오답분석

ㄱ. 새로운 레코드를 삽입하는 경우 마지막 또는 지정한 위치에 삽입 가능하다. 단, 지정한 위치에 삽입하는 경우 삽입할 위치 이후의 파일을 복사해야 하므로 시간이 걸릴 수 있다(데이터 이동시간이 발생할 수 있지만 지정한 위치에 삽입 가능).

ㅁ. 인덱스 순차 파일에서는 인덱스 갱신없이 데이터 레코드를 추가하거나 삭제하는 것이 불가능하다(인덱스 갱신 필수).

ㅅ. 인덱스를 다중레벨로 구성할 경우, 최하위 레벨은 데이터로 구성한다.

순차 파일
- 생성되는 순서에 따라 레코드를 순차적으로 저장하므로 저장 매체의 효율이 가장 높다.
- 입력되는 데이터의 논리적인 순서에 따라 물리적으로 연속된 위치에 기록하는 방식이다.
- 처리속도가 빠르고, 매체의 공간 효율이 좋지만 검색 시 불편하다(처음부터 검색).
- 자기 테이프만 가능하다.

색인(Index) 순차 파일
- 순차처리, 랜덤처리가 가능하다.
- 기본 데이터 영역, 색인영역, 오버플로우 영역으로 구성한다.
- 실제 데이터 처리 외에 인덱스를 처리하는 추가 시간이 소모되므로 처리속도가 느리다.
- 일반적으로 자기 디스크에 많이 사용한다(자기 테이프 사용 불가).
- 파일에 레코드를 추가하거나 삭제할 때 파일의 전체 내용을 복사하지 않아도 되므로 레코드의 삽입 및 삭제가 용이하다.
- 검색 시 효율적이다.

13 정답 ①

HIPO는 하향식(Top – Down)으로 개발 과정에서 문서화와 목적에 맞는 자료를 확인할 수 있다.

14 정답 ③

$$전압\ 변동률 = \frac{무부하시의\ 출력\ 전압 - 부하에\ 걸리는\ 전압}{부하에\ 걸리는\ 전압} \times 100$$

$$= \frac{14 - 12}{12} \times 100$$

$$\fallingdotseq 16.7\%$$

15 정답 ⑤

위성 통신은 Point – to – Point 방식만이 가능하므로 다양한 네트워크를 구성할 수 없다.

PART 3

최종점검 모의고사

01 NCS 공통영역

01	02	03	04	05	06	07	08	09	10	11	12	13	14	15	16	17	18	19	20
③	③	④	①	③	③	②	⑤	①	①	②	④	④	④	①	③	②	②	③	②
21	22	23	24	25	26	27	28	29	30										
①	③	③	②	③	②	②	④	③	②										

01 내용 추론 정답 ③

제시문에 따르면 레일리 산란의 세기는 보랏빛이 가장 강하지만 우리 눈은 보랏빛보다 파란빛을 더 잘 감지하기 때문에 하늘이 파랗게 보이는 것이다.

오답분석

①・② 첫 번째 문단을 통해 추론할 수 있다.
④ 빛의 진동수는 파장과 반비례하고, 레일리 산란의 세기는 파장의 네제곱에 반비례한다. 즉, 빛의 진동수가 2배가 되면 파장은 1/2배가 되고, 레일리 산란의 세기는 $2^4=16$배가 된다.
⑤ 마지막 문단의 내용을 통해 추론할 수 있다.

02 문단 나열 정답 ③

제시된 문단에서는 휘슬블로어를 소개하며, 휘슬블로어가 집단의 부정부패를 고발하는 것이 쉽지 않다는 점을 언급하고 있으므로, 뒤이어 내부고발이 어려운 이유를 설명하는 문단이 와야 한다. 따라서 (다) 내부고발이 어려운 이유와 휘슬블로어가 겪는 여러 사례 → (나) 휘슬블로우의 실태와 법적인 보호의 필요성 제기 → (라) 휘슬블로우를 보호하기 위한 법의 실태 설명 → (가) 법 밖에서도 보호받지 못하는 휘슬블로어의 순서로 나열하는 것이 가장 적절하다.

03 빈칸 삽입 정답 ④

ㄱ. 두 번째 문단의 내용처럼 '디지털 환경에서는 저작물을 원본과 동일하게 복제할 수 있고 용이하게 개작할 수 있기 때문에' ㄱ과 같은 문제가 생겼다. 또한 이에 대한 결과로 (나) 바로 뒤의 내용처럼 '디지털화 된 저작물의 이용 행위가 공정 이용의 범주에 드는 것인지 가늠하기가 더 어려워졌고 그에 따른 처벌 위험'도 커진 것이다. 따라서 ㄱ의 위치는 (나)가 가장 적절하다.
ㄴ. '이들'은 '저작물의 공유' 캠페인을 소개하는 네 번째 문단에서 언급한 캠페인 참여자들을 가리킨다. 따라서 ㄴ의 위치는 (마)가 가장 적절하다.

04 글의 주제 정답 ①

제시문은 '탈원전・탈석탄 공약에 맞는 제8차 전력공급 기본계획(안) 수립 – 분산형 에너지 생산시스템으로의 정책 방향 전환 – 분산형 에너지 생산시스템에 대한 대통령의 강한 의지 – 중앙집중형 에너지 생산시스템의 문제점 노출 – 중앙집중형 에너지 생산시스템의 비효율성'의 내용으로 전개되고 있다. 즉, 제시문은 일관되게 '에너지 분권의 필요성과 나아갈 방향을 모색해야 한다.'는 점을 말하고 있다.

② 다양한 사회적 문제점들과 기후, 천재지변 등에 의한 문제점들을 언급하고 있으나, 이는 제시문의 주제를 뒷받침하기 위한 이슈이므로 제시문 전체의 주제로 보기는 어렵다.

③·④ 제시문에서 언급되지 않았다.

⑤ 전력수급 기본계획의 수정 방안을 제시하고 있지는 않다.

05 맞춤법
정답· ③

• 내로라하다 : 어떤 분야를 대표할 만하다.

• 그러다 보니 : 보조용언 '보다'가 앞 단어와 연결 어미로 이어지는 '−다 보다'의 구성으로 쓰이면 앞말과 띄어 쓴다.

① 두가지를 → 두 가지를 / 조화시키느냐하는 → 조화시키느냐 하는

   • 두 가지를 : 수 관형사는 뒤에 오는 명사 또는 의존 명사와 띄어 쓴다.

   • 조화시키느냐 하는 : 어미 다음에 오는 말은 띄어 쓴다.

② 무엇 보다 → 무엇보다 / 인식해야 만 → 인식해야만

   • 무엇보다 : '보다'는 비교의 대상이 되는 말에 붙어 '~에 비해서'의 뜻을 나타내는 조사이므로 붙여 쓴다.

   • 인식해야만 : '만'은 한정, 강조를 의미하는 보조사이므로 붙여 쓴다.

④ 심사하는만큼 → 심사하는 만큼 / 한 달 간 → 한 달간

   • 심사하는 만큼 : 뒤에 나오는 내용의 원인, 근거를 의미하는 의존 명사이므로 띄어 쓴다.

   • 한 달간 : '동안'을 의미하는 접미사이므로 붙여 쓴다.

⑤ 삼라 만상은 → 삼라만상은 / 모순 되는 → 모순되는

   • 삼라만상 : 우주에 있는 온갖 사물과 현상을 의미하는 명사이므로 붙여 쓴다.

   • 모순되는 : '피동'의 뜻을 더하고 동사를 만드는 접미사 '되다'는 앞의 명사와 붙여 쓴다.

06 문서 내용 이해
정답 ③

③은 플라시보 소비의 특징인 가심비, 즉 심리적 만족감보다는 상품의 가격을 중시하는 가성비에 따른 소비에 가깝다고 볼 수 있다.

07 문단 나열
정답 ②

제시문은 나무를 가꾸기 위해 고려해야 하는 사항에 대해 설명하는 글이다. 따라서 (가) 나무를 가꾸기 위해 고려해야 할 사항과 가장 중요한 생육조건 → (라) 나무를 양육할 때 주로 저지르는 실수인 나무 간격을 촘촘하게 심는 것 → (다) 그러한 실수를 저지르는 이유 → (나) 또 다른 식재계획 시 고려해야 하는 주의점 순으로 나열해야 한다.

08 문서 내용 이해
정답 ⑤

네 번째 문단에 따르면 클라우지우스는 열기관의 열효율은 열기관이 고온에서 열을 흡수하고 저온에 방출할 때의 두 작동 온도에만 관계된다는 카르노의 이론을 증명하였다. 이로써 열효율에 관한 카르노의 이론은 클라우지우스의 증명으로 유지될 수 있었다.

① 두 번째 문단에 따르면 열기관은 높은 온도의 열원에서 열을 흡수하고 낮은 온도의 대기와 같은 열기관 외부에 열을 방출하며 일을 하는 기관이다.

② 두 번째 문단에 따르면 수력 기관에서 물이 높은 곳에서 낮은 곳으로 흐르면서 일을 할 때 물의 양과 한 일의 양의 비는 높이 차이에 의해서만 좌우된다.

③ 첫 번째 문단에 따르면 칼로릭은 질량이 없는 입자들의 모임이다. 따라서 가열된 쇠구슬의 질량은 증가하지 않는다.

④ 첫 번째 문단에 따르면 칼로릭은 온도가 높은 쪽에서 낮은 쪽으로 흐르는 성질이 있다.

09 문서 내용 이해

정답 ①

세 번째 문단에 따르면 줄(Joule)은 '열과 일이 상호 전환될 때 열과 일의 에너지를 합한 양은 일정하게 보존된다.'는 사실(에너지 보존 법칙)을 알아냈다. 그런데 네 번째 문단에 나타난 칼로릭 이론에 입각한 카르노의 열기관에 대한 설명에 따르면 열기관은 높은 온도에서 흡수한 열 전부를 낮은 온도로 방출하면서 일을 한다. 이는 열기관이 한 일을 설명할 수 없다는 오류가 있다.

오답분석

② 세 번째 문단에 따르면 화학 에너지, 전기 에너지 등은 등가성이 있으며 상호 전환될 수 있다.
③ 다섯 번째 문단에 따르면 클라우지우스가 증명한 내용이다.
④ 네 번째 문단에 따르면 카르노의 이론에 대해 문제를 제기한 내용에 관해 클라우지우스가 증명한 것이다.
⑤ 네 번째 문단에 따르면 카르노의 이론에 대해 클라우지우스가 증명한 내용이다.

10 문서 내용 이해

정답 ①

제6조에 따르면 지역본부장은 부당이득 관리를 수관한 1월 3일에 납입고지를 하여야 하며, 이 경우 납부기한은 1월 13일에서 2월 2일 중에 해당될 것이므로 A는 늦어도 2월 2일에는 납부하여야 한다.

오답분석

ㄴ. 제7조에 따르면 지역본부장은 4월 16일 납부기한 내에 완납하지 않은 B에 대하여 납부기한으로부터 10일 이내인 4월 26일까지 독촉장을 발급하여야 한다. 이 독촉장에 따른 납부기한은 5월 6일에서 5월 16일 중에 해당될 것이므로 B는 늦어도 5월 16일까지 납부하여야 한다.
ㄷ. 제9조에 따르면 체납자가 주민등록지에 거주하지 않는 경우, 관계공부열람복명서를 작성하거나 체납자 주민등록지 관할 동장의 행방불명확인서를 발급받는 것은 지역본부장이 아닌 담당자이다.
ㄹ. 제10조 제1항에 따르면, 관할 지역본부장은 체납정리의 신속 및 업무폭주 등을 방지하기 위하여 재산 및 행방에 대한 조사업무를 체납 발생 시마다 수시로 실시하여야 한다.

11 응용 수리

정답 ②

퍼낸 소금물의 양을 xg, 농도 2% 소금물의 양을 yg이라고 하면 다음과 같은 식이 성립한다.
$200-x+x+y=320$
$\therefore y=120$
소금물을 퍼내고 같은 양의 물을 부으면 농도 8%의 소금물에 있는 소금의 양은 같으므로 다음과 같은 식이 성립한다.
$\frac{8}{100}(200-x)+\frac{2}{100}\times120=\frac{3}{100}\times320$
$\rightarrow 1,600-8x+240=960$
$\rightarrow 8x=880$
$\therefore x=110$
따라서 퍼낸 소금물의 양은 110g이다.

12 응용 수리

정답 ④

열차의 속력이 시속 300km/h이므로 거리가 400km인 지점까지 달리는 시간은 $\frac{400}{300}=\frac{4}{3}=$1시간 20분이고, 정차시간은 $10\times7=$1시간 10분이다. 따라서 목적지까지 가는 데 걸린 시간은 총 2시간 30분이다.

13 응용 수리   정답 ④

8명이 경기를 하므로 4개의 조를 정하는 것과 같다. 이때 1 ~ 4위까지의 선수들이 서로 만나지 않게 하려면 각 조에 1 ~ 4위 선수가 한 명씩 배치되어야 한다. 이 선수들을 먼저 배치하고 다른 선수들이 남은 자리에 들어가는 경우의 수는 4!=24가지이다. 다음으로 만들어진 4개의 조를 두 개로 나누는 경우의 수를 구하면 $_4C_2 \times _2C_2 \times \frac{1}{2!}$=3가지이다.

따라서 가능한 대진표의 경우의 수는 24×3=72가지이다.

14 응용 수리   정답 ④

전체 신입사원 인원을 x명이라 하자.

$\frac{1}{5}x + \frac{1}{4}x + \frac{1}{2}x + 100 = x$

→ $x - (0.2x + 0.25x + 0.5x) = 100$

→ $0.05x = 100$

∴ $x = 2,000$

따라서 전체 신입사원은 2,000명이다.

15 자료 계산   정답 ①

(A), (B), (C)에 들어갈 수는 다음과 같다.
- (A) : 299,876−179,743=120,133
- (B) : (B)−75,796=188,524 → (B)=188,524+75,796=264,320
- (C) : 312,208−(C)=224,644 → (C)=312,208−224,644=87,564

16 자료 이해   정답 ③

주어진 자료를 통해 전산장비 가격을 구하는 공식은 '(전산장비 가격)=$\frac{(연간유지비)}{(유지비\ 비율)} \times 100$'으로 정리할 수 있다. 이에 따라 각 전산장비의 가격을 계산해 보면 다음과 같다.

- A전산장비 : $\frac{322}{8} \times 100 = 4,025$만 원

- B전산장비 : $\frac{450}{7.5} \times 100 = 6,000$만 원

- C전산장비 : $\frac{281}{7} \times 100 ≒ 4,014$만 원

- D전산장비 : $\frac{255}{5} \times 100 = 5,100$만 원

- E전산장비 : $\frac{208}{4} \times 100 = 5,200$만 원

- F전산장비 : $\frac{100}{3} \times 100 ≒ 3,333$만 원

따라서 가격이 가장 높은 것은 B이고, 가장 낮은 것은 F이다.

오답분석

① B의 연간유지비는 D의 연간유지비의 $\frac{450}{255} ≒ 1.8$배이다.

② 가격이 가장 높은 전산장비는 B이다.

④ C의 전산장비 가격은 4,014만 원이고, E의 전산장비 가격은 5,200만 원이다. 따라서 E의 전산장비 가격이 더 높다.

⑤ E의 전산장비 가격이 C보다 더 높지만, 연간유지비는 C가 더 높다.

17 　자료 이해

㉠ 근로자가 총 90명이고 전체에게 지급된 임금의 총액이 2억 원이므로 근로자당 평균 월 급여액은 $\frac{2억\ 원}{90명}$ ≒222만 원이다.

　따라서 평균 월 급여액은 230만 원 이하이다.

㉡ 월 210만 원 이상 급여를 받는 근로자 수는 26+12+8+4=50명이다. 따라서 총 90명의 절반인 45명보다 많으므로 옳은 설명이다.

오답분석

㉢ 월 180만 원 미만의 급여를 받는 근로자 수는 6+4=10명이다. 따라서 전체에서 $\frac{10}{90}$ ≒ 11%의 비율을 차지하고 있으므로 옳지 않은 설명이다.

㉣ '월 240만 원 이상 월 270만 원 미만'의 구간에서 월 250만 원 이상 받는 근로자의 수는 주어진 자료만으로는 확인할 수 없다.

18 　자료 이해

정답 ②

• 전라도 지역에서 광주가 차지하는 비중
　13,379(광주)+13,208(전북)+13,091(전남)=39,678명

　→ $\frac{13,379}{39,678}$×100 ≒ 33.72%

• 충청도 지역에서 대전이 차지하는 비중 11,863(대전)+8,437(충북)+10,785(충남)+575(세종)=31,660명

　→ $\frac{11,863}{31,660}$×100 ≒ 37.47%

따라서 전라도 지역에서 광주가 차지하는 비중이 충청도 지역에서 대전이 차지하는 비중보다 작다.

오답분석

① 의료인력이 수도권 특히 서울, 경기에 편중되어 있으므로 불균형상태를 보이고 있다.

③ 의료인력수는 세종이 가장 적으며 두 번째로 적은 곳은 제주(도서지역)이다.

④ 제시된 자료에 의료인력별 수치가 나와 있지 않으므로 의료인력수가 많을수록 의료인력 비중이 고르다고 말할 수는 없다.

⑤ 서울과 경기를 제외한 나머지 지역 중 의료인력수가 가장 많은 지역은 부산(28,871명)이고 가장 적은 지역은 세종(575명)이다.
　따라서 부산과 세종의 의료인력의 차는 28,296명으로 이는 경남(21,212명)보다 크다.

19 　자료 이해

정답 ③

계란의 가격은 2023년 7월부터 9월까지 증가하다가, 10월부터 감소한 후 12월에 다시 증가하고 있으므로 적절하지 않다.

오답분석

① • 2023년 8월 대비 9월 쌀 가격 증가율 : $\frac{1,970-1,083}{1,083}$×100 ≒ 81.90%

　• 2023년 11월 대비 12월 무 가격 증가율 : $\frac{2,474-2,245}{2,245}$×100 ≒ 10.20%

② 국산, 미국산, 호주산 소 가격 모두 2023년 7월부터 9월까지 증가하다가 10월에 감소하였다.

④ 쌀의 가격은 2023년 7월 1,992원에서 8월 1,083원으로 감소했다가, 9월 1,970원으로 증가한 후 10월부터는 꾸준히 감소하고 있다.

⑤ • 2023년 11월 건멸치 가격 : 24,870원
　• 2024년 1월 건멸치 가격 : 25,200원

　$\frac{25,200-24,870}{24,870}$×100% ≒ 1.32%

20 　자료 계산　정답 ②

양파 : $\dfrac{1,759-1,548}{1,548}\times100\fallingdotseq13.63\%$

오답분석

• 쌀 : $\dfrac{1,805-1,809}{1,809}\times100\fallingdotseq-0.22\%$

• 배추 : $\dfrac{3,634-3,546}{3,546}\times100\fallingdotseq2.48\%$

• 무 : $\dfrac{2,543-2,474}{2,474}\times100\fallingdotseq2.78\%$

• 건멸치 : $\dfrac{25,200-25,320}{25,320}\times100\fallingdotseq-0.47\%$

21 　명제 추론　정답 ①

A와 B를 기준으로 조건을 정리하면 다음과 같다.
• A : 디자인을 잘하면 편집을 잘하고, 편집을 잘하면 영업을 잘한다. 영업을 잘하면 기획을 못한다.
• B : 편집을 잘하면 영업을 잘한다. 영업을 잘하면 기획을 못한다.
따라서 조건에 따르면 A만 옳다.

22 　명제 추론　정답 ③

세 번째 조건에 따라 A는 청소기를 제외한 프리미엄형 가전을 총 2개 골랐는데, B가 청소기를 가져가지 않으므로 A는 청소기 일반형, C는 청소기 프리미엄형을 가져가야 한다. 또한, 다섯 번째 조건을 만족시키기 위해 A가 가져가는 프리미엄형 가전 종류의 일반형을 B가 가져가야 하며, 여섯 번째 조건을 만족시키기 위해 전자레인지는 C가 가져가야 한다. 이를 표로 정리하면 다음과 같다.

구분	A	B	C
경우 1	냉장고(프), 세탁기(프), 청소기(일)	냉장고(일), 세탁기(일), 에어컨(프 or 일)	에어컨(프 or 일), 청소기(프), 전자레인지
경우 2	세탁기(프), 에어컨(프), 청소기(일)	세탁기(일), 에어컨(일), 냉장고(프 or 일)	냉장고(프 or 일), 청소기(프), 전자레인지
경우 3	냉장고(프), 에어컨(프), 청소기(일)	냉장고(일), 에어컨(일), 세탁기(프 or 일)	세탁기(프 or 일), 청소기(프), 전자레인지

㉠ C는 항상 전자레인지를 가져간다.
㉢ B는 반드시 일반형 가전 2대를 가져가며, 나머지 한 대는 프리미엄형일 수도, 일반형일 수도 있다.

오답분석
㉡ A는 반드시 청소기를 가져간다.
㉣ C는 청소기 프리미엄형을 가져간다.

23 　자료 해석　정답 ③

손발 저림에 효능이 있는 코스는 케어코스와 종합코스가 있으며, 종합코스는 피부질환에도 효능이 있다.

오답분석
① 폼스티엔에이페리주 치료도 30% 할인이 적용된다.
② 식욕부진의 경우 웰빙코스가 적절하다.
④ 할인행사는 12월 한 달간 진행된다.
⑤ 폼스티엔에이페리주 치료는 칼로리, 아미노산, 필수지방, 오메가-3 지방산을 공급한다.

24 자료 해석

국제해양기구의 마지막 의견에서 회의 시설에서 C를 받은 도시는 후보도시에서 제외한다고 하였으므로 대전과 제주를 제외한 서울, 인천, 부산의 점수를 정리하면 다음과 같다.

구분	서울	인천	부산
회의 시설	10	10	7
숙박 시설	10	7	10
교통	7	10	7
개최 역량	10	3	10
가산점	–	10	5
합산점수	37	40	39

따라서 합산점수가 가장 높은 인천이 개최도시로 선정된다.

25 자료 해석

C사원은 혁신성, 친화력, 책임감이 '상 – 상 – 중'으로 영업팀의 중요도에 적합하며, 창의성과 윤리성은 '하'이지만 영업팀에서 중요하게 생각하지 않는 역량이므로 영업팀으로의 부서배치가 적절하다. E사원은 혁신성, 책임감, 윤리성이 '중 – 상 – 하'로 지원팀의 중요도에 적합하므로 지원팀으로의 부서배치가 적절하다.

26 SWOT 분석

ㄱ. 한류의 영향으로 한국 제품을 선호한다면 적극적인 홍보 전략을 추진한다.
ㄷ. 빠른 제품 개발 시스템이 있기 때문에 소비자 기호를 빠르게 분석하여 제품 생산에 반영한다.

[27~30]

※ 자음과 모음을 규칙에 따라 치환한 것은 아래와 같다.

1. 자음

ㄱ	ㄲ	ㄴ	ㄷ	ㄸ	ㄹ	ㅁ	ㅂ	ㅃ	ㅅ	ㅆ	ㅇ	ㅈ	ㅉ	ㅊ	ㅋ	ㅌ	ㅍ	ㅎ
a	b	c	d	e	f	g	h	i	j	k	l	m	n	o	p	q	r	s

2. 모음

ㅏ	ㅐ	ㅑ	ㅒ	ㅓ	ㅔ	ㅕ	ㅖ	ㅗ	ㅘ	ㅙ	ㅚ	ㅛ	ㅜ	ㅝ	ㅞ	ㅟ	ㅠ	ㅡ	ㅢ	ㅣ
1	2	3	4	5	6	7	8	9	10	11	12	13	14	15	16	17	18	19	20	21

27 규칙 적용

- 자 : m1
- 전 : m5C
- 거 : a5
- 1+5+5=11 → 1+1=2

28 규칙 적용

- 마 : g1
- 늘 : c19F
- 쫑 : n9L
- $1+19+9=29 \rightarrow 2+9=11 \rightarrow 1+1=2$

29 규칙 적용

- e5A : 떡
- h9B : 볶
- l21 : 이

30 규칙 적용

- l15C : 원
- d5 : 더
- r14F : 풀

PART 3

01	02	03	04	05	06	07	08	09	10										
④	②	③	①	④	②	②	④	④	⑤										

01 　비용 계산

정답 ④

- A씨 : 저압 285kWh 사용
  - 기본요금 : 1,600원
  - 전력량요금 : $(200\times93.3)+(85\times187.9)=18,660+15,971.5\fallingdotseq34,630$원
  - 부가가치세 : $(1,600+34,630)\times0.1=36,230\times0.1\fallingdotseq3,620$원
  - 전력산업기반기금 : $(1,600+34,630)\times0.037=36,230\times0.037\fallingdotseq1,340$원
  - 전기요금 : $1,600+34,630+3,620+1,340=41,190$원
- B씨 : 고압 410kWh 사용
  - 기본요금 : 6,060원
  - 전력량요금 : $(200\times78.3)+(200\times147.3)+(10\times215.6)=15,660+29,460+2,156\fallingdotseq47,270$원
  - 부가가치세 : $(6,060+47,270)\times0.1=53,330\times0.1\fallingdotseq5,330$원
  - 전력산업기반기금 : $(6,060+47,270)\times0.037=53,330\times0.037\fallingdotseq1,970$원
  - 전기요금 : $6,060+47,270+5,330+1,970=60,630$원

02 　품목 확정

정답 ②

각 업체의 1년 정비비용, 분기별 정비횟수, 정비 1회당 수질개선효과를 구한 후, 이에 따라 수질개선점수를 도출하면 다음과 같다.

(단위 : 회, 점)

업체	1년 정비비용(만 원)	분기별 정비횟수	정비 1회당 수질개선효과	수질개선점수
A	$6,000-3,950=2,050$	$\dfrac{2,050}{30}=68$	$75+65+80=220$	$\dfrac{220\times68}{100}\fallingdotseq149$
B	$6,000-4,200=1,800$	$\dfrac{1,800}{30}=60$	$79+68+84=231$	$\dfrac{231\times60}{100}\fallingdotseq138$
C	$6,000-4,800=1,200$	$\dfrac{1,200}{30}=40$	$74+62+84=220$	$\dfrac{220\times40}{100}=88$
D	$6,000-4,070=1,930$	$\dfrac{1,930}{30}=64$	$80+55+90=225$	$\dfrac{225\times64}{100}=144$
E	$6,000-5,100=900$	$\dfrac{900}{30}=30$	$83+70+86=239$	$\dfrac{239\times30}{100}\fallingdotseq71$

따라서 수질개선점수가 가장 높은 A업체와 D업체가 선정된다.

03 　인원 선발

정답 ③

임유리 직원은 첫째 주 일요일 6시간, 넷째 주 토요일 5시간으로 월 최대 10시간 미만인 당직규정에 어긋나므로 당직 일정을 수정해야 한다.

04 시간 계획 정답 ①

- 인천에서 아디스아바바까지 소요 시간
(인천 → 광저우)	3시간 50분
(광저우 경유시간)	+4시간 55분
(광저우 → 아디스아바바)	+11시간 10분
	=19시간 55분

- 아디스아바바에 도착한 현지 날짜 및 시각
한국 시각	12월 5일 오전 8시 40분
소요 시간	+19시간 55분
시차	−6시간
	=12월 5일 오후 10시 35분

05 시간 계획 정답 ④

- 인천에서 말라보까지 소요 시간
(인천 → 광저우)	3시간 50분
(광저우 경유 시간)	+4시간 55분
(지연출발)	+2시간
(광저우 → 아디스아바바)	+11시간 10분
(아디스아바바 경유 시간)	+6시간 10분
(아디스아바바 → 말라보)	+5시간 55분
	=34시간

- 적도기니에 도착한 현지 날짜 및 시각
한국 시각	12월 5일 오전 8시 40분
소요 시간	+34시간
시차	−8시간
	=12월 6일 오전 10시 40분

06 인원 선발 정답 ②

시간대별 필요 간호인력 수 자료에 따라 필요한 최소 간호인력 수를 정리하면 다음과 같다.

시간대(시) 근무조	02:00 ~ 06:00	06:00 ~ 10:00	10:00 ~ 14:00	14:00 ~ 18:00	18:00 ~ 22:00	22:00 ~ 02:00	계
02:00 ~ 06:00 조	5명	5명					5명
06:00 ~ 10:00 조		15명	15명				15명
10:00 ~ 14:00 조			15명	15명			15명
14:00 ~ 18:00 조				0	0		0
18:00 ~ 22:00 조					50명	50명	50명
22:00 ~ 02:00 조	0					0	0
필요 간호인력 수	5명	20명	30명	15명	50명	10명	85명

따라서 J종합병원에 필요한 최소 간호인력 수는 85명이다.

07 인원 선발 정답 ②

02:00 ~ 06:00시의 필요 간호인력을 20명으로 확충한다면, 필요한 최소 간호인력 85명에 15명을 추가 투입해야 하므로 최소 간호인력 수는 85+15=100명이다.

08 품목 확정

정답 ④

조건에 따르면 매주 일요일에 일괄구매한 B, C부품은 그다음 주의 A제품 생산에 사용하며, 1개의 A제품 생산 시 B부품 2개와 C부품 4개가 사용된다.

- 1주 차에는 A제품의 주문량은 없고, B부품 50개와 C부품 100개의 재고가 있으므로, A제품 25개$\left(\because \dfrac{50}{2}=25, \dfrac{100}{4}=25\right)$를 만들어 재고로 남긴다.
- 2주 차에는 A제품 175개$\left(\because \dfrac{450}{2}=225, \dfrac{700}{4}=175$이므로 175개만 가능$\right)$를 생산하여, 1주 차의 재고 25개와 함께 총 175+25 =200개의 제품을 주문량에 맞춰 모두 판매한다. 이때 B부품은 450-(175×2)=100개가 재고로 남는다.
- 3주 차에는 A제품 550개$\left(\because \dfrac{1,100}{2}=550, \dfrac{2,400}{4}=600$이므로 550개만 가능$\right)$를 생산할 수 있으며, 주문량에 따라 제품을 판매 하면 550-500=50개의 재고가 남는다. 이때 C부품은 2,400-(550×4)=200개가 재고로 남는다.

따라서 3주 차 토요일 판매완료 후의 재고량은 A제품 50개, B부품 0개, C부품 200개이다.

09 품목 확정

정답 ④

제작하려는 홍보자료는 20×10=200부이며, 200×30=6,000페이지이다. 이를 활용하여 업체당 인쇄 비용을 구하면 다음과 같다.

구분	페이지 인쇄 비용	유광표지 비용	제본 비용	할인을 적용한 총비용
A	6,000×50=30만 원	200×500=10만 원	200×1,500=30만 원	30+10+30=70만 원
B	6,000×70=42만 원	200×300=6만 원	200×1,300=26만 원	42+6+26=74만 원
C	6,000×70=42만 원	200×500=10만 원	200×1,000=20만 원	42+10+20=72만 원 → 200부 중 100부 5% 할인 → (할인 안 한 100부 비용) +(할인한 100부 비용) =36+(36×0.95) =70만 2천 원
D	6,000×60=36만 원	200×300=6만 원	200×1,000=20만 원	36+6+20=62만 원
E	6,000×100=60만 원	200×200=4만 원	200×1,000=20만 원	60+4+20=84만 원 → 총비용 20% 할인 84×0.8=67만 2천 원

따라서 가장 저렴한 비용으로 인쇄할 수 있는 업체는 D인쇄소이다.

10 비용 계산

정답 ⑤

- A씨 부부의 왕복 비용 : (59,800×2)×2=239,200원
- 만 6세 아들의 왕복 비용 : (59,800×0.5)×2=59,800원
- 만 3세 딸의 왕복 비용 : 59,800×0.25=14,950원

따라서 A씨 가족이 지불한 총교통비는 239,200+59,800+14,950=313,950원이다.

01	02	03	04	05	06	07	08	09	10										
⑤	②	①	①	①	①	①	⑤	③	③										

01 정보 이해 정답 ⑤

제시문에서는 '응용프로그램과 데이터베이스를 독립시킴으로써 데이터를 변경시키더라도 응용프로그램은 변경되지 않는다.'고 하였다. 따라서 데이터 논리적 의존성이 아니라 데이터 논리적 독립성이 적절하다.

오답분석
① '다량의 데이터는 사용자의 질의에 대한 신속한 응답 처리를 가능하게 한다.'라는 내용이 실시간 접근성에 해당한다.
② '삽입, 삭제, 수정, 갱신 등을 통하여 항상 최신의 데이터를 유동적으로 유지할 수 있으며'라는 내용을 통해 데이터베이스는 그 내용을 변화시키면서 계속적인 진화를 하고 있음을 알 수 있다.
③ '여러 명의 사용자가 동시에 공유할 수 있고'라는 부분에서 동시 공유가 가능함을 알 수 있다.
④ '각 데이터를 참조할 때는 사용자가 요구하는 내용에 따라 참조가 가능함'이라는 부분에서 내용에 의한 참조인 것을 알 수 있다.

02 정보 이해 정답 ②

컴퓨터 시스템의 구성요소
• 중앙처리장치(CPU) : 컴퓨터의 시스템을 제어하고 프로그램의 연산을 수행하는 처리장치이다.
• 주기억장치 : 프로그램이 실행될 때 보조기억장치로부터 프로그램이나 자료를 이동시켜 실행시킬 수 있는 기억장치이다.
• 보조저장장치 : 2차 기억장치, 디스크나 CD−ROM과 같이 영구 저장 능력을 가진 기억장치이다.
• 입출력장치 : 장치마다 별도의 제어기가 있어, CPU로부터 명령을 받아 장치의 동작을 제어하고 데이터를 이동시키는 일을 수행한다.

03 정보 이해 정답 ①

전자 우편은 기본적으로 7비트의 ASCII 코드를 사용하여 메시지를 전달한다.

04 정보 이해 정답 ①

직접 접근 파일은 주소 검색을 통해 직접적으로 데이터를 찾을 수 있는 파일을 말한다.

05 정보 이해 정답 ①

데이터베이스(DB; Data Base)란 어느 한 조직의 여러 응용 프로그램들이 공유하는 관련 데이터들의 모임이다. 대학 내 서로 관련 있는 데이터들을 하나로 통합하여 데이터베이스로 구축하게 되면 학생 관리 프로그램, 교수 관리 프로그램, 성적 관리 프로그램은 이 데이터베이스를 공유하여 사용하게 된다. 이처럼 데이터베이스는 여러 사람에 의해 사용될 목적으로 통합하여 관리되는 데이터의 집합을 말하며, 자료 항목의 중복을 없애고 자료를 구조화하여 저장함으로써 자료 검색과 갱신의 효율을 높인다.

오답분석
② 유비쿼터스 : 사용자가 네트워크나 컴퓨터를 의식하지 않고 장소에 상관없이 자유롭게 네트워크에 접속할 수 있는 정보통신 환경을 의미한다.
③ RFID : 극소형 칩에 상품정보를 저장하고 안테나를 달아 무선으로 데이터를 송신하는 장치를 말한다.
④ NFC : 전자태그(RFID)의 하나로, 13.56MHz 주파수 대역을 사용하는 비접촉식 근거리 무선통신 모듈이며, 10cm의 가까운 거리에서 단말기 간 데이터를 전송하는 기술을 말한다.
⑤ 와이파이 : 무선접속장치(AP; Access Point)가 설치된 곳에서 전파를 이용하여 일정 거리 안에서 무선인터넷을 할 수 있는 근거리 통신망 기술을 말한다.

PART 3

06

[F3] 셀에 입력된「=IF(AVERAGE(B3:E3)≥90,"합격","불합격")」함수식에서 'AVERAGE(B3:E3)'는 [B3:E3] 범위의 평균을 나타낸다. 또한, IF 함수는 논리 검사를 수행하여 TRUE나 FALSE에 해당하는 값을 반환해주는 함수로, 정리하면「=IF(AVERAGE (B3:E3)≥90,"합격","불합격")」함수식은 [B3:E3] 범위의 평균이 90 이상일 경우 '합격'을, 그렇지 않을 경우 '불합격'의 값을 출력한다. [F3] ~ [F6]의 각 셀에 나타나는 [B3:E3], [B4:E4], [B5:E5], [B6:E6]의 평균값은 83, 87, 91, 92.5이므로 [F3] ~ [F6] 셀에 나타나는 결괏값은 ①이다.

07

정보관리의 3원칙
• 목적성 : 사용목표가 명확해야 한다.
• 용이성 : 쉽게 작업할 수 있어야 한다.
• 유용성 : 즉시 사용할 수 있어야 한다.

08

• COUNTIF : 지정한 범위 내에서 조건에 맞는 셀의 개수를 구한다.
• 함수식 : =COUNTIF(D3:D10,">=2024-07-01")

[오답분석]
① COUNT : 범위에서 숫자가 포함된 셀의 개수를 구한다.
② COUNTA : 범위가 비어 있지 않은 셀의 개수를 구한다.
③ SUMIF : 주어진 조건에 의해 지정된 셀들의 합을 구한다.
④ MATCH : 배열에서 지정된 순서상의 지정된 값에 일치하는 항목의 상대 위치 값을 찾는다.

09

[오답분석]
①・② AND 함수는 인수의 모든 조건이 참(TRUE)일 경우에 성별을 구분하여 표시할 수 있으므로 적절하지 않다.
④ 함수식에서 "남자"와 "여자"가 바뀌었다.
⑤ 함수식에서 "2"와 "3"이 아니라 "1"과 "3"이 들어가야 한다.

10

num1 = 14 - num2; : num1은 14-3으로 110이 된다.
num1 *= _____ ; :
num1 = num1 * _____이 되므로 11 * _____가 33이 되기 위해서는 빈칸에는 3이 들어가야 한다.

04 전기 전공(기술능력)

01	02	03	04	05	06	07	08	09	10
④	⑤	②	①	①	②	③	②	④	⑤
11	12	13	14	15					
③	①	④	①	①					

01   정답 ④

전력계통 연계 시 병렬 회로 수가 증가하여 단락전류가 증가하고 통신선 전자 유도장해가 커진다.

전력계통 연계의 장단점
- 장점
  - 전력의 융통으로 설비용량이 절감된다.
  - 계통 전체로서의 신뢰도가 증가한다.
  - 부하 변동의 영향이 작아 안정된 주파수 유지가 가능하다.
  - 건설비 및 운전 경비 절감으로 경제 급전이 용이하다.
- 단점
  - 연계설비를 신설해야 한다.
  - 사고 시 타 계통으로 파급 확대가 우려된다.
  - 병렬회로수가 많아져 단락전류가 증대하고 통신선의 전자 유도장해가 커진다.

02   정답 ⑤

교류 파형에서 파고율은 최댓값을 실효값으로 나눈 값이며, 파형률은 실효값을 평균값으로 나눈 값이다. 파고율과 파형률 모두 1인 파형은 구형파이다.

03   정답 ②

전로의 중성점의 접지(KEC 322.5)
접지도체 : 공칭단면적 $16mm^2$ 이상의 연동선(저압의 경우 공칭단면적 $6mm^2$ 이상의 연동선)

04   정답 ①

유도장해 방지(전기설비기술기준 제17조)
특고압 가공전선로에서 발생하는 극저주파 전자계는 지표상 $1m$에서 전계가 $3.5kV/m$ 이하, 자계가 $83.3\mu T$ 이하가 되도록 시설한다.

05   정답 ①

같은 종류의 전하는 척력이 작용하며, 다른 종류의 전하는 인력이 작용한다.

06   정답 ②

절연저항은 절연물에 전압을 가하면 매우 작은 전류가 흐르며 절연체가 나타내는 전기 저항이다. 이 저항은 클수록 절연 효과가 좋아져 누전될 확률이 줄어든다.

07   정답 ③

자기 인덕턴스에 축적되는 에너지 공식을 보면 $W = \frac{1}{2}LI^2$ [J]로 자기 인덕턴스(L)에 비례하고, 전류(I)에 제곱에 비례한다.

08   정답 ②

패러데이 법칙에서 유도되는 전압(기전력)은 $e = N\frac{d\varnothing}{dt}$ [V]로 자속($\varnothing$) 변화량과 코일이 감긴 수, 권수(N)에 비례함을 알 수 있다.

09   정답 ④

일정한 크기와 방향의 정상전류가 흐르는 도선 주위의 자기장 세기를 구할 수 있는 법칙은 '비오 – 사바르 법칙'이다.

10   정답 ⑤

$$V_s = 5.5 \sqrt{0.6l + \frac{P}{100}} = 5.5 \times \sqrt{0.6 \times 45 + \frac{3,000}{100}} = 41.52kV$$

Still식
중거리 선로에서 송전전력과 송전거리에 따른 가장 경제적인 송전전압을 구하는 경험식이다.
$$V_s = 5.5 \sqrt{0.6l + \frac{P}{100}}$$
[V_s : 송전전압(kV), l : 송전거리(km), P : 송전전력 (kW)]

11

전류가 전압보다 90° 앞서는 콘덴서회로에 해당되는 '용량성 회로'이다.

12

전기자 반작용으로 인해 자속의 감소, 전기적 중성축의 이동, 정류자 편간의 불꽃 섬락이 발생하고, 이에 따라 유기기전력 감소가 생긴다.

13

정지 상태에 있는 3상 유도 전동기의 슬립값 $S=1$이다.

14

Δ 결선의 $I=\dfrac{\sqrt{3}\,V}{Z}$, Y 결선의 $I=\dfrac{V}{\sqrt{3}\,Z}$

$$\dfrac{Y\ 결선의\ I}{\Delta\ 결선의\ I}=\dfrac{\dfrac{V}{\sqrt{3}\,Z}}{\dfrac{\sqrt{3}\,V}{Z}}=\dfrac{1}{3}$$

15

기전력에 대하여 90° 늦은 전류가 통할 때 자극축과 일치하는 감자작용이 일어난다.
- 감자작용 : 전압이 앞설 때(지상) - 유도성
- 증자작용 : 전류가 앞설 때(진상) - 용량성

05 ICT 전공(기술능력)

01	02	03	04	05	06	07	08	09	10
③	⑤	③	⑤	①	②	⑤	③	②	③
11	12	13	14	15					
④	③	②	④	①					

01

데이터를 송수신하는 두 단말기 사이의 신호를 교환하는 순서와 타이밍, 절차 등에 대한 제어를 수행하는 데이터 전송 제어는 동기제어이다.

오답분석

① 흐름 제어 : 단말기와 네트워크 사이의 데이터 전송량의 조절에 관계된다.
④ 순서 제어 : 패킷 통신망에서의 데이터그램 제어에 해당된다.

02

주파수 분할 다중화(FDM)는 전송하고자 하는 신호의 대역폭보다 전송 매체의 유효 대역폭이 더 큰 경우에 사용된다.

03

배열 프로세서는 독립적인 시스템으로서 작동할 수 없고, 호스트 컴퓨터로부터 대규모 계산 작업을 의뢰받아 고속으로 처리하고, 그 결과를 호스트 컴퓨터로 되돌려 보내는 계산 전용 컴퓨터로 사용한다.

04

- 2의 보수는 1의 보수를 먼저 구한 다음 가장 오른쪽 자리에서 1을 더한다.
- 11001000의 1의 보수(0 → 1, 1 → 0)는 00110111이고, 여기에 1을 더하면 00110111+1=00111000이다.

05

컴퓨터는 0과 1로 이루어져 있으므로 두 레지스터의 값을 뺐을 때, Zero가 된다면 같은 값임을 알 수 있다.

06
정답 ②

C 클래스로 할당받은 IP 주소가 203.121.212.0 ~ 203.121.212.255일 때 하나의 네트워크 안에 주소를 부여할 수 있는 개수는 256개이다. 0번과 255번은 시스템 어드레스라 하여 실제 사용되지 않으므로 실제 할당할 수 있는 최대 IP 주소의 개수는 $256-2=254$개이다.

07
정답 ⑤

회선 교환(Circuit Switching) 방식에서 전송 데이터의 에러 제어나 흐름 제어는 사용자가 수행하며, 데이터 전송률은 동일한 전송 속도로 운영된다. 경로가 확보되면 지속적인 데이터 전송을 할 수 있어 지연 시간이 거의 없는 실시간 데이터 전송에 적합하다.

08
정답 ③

마이크로파 통신은 광대역성 신호를 쉽게 전송하는 것이 가능하다. 여기서 마이크로파 통신의 특징을 고려하면 다음과 같다.
• 300~3,000MHz대의 UHF 및 3,000~30,000MHz대의 SHF의 전파
• 이 영역에서 통신을 행하는 경우에는 파장이 짧고, 지향성이 강하며, 타 회선에 대한 영향을 적게 받는다.

09
정답 ②

[오답분석]
①·④ 데이터를 디지털 신호로 변환하는 과정이다.

10
정답 ③

4상차분위상 변조에서는 1회의 변조로 2비트를 전송할 수 있으므로, 신호 속도는 $1,600×2=3,200$bps이다.

11
정답 ④

• XML : 웹에서 애플리케이션에 데이터 교환이 가능하도록 하는 표준 언어로 HTML과 SGML의 장점을 결합하여 만든 언어이다.
• SGML : 다양한 형태의 멀티미디어 문서들을 원활하게 교환할 수 있도록 제정한 국제 표준 언어이다.

12
정답 ③

프로그램 개발 단계에서는 단계별 결과를 바로 확인해야 하는 프로그램 테스트 작업이 자주 수행되므로 컴파일러보다는 결과 확인에 시간이 적게 소요되는 인터프리터가 유리하다.

13
정답 ②

프로그램의 처리 순서
1. 원시 프로그램
2. 컴파일러(Compiler)
3. 목적 프로그램
4. 실행 가능한 프로그램
5. 로더(Loader)

14
정답 ④

휩 안테나는 자동차, 항공기 및 모터 보드 등에 이용되며, 일반적으로 반사기를 사용하여 단일 지향성을 얻을 수 있는 안테나이다.

15
정답 ①

작은 데이터를 간헐적으로 송수신하는 데 적합한 것은 UDP이다.

> UDP는 TCP와 달리 데이터의 수신에 대한 책임을 지지 않는다. 이는 송신자는 정보를 보냈지만, 정보가 수신자에게 제때에 도착했는지 또는 정보 내용이 서로 뒤바뀌었는지에 대해서 송신자는 상관할 필요가 없다는 말이다. 또 TCP보다 안정성 면에서는 떨어지지만, 속도는 훨씬 빠르다.

| 01 | NCS 공통영역 |

01	02	03	04	05	06	07	08	09	10	11	12	13	14	15	16	17	18	19	20
④	②	④	④	③	④	③	④	④	⑤	③	④	④	④	④	②	①	④	②	⑤
21	22	23	24	25	26	27	28	29	30										
④	⑤	②	④	④	②	⑤	④	⑤	③										

01 내용 추론

정답 ④

'책을 사다.'와 '책을 읽다.' 모두 문장이 성립하므로 '사다'와 '읽다' 모두 본용언으로 볼 수 있다.

오답분석

① '아침을 잘 먹다.'는 문장이 성립하고, '아침을 잘 두다.'는 성립하지 않으므로 '먹다'는 본용언으로, '두다'는 보조용언으로 볼 수 있다.
② '척하다'는 의존 명사에 '하다'가 결합된 형태인 보조용언이다.
③ '집에 싶다.'는 문장이 성립하지 않으므로 '싶다'는 보조용언으로 볼 수 있다.
⑤ '시장에 가다.'는 문장이 성립하므로 '가다'는 본용언으로 볼 수 있다.

02 어휘

정답 ②

• 일고(一考) : 한 번 생각해 봄

오답분석

① 일각(一角) : 한 귀퉁이. 또는 한 방향
③ 일람(一覽) : 한 번 봄. 또는 한 번 죽 훑어봄
④ 일부(一部) : 일부분(한 부분)
⑤ 일반(一般) : 전체에 두루 해당되는 것

03 글의 주제

정답 ④

제시문의 두 번째 문단에서 전기자동차 산업이 확충되고 있음을 언급하면서 구리가 전기자동차의 배터리를 만드는 데 핵심 재료임을 설명하고 있기 때문에 '전기자동차 산업 확충에 따른 산업금속 수요의 증가'가 글의 핵심 내용으로 적절하다.

오답분석

① · ⑤ 제시문에서 언급하고 있는 내용이기는 하나 핵심 내용으로 보기는 어렵다.
② 제시문에서 '그린 열풍'을 언급하고 있으나, 그 현상의 발생 원인은 제시되어 있지 않다.
③ 제시문에서 산업금속 공급난이 우려된다고 언급하고 있으나 그로 인한 문제는 제시되어 있지 않다.

04 ◁ 빈칸 삽입
정답 ④

보기의 문장은 홍차가 귀한 취급을 받았던 이유에 대하여 구체적으로 설명하고 있다. 따라서 '홍차의 가격이 치솟아 무역적자가 심화되자, 영국 정부는 자국 내에서 직접 차를 키울 수는 없을까 고민하지만 별다른 방법을 찾지 못했고, 홍차의 고급화는 점점 가속화됐다.'의 뒤, 즉 (라)에 위치하는 것이 적절하다.

05 ◁ 문단 나열
정답 ③

제시문은 '시간의 비용'이라는 개념을 소개하는 글이다. 따라서 (라) 1965년 노벨상 수상자인 게리 베커가 주장한 '시간의 비용' 개념에 대한 소개 → (가) 베커의 '시간의 비용이 가변적'이라는 개념 → (다) 베커와 같이 시간의 비용이 가변적이라고 주장한 경제학자 린더의 주장 → (나) 베커와 린더의 공통적 전제인 사람들에게 주어진 시간이 고정된 양이라는 사실과 기대수명이 늘어남으로써 달라지는 시간의 가치 순서로 나열하는 것이 가장 적절하다.

06 ◁ 문서 내용 이해
정답 ④

세계 최초의 디지털 배전선로 구축 계획과 그와 관련된 구체적인 사항에 대해서 이야기했으나, 한계점에 대한 내용은 언급하지 않았다.

07 ◁ 문서 내용 이해
정답 ③

한전의 '2030 미래 배전기자재 종합 개발계획'에는 배전기기・시스템・센서를 연계하는 디지털 그리드화, 콤팩트 및 슬림화를 통한 선제적인 미래 기자재 개발, 전력설비 무보수・무고장화 등이 있다.

오답분석
① 한전의 저장・비저장 품목 계획에서 알루미늄 지중케이블이 1,492억 원으로 가장 큰 비용이 든다.
② 한전은 22.9kV 지중매설형 변압기, 스마트센서 내장형 변압기 등을 개발하고 있으며, 일부는 이미 시범사업을 진행하고 있다.
④ 한전은 전기와 정보를 동시에 전달하는 에너지인터넷망 구현에 필요한 기반을 구축할 계획이다.
⑤ 배전분야 전력기자재 산업발전포럼에서는 운영방안과 올해 배전기자재 구매계획, 배전망 분산형전원 연계기술 동향, 빛가람 에너지밸리 지원사업, 기자재 품질관리제도 운영방안, 기자재 고장 사례 분석 등을 공개했다.

08 ◁ 빈칸 삽입
정답 ④

빈칸의 뒤에 나오는 내용을 살펴보면, 양안시에 대해 설명하면서 양안시차를 통해 물체와의 거리를 파악한다고 하였으므로 빈칸에는 거리와 관련된 내용이 나왔음을 짐작해 볼 수 있다. 따라서 빈칸에 들어갈 내용은 '사냥감과의 거리를 정확히 파악하는 데 효과적이기 때문이다.'가 가장 적절하다.

09 ◁ 문서 내용 이해
정답 ④

온건한 도덕주의는 일부 예술작품만 도덕적 판단의 대상이 된다고 보고, 극단적 도덕주의는 모든 예술작품이 도덕적 판단의 대상이 된다고 본다. 따라서 온건한 도덕주의에서 도덕적 판단의 대상이 되는 예술작품은 극단적 도덕주의에서도 도덕적 판단의 대상이다.

오답분석
① 자율성주의는 예술작품의 미적 가치와 도덕적 가치가 서로 자율성을 유지한다고 보며, 미적 가치가 도덕적 가치보다 우월한 것으로 본다고 할 수는 없다.
② 온건한 도덕주의에서는 예술작품 중 일부에 대해서 긍정적 또는 부정적 도덕적 가치판단이 가능하다고 하였으며, 미적 가치와 도덕적 가치의 독립적인 지위를 인정해야 한다는 언급은 없다.
③ 자율성주의는 모든 예술작품이 도덕적 가치판단의 대상이 될 수 없다고 본다.
⑤ 두 번째 문단에서 톨스토이는 극단적 도덕주의의 입장을 대표한다고 하였다.

10 글의 제목

정답 ⑤

제시문은 부모 사망 시 장애인 자녀의 안정적인 생활을 위해 가입할 수 있는 보험과 그와 관련된 세금 혜택, 그리고 부모 및 그 밖의 가족들의 재산 증여 시 받을 수 있는 세금 혜택에 대해 다루고 있으므로 ⑤가 글의 제목으로 가장 적절하다.

오답분석

① 제시문은 부모 사망 시 장애인 자녀가 직면한 상속의 어려움에 대해 언급하고 있지만, 구체적으로 유산 상속 과정을 다루고 있지는 않다.
② 제시문은 부모 사망 시 장애인 자녀가 받을 수 있는 세금 혜택을 다루고는 있으나, 단순히 '혜택'이라고 명시하기에는 글의 제목이 포괄적이므로 적절하지 않다.
③ 제시문은 부모 사망 시 장애인 자녀가 직면한 상속의 어려움과 생활 안정 방안에 대해 다루고 있으므로 '사회적 문제'는 전체적인 글의 제목으로 보기에는 적절하지 않다.
④ 제시문은 부모 사망 시 장애인 자녀가 받는 보험 및 증여세 혜택보다는 수령하는 보험금에 있어서의 세금 혜택과 보험금을 어떻게 수령하여야 장애인 자녀의 생활 안정에 유리한지, 상속세 및 증여세법에 의해 받는 세금 혜택이 무엇인지에 대해 다루고 있다. 따라서 글의 내용 전체를 담고 있지 않아 적절하지 않다.

11 응용 수리

정답 ③

희경이가 본사에서 나온 시각은 오후 3시에서 본사에서 A지점까지 걸린 시간만큼을 빼면 된다. 본사에서 A지점까지 가는 데 걸린 시간은 $\frac{20}{60}+\frac{30}{90}=\frac{2}{3}$ 시간, 즉 40분 걸렸으므로 오후 2시 20분에 본사에서 나왔다는 것을 알 수 있다.

12 응용 수리

정답 ④

수건을 4개, 7개, 8개씩 포장하면 각각 1개씩 남으므로 재고량은 4, 7, 8의 공배수보다 1이 클 것이다.
4, 7, 8의 공배수는 56이므로 다음과 같이 나누어 생각해볼 수 있다.
• 재고량이 56+1=57개일 때 : 57=5×11+2
• 재고량이 56×2+1=113개일 때 : 113=5×22+3
• 재고량이 56×3+1=169개일 때 : 169=5×33+4
따라서 5개씩 포장하면 4개가 남는 경우는 재고량이 169개일 때이므로 가능한 재고량의 최솟값은 169개이다.

13 응용 수리

정답 ④

• 팀장 한 명을 뽑는 경우의 수 : $_{10}C_1=10$가지
• 회계 담당 2명을 뽑는 경우의 수 : $_9C_2=\frac{9\times8}{2!}=36$가지

따라서 구하고자 하는 경우의 수는 10×36=360가지이다.

14 응용 수리

정답 ④

더 넣어야 하는 녹차가루의 양을 xg이라 하면 다음 식이 성립한다.
$$\frac{30+x}{120+30+x}\times100\geq40$$
→ $3,000+100x\geq6,000+40x$
→ $60x\geq3,000$
∴ $x\geq50$
따라서 더 넣어야 하는 녹차가루의 양은 최소 50g이다.

15 자료 계산 　　　　　　　　　　　　　　　　　　　　　　　　　　정답 ④

2022년 전년 대비 각 시설의 증가량은 축구장 60개소, 체육관 58개소, 간이운동장 789개소, 테니스장 62개소로 가장 적게 늘어난 곳은 체육관이며, 가장 많이 늘어난 곳은 간이운동장이다. 따라서 639+11,458=12,097개소이다.

16 자료 이해 　　　　　　　　　　　　　　　　　　　　　　　　　　정답 ②

$$\frac{529}{467+529+9,531+428+1,387} \times 100 ≒ 4.3\%$$

17 자료 이해 　　　　　　　　　　　　　　　　　　　　　　　　　　정답 ①

5월의 전월 대비 영상회의 개최 건수는 35건이 증가하였지만, 3월의 전월 대비 영상회의 개최 건수는 46건이 증가하였으므로 3월이 가장 크다.

오답분석

② 전국 월별 영상회의 개최 건수를 분기별로 비교하면 다음과 같다.
　• 1/4분기 : 77+68+114=259
　• 2/4분기 : 61+96+97=254
　• 3/4분기 : 92+102+120=314
　• 4/4분기 : 88+68+99=255
　따라서 전국 월별 영상회의 개최 건수는 3/4분기에 가장 많다.

③ 영상회의 개최 건수가 가장 많은 지역은 전남(442건)임을 알 수 있다.

④ 인천과 충남에서 개최한 영상회의 건수는 총 119건이며, 9월의 전국 영상회의 개최 건수는 120건이다. 이때, 인천과 충남이 모두 9월에 영상회의를 개최하였다고 하였으므로 남은 1건은 다른 지역이 되어야 한다. 따라서 9월에 영상회의를 개최한 지역은 모두 3개다.

⑤ 전국의 영상회의 개최 건수는 1,082건으로 50%는 541건인데, 전남의 개최 건수가 442건이므로 전북과 강원의 합이 99건만 넘으면 이 세 지역의 합이 전체의 절반을 넘게 된다. 전북(93건)과 강원(76건)의 합은 99건을 초과하므로 옳은 설명이다.

18 자료 이해 　　　　　　　　　　　　　　　　　　　　　　　　　　정답 ④

가. 30대 미만의 주택소유 비중은 2019년에 100−(16.1+25.8+25.7+27.7)=4.7%이며, 2023년은 100−(13.8+24.7+25.8+31.4)=4.3%이다. 따라서 2023년의 감소율은 $\frac{4.7-4.3}{4.7} \times 100 ≒ 8.5\%$이므로 10%를 넘지 않는다.

다. 2019년에는 40대가 50대보다 주택소유 비중이 근소하게 높으며, 나머지 해는 모두 고연령대일수록 주택소유 비중이 높다.

오답분석

나. 60대 이상의 주택소유 비중은 2019년부터 2023년까지 꾸준히 증가했다.

19 자료 계산 　　　　　　　　　　　　　　　　　　　　　　　　　　정답 ②

2021년의 주택의 수는 125,000호이며 전년 대비 증가율이 1.1%이므로 2020년의 주택의 수는 $\frac{125,000}{1.011} ≒ 123,640$호가 된다.

이와 같이 2019년 주택의 수를 구하면 $\frac{123,640}{1.008} ≒ 122,659$호가 됨을 알 수 있다.

20 자료 이해   정답 ⑤

주어진 조건 중 하나를 특정할 수 있는 조건부터 풀어야 한다. 이에 따라 ㉣부터 순서대로 조건을 정리하면 다음과 같다.

㉣ 전년 대비 2020 ~ 2023년 신고 수가 한 번 감소하는 세관물품은 B이다. : B → 잡화류

㉡ 2019 ~ 2023년 세관물품 중 신고 수가 가장 적은 것은 D이다. : D → 가전류

㉢ 전년 대비 2020년 세관물품 신고 수 증감률은 다음과 같다.

- A : $\dfrac{3,547-3,245}{3,245} \times 100\% ≒ 9.31\%$p

- B : $\dfrac{2,548-2,157}{2,157} \times 100\% ≒ 18.13\%$p

- C : $\dfrac{3,753-3,029}{3,029} \times 100\% ≒ 23.90\%$p

- D : $\dfrac{1,756-1,886}{1,886} \times 100\% ≒ -6.89\%$p

따라서 증가율이 가장 높은 것은 C이다. : C → 주류

그리고 남은 A는 담배류가 된다.

21 명제 추론   정답 ④

네 번째 조건에 따르면 지하철에는 D를 포함한 두 사람이 타는데, 다섯 번째 조건에 따라 B가 탈 수 있는 교통수단은 지하철뿐이므로 지하철에는 D와 B가 타며, 둘 중 한 명은 라 회사에 지원했다. 또한, 세 번째 조건에 따라 어떤 교통수단을 선택해도 지원한 회사에 갈 수 있는 E는 마지막 조건에 따라 버스와 택시로 서로 겹치는 회사인 가 회사에 지원했음을 알 수 있다. 한편, 두 번째 조건에 따라 A는 다 회사에 지원했고 버스나 택시를 타야 하는데, 첫 번째 조건에 따라 택시를 타면 다 회사에 갈 수 없으므로 A는 버스를 탄다. 즉, C는 나 또는 마 회사에 지원했음을 알 수 있으며, 택시를 타면 갈 수 있는 회사 중 가 회사를 제외하면 버스로 갈 수 있는 회사와 겹치지 않으므로, C는 택시를 이용한다. 이를 정리하면 다음과 같다.

구분	지원한 회사	교통수단
A	다	버스
B		지하철
C	나 또는 마	택시
D		지하철
E	가	버스 또는 택시

따라서 E가 라 회사에 지원했다는 ④는 옳지 않다.

22 명제 추론   정답 ⑤

주어진 조건에 따라 자물쇠를 열 수 없는 열쇠를 정리하면 다음과 같다.

구분	1번 열쇠	2번 열쇠	3번 열쇠	4번 열쇠	5번 열쇠	6번 열쇠
첫 번째 자물쇠			×	×	×	×
두 번째 자물쇠			×			×
세 번째 자물쇠	×	×	×			×
네 번째 자물쇠			×	×		×

따라서 3번 열쇠로는 어떤 자물쇠도 열지 못하는 것을 알 수 있다.

[오답분석]

① 첫 번째 자물쇠는 1번 또는 2번 열쇠로 열릴 수 있다.

② 두 번째 자물쇠가 2번 열쇠로 열리면, 세 번째 자물쇠는 4번 열쇠로 열린다.

③ 세 번째 자물쇠가 5번 열쇠로 열리면, 네 번째 자물쇠는 1번 또는 2번 열쇠로 열린다.

④ 네 번째 자물쇠가 5번 열쇠로 열리면, 두 번째 자물쇠는 1번 또는 2번 열쇠로 열린다.

23 규칙 적용 　　　　　　　　　　　　　　　　　　　　　　　　정답 ②

A/S 접수 현황에서 잘못 기록된 일련번호는 총 7개이다.

분류 1	• ABE1C6<u>100121</u> → 일련번호가 09999 이상인 것은 없음 • MBE1D<u>B</u>001403 → 제조월 표기기호 중 'B'는 없음
분류 2	• MBP2CO<u>120202</u> → 일련번호가 09999 이상인 것은 없음 • ABE2D<u>0</u>001063 → 제조월 표기기호 중 '0'은 없음
분류 3	• CBL3<u>S</u>8005402 → 제조연도 표기기호 중 'S'는 없음
분류 4	• SBE4D5<u>101483</u> → 일련번호가 09999 이상인 것은 없음 • CBP4D6<u>100023</u> → 일련번호가 09999 이상인 것은 없음

24 규칙 적용 　　　　　　　　　　　　　　　　　　　　　　　　정답 ④

제조연도는 시리얼 번호 중 앞에서 다섯 번째 알파벳으로 알 수 있다. 2019년은 'A', 2020년은 'B'로 표기되어 있으며, A/S 접수 현황에서 찾아보면 2019년 2개, 2020년 7개로 총 9개이다.

25 규칙 적용 　　　　　　　　　　　　　　　　　　　　　　　　정답 ④

• 1단계 : 주민등록번호 앞 12자리 숫자에 가중치를 곱하면 다음과 같다.

숫자	2	4	0	2	0	2	8	0	3	7	0	1
가중치	2	3	4	5	6	7	8	9	2	3	4	5
결과	4	12	0	10	0	14	64	0	6	21	0	5

• 2단계 : 1단계에서 구한 값의 합을 계산한다.

$4+12+0+10+0+14+64+0+6+21+0+5=136$

• 3단계 : 2단계에서 구한 값을 11로 나누어 나머지를 구한다.

$136 \div 11 = 12 \cdots 4$

• 4단계 : 11에서 3단계의 나머지를 뺀 수를 10으로 나누어 나머지를 구한다.

$(11-4) \div 10 = 0 \cdots 7$

따라서 빈칸에 들어갈 수는 7이다.

26 자료 해석 　　　　　　　　　　　　　　　　　　　　　　　　정답 ②

D사원의 출장 기간은 4박 5일로, 숙박 요일은 수요일, 목요일, 금요일, 토요일이다. 숙박비를 계산하면 120+120+150+150=USD 540이고, 총숙박비의 20%를 예치금으로 지불해야 하므로 예치금은 540×0.2=USD 108이다. 이때 일요일은 체크아웃하는 날이므로 숙박비가 들지 않는다.

27 자료 해석 　　　　　　　　　　　　　　　　　　　　　　　　정답 ⑤

D사원의 출장 출발일은 호텔 체크인 당일이다. 체크인 당일 취소 시 환불이 불가능하므로 D사원은 환불받을 수 없다.

28 자료 해석

주어진 조건에 따라 점수를 표로 정리하면 다음과 같다.

대상자	총점(점)	해외 및 격오지 근무경력	선발여부
A	27	2년	
B	25		
C	25		
D	27	5년	선발
E	24.5		
F	25		
G	25		
H	27	3년	
I	27.5		선발

총점이 27.5로 가장 높은 I는 우선 선발된다. A, D, H는 총점이 27점으로 같으므로, 해외 및 격오지 근무경력이 가장 많은 D가 선발된다.

29 자료 해석

정답 ⑤

변경된 조건에 따라 점수를 표로 정리하면 다음과 같다.

대상자	해외 및 격오지 근무경력 점수(점)	외국어능력(점)	필기(점)	면접(점)	총점(점)	선발여부
C	4	9	9	7	29	
D	5	10	8.5	8.5	32	
E	5	7	9	8.5	29.5	
F	4	8	7	10	29	
G	7	9	7	9	32	선발
I	6	10	7.5	10	33.5	선발

총점이 33.5로 가장 높은 I는 우선 선발된다. D와 G는 총점이 32점으로 같으므로, 해외 및 격오지 근무경력이 많은 G가 선발된다.

30 SWOT 분석

정답 ③

전기의 가격은 10 ~ 30원/km인 반면, 수소의 가격은 72.8원/km로 전기보다 수소의 가격이 더 비싸다. 하지만 원료의 가격은 자사의 내부환경의 약점(Weakness) 요인이 아니라 외부환경에서 비롯된 위협(Threat) 요인으로 보아야 한다.

오답분석

(가) 보조금 지원을 통해 첨단 기술이 집약된 친환경 차를 중형 SUV 가격에 구매할 수 있다고 하였으므로, 자사의 내부환경의 강점(Strength) 요인으로 볼 수 있다.
(나) 충전소가 전국 12개소에 불과하며, 올해 안에 10개소를 더 설치한다고 계획 중이지만 완공 여부는 알 수 없으므로, 자사의 내부환경의 약점(Weakness) 요인으로 볼 수 있다.
(라) 친환경차에 대한 인기가 뜨겁다고 하였으므로, 고객이라는 외부환경에서 비롯된 기회(Opportunity) 요인으로 볼 수 있다.
(마) 생산량에 비해 정부 보조금이 부족한 것은 외부환경에서 비롯된 위협(Threat) 요인으로 볼 수 있다.

02 NCS 선택영역(자원관리능력)

01	02	03	04	05	06	07	08	09	10										
①	④	①	③	④	④	④	①	③	④										

01 시간 계획

정답 ①

• 출장지에 도착한 현지 날짜 및 시각

서울 시각	5일 오후 1시 35분
비행 시간	+3시간 45분
대기 시간	+3시간 50분
비행 시간	+9시간 25분
시차	−1시간
	=6일 오전 5시 35분

02 인원 선발

정답 ④

구분	월	화	수	목	금	토	일
오전	공주원 지한준 김민정	이지유 최유리 이건율	강리환 이영유	공주원 강리환 이건율	이지유 지한준	최민관 강지공 김민정	이건율 최민관
오후	이지유 최민관	최민관 이영유 강지공	공주원 지한준 강지공 김민정	최유리	이영유 강지공	강리환 최유리 이영유	이지유 김민정

당직 근무 규칙에 따르면 오후 당직의 경우 최소 2명이 근무해야 한다. 그러나 목요일 오후에 최유리 1명만 근무하므로 최소 1명의 근무자가 더 필요하다. 이때, 한 사람이 같은 날 오전·오후 당직을 모두 할 수 없으므로 목요일 오전 당직 근무자인 공주원, 강리환, 이건율은 제외된다. 또한 당직 근무는 주당 5회 미만이므로 이번 주에 4번의 당직 근무가 예정된 근무자 역시 제외된다. 따라서 지한준의 당직 근무 일정을 추가해야 한다.

03 품목 확정

정답 ①

조건에 따라 가중치를 적용한 후보 도서들의 점수를 나타내면 다음과 같다.

(단위 : 점)

도서명	흥미도 점수	유익성 점수	1차 점수	2차 점수
재테크, 답은 있다	6×3=18	8×2=16	34	34
여행학개론	7×3=21	6×2=12	33	33+1=34
부장님의 서랍	6×3=18	7×2=14	32	−
IT혁명의 시작	5×3=15	8×2=16	31	−
경제정의론	4×3=12	5×2=10	22	−
건강제일주의	8×3=24	5×2=10	34	34

따라서 최종 선정될 도서는 '재테크, 답은 있다'와 '여행학개론'이다.

04 ［비용 계산］ 　　　　　　　　　　　　　　　정답 ③

고객 A는 제품을 구입한 지 1년이 지났으므로 수리비 2만 원을 부담해야 하며, A/S 서비스가 출장 서비스로 진행되어 출장비를 지불해야 하는데, 토요일 오후 3시는 A/S 센터 운영시간이 아니므로 3만 원의 출장비를 지불해야 한다. 또한 부품을 교체하였으므로 고객 A는 부품비 5만 원까지 합하여 총 10만 원의 A/S 서비스 비용을 지불해야 한다.

05 ［비용 계산］ 　　　　　　　　　　　　　　　정답 ④

통화 내역을 통해 국내통화인지 국제통화인지 구분한다.
• 국내통화 : 11/5(화), 11/6(수), 11/8(금) → 10분+30분+30분=70분
• 국제통화 : 11/7(목) → 60분
∴ 70분×15원+60분×40원=3,450원

06 ［비용 계산］ 　　　　　　　　　　　　　　　정답 ④

제품군별 지급해야 할 보관료는 다음과 같다.
• A제품군 : 300억×0.01=3억 원
• B제품군 : 2,000CUBIC×20,000=4천만 원
• C제품군 : 500톤×80,000=4천만 원
따라서 J기업이 보관료로 지급해야 할 총금액은 3억+4천만+4천만=3억 8천만 원이다.

07 ［인원 선발］ 　　　　　　　　　　　　　　　정답 ④

우선 동료 평가에서 '하'를 받은 E와 I를 제외한다. 승진시험 성적은 100점 만점이므로 제시된 점수를 그대로 반영하고 영어 성적은 5를 나누어서 반영한다. 성과 평가의 경우는 2를 나누어서 반영해 합산점수를 구하면 다음과 같이 나온다.

구분	A	B	C	D	E	F	G	H	I	J	K
합산점수	220	225	225	200	제외	235	245	220	제외	225	230

따라서 F, G가 승진 대상자가 된다.

08 ［인원 선발］ 　　　　　　　　　　　　　　　정답 ①

평가지표 결과와 지표별 가중치를 이용하여 지원자들의 최종 점수를 계산하면 다음과 같다.
• A지원자 : (3×3)+(3×3)+(5×5)+(4×4)+(4×5)+5=84점
• B지원자 : (5×3)+(5×3)+(2×5)+(3×4)+(4×5)+5=77점
• C지원자 : (5×3)+(3×3)+(3×5)+(3×4)+(5×5)=76점
• D지원자 : (4×3)+(3×3)+(3×5)+(5×4)+(4×5)+5=81점
• E지원자 : (4×3)+(4×3)+(2×5)+(5×4)+(5×5)=79점
따라서 J공사에서 올해 채용할 지원자는 A, D지원자이다.

09 ［비용 계산］ 　　　　　　　　　　　　　　　정답 ③

먼저 A씨의 퇴직금을 구하기 위해서는 1일 평균임금을 구해야 한다.
퇴직일 이전 3개월간 지급받은 임금총액은 6,000,000+720,000=6,720,000원이고, 1일 평균임금은 6,720,000원/80=84,000원이다.
따라서 퇴직금은 84,000원×30일×(730/365)=5,040,000원이다.

10 시간 계획

공정이 진행되는 순서는 다음과 같다.

7월							8월
		B	B			B	
25일(화)	26일(수)	27일(목)	28일(금)	29일(토)	30일(일)	31일(월)	1일(화)
A	A	A	C, A	주말	주말	C	

- 25 ~ 26일 : A공정에 의해 100개 생산
- 27 ~ 28일 : A공정에 의해 100개 생산
- 27 ~ 31일 : B공정에 의해 150개 생산
- 28 ~ 31일 : C공정에 의해 200개 생산

따라서 7월 31일이 되어서야 제품 550개가 생산되므로 7월 31일에 생산이 끝난다.

03 NCS 선택영역(정보능력)

01	02	03	04	05	06	07	08	09	10										
④	④	②	④	③	②	④	①	④	④										

01 정보 이해

정답 ④

- (가) 자료(Data) : 정보 작성을 위하여 필요한 데이터를 말하는 것으로, 이는 '아직 특정의 목적에 대하여 평가되지 않은 상태의 숫자나 문자들의 단순한 나열'을 뜻한다.
- (나) 정보(Information) : 자료를 일정한 프로그램에 따라 처리·가공함으로써 '특정한 목적을 달성하는 데 필요하거나 특정한 의미를 가진 것으로 다시 생산된 것'을 뜻한다.
- (다) 지식(Knowledge) : '특정한 목적을 달성하기 위해 과학적 또는 이론적으로 추상화되거나 정립되어 있는 일반화된 정보'를 뜻하는 것으로, 어떤 대상에 대하여 원리적·통일적으로 조직되어 객관적 타당성을 요구할 수 있는 판단의 체계를 제시한다.

02 정보 이해

정답 ④

운영체제의 기능에는 프로세스 관리, 메모리 관리, 기억장치 관리, 파일 관리, 입출력 관리, 리소스 관리 등이 있다.

03 정보 이해

정답 ②

인쇄 중인 문서를 일시 중지시킬 수 있으며 일시 중지된 문서를 다시 이어서 출력할 수도 있지만, 다른 프린터로 출력하도록 할 수는 없다. 다른 프린터로 출력을 원할 경우 처음부터 다른 프린터로 출력해야 한다.

04 정보 이해

정답 ④

비교적 가까운 거리에 흩어져 있는 컴퓨터들을 서로 연결하여 여러 가지 서비스를 제공하는 네트워크는 근거리 통신망에 해당한다. 근거리 통신망의 작업 결과를 공유하기 위해서는 네트워크상의 작업 그룹명을 동일하게 하여야 한다.

05 정보 이해 　　　　　　　　　　　　　　　　　　　　　　　　　　　　　　　　　　　　　정답 ③

세탁기 신상품은 중년층을 대상으로 하기 때문에 성별이 아닌 연령에 따라 자료를 분류해야 하며, 중년층의 세탁기 선호 디자인에 대한 정보가 필요함을 알 수 있다.

06 엑셀 함수 　　　　　　　　　　　　　　　　　　　　　　　　　　　　　　　　　　　　　정답 ②

- [D11] 셀에 입력된 COUNTA 함수는 범위에서 비어있지 않은 셀의 개수를 구하는 함수이다. [B3:D9] 범위에서 비어있지 않은 셀의 개수는 숫자 '1' 10개와 '재제출 요망'으로 입력된 텍스트 2개로, 「=COUNTA(B3:D9)」의 결괏값은 12이다.
- [D12] 셀에 입력된 COUNT 함수는 범위에서 숫자가 포함된 셀의 개수를 구하는 함수이다. [B3:D9] 범위에서 숫자가 포함된 셀의 개수는 숫자 '1' 10개로, 「=COUNT(B3:D9)」의 결괏값은 10이다.
- [D13] 셀에 입력된 COUNTBLANK 함수는 범위에서 비어있는 셀의 개수를 구하는 함수이다. [B3:D9] 범위에서 비어있는 셀의 개수는 9개이므로 「=COUNTBLANK(B3:D9)」의 결괏값은 9이다.

07 엑셀 함수 　　　　　　　　　　　　　　　　　　　　　　　　　　　　　　　　　　　　　정답 ④

표에서 단가가 두 번째로 높은 물품의 금액을 구하려면 데이터 집합에서 N번째로 큰 값을 구하는 함수인 LARGE 함수를 사용해야 한다. 따라서 ④를 입력해야 하며, 결괏값으로는 [D2:D9] 범위에서 두 번째로 큰 값인 20,000이 산출된다.

[오답분석]
① MAX 함수는 최댓값을 구하는 함수이다.
② MIN 함수는 최솟값을 구하는 함수이다.
③ MID 함수는 문자열의 지정 위치에서 문자를 지정한 개수만큼 돌려주는 함수이다.
⑤ INDEX 함수는 범위 내에서 값이나 참조 영역을 구하는 함수이다.

08 엑셀 함수 　　　　　　　　　　　　　　　　　　　　　　　　　　　　　　　　　　　　　정답 ①

구입물품 중 의류의 총개수를 구하려면 주어진 조건에 의해 지정된 셀들의 합을 구하는 함수인 SUMIF 함수를 사용해야 하며, 「=SUMIF(조건 범위,조건,계산할 범위)」로 구성된다. 따라서 ①을 입력해야 하며, 결괏값으로는 계산할 범위 [C2:C9] 안에서 [A2:A9] 범위 안의 조건인 [A2](의류)로 지정된 셀들의 합인 42가 산출된다.

[오답분석]
② COUNTIF 함수는 지정한 범위 내에서 조건에 맞는 셀의 개수를 구하는 함수이다.
③ VLOOKUP 함수는 목록 범위의 첫 번째 열에서 세로 방향으로 검색하면서 원하는 값을 추출하는 함수이다.
④ HLOOKUP 함수는 목록 범위의 첫 번째 행에서 가로 방향으로 검색하면서 원하는 값을 추출하는 함수이다.
⑤ AVERAGEIF 함수는 주어진 조건에 따라 지정되는 셀의 평균을 구하는 함수이다.

09 프로그램 언어(코딩) 　　　　　　　　　　　　　　　　　　　　　　　　　　　　　　　　정답 ④

%는 나머지를 나타내는 연산자이므로 위 프로그램의 실행 결과는 1 2 0 1 2 0이다.
따라서 결괏값의 합은 1+2+0+1+2+0=6이다.

10 프로그램 언어(코딩) 　　　　　　　　　　　　　　　　　　　　　　　　　　　　　　　　정답 ④

1부터 100까지의 값은 변수 x에 저장한다. 1, 2, 3, …에서 초기값은 1이고, 최종값은 100이며, 증분값은 1씩 증가시키면 된다. 즉, 1부터 100까지를 덧셈하려면 99단계를 반복 수행해야 하므로 결괏값은 5050이 된다.

01	02	03	04	05	06	07	08	09	10
④	①	②	④	②	①	①	⑤	⑤	⑤
11	12	13	14	15					
④	②	②	②	④					

01
정답 ④

$H = nI$이고, n은 단위 길이당 권수이다.

$n = \dfrac{N}{l} = \dfrac{20}{10^{-2}} = 2{,}000$이므로,

$H = nI = 2{,}000 \times 5 = 10{,}000 \text{AT/m} = 10^4 \text{AT/m}$이다.

02
정답 ①

시가지 등에서 특고압 가공전선로의 시설(KEC 333.1)
사용전압이 100kV를 초과하는 특고압 가공전선에 지락 또는 단락이 생겼을 때에는 이를 전로로부터 1초 이내에 차단하는 장치를 시설해야 한다.

03
정답 ②

부식성 가스 등이 있는 장소에는 애자 사용 배선, 합성 수지관 배선, 금속관 배선, 2종 가요전선관 배선, 케이블 배선, 캡타이어 케이블 배선 등을 사용하며 1종 금속제 가요전선관 배선은 사용할 수 없다.

04
정답 ④

2차 전지는 충전을 통해 반영구적으로 사용하는 전지로 가장 보편적인 전지는 니켈카드뮴 전지(니카드 전지)이다.

[오답분석]
① 망간 전지 : 방전한 뒤 충전을 못하는 1차 전지로 사용된다.
② 산화은 전지 : 은의 산화물에 의해서 감극작용을 하도록 한 전지이다.
③ 페이퍼 전지 : 종이처럼 얇게 만든 전지이다.
⑤ 알칼리 전지 : 전해액에 수산화칼륨(KOH) 수용액을 사용한 전지이다.

05
정답 ②

전기력선의 성질
• 도체 표면에 존재한다(도체 내부에는 없다).
• $(+) \rightarrow (-)$ 이동한다.
• 등전위면과 수직으로 발산한다.
• 전하가 없는 곳에는 전기력선이 없다(발생·소멸이 없다).
• 전기력선은 자신만으로 폐곡선을 이루지 않는다.
• 전위가 높은 곳에서 낮은 곳으로 이동한다.
• 전기력선은 서로 교차하지 않는다.
• (전기력선 접선방향)=(그 점의 전계의 방향)
• Q[C]에서 $\dfrac{Q}{\varepsilon_0}$개의 전기력선이 나온다.

06
정답 ①

전동기의 정격 전류의 합계가 50A를 초과하는 경우 그 정격 전류 합계의 1.1배인 것을 사용하고, 50A 이하이면 1.25배인 것을 사용한다.

07
정답 ①

$I = \dfrac{Q}{t} = \dfrac{600}{5 \times 60} = \dfrac{600}{300} = 2\text{A}$

따라서 전류의 크기는 2A이다.

08
정답 ⑤

정전용량이 병렬로 연결되었을 때, 합성 정전용량 $C = C_1 + C_2 + C_3 = 2\mu\text{F} + 3\mu\text{F} + 5\mu\text{F} = 10\mu\text{F}$이다.

09
정답 ⑤

직렬공진회로에서 공진상태가 되면 임피던스는 R[Ω]로 최솟값을 가지며 순수저항과 같은 특성을 가지게 된다. 그리고 전압 확대율(선택도) Q는 공진 시 리액턴스와 저항의 비로 정의하고 원하는 신호를 구별해서 다룰 수 있는 정도를 나타낸다.

전압 확대율 $Q = \dfrac{1}{R}\sqrt{\dfrac{L}{C}} = \dfrac{1}{2\Omega} \times \sqrt{\dfrac{10\text{mH}}{4\mu\text{F}}}$

$= \dfrac{1}{2\Omega} \times \sqrt{\dfrac{10 \times 10^{-3}\text{H}}{4 \times 10^{-6}\text{F}}} = 25$

10

발전기 유도기전력 : $E = \dfrac{PZ}{60a} \oslash N[\text{V}]$

[P(극수)=6, Z(도체수)=300, a(파권 병렬회로수)=2, $\oslash$(자속수)=0.02Wb, N(회전수)=900rpm]

따라서 각 상수를 대입하여 유도기전력을 구하면 다음과 같다.

$E = \dfrac{6 \times 300}{60 \times 2} \times 0.02\text{Wb} \times 900\text{rpm} = 270\text{V}$

따라서 유도기전력은 270V이다.

11

정답 ④

공기 중에서 m의 자속수는 $N = \dfrac{m}{\mu_0}$ 개다. 여기서 μ_0는 진공 투자율을 나타내며 근사적으로 공기 중에서의 경우도 이 값을 쓴다.

12

정답 ②

유효전력 $P = I^2 R[\text{W}]$으로, 유효전력은 전류의 제곱과 저항에 비례한다.

오답분석

① 저항 R만의 회로 : 허수부 0(역률 1)
③ RLC 회로에서 L제거 시 : C 전류(진상)
④ 역률 개선 : C 추가(진상용 콘덴서)
⑤ 교류회로에서 전류와 전압은 시간에 따라 변화하고 시간에 대한 평균값이 0이 되므로 실횻값의 개념을 사용한다.

13

정답 ②

병렬 전송은 동시에 전송하고자 하는 데이터의 비트수만큼의 전송 회선이 필요하므로 직렬 전송에 비하여 비용이 증가한다.

14

정답 ②

콘덴서 직렬 연결 상태

정전용량 $Q = CV$ 에서 $C_1 = \dfrac{Q}{V_1}$, $C_2 = \dfrac{Q}{V_2}$

$\therefore \dfrac{C_1}{C_2} = \dfrac{\frac{Q}{V_1}}{\frac{Q}{V_2}}$, $V_1 = V_2$이므로 $\dfrac{C_1}{C_2} = \dfrac{V_2}{V_1} = 1$

15

정답 ④

유효전력 $P = P_1 + P_2[\text{W}] = 150 + 50 = 200\text{W}$

단상전력계로 3상 전력 측정
• 1전력계법 유효전력$= 3P$
• 2전력계법 유효전력$= (P_1 + P_2)$
  무효전력$= \sqrt{3}\,(P_1 - P_2)$
• 3전력계법 유효전력$= (P_1 + P_2 + P_3)$

01	02	03	04	05	06	07	08	09	10
④	③	④	③	④	③	④	③	①	①
11	12	13	14	15					
①	③	④	①	①					

01
정답 ④

아날로그 전이중 통신 방식에서는 FDM을 사용하므로 2개의 송수신 채널의 주파수가 같으면 반이중 모드로 동작된다.

02
정답 ③

인터럽트의 동작 순서
1. 인터럽트의 요청 신호 발생
2. 현재 수행 중인 명령 완료 및 상태를 기억
3. 어느 장치가 인터럽트를 요청했는지 판별
4. 인터럽트 취급 루틴 수행
5. 보존한 프로그램 상태로 복귀

03
정답 ④

전체적인 데이터 전송률은 회선 접속 방식에 크게 관계되지 않는다.

04
정답 ③

실행 사이클(Execute Cycle)
인출 단계에서 인출하여 해석한 명령을 실행하는 사이클로 플래그 레지스터의 상태 변화를 검사하여 인터럽트 단계로 변천할 것인지를 판단한다.

05
정답 ④

HDLC의 특성
1. 고속의 전송에 적합한 비트 전송을 기본으로 한다.
2. 컴퓨터 네트워크에도 적합하다.
3. 전송 효율이 높다.
4. 부호에 대한 독립성이 있다.
5. 단말 장치는 고가이다.

06
정답 ③

TOS 필드는 네트워크에서 처리량, 지연, 신뢰성, 비용 간에 균형을 유지하는지를 나타내며, 0010의 TOS 필드 값은 신뢰성을 가장 우선한다는 의미를 나타낸다.

07
정답 ④

서버 측 스크립트가 HTML 페이지를 만들어 모든 브라우저에 사용할 수 있는 것은 ASP(Active Server Page)에 대한 설명이다.

08
정답 ③

FDMA 방식은 지구국 사이의 송신 신호 동기를 사용하지 않는다.

09
정답 ①

베이스 밴드 방식은 변조되기 이전 단말 장치의 출력 신호인 기저 대역 신호(직류 신호)를 통신 회선을 통하여 변조하지 않고 그대로 전송하는 방식으로 원거리 전송에 적합하지 않다.

10
정답 ①

상호 변조 잡음(Inter Modulation Noise)은 서로 다른 주파수가 동일한 전송 매체를 공유할 때 주파수 합과 차의 신호로 인하여 생기는 잡음으로 동일 전송 매체를 공유하는 각각의 주파수를 갖는 신호에서 발생한다.

11
정답 ①

객체 지향 프로그래밍은 순차적 프로그램 개발에 적합한 기법으로 Smalltalk, C++, C#, Java 언어 등에서 객체 지향의 개념을 표현한다.

12
정답 ③

음성 신호의 경우 표본화는 1초에 8,000회로서 1표본 펄스는 7비트 또는 8비트로 부호화된다. 이때, 7비트로 부호화하므로 $7 \times 8,000 = 56 \text{kb/s}$으로 전송된다.

13
정답 ④

자바스크립트(Javascript)는 HTML에 삽입되어 HTML을 확장하는 기능으로 HTML을 강력하고 편리하게 꾸밀 수 있다.

14
정답 ①

스펙트럼 확산 통신은 전력 스펙트럼 밀도를 낮게 해서 전송하기 때문에 간섭이나 페이딩 등에 매우 강하다.

15
정답 ①

동기식 데이터 전송에서는 시작 및 정지 비트는 사용되지 않고 대신 제어 문자(8-bit flag)들이 사용된다.

우리가 해야 할 일은 끊임없이 호기심을 갖고
새로운 생각을 시험해 보고 새로운 인상을 받는 것이다.

- 월터 페이터 -

한국전력공사 직무능력검사 답안카드

성 명	

지원 분야	

문제지 형별기재란	( )형	Ⓐ Ⓑ

수 험 번 호

⓪	⓪	⓪	⓪	⓪	⓪	⓪
①	①	①	①	①	①	①
②	②	②	②	②	②	②
③	③	③	③	③	③	③
④	④	④	④	④	④	④
⑤	⑤	⑤	⑤	⑤	⑤	⑤
⑥	⑥	⑥	⑥	⑥	⑥	⑥
⑦	⑦	⑦	⑦	⑦	⑦	⑦
⑧	⑧	⑧	⑧	⑧	⑧	⑧
⑨	⑨	⑨	⑨	⑨	⑨	⑨

감독위원 확인

(인)

NCS 공통영역

번호	①	②	③	④	⑤	번호	①	②	③	④	⑤
1	①	②	③	④	⑤	16	①	②	③	④	⑤
2	①	②	③	④	⑤	17	①	②	③	④	⑤
3	①	②	③	④	⑤	18	①	②	③	④	⑤
4	①	②	③	④	⑤	19	①	②	③	④	⑤
5	①	②	③	④	⑤	20	①	②	③	④	⑤
6	①	②	③	④	⑤	21	①	②	③	④	⑤
7	①	②	③	④	⑤	22	①	②	③	④	⑤
8	①	②	③	④	⑤	23	①	②	③	④	⑤
9	①	②	③	④	⑤	24	①	②	③	④	⑤
10	①	②	③	④	⑤	25	①	②	③	④	⑤
11	①	②	③	④	⑤	26	①	②	③	④	⑤
12	①	②	③	④	⑤	27	①	②	③	④	⑤
13	①	②	③	④	⑤	28	①	②	③	④	⑤
14	①	②	③	④	⑤	29	①	②	③	④	⑤
15	①	②	③	④	⑤	30	①	②	③	④	⑤

NCS 선택영역

1	①	②	③	④	⑤
2	①	②	③	④	⑤
3	①	②	③	④	⑤
4	①	②	③	④	⑤
5	①	②	③	④	⑤
6	①	②	③	④	⑤
7	①	②	③	④	⑤
8	①	②	③	④	⑤
9	①	②	③	④	⑤
10	①	②	③	④	⑤

전공(전기 · ICT)

번호	①	②	③	④	⑤
1	①	②	③	④	⑤
2	①	②	③	④	⑤
3	①	②	③	④	⑤
4	①	②	③	④	⑤
5	①	②	③	④	⑤
6	①	②	③	④	⑤
7	①	②	③	④	⑤
8	①	②	③	④	⑤
9	①	②	③	④	⑤
10	①	②	③	④	⑤
11	①	②	③	④	⑤
12	①	②	③	④	⑤
13	①	②	③	④	⑤
14	①	②	③	④	⑤
15	①	②	③	④	⑤

※ 본 답안카드는 사무 · 전기 · ICT 직렬 문제를 모두 마킹할 수 있도록 구성되었으므로 실제 필기전형 OMR 답안카드와 다를 수 있습니다.

〈절취선〉

한국전력공사 직무능력검사 답안카드

NCS 공통영역

번호						번호					
1	①	②	③	④	⑤	16	①	②	③	④	⑤
2	①	②	③	④	⑤	17	①	②	③	④	⑤
3	①	②	③	④	⑤	18	①	②	③	④	⑤
4	①	②	③	④	⑤	19	①	②	③	④	⑤
5	①	②	③	④	⑤	20	①	②	③	④	⑤
6	①	②	③	④	⑤	21	①	②	③	④	⑤
7	①	②	③	④	⑤	22	①	②	③	④	⑤
8	①	②	③	④	⑤	23	①	②	③	④	⑤
9	①	②	③	④	⑤	24	①	②	③	④	⑤
10	①	②	③	④	⑤	25	①	②	③	④	⑤
11	①	②	③	④	⑤	26	①	②	③	④	⑤
12	①	②	③	④	⑤	27	①	②	③	④	⑤
13	①	②	③	④	⑤	28	①	②	③	④	⑤
14	①	②	③	④	⑤	29	①	②	③	④	⑤
15	①	②	③	④	⑤	30	①	②	③	④	⑤

NCS 선택영역

번호					
1	①	②	③	④	⑤
2	①	②	③	④	⑤
3	①	②	③	④	⑤
4	①	②	③	④	⑤
5	①	②	③	④	⑤
6	①	②	③	④	⑤
7	①	②	③	④	⑤
8	①	②	③	④	⑤
9	①	②	③	④	⑤
10	①	②	③	④	⑤

전공(전기 · ICT)

번호					
1	①	②	③	④	⑤
2	①	②	③	④	⑤
3	①	②	③	④	⑤
4	①	②	③	④	⑤
5	①	②	③	④	⑤
6	①	②	③	④	⑤
7	①	②	③	④	⑤
8	①	②	③	④	⑤
9	①	②	③	④	⑤
10	①	②	③	④	⑤
11	①	②	③	④	⑤
12	①	②	③	④	⑤
13	①	②	③	④	⑤
14	①	②	③	④	⑤
15	①	②	③	④	⑤

※ 본 답안지는 사무 · 전기 · ICT 직렬 문제를 모두 마킹할 수 있도록 구성되었으므로 실제 필기전형 OMR 답안카드와 다를 수 있습니다.

성 명

지원 분야

문제지 형별기재란

( )형 Ⓐ Ⓑ

수 험 번 호

⓪	①	②	③	④	⑤	⑥	⑦	⑧	⑨
⓪	①	②	③	④	⑤	⑥	⑦	⑧	⑨
⓪	①	②	③	④	⑤	⑥	⑦	⑧	⑨
⓪	①	②	③	④	⑤	⑥	⑦	⑧	⑨
⓪	①	②	③	④	⑤	⑥	⑦	⑧	⑨
⓪	①	②	③	④	⑤	⑥	⑦	⑧	⑨
⓪	①	②	③	④	⑤	⑥	⑦	⑧	⑨

감독위원 확인

인

2025 최신판 시대에듀 한국전력공사 4개년 기출 + NCS + 전공 + 최종점검 모의고사 4회 + 무료한전특강

개정27판1쇄 발행	2025년 02월 20일 (인쇄 2024년 12월 06일)
초 판 발 행	2012년 03월 05일 (인쇄 2012년 02월 03일)
발 행 인	박영일
책 임 편 집	이해욱
편 저	SDC(Sidae Data Center)
편 집 진 행	김재희 · 윤소빈
표 지 디 자 인	김지수
편 집 디 자 인	김경원 · 장성복
발 행 처	(주)시대고시기획
출 판 등 록	제10-1521호
주 소	서울시 마포구 큰우물로 75 [도화동 538 성지 B/D] 9F
전 화	1600-3600
팩 스	02-701-8823
홈 페 이 지	www.sdedu.co.kr

I S B N	979-11-383-8479-7 (13320)
정 가	26,000원

한국
전력공사

4개년 기출 + NCS + 전공
+ 최종점검 모의고사 4회

최신 출제경향 전면 반영

기업별 맞춤 학습 "기본서" 시리즈

공기업 취업의 기초부터 심화까지! 합격의 문을 여는 **Hidden Key!**

기업별 시험 직전 마무리 "모의고사" 시리즈

실제 시험과 동일하게 마무리! 합격을 향한 **Last Spurt!**

※**기업별 시리즈** : HUG 주택도시보증공사/LH 한국토지주택공사/강원랜드/건강보험심사평가원/국가철도공단/국민건강
보험공단/국민연금공단/근로복지공단/발전회사/부산교통공사/서울교통공사/인천국제공항공사/코레일 한국철도공사/
한국농어촌공사/한국도로공사/한국산업인력공단/한국수력원자력/한국수자원공사/한국전력공사/한전KPS/항만공사 등

※도서의 이미지 및 구성은 변동될 수 있습니다.

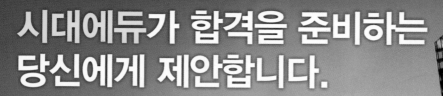

시대에듀가 합격을 준비하는
당신에게 제안합니다.

결심하셨다면 지금 당장 실행하십시오.
시대에듀와 함께라면 문제없습니다.

성공의 기회!
시대에듀를 잡으십시오.

NEXT STEP!

기회란 포착되어 활용되기 전에는 기회인지조차 알 수 없는 것이다. — 마크 트웨인 —